JN389571

초월과 자기-초월

초월과 자기-초월 : 아우구스티누스부터 레비나스/키에르케고어까지
Transcendence and Self-Transcendence : On God and the Soul

지은이	메롤드 웨스트폴
옮긴이	김동규
펴낸이	조정환
책임운영	신은주
편집	김정연
디자인	조문영
홍보	김하은
프리뷰	박서연 · 손민석
초판 인쇄	2023년 12월 26일
초판 발행	2023년 12월 29일
종이	타라유통
인쇄	예원프린팅
라미네이팅	금성산업
제본	바다제책
ISBN	978-89-6195-336-8 93100
도서분류	1. 종교철학 2. 서양철학 3. 현대철학
값	30,000원
펴낸곳	도서출판 갈무리
등록일	1994. 3. 3.
등록번호	제17-0161호
주소	서울 마포구 동교로18길 9-13 2층
전화	02-325-1485
팩스	070-4275-0674
웹사이트	www.galmuri.co.kr
이메일	galmuri94@gmail.com

Transcendence and Self-Transcendence : On God and the Soul
by Merold Westphal
Copyright © 2004 Merold Westphal
This Korean edition is licensed from the original English-language publisher,
Indiana University Press

일러두기

1. 이 책은 Merold Westphal, *Transcendence and Self-Transcendence : On God and the Soul*, Bloomington and Indianapolis : Indiana University Press, 2004를 완역한 것이다.
2. 인명은 혼동을 야기할 수 있다고 생각되는 경우를 제외하고는 본문에서 원어를 병기하지 않으며 인명 찾아보기에서 병기하였다.
3. 지명은 잘 알려지지 않은 경우에만 원어를 병기하였다.
4. 외래어로 굳어진 외국어는 표준 표기대로 하고, 기타 고유명사나 음역하는 외국어는 발음에 가장 가깝게 표기하였다.
5. 서양어에서는 대체로 외국어를 이탤릭으로 하지만, 우리말의 관점에서는 영어도 외국어이므로 병기하는 외국어에 이탤릭을 쓰지 않았다.
6. 단행본, 전집, 정기간행물, 보고서에는 겹낫표(『 』)를, 논문, 논설, 기고문 등에는 홑낫표(「 」)를 사용하였다. 단, 성서, 문답서, 편지 제목은 관행에 따라 겹낫표를 두르지 않았다. (예 : 마태오, 고린토인에게 보내는 편지)
7. 지은이 주석과 옮긴이 주석은 같은 일련번호를 가지며, 옮긴이 주석은 * 표시하였다.
8. 원서의 대괄호는 [ ]를 사용하였고 옮긴이가 덧붙인 설명은 [ ] 속에 넣었다.
9. 본문 각주에서 저자가 참고한 문헌들의 서지정보는 (약어표에 수록된 문헌을 제외하고) 가독성을 위해 가능한 간략히 표기했다. 참고문헌에 각 문헌의 서지정보를 상세히 수록했다.
10. 성서 번역은 『공동번역 성서』를 따르되, 맥락에 따라서는 저자의 인용 의도를 헤아려 옮긴이가 직접 번역했다.

차례

한국어판 지은이 서문 6
약어표 12

들어가는 말 : 방향을 설정하기 18

1부 존재-신학과 우주론적 초월을 넘어서려는 욕구

1장 하이데거 : 신에 관해 말하지 않는 법 44
2장 스피노자 : 자연의 존재-신학적 범신론 100
3장 헤겔 : 정신의 존재-신학적 범신론 154

2부 인식론적 초월 : 신의 신비

4장 아우구스티누스와 위-디오니시오스 :
    존재-신학적 기획과의 단절로서의 부정신학 208
5장 위-디오니시오스와 아퀴나스 :
    그럼에도 불구하고 신을 말하는 법
    ― 존재의 유비 254
6장 바르트 : 그럼에도 불구하고 신을 말하는 법
    ― 신앙의 유비 312

초월과 자기-초월

3부 윤리적 초월과 종교적 초월 : 신의 명령

7장 레비나스 : 존재-신학을 넘어 이웃 사랑으로 382

8장 키에르케고어 : 존재-신학을 넘어
신에 대한 사랑으로 432

결론 488

감사의 말 498
옮긴이의 말 499
참고문헌 508
인명 찾아보기 520
용어 찾아보기 524

:: 한국어판 지은이 서문

> 높고도 드높으신 분,
> 영원히 거하시는 분 그 이름 거룩하신 이가 정녕 이렇게 말씀하신다.
> 나는 드높고 거룩한 자리에 거하여 있으며,
> 또한 영으로 뉘우치고 겸손한 자와 함께 하니,
> 이는 겸손한 자의 영을 되살리고 뉘우치는 자의 마음을 되살리려 함이라.
> ― 이사야 57:15, 신개정표준역본

 이 한 구절에 초월과 자기-초월이 다 담겨 있습니다. 신의 초월에 대해 말하는 것은 신의 완전한 유일성에 대해 말하는 것이지만, 모든 눈송이가 유일무이하다는 식으로 그렇게 말하는 것은 아닙니다. 완전히 유일무이하므로 신은 최고이며, 곧 때때로 최고 존재로 지목됩니다. 따라서 신은 공간적 은유로 말하자면 높고 또 드높으며, 시간적 은유로 말하자면 영원합니다. 신의 이름과 거처는 거룩함으로 나타나게 되며, 우리는 성서의 용례상 '거룩함'이란 어떤 도덕적 완전함이 아니라 다른 것들과의 결정적 차이를 의미한다는 점을 기억해야 합니다. 그러므로 "안식일을 기억하여 거룩하게 지키라"는 말씀은 단순히 일곱째 날을 잘 지키라는 명령이 아니라, 그날에 무엇은 행하고 무엇은 행하지 않음으로써 다른 여섯 날과 극적으로 다른 날로 만들라는 뜻입니다. 마찬가지로 성막

내 성소와 지성소(거룩한 것들 가운데서도 거룩한 것) 사이에는 휘장이 있었는데, 이 휘장 안으로는 오직 특정 시간에 특정 사람만 들어갈 수 있었다는 점에서 유일무이한 성격을 지닙니다.

그래서 신은 세계의 어떤 부분이나 전체와 다르다는 점에서 세계를 초월합니다. 루돌프 오토의 말을 빌리자면, 신은 '전적 타자'wholly other입니다. (물론 신이 온전히 전적 타자가 아니라면 우리는 신을 천지의 창조자, 왕, 아버지, 목자, 구원자 등으로 부를 수 없을 것입니다. 신은 다른 모든 것과 다르지만, 중요한 점은 신이 창조 질서의 어떤 부분과는 같기도 하다는 것입니다. 비록 언급한 용어들이 신의 장엄한 위대함을 표현하기에는 적절하지 않지만, 우리의 유한한 지성이 신에 관해 생각하고 말할 수 있는 최상의 방식입니다.)

위 이사야 구절로 돌아가 보면, 우리는 겸손한 뉘우침이라는 인간의 자기-초월을 발견합니다. 참된 회개 속에서 우리는 우리의 일상적 자아를 넘어서고 그와 차별화됩니다. 만일 우리가 죄인이 아니라면 겸손한 뉘우침은 요구되지 않을 것입니다. 하지만 우리는 죄인이므로 그것은 우리의 정상적인 태도 또는 자연적인 태도가 아닙니다. 우리는 회심하고, 중생하여, 거듭나고, 성화되며, 정결해져야 합니다.

나의 논지는 위 구절에서 "또한"이라는 단어가 너무 약하다는 것입니다. 신의 초월과 인간의 자기-초월은 버스에 탄 두 명의 낯선 사람처럼 서로 아무 상관 없다는 듯 나란히 앉아 있는 것이 아니다. 성서적 사유에서 신의 초월은 인간의 자기-초월을 위한 근거·동기·원리입니다. 신의 초월이 암시하는 바를 이해한다는 것은 그것을 인간의 자기-초월의 명령과 분리할 수 없는 것으로 이해하는 것입니다. 그리스도교 신학의 과제는 (다양한 방식의) 인간의 자기-초월과 신의 자기-초월의 본질적인 상호 연결성 속에서 (다양한 방식의) 신의 초월에 언어적 표현을 부여하는 것입니다.

밝혀진 바와 같이, 겸손한 뉘우침은 우리가 변화되는 방법 가운데 하나에 불과합니다. 다른 두 가지 방법은 언약을 맺으시는 신이라는 개념과 관련이 있습니다. 이것은 (단순히 원인이 아니라) 행위자이자 말하는 자인 참으로 인격적인 신입니다. 신이 수행하는 가장 전형적인 언어 행위는 언약적입니다. 그 언약적 언어 행위가 바로 약속과 명령입니다. 따라서 약속과 명령이 불러내는 자기-초월은 약속에 대한 신뢰와 명령에 대한 순종입니다.

우리가 신 앞에서 달라져야 하는 다양한 방식에 대한 일반적 기술을 제공하는 한 가지 시도는 탈중심화된 자기decentered self라는 개념입니다. 이 개념은 대체로 20세기 후반의 세속적 유럽대륙 철학에서 차용되었지만, 그리스도교적 사유에서도 유용한 것입니다. 그 개념은 죄의 본질을 교만으로 본 아우구스티누스의 관념과 적어도 6촌 관계에 있습니다.

탈중심화된 자기라는 아이디어는 아주 간단한 것입니다. 다양한 방식으로 우리는 우리 자신을 개별적이건 집단적이건(인종, 성,

계급 등), 하나의 중심으로, 안정적이고 고정된 지점으로 만들어내며, 다른 모든 것이 이 중심점 주위를 돌게 만듭니다. 이런 사고에서는 우리가 목적이고 다른 모든 사람은 수단에 불과할 뿐입니다. 곧, 우리가 표준이고 그 외 다른 모든 사람은 근사치에 불과한 것이 되고 맙니다. 때때로 탈중심화된 자기성에 대한 논증은 우리가 이러한 프로젝트[나를 중심으로 삼는 것]를 수행할 수 없음을, 곧 우리가 통제할 수 없는 다양한 힘이 우리를 절대적 존재가 아닌 상대적 존재로 만들고, 우리는 결국 그런 존재임을 보여줍니다. 또한 때로 이 논증은 우리가 바로 신, 중심, 절대자라고 주장하는 어색하고 조악한 상황에 놓이지 않으려면 우리 자신을 타자들과의 관계에서 탈중심화해야 한다는 주장을 제시함으로써 규범적인 형식을 취하게 됩니다.

나의 주장은 신의 초월과 인간의 자기-초월이 본질적으로 한데 묶여 있다는 것입니다. 신의 초월은 언제나 인간의 자기-초월을 신의 초월에 대한 적절한 응답으로 요구하는 부름입니다. 우리가 신에 대해 말하거나 생각하거나 글을 쓸 때 그 부름을 듣지 못한다면, 우리가 사용하는 언어가 전적으로 정통주의적이라고 할지라도 우상숭배의 위험에 처하게 됩니다. 왜냐하면 우리 자신에 대한 집착, 우리의 야심, 불안, 욕구, 염려 너머로 우리를 불러내지 않는 신은 우리의 자기-중심성에 만족하는 신이거나 우리가 우리 자신을 (개별적으로건 집단적으로건) 신이라고 암묵적으로 주장하는 것을 승인하고 정당화하는 신이기 때문입니다. 그리고 그 신은 우상이지 성서의 신이 아닙니다.

웨스트민스터 소요리문답의 제4문항을 생각해 보세요. "하나님은 어떤 분이십니까? 하나님은 영이시고, 무한하시고, 영원하시고, 그 존재, 지혜, 능력, 거룩하심, 정의, 선하심과 진리에서 불변하는 분이십니다."[1] 이 문답을 외우고 그 용어에 어느 정도 익숙해졌다면 신에 대해 어떻게 생각하고 말할지 안다고 느낄 수 있습니다. 하지만 신이 어떤 존재인지 알려 주고자 하는 이 시도를 통해 신이 누구인지 이해할 수 있을까요? 특히 '무한', '영원', '불변하는'이라는 용어를 통해 신의 초월의 어떤 것을 이해할 수 있을지도 모릅니다. 그런데 여기에 우리의 자기-초월로의 부름은 없고, 최소한 명시적으로는 나오지 않습니다.

분명, 이 소요리문답의 1문항은 나의 주된 목적이 "하나님을 영화롭게 하고 영원토록 그를 즐거워하는 것"이라고 말했습니다. 그러나 현 상태로 볼 때 4문항은 자기-초월의 요구라고 할 수 없으며, 이해와 믿음에 관한 한, 무엇이나 어떤 존재에 대한 물음에 올바른 답을 할 수 있다면 모든 것이 잘 정돈된다고 제안하는 것으로 보입니다. 그런데 성서가 신에게 형이상학적 인사말을 보내거나 형이상학 시험에 합격하고자 신에 대해 이와 같은 말을 하라고

---

1. * The Westminster Shorter Catechism. 개신교의 여러 교파에서 사용하는 교리문답서다. 이 문답서를 신앙고백서로 활용하는 교파에서는 God을 하나님으로 번역하므로, 여기서도 그렇게 번역했다. 이후 본문에서는 God을 신이나 조금 더 교회일치적 용어인 하느님으로 번역한다.

우리를 가르치나요? 우리 자신의 자기-변형의 근거와 그 적절한 동기를 지적함으로써 우리가 해당 물음을 자기-초월로의 부름으로 듣게 된다면 이 4문항을 더 잘 이해할 수 있지 않을까요?

아우구스티누스가 우리에게 상기시키듯이 진리는 단순히 소유되어야 하는 것일 뿐만 아니라 행해져야 하는 어떤 것입니다. 만일 우리가 실질적으로 믿고 신에 대해 우리가 말하고 생각하는 바를 실질적으로 이해한다면, 우리는 언제나, 끝나지 않은 자기-변형의 여정 가운데 있을 것입니다.

2021년 10월 29일
메롤드 웨스트폴

:: 약어표

레비나스

BI	"Beyond Intentionality." In *Philosophy in France Today*, ed. Alan Montefiore. Cambridge: Cambridge University Press, 1983.
BPW	*Basic Philosophical Writings*. Ed. Adriaan T. Peperzak, Simon Critchley, and Robert Bernasconi. Bloomington: Indiana University Press, 1996.
DEH	*Discovering Existence with Husserl*. Trans. Richard A. Cohen and Michael B. Smith. Evanston, Ill.: Northwestern University Press, 1998.
DEL	"Dialogue with Emmanuel Levinas." In *Face to Face with Levinas*, ed. Richard A. Cohen. Albany: SUNY Press, 1986.
EFP	"Ethics as First Philosophy." In LR.
EN	*Entre Nous: On Thinking-of-the-Other*. Trans. Michael B. Smith and Barbara Harshav. New York: Columbia University Press, 1998. [『우리 사이: 타자 사유에 관한 에세이』. 김성호 옮김. 그린비, 2019.]
GCM	*Of God Who Comes to Mind*. Trans. Bettina Bergo. Stanford, Calif.: Stanford University Press, 1998.
IOF	"Is Ontology Fundamental." BPW에서 인용. 또한 EN에 수록됨. [「존재론은 기초적인 것인가?」. 『우리 사이: 타자 사유에 관한 에세이』. 김성호 옮김. 그린비, 2019, 14~29.]
LP	"Language and Proximity." In *Collected Philosophical Papers*. Trans. Alphonso Lingis. Dordrecht: Martinus Nijhoff, 1987.
LR	*The Levinas Reader*. Ed. Sean Hand. Oxford: Basil Blackwell, 1989.
OBBE	*Otherwise Than Being; or Beyond Essence*. Trans. Alphonso Lingis. Dordrecht: Kluwer, 1991. [『존재와 달리 또는 존재성을 넘어』. 문성원 옮김. 그린비, 2021.]
PN	*Proper Names*. Trans. Michael B. Smith. Stanford, Calif.: Stanford University Press, 1996.
TI	*Totality and Infinity*. Trans. Alphonso Lingis. Pittsburgh, Pa.: Duquesne University Press, 1969. [『전체성과 무한』. 김도형·문성원·손영창 옮김. 그린비, 2018.]
TIHP	*The Theory of Intuition in Husserl's Phenomenology*. Trans. Andre Orianne. Evanston, Ill.: Northwestern University Press, 1973. [『후설 현상학에서의 직관 이론』. 김동규 옮김. 그린비, 2014.]
WEH	"The Work of Edmund Husserl." In DEH.

바르트

A	*Anselm: Fides Quaerens Intellectum*. Trans. Ian W. Robertson. New York: World Publishing Company, 1962. [『이해를 추구하는 믿음』. 김장생 옮김. 한국문화사, 2013.]

BQ	"Biblical Questions, Insights, and Vistas." In WG (1920 lecture). [「성서적 질문, 통찰과 전망」. 『말씀과 신학: 칼 바르트 논문집 I』. 이신건 옮김. 대한기독교서회, 1995.]
CD	*Church Dogmatics* I/1, *The Doctrine of the Word of God*. Trans. G. T. Thomson. Edinburgh : T & T Clark, 1936. [『교회 교의학 1/1: 하느님의 말씀에 관한 교의』. 박순경 옮김. 대한기독교서회, 2003.] I/2, *The Doctrine of the Word of God*. Trans. G. T. Thomson and Harold Knight. Edinburgh : T & T Clark, 1956. [『교회 교의학 1/2: 하느님의 말씀에 관한 교의』. 신준호 옮김. 대한기독교서회, 2010.] II/1, *The Doctrine of God*. Trans. G. W. Bromiley and T. F. Torrance. Edinburgh : T & T Clark, 1957. [『교회 교의학 2/1: 하느님에 관한 교의』. 황정욱 옮김. 대한기독교서회, 2010.]
CP	"The Christian's Place in Society." In WG (1919 lecture).
ER	*The Epistle to the Romans*. Trans. Edwyn C. Hoskyns. London : Oxford University Press, 1933, 1968. [『로마서』. 손성현 옮김. 신준호 감수. 복있는사람, 2017.]
FI	"Fate and Idea in Theology." In *The Way of Theology in Karl Barth : Essays and Comments*, ed. H. Martin Rumscheidt. Allison Park, Pa. : Pickwick Publications, 1986 (1929 lecture). [「신학에 있어서의 숙명과 이념」. 『말씀과 신학: 칼 바르트 논문집 I』. 김광식 옮김. 대한기독교서회, 1995.]
HG	*The Holy Ghost and the Christian Life*. Trans. R. Birth Hoyle. London : Frederick Muller Limited, 1938. Three 1929 lectures.
P	*Prayer*. Ed. Don E. Saliers. 2nd ed. Philadelphia, Pa. : Westminster Press, 1985. [『기도』. 오성현 옮김. 복있는사람, 2017.]
PT	*Protestant Thought : From Rousseau to Ritschl*. Trans. Brian Cozens et al. New York : Harper & Row, 1959.
RC	"The Doctrinal Task of the Reformed Churches." In WG (1923 lecture).
RG	"The Righteousness of God." In WG (1916 lecture).
TC	*Theology and Church*. Trans. Louise Pettibone Smith. London : SCM Press, 1962.
TM	"The Word of God and the Task of Ministry." In WG (1922 lecture).
WG	*The Word of God and the Word of Man*. Trans. Douglas Horton. New York : Harper & Brothers, 1957.

스피노자

스피노자에 대한 인용은 보통 다음 문헌을 따를 것이다. *A Spinoza Reader*, ed. and trans. Edwin Curley (Princeton, N.J. : Princeton University Press, 1994). 이 책에는 『스피노자 선집』 2권에 나올 번역과 『스피노자 선집』 1권[*The Collected Works of Spinoza*, Volume 1 (Princeton, N.J. : Princeton University Press, 1985)]에 이미 나온 번역의 개정본이 합쳐져 있다. 『윤리학』 인용은 다음 약어를 활용할 것이고, 이는 모든 판본에 적용된다.

E = *Ethics* (각 부를 나타내는 숫자를 부여할 것이다.)
Def = Definition (각 정의의 식별 번호가 부여될 것이다.)
A = Axiom

P = Proposition (각 명제의 식별 번호가 부여될 것이다.)
D = Demonstration
C = Corollary
S = Scholium
Pref = Preface
App = Appendix

그러므로 "E1 P32C2"는 1부 명제 32의 두 번째 따름정리를 의미한다. 필요한 경우, 이 참조는 컬리 역본의 여백에 이를테면 "II/46"과 같은 식으로 표기된, 게브하르트판의 권수와 쪽수로 보충될 것이다. 『신학정치론』(*Tractatus* 또는 TTP)은 다음과 같이 컬리 역본의 쪽수로 인용되고, 이어서 게브하르트판의 쪽수가 인용될 것이다. TTP 32, III/64.

아우구스티누스

C	*Confessions*. Trans. R. S. Pine-Coffin. Baltimore, Md.: Penguin, 1961. [『고백록』. 성염 옮김. 경세원, 2016.]
T	*The Trinity*. Trans. Edmund Hill, O.P. Brooklyn, N.Y.: New City Press, 1991. [『삼위일체론』. 성염 옮김. 분도출판사, 2015.]
TC	*Teaching Christianity* (*De Doctrine Christiana*). Trans. Edmund Hill, O.P. Hyde Park, N.Y.: New City Press, 1996. [『그리스도교 교양』. 성염 옮김. 분도출판사, 2011.]

아퀴나스

CDA	*A Commentary on Aristotle's De Anima*. Trans. Robert Pasnau. New Haven, Conn.: Yale University Press, 1999.
CMA	*Commentary on the Metaphysics of Aristotle*. Trans. John P. Rowan. 2 vols. Chicago: Henry Regnery Co., 1961.
DEE	*Aquinas on Being and Essence* (*De Ente et Essentia*). Trans. Joseph Bobik. Notre Dame, Ind.: University of Notre Dame Press, 1965. [『존재자와 본질』. 박승찬 옮김. 도서출판 길, 2021.]
DP	*On the Power of God* (*Quaestiones Disputatae de Potentia Dei*). Trans. Dominican Fathers. 3 vols. London: Burns Oates & Wash-bourne, 1934.
DV	*Truth* (*Quaestiones Disputatae de Veritate*). 3 vols. Trans. Robert W. Mulligan, S.J., James V. McGlynn, S.J., and Robert W. Schmidt, S.J. Indianapolis, Ind.: Hackett, 1994.
ST	*Summa Theologiae*, in *Basic Writings of Saint Thomas Aquinas*. Ed. Anton C. Pegis. 2 vols. New York: Random House, 1945. [『신학대전 전집』. 한국성토마스연구소 출간. 웨스트폴이 본문에서 인용한 『신학대전』은 영어판 기준으로는 단권 합본 판본이지만 한국어판 기준으로 여러 권으로 분할되어 있다. 이에 본문에 한국어판 인용 서지사항과 쪽수를 따로 밝혀두었다.]

본문에서 1,2,3은 1절, 2문, 반론 3에 대한 답변을 의미한다. 『신학대전』의 경우, 최초 숫자는 부를 의미하는데, 1-2는 제2부 1편을 의미한다.

위-디오니시오스

위-디오니시오스 인용은 다음 텍스트에서 비롯될 것이다.
Pseudo-Dionysius: The Complete Works, trans. Colm Luibheid (New York: Paulist Press, 1987). [『위 디오니시우스 전집』, 엄성옥 옮김, 도서출판 은성, 2007.] 약어는 다음과 같다.

DN = *The Divine Names*
MT = *The Mystical Theology*
CH = *The Celestial Hierarchy*
EH = *The Ecclesiastical Hierarchy*

/ 기호 뒤에 기재한 열 번호는 다음 코르데리우스판의 것이다. J. J. P. Migne, *Patrologiae Cursus Completus, Series Graeca* III. Paris, 1857.

키에르케고어

CUP	*Concluding Unscientific Postscript*. Vol. 1. Trans. Howard V. Hong and Edna H. Hong. Princeton, N.J.: Princeton University Press, 1992.
EO II	*Either/Or: Part II*. Trans. Howard V. Hong and Edna H. Hong. Princeton, N.J.: Princeton University Press, 1987. [『이것이냐 저것이냐 2』, 임춘갑 옮김, 차우, 2012.]
FT	*Fear and Trembling/Repetition*. Trans. Howard V. Hong and Edna H. Hong. Princeton, N.J.: Princeton University Press, 1983. [『공포와 전율/반복』, 임춘갑 옮김, 다산글방, 2007.]
JP	*Søren Kierkegaard's Journals and Papers*. Trans. Howard V. Hong and Edna H. Hong. Princeton, N.J.: Princeton University Press, 1967-78. 쪽수는 없고 항목을 따라 권수만 표기됨.
PF	*Philosophical Fragments*. Trans. Howard V. Hong and Edna H. Hong. Princeton, N.J.: Princeton University Press, 1985. [『철학적 조각들: 혹은, 한 조각의 철학』, 황필호 옮김, 집문당, 1998.]
SLW	*Stages on Life's Way*. Trans. Howard V. Hong and Edna H. Hong. Princeton, N.J.: Princeton University Press, 1988.
SUD	*Sickness unto Death*. Trans. Howard V. Hong and Edna H. Hong. Princeton, N.J.: Princeton University Press, 1980. [『죽음에 이르는 병』, 이명곤 옮김, 세창출판사, 2020.]
WL	*Works of Love*. Trans. Howard V. Hong and Edna H. Hong. Princeton, N.J.: Princeton University Press, 1995. [『사랑의 역사』, 임춘갑 옮김, 차우, 2011.]

하이데거

AWP	"The Age of the World Picture." In QT. [「세계상의 시대」, 『숲길』, 신상희 옮김, 나남, 2008.]
BT	*Being and Time*. Trans. John Macquarrie and Edward Robinson. New York: Harper & Row, 1962. [『존재와 시간』, 이기상 옮김, 까치출판사, 1998.]

BW	*Basic Writings*. Ed. David Farrell Krell. New York : Harper & Row, 1977.
DT	*Discourse on Thinking*. Trans. John M. Anderson and E. Hans Freund. New York : Harper & Row, 1966. [「초연한 내맡김」. 『동일성과 차이』. 신상희 옮김. 민음사, 2000.]
EGT	*Early Greek Thinking*. Trans. David Farrell Krell and Frank A. Capuzzi. San Francisco : Harper & Row, 1984.
EP	*The End of Philosophy*. Trans. Joan Stambaugh. New York : Harper & Row, 1973.
EPTT	"The End of Philosophy and the Task of Thinking." In BW. [「철학의 종말과 사유의 과제」. 문동규·신상희 옮김. 도서출판 길, 2008.]
ER	*The Essence of Reasons*. Trans. Terrence Malick. Evanston, Ill. : Northwestern University Press, 1969. [「근거의 본질에 관하여」. 이선일 옮김. 한길사, 2005.]
ID	*Identity and Difference*. Trans. Joan Stambaugh. New York : Harper & Row, 1969. [『동일성과 차이』. 신상희 옮김. 민음사, 2000.]
IM	*Introduction to Metaphysics*. Trans. Ralph Manheim. Garden City, N.Y. : Doubleday, 1961. [『형이상학 입문』. 박휘근 옮김. 문예출판사, 1994.]
LH	"Letter on Humanism." In BW. [「휴머니즘 서간」. 『이정표 2』. 이선일 옮김. 한길사, 2005.]
MWP	"My Way to Phenomenology." In Existentialism from Dostoevsky to Sartre, ed. Walter Kaufmann. 2nd, expanded ed. New York : New American Library, 1975. [「현상학에 이르는 나의 길」. 문동규·신상희 옮김. 도서출판 길, 2008.]
N	*Nietzsche*. Ed. David Farrell Krell. San Francisco : Harper & Row, 1991. Four volumes in two. [마르틴 하이데거. 『니체 1』. 박찬국 옮김. 도서출판 길, 2010; 『니체 2』. 박찬국 옮김. 도서출판 길, 2012.]
OM	"Overcoming Metaphysics." In EP. [「형이상학의 극복」. 『강연과 논문』. 이기상·신상희·박찬국 옮김. 이학사, 2008.]
PLT	*Poetry, Language, Thought*. Trans. Albert Hofstadter. New York : Harper & Row, 1971. [「무엇을 위한 시인인가?」. 『숲길』. 신상희 옮김. 나남, 2008.]
PR	*The Principle of Reason*. Trans. Reginald Lilly. Bloomington : Indiana University Press, 1991.
QT	*The Question Concerning Technology and Other Essays*. Trans. William Lovitt. New York : Harper & Row, 1977. [「기술에 대한 물음」. 『강연과 논문』. 이기상·신상희·박찬국 옮김. 이학사, 2008.]
WM/1929	*What Is Metaphysics?* In Kaufmann. See MWP. [「형이상학이란 무엇인가?」. 『이정표 1』. 신상희 옮김. 한길사, 2005.]
WM/1943	Untitled postscript to WM/1929 in Kaufmann. See MWP. [「『형이상학이란 무엇인가?』의 나중말」. 『이정표 1』. 신상희 옮김. 한길사, 2005.]
WM/1949	"The Way Back into the Ground of Metaphysics." Introduction to WM/1929 in Kaufmann. See MWP. ["형이상학의 근본바탕으로 소급해 들어감". 「『형이상학이란 무엇인가』의 들어가는 말」. 『이정표 1』. 신상희 옮김. 한길사, 2005.]
WNGD	"The Word of Nietzsche : 'God Is Dead.' " In QT. [「"신은 죽었다"는 니체의 말」. 『숲길』. 신상희 옮김. 나남, 2008.]

헤겔

A	Addition 또는 *Zusatz*. 이것은 헤겔 텍스트 중 EL, PM, PR의 강의 보충 노트에서 취한 자료를 의미한다.
DFS	*The Difference between Fichte's and Schelling's System of Philosophy*. Trans. H. S. Harris and Walter Cerf. Albany: SUNY Press, 1977. [『피히테와 셸링 철학체계의 차이』. 임석진 옮김. 지식산업사, 1898.]
EL	*The Encyclopedia Logic*. Trans. T. F. Geraets et al. Indianapolis, Ind.: Hackett, 1991. First part of the *Encyclopedia of the Philosophical Sciences*. [『헤겔의 논리학』. 전원배 옮김. 서문당, 1978; 2018.]
ETW	*Early Theological Writings*. Trans. T. M. Knox. Philadelphia: University of Pennsylvania Press, 1971. [『청년 헤겔의 신학론집: 베른, 프랑크푸르트 시기』. 정대성 옮김. 인간사랑, 2005.]
FS	*Frühe Schriften*. Band 1 of *Werke in zwanzig Bänden*. Frankfurt: Suhrkamp, 1971.
FK	*Faith and Knowledge*. Trans. Walter Cerf and H. S. Harris. Albany: SUNY Press, 1977. [『믿음과 지식』. 황설중 옮김. 아카넷, 2003.]
HIN	Hegel's Foreword to H. Fr. W. Hinrichs' *Die Religion im inneren Verhältnisse zur Wissenschaft* (1822). In *Beyond Epistemology: New Studies in the Philosophy of Hegel*, ed. Frederick G. Weiss. The Hague: Martinus Nijhoff, 1974.
H&S	*Hegel's Lectures on the History of Philosophy*. Trans. E. S. Haldane and Frances H. Simson. 3 vols. London: Routledge and Kegan Paul, 1963.
HL	*Hegel: The Letters*. Trans. Clark Butler and Christiane Seiler. Bloomington: Indiana University Press, 1984.
LHP	*Lectures on the History of Philosophy: The Lectures of 1825-26*, Vol. 3. Trans. R. F. Brown et al. Berkeley: University of California Press, 1990.
LP	*Lectures on the Proofs of the Existence of God*. In vol. 3 of *Hegel's Lectures on the Philosophy of Religion*. Trans. E. B. Spiers and J. Burdon Sanderson. New York: Humanities Press, 1962.
LPR	*Lectures on the Philosophy of Religion*. Trans. R. F. Brown et al. 3 vols. Berkeley: University of California Press, 1984~87.
LPW	*Lectures on the Philosophy of World History: Introduction*. Trans. H. B. Nisbet. Cambridge: Cambridge University Press, 1975.
PR	*Hegel's Philosophy of Right*. Trans. R. M. Knox. Oxford: Clarendon Press, 1945. [『법철학』. 서정혁 옮김. 지식을 만드는 지식, 2020.]
PM	*Hegel's Philosophy of Mind*. Trans. William Wallace and A. V. Miller. Oxford: Clarendon Press, 1971. Third part of the *Encyclopedia of the Philosophical Sciences*. [『정신철학』. 박병기·박구용 옮김. 울산대학교출판부, 2000.]
PS	*Phenomenology of Spirit*. Trans. A. V. Miller. Oxford: Clarendon Press, 1977. [『정신현상학 1, 2』. 김준수 옮김. 아카넷, 2022.]
SL	*Science of Logic*. Trans. A. V. Miller. London: George Allen & Unwin, 1969. [『대논리학 I, II, III』. 임석진 옮김. 자유아카데미, 2022.]

::들어가는 말

방향을 설정하기

　감리교 신자들에게는 신학이 없다고 생각했던 한 신학자에 관한 이야기가 있다. 그들에게 신학이 없다는 생각을 견지했던 이 신학자는 감리교 신학대학원의 교수로 초빙되었고, 얼마 후 그는 자신이 잘못했음을 시인하며 "감리교 신자들에게는 신학이 있다"고 말했다. 또 다음과 같은 말을 덧붙였다. "그리고 결국에는 이렇게 말해야 한다. 하느님은 좋은nice 분이시다." 게다가, 그는 이렇게도 말했다. "다음과 같은 윤리적 따름정리도 있다. 우리도 좋은 사람 되어야 한다."

　현재 나의 가장 친한 몇몇 친구들은 감리교 신자다. 하지만 그 수가 그리 많지 않기 때문에 나는 이 이야기가 우리 시대의 감리교 신자들의 정신을 어느 정도까지 대변하는가 하는가에 대해서는 별다른 견해를 가지고 있지 않다. 그러나 나는 공정한 것이건 그렇지 않건 간에 감리교 신자들이 견지하는 신학과 관련해서 두 가지 견해를 가지고 있다. 부정적으로 말해서, 그 신학은 매우 밍밍한 수프 같다. 그러한 신학적 식단을 접하는 사람의 영혼은 매우 빨리 영양실조에 걸릴 수도 있고, 더 나아가 다른 원천에서 비롯한 영적 불량식품을 끊임없이 섭취하여 영혼 자체가 변해버릴 수도 있다. 그런데 지금 맥락에서 더 중요한 것은 긍정적인 측면에 대한 견해다. 신학과 윤리, 또 이렇게 말해도 좋다면, 형이상학과 영성 사이의 본질적인 연관성 때문에, 이 신학은 적절한 형태를 갖추고 있다. 신의 선함(직설법)과 우리의 선함(명령법)은 개념적으로 밀접하게 얽혀 있다. 그 이론의 실제적 함의는 너무 직접적이다. 오히려 그 이론의 실제적 적용을 말하는 것이 오해의 소지를 낳을 수도 있다.

내가 영성을 말한 것은 문제시되는 실천이 신을 사랑하는 삶을 담지할 가능성에 열려 있게 하기 위함이고, 내가 또 윤리를 말하게 된 것은 그 실천이 이웃을 사랑하는 삶을 담지할 가능성에 열려 있게 하기 위함이다. 둘 중 어느 경우건, 기본적인 생각은 우리의 신-담론이 우리 자신의 자기-변형과 직접적으로 연관되어야 한다는 것이다. 신의 존재에 대한 설명과 인간됨에 관한 규정은 동전의 양면이다. 이 패러다임 안에서 나는 인간의 자기-초월과 엄격한 상관관계를 맺는 신의 초월을 탐구하자고 제안한다.

나는 이해를 추구하는 신앙faith seeking understanding의 여정과 신실한 신앙의 성숙을 추구하는 개인적 여정에 참여하는 그리스도인 유신론자로서 저술 작업을 하고 있다. 나의 소망은 내가 공유하는 반성이 신자와 불신자 모두에게 여기서 유신론이 계승되고 있다는 오해를 불러일으키지 않고, 그들 자신이 긍정하거나 부정하는 신을 더 명확하게 사유하는 데 도움을 주는 것이다. 따라서 신앙이 없는 독자에게는 변증적apologetic 의도가, 신자인 독자에게는 사목적pastoral 의도가 이 분석 안에 함께 들어 있다.

칸트는 철학과 관련해서 "우리가 수학을 모방하여 정의를 앞세우는 일을 하지 말아야 한다"고 주장했다. 오히려 "철학에서 정의는 측정된 분명성으로서, 그것은 작업을 시작하는 것이라기보다 종결하는 것이다."[1] 나는 칸트가 옳다고 생각하기 때문에, 신의 초월과 자기-초월에 대한 정의를 제시함으로써 논의를 시작하지는 않을 것이다. 나의 바람은 우리가 이 용어들이 의미하는 바를 처음부터 알고 있다고 가정하기보다, 앞으로 진행되는 반성의 과정에서 우리가 신의 초월과 자기-초월과 관련한 새로우면서도 놀라운 것들을 배워가는 것이다.

물론 이것은 메논이 덕이 무엇인지 미처 알지 못한 채로 덕을 탐구하고자 한 소크라테스의 의도에 반응하여 물었던 물음 앞에서 그 취약성을 드러낸다. "당신께서 그것이 무엇인지를 전적으로 알지 못한다면 당신께서는 어떤 방식으로 이를 탐구하실 겁니까?"[2] 우리의 관점에서 문제가 되는 것은 초월과 자기-초월의 상호 관계를 탐구함으로써 이 두 가지 초월이 무엇인지를 배우기 위해 우리가 귀 기울여야 할 대화가 어떤 것인지를 어떻게 알 수 있

---

1. I. Kant, *Critique of Pure Reason*, A730~31 = B758~59 [임마누엘 칸트, 『순수이성비판, 1·2』, 877~78쪽].
2. Plato, *Meno*, 80d [플라톤, 『메논』, 66쪽].

는가 하는 것이다. 우리 대부분이 밖에 나가서 스핑크스를 공부하고 그것의 번식 습관을 조사한 보고서를 가져오라는 요구를 받으면 큰 어려움에 부닥칠 것이다. 무엇을 찾으라는 것인가? 우리가 스핑크스를 발견했는지를 어떻게 알 수 있겠는가? 여기서는 우리가 조사하고자 하는 바가 무엇인지에 대한 최소한의 예비적이고, 경험적인 생각을 해보는 것이 무척이나 중요하다. 그러므로 초월에 대한 우리의 사전 판단은 초월적인 신이 (세계 안에서만이 아니라) 세계의 '저편' 내지 세계 '바깥'에서 발견되는 자라는 것이다. 그리고 우리 자신에 대해 본성적으로 몰두하는 데서 벗어나는 운동이 곧 자기-초월이라는, 하나의 선이해preunderstanding를 일단 가져보자.[3]

나의 소망은 이 두 가지 개념을 서로 연관 지어 탐구함으로써 내가 『신, 죄책, 죽음』에서 먼저 전개한 두 편의 분석을 심화하고 확대할 수 있게 하는 것이다.[4] 거기서 나는 신의 초월과 인간의 자기-초월에 대해 반성했지만, 여기서 시도하는 것처럼 양자 간에 엄밀한 상관성을 부여하여 그 문제를 생각하려고 하지는 않았

---

3. 다시 말해, 하이데거와 가다머가 발전시킨 해석학적 순환이 플라톤의 상기 개념을 대체한다. 그것은 플라톤보다 (또는 이 예비적 이해가 가역적이라는 점에서, 심지어 칸트보다) 더 약한 의미의 선험(a priori) 개념을 불러오지만 메논의 물음이 지닌 힘을 잃지 않으면서 그 물음을 부과한다.

4. M. Westphal, *God, Guilt, and Death*, 7~8장. 또한 다음 글을 보라. M. Westphal, "Religious Experience as Self-Transcendence and Self-Deception," *Faith and Philosophy* 9.

다. 나는 그 책에서 루돌프 오토로부터 힌트를 얻어 신(또는 더 일반적으로는 신성한 것)을 '두려우면서도 매혹적인 신비'mysterium tremendum et fascinans라는 존재 방식의 관점에서 다루었고, 이에 신을 전적 타자Wholly Other로 반성하는 가운데 신의 초월이라는 주제를 여러 장에 걸쳐 다루었다. 만일 어떤 타자가 전적 타자라면, 때로 그것은 내 경험의 범위를 완전히 벗어나므로 나는 그것과 어떤 인지적 관계도 맺을 수 없다는 식으로 그것을 논증하게 된다. 그렇다면 나는 '두려우면서도 매혹적인 신비'를 경험할 수 없고, 또는 그 신비가 전적으로 나의 경험 바깥에 있다면, 나의 이전의 분석 주제였던 성스러운 것the Sacred 앞에서의 양가감정도 경험할 수가 없다. 이에 다음과 같은 의문점이 생겨난다. 전적 타자가 전적으로 전적 타자가 아니라면, 그것은 대체 어떤 점에서 전적 타자일까? 나는 이 책의 후반부에 이르면 이 물음에 관한 답을 얻을 수 있을 것으로 생각한다. 그 타자가 내게 속하지는 않지만 그런데도 나의 경험 안으로 들어온다면, 또한 그것이 나의 초월적 자아의 형식과 범주를 지속적으로 초과하고 나의 기대 지평을 지속적으로 놀라게 만든다면, 당연히 나는 그것을 전적 타자라고 부를 수 있을 것이다. 나는 이것이 레비나스가 타인의 자기-계시를 'καθ' αὐτό', 곧 그것 자체라고 기술한 데서 의도한 바이며, 키에르케고어가 계시에서 교사가 진실을 줄 뿐만 아니라 그것을 그렇게 인식할 수 있는 조건도 주어야 한다고 말한 데서 의도한 바라고 믿는다. 이러한 관념은 분명히 자기-초월을 함축한다.

나는 『신, 죄책, 죽음』에서 다음과 같은 핵심 논지를 제시했다. 다양한 종교들이 지니는 공통의 특징은 믿음의 영혼believing soul에게 죄와 죽음의 문제에 관한 해결책을 제공한다는 것이다. 하지만 그렇다고 해서 이 논지가 도구적 관계를 함축하는 종교, 곧 신이 우리 문제에 대한 해결책, 우리의 목적을 위한 수단으로 전락하는 그런 관계에 불과하다는 것을 뜻하는가?[5]

이 물음에 대한 나의 답변은 부정적이다. 다양한 종교들이 신과 인간의 관계를 수단이면서 목적 그 자체로 제시한다. 나는 이 종교적 삶의 중요한 차원에 쓸모없는useless 자기-초월이라는 명칭을 부여한다. 종교적 삶에서 우리는 신(영성)과 이웃(윤리)을 향한 사랑을 통해, 일상적으로 몰두하는 물음, 곧 나를 위해 또는 우리를 위해 무엇이 존재하는지를 묻는 태도에서 벗어나게 된다. 이런 식으로 자기-초월은 도구적 가치보다는 신과의 고유한 관계를 형성하는 것이기 때문에, 그 자체로는 쓸모없는 것이다. 또한 이러한 것은 신과 우리의 관계 및 이웃과 우리의 관계에서 우리를 중심에 두지 않게 한다는 점에서 자기-초월이다.

---

5. 마르크스, 니체, 프로이트가 전개한 것처럼 혐의의 해석학은 종교가 우리 개인과 집단적 자아를 만족시키는 수단인 도구적 종교에 지나지 않는다는 것을 주장하는 입장으로 이해될 수 있다. *Suspicion and Faith*에서 나는 종교란 모두 신으로부터 좋은 것을 얻기 위한 기예의 집합이지만, 세속적 근대성(마르크스와 프로이트)과 탈근대성(니체)이 아닌 성서적 종교가 이러한 우상 숭배의 형태에 대한 저항의 원천이 아니냐고 주장한다. 그렇다면 어떤 점에서 이 책에서의 자기-초월에 대한 탐구는 비록 내가 이 작품들을 삼부작이라고 부르기는 주저하겠지만, 『신, 죄책, 죽음』과 『혐의와 신앙』의 속편이라고 할 수 있다.

여기에 내가 의도하는 바를 알려주는 몇 가지 예시가 있는데, 아빌라의 성 데레사는 다음과 같이 적고 있다.

> 아, 자매들이여, 주께서 특별히 그 안에 계시는 영혼은… 얼마나 명예를 가벼이 보아야 하며, 그 얼마나 존경받기를 원하는 데서 멀어져야 하는지요. 그도 그럴 일이, 사랑하는 이와 함께 있으면 자기를 잊어버리는 일 정도는 어려운 일이 아니니, 한결같은 생각은 어떻게 해야만 당신에 대한 사랑을 드러낼지, 오직 여기에만 있는 법입니다. 딸들이여, 기도란 결국 이것을 위한 것입니다.[6]

시몬 베이유는 또 이렇게 쓰고 있다.

> 우리는 비현실 속에, 꿈속에 있다. 지성만이 아니라 영혼의 상상에서도 우리의 망상적 중심 위치를 포기한다는 것은 실재와 영원에 눈뜨는 것, 진정한 빛을 보고 진정한 침묵을 듣는 것이다. 이때… 감성의 뿌리에서부터 일대 변형이 일어난다.[7]

이블린 언더힐도 이렇게 쓰고 있다.

---

6. St. Teresa of Avila, *Interior Castle*, p. 228 [예수의 성녀 데레사, 『영혼의 성』, 275쪽].
7. S. Weil, *Waiting for God*, p. 159 [시몬 베유, 『신을 기다리며』, 131~32쪽].

우리의 영성 생활도 〔하느님의〕 일입니다. 우리가 아무리 이리저리 생각한다 해도 영성 생활은 그분의 끊임없는 인도와 그것에 대하여 우리 자신을 버린 겸손한 순응으로 이루어지기 때문입니다. 영성 생활은 하느님께서 조절하시는 시간과 방식을 따라 우리가 상상하는 곳이 아닌 그분께서 원하시는 곳으로 우리를 인도하시는 가운데 이루어집니다.… 우리의 실천적 삶이 자기 자신의 이익을 좇는 데 쏠려 있고 우리가 재산 때문에 고민하며 살아가고 있다고 합시다. 야망과 열정, 욕심과 근심 때문에 괴로워하며 자기의 권리와 명예만 소중히 여기면서 자신의 미래에 대한 걱정이나 자신의 성공에 대한 열망에 포위되어 살아간다고 합시다. 그렇다면 우리는 삶의 이 모든 것이 영성 생활과 대립하고 있다고 생각해야 합니다.… 옛 작가들은 이 두 활동을 금욕과 기도라고 〔불렀습니다.〕… 그것을 조금 더 일반적인 말로 달리 표현하면, 실재를 향하여 방향을 바꾼 다음에 우리의 뒤엉키고 불투명한 삶, 곧 우리 자신과 우리의 영적 이익을 포함한 이기심에 너무 집착한 삶을 실재의 위대한 운동과 조화를 이루는 방향으로 이행시키는 것입니다.[8]

카를로 카레토는 신이 왜 아브라함에게 이삭을 제물로 바치라고 했느냐고 묻고, 이렇게 쓴다.

---

8. E. Underhill, *The Spiritual Life*, pp. 39, 37, 58~59 [이블린 언더힐, 『영성 생활』, 41~42, 40, 57쪽].

하느님께서는 아브라함의 존재 심연과 소통하고 그를 자기중심적 소유물과 같은 자기 자신에게서 또 자신의 문제에 관여하는 것에서 떼어내어, 땅의 장막이 아니라 하늘의 장막을 위해 운명지어진 이 피조물을 '더욱 그분의 것'으로 만들기를 원하십니다.9

토마스 아 켐피스는 이렇게 말한다.

주님 이 일이 그대가 좋다고 여기시는 그대로 그리고 그대의 뜻대로 이루어지게 하소서. 그대가 원하시는 그것을, 뜻에 맞는 그 정도, 뜻에 맞는 때 주소서. 그대가 가장 잘 아시는 대로, 그대의 뜻에 맞고 그대의 영광에 더 도움이 되는 그대로 제가 행하도록 하소서. 그대가 원하시는 그곳에 저를 데려가시고, 모든 일에 저를 그대 마음대로 하소서. 저는 그대의 손안에 있으니 저를 돌리시고 이리저리 굴리소서. 저는 그대의 종이오니, 무엇에든지 순명할 준비가 되어 있습니다. 저는 저를 위해 살지 않고 그대만을 위해 살고자 합니다. 간절히 청하오니, 주님! 마땅히 그리고 온전히 그렇게 되게 하소서.10

『독일 신학』의 익명의 저자는 이런 말을 남겼다.

---

9. C. Carretto, *The God Who Comes*, p. 22.
10. Thomas à Kempis, *Of the Imitation of Christ*, Book III, ch. XV [토마스 아 켐피스, 『준주성범』, 221].

참으로 겸손한 하느님의 조명을 받은 사람은 하느님께 비밀을 드러내라고 요구하지 않습니다. 그는 하느님이 어떤 일은 막으시고 또 어떤 일은 행하시는 이유를 묻지 않으며, 그와 비슷한 질문도 하지 않습니다. 그는 단지 낮아지고 복종하는 방법, 그리고 자기의 내면에서 영원하신 뜻이 다른 뜻들의 방해를 받지 않고 우세하게 되는 방법, 그리고 영원한 뜻이 자신으로 말미암아 자기 내면에 어떻게 온전히 드러날 수 있을지를 묻습니다.[11]

위-디오니시오스는 이렇게 쓰고 있다.

이 신적 열망은 황홀경을 가져오기 때문에, 사랑하는 사람은 자신이 아니라 사랑받는 사람에게 속하게 된다.… 우리 자신에게 속하는 것보다는 신에게 속하는 것이 나으므로, 우리는 자신에게서 완전히 벗어나서 완전히 신의 것이 되어야 한다.[12]

이와 같은 구절들은 무한정 재생산될 수 있으며, 나는 바로 이런 자기-초월 개념과 관련해서 신의 초월의 의미를 탐구할 것이

---

11. Anonymous, *The Theologia Germanica of Martin Luther*, p. 137 [마틴 루터, 『마틴 루터의 독일 신학』, 213~4쪽]. 루터가 이 글을 발간했지만, 그가 저자는 아니다.
12. *The Divine Names*, in *Pseudo-Dionysius*, pp. 82, 106 [위 디오니시우스, 「신의 이름들」, 『위 디오니시우스 전집』, 118, 160~61쪽. 우리말 번역에는 위 디오니시우스로 표기되었지만, 통상 위-디오니시오스라고 발음한다.]

다. 시기가 어떻든지 간에, 이와 같은 텍스트들은 전근대적 영성을 표현한다. 근대성이나 탈근대성보다 훨씬 앞서서, 믿음의 영혼은 신과의 관계를 부름, 곧 자기 존재를 알파요 오메가로 삼는 기획을 포기하라는 부름으로 이해했다. 그런데 탈중심화된 자기decentered self 자체가 탈근대 철학의 핵심 주제이기 때문에, 우리는 이러한 영성을 살아내는 신앙의 삶이 놀라울 정도로 탈근대적인 것이라고 규정할 것이다.

이 탐구의 전근대적 성격은 "교의dogmatic 신학"과 "신비mystical 신학"이 "근본적으로 서로 밀접하게 연결되어 있었다"고 보고, 아우구스티누스의 『삼위일체』를 "신을 향한 영혼의 상승을 설명하려는 노력이 아닌 사변신학의 교본으로" 읽는 것은 가능한 일이 아니라고 보는 교부적 에토스를 환기하고 회복하려는 시도를 담고 있다.[13] 앞으로 살펴보겠지만, 이러한 여정 가운데서 나 자신은 자신에게서 멀어지면서 동시에 자신을 향해 나아가는데, 이는 상실과 발견, 죽음과 재탄생과 관련한 예수의 역설과 일치한다.

그러나 이 맥락에서 신비신학을 말하는 것이 신학적 반성에서의 합일적 경험을 위한 특권적 위치를 이 신학이 가지고 있음을 뜻하지는 않는다.[14] 그러한 경험의 실재성이나 중요성을 부인하지

---

13. A. Louth, *The Origins of the Christian Mystical Tradition*, pp. xi~xxi [앤드루 라우스, 『서양 신비사상의 기원』, 11~13쪽]. 또한 V. Lossky, *The Mystical Theology of the Eastern Church*, pp. 7~9 [블라디미르 로스키, 『동방교회의 신비신학』, 7~10쪽] 참조.

않으면서, 나는 '교의신학'과 '신비신학'을 대체하고 '형이상학'과 '영성'을 쉽게 대체할 수 있게 하려고 '직접적 경험'과 같은 것을 뜻하는 더 넓은 의미로 '신비적'mystical이라는 용어를 사용하고 있다. 교의신학과 관련해서 신앙은 이해를 추구한다faith seeks understanding. 신비신학과 관련해서 신앙은 "주님의 선하심을 보고 맛보기"(시편 34:8)를 추구한다. 또한 영성에 대해 말하자면 "나는 전혀 종교적이지 않지만 나 자신을 영적인 사람으로 본다"는 말과는 달리, 그것이 종교와 대립하는 것도 아니다. 이것은 보통 "나는 내 인생에서 어떤 깊은 의미의 원천과 접촉하면서 모든 '조직된' 종교와는 안전거리를 유지하고 싶다"고 하는 것과 유사한 어떤 것을 뜻한다. 그리스도인인 나는 교회가 그 모든 실패에도 불구하고 초월과 경험을 접하기에 가장 좋은 장소라고 믿는다. 그러나 나의 현상학적 분석은 데리다가 "종교 없는 종교"라고 부른 데서 보듯,[15] 회당, 교회, 모스크, 절, 또는 이런 식의 장소가 아닌 것들과 관련하여 '적당한 변경을 가미해'mutatis mutandis 일어날 수 있는 구조들을 의미할 것이다. 물론 이러한 장소들이 공통적인 일반적 구조로 되어 있다는 사실이 이 장소들 사이에 아무런 실질적이고 결정적인 차

---

14. 이블린 언더힐은 신비주의를 '유일무이한 삶'과 '유일무이한 방법'의 관점에서 묘사하고 있다. 다음 문헌을 보라. E. Underhill, *Mysticism*.
15. 이 개념에 대한 유용한 안내와 개관으로는 다음 문헌을 보라. J. D. Caputo, *The Prayers and Tears of Jacques Derrida*. 특별히 색인을 통해 종교 없는 종교 및 메시아 없는 메시아적인 것에 해당하는 구절을 찾아보라.

이가 없음을 의미하지는 않는다.

한때 나는 "신과 영혼에 대한 탈근대적 시론"을 이 책의 부제로 삼을까 생각했었다. 이 말이 탐탁지 않았던 이유는 이후 나올 역사적 스케치에서 해명될 수 있을 것이다. 이성이 **아우구스티누스**에게 무엇을 알고 싶은지 물었을 때 서로 주고받은 다음과 같은 문답을 접해도 우리는 그리 놀라지 않는다.

아우구스티누스: 나는 신과 영혼을 알고 싶다.
이성: 그 외에 더 알고 싶은 것은 없는가?
아우구스티누스: 전혀, 아무것도 없다.[16]

이와는 대조적으로, 우리는 **데카르트**가 소르본대학교 신학부에 보내는 헌사와 더불어 『성찰』 서문의 논의를 시작할 때, 약간의 회의감을 품는 것을 넘어 어느 정도는 매우 놀라워하게 된다.

저는 언제나 신과 영혼이라는 두 문제는 신학보다는 철학의 도움으로 증명되어야 하는 문제들 가운데 주요한 것이라고 여기고 있었습니다. 왜냐하면 우리 신자들에게 인간 영혼은 신체와 함께 소멸하지 않는다는 것, 그리고 신은 현존한다는 것이 신앙에 의해 충분히 믿을 만하다고 해도, 확실히 불신자들에게는, 만일 이

---

16. Augustine, *The Soliloquies*, pp. ii, 7 [아우구스티누스, 『독백』, 55쪽].

두 가지가 자연 이성에 의해 먼저 입증되지 않는다면, 어떠한 종교도 심지어 거의 어떠한 도덕적인 덕도 설득할 수 있을 것 같지 않았기 때문입니다.[17]

데카르트가 신과 영혼의 불멸성을 진지하게 믿었다고 해도, 그가 여기서 고백한 도덕적이고 복음전파적인 열정으로 본인의 글을 쓰고 있음을 믿기란 어려운 일이다.[18] 자연학에 대한 설명으로 인해 두려움을 갖게 된, 갈릴레오를 호시탐탐 주목한 검열관들의 눈을 가리기 위해 데카르트가 연막을 쳤을 가능성이 더 크다. 그렇지만 그의 주된 관심사가 기계론적 자연학으로 세상을 안전하게 만드는 것이었다고 하더라도, 그가 신과 영혼의 불멸성을 증명하는 것과 관련해서는 토미즘적Thomistic 견해나 이신론적Deistic 견해를 고수했을 것이라고 보아도 좋을 것이다.

이런 점에서 데카르트는 데리다와 같은 탈근대적 파리인보다는 아퀴나스 같은 전근대적 파리인에 더 가깝다. 후기 저술에서의 유사-종교적 전회에도 불구하고,[19] 데리다는 아우구스티누스에게서 데카르트보다도 훨씬 더 멀어져 있다. 그의 동료들, 곧 타자

---

17. Descartes, *Meditations on First Philosophy*, in *The Philosophical Works of Descartes*, p. I, 133 [데카르트, 『제일철학에 관한 성찰』, 17쪽].
18. 이것이 표준적 견해다. 다음 문헌이 이런 표준적 견해에 대한 의구심을 가장 잘 표현한 글이다. H. Caton, *The Origin of Subjectivity*.
19. 이 '전회'에 관한 가장 훌륭한 해석으로 다음 책을 보라. Caputo, *The Prayers and Tears of Jacques Derrida*.

성이라는 주제에 연관된, 더 분명하게 세속적인, 파리의 후기 구조주의의 예언자들은 더더욱 그러하다. 탈근대 담론은 신과 영혼에 대한 담론의 대척점에 서 있다.

또는 적어도 그런 것처럼 보인다. 어떤 식이건, 통상 추정컨대 그들은 그런 위치에 서 있다. 타자성 및 탈중심화된 자기와 같은 탈근대적 논지와 전근대적인 교부적 에토스를 혼합시킴으로써, 나는 탈근대적 통찰이 본질상 세속적이지 않으며, 다른 각도에서 보면, 그것이 데카르트보다는 아우구스티누스에 더 가까운 자리에 서게 된다는 것을 보여주고자 한다. 에디트 와이스코그롯이 포스트모더니즘은 성인들의 도덕적 의미와 성인들에게 거의 무조건적 상찬으로 일관하는 전근대적 문헌에 관한 새로운 평가의 길을 열어줄 수 있다고 주장했던 것처럼,[20] 나는 탈근대적 논증이 철학적 신학과 교의신학 또는 조직신학을 사목신학과 다시 대면시키는 데 도움을 줄 수 있다고 주장하고 싶다. 폴 리쾨르는 이전 철학자들과 자신의 관계를, 전통적인 독해들로 인해 "충분히 발전되지 않고, 억눌리기까지 했던 잠재성 있는 의미를 따라" 재해석하고 재전유하는 관계로 기술한다.[21] 나는 유신론의 갱신, 그리고 이를 유신론자들의 갱신과 근본적으로 연결하기 위해, 지금껏 충분히 발전되지 못했고 심지어 억눌리기까지 했던 세속적 포스트모더니

---

20. E. Wyschogrod, *Saints and Postmodernism*.
21. P. Ricoeur, *Oneself as Another*, p. 298 [폴 리쾨르, 『타자로서 자기 자신』, 395쪽].

즘의 가능성을 전유하고자 한다.

나의 기획의 탈근대적 차원은 이중적이다. 영혼을 다루면서는 자기의 (죽음이 아닌) 탈중심화에 관한 논증이 이루어진다. 반면 신을 다루면서는 존재-신학onto-theology 비판이 시행된다. 탈근대적 사상은 타자성에 진정으로 열려 있는 자기self는 더는 근대성이 그토록 열광했던 진리와 선의 자율적 조정자가 되지 않을 것이라는 가정을 내세운다. 하이데거는 1921년 강의에서 '아우구스티누스와 신플라톤주의'를 다루면서, 자기에 관한 아우구스티누스적 확실성과 데카르트적 코기토cogito를 극명하게 대조시키면서 타자성과 자율성의 차이에 대해 경고한다. 아우구스티누스는 코기토의 명증성이, 우리 자신이 주인이 아닌 현사실적 삶, 그의 말로 하자면 신앙의 삶 속에 더 심원한 토대를 둔다고 이해했다. 또한 그는 모든 학문이 그러한 현사실적 삶, 곧 명석 판명한 관념의 확실성으로는 정초되지 않는 일상적이고 전이론적인 삶에 토대를 둔다고 이해했다. 데카르트는 아우구스티누스의 통찰력을 심화하는 대신에 그 통찰을 희석하여 (문자 그대로 말하자면, 그것을 무미건조하게 만들어) 근대 사상을 잘못된 방향으로 이끌었다. 이러한 초기 하이데거의 포스트모더니즘은 아우구스티누스에게 직접적으로 가담하기 위해 데카르트를 우회하는 시도를 꾀한다.[22]

---

22. M. Heidegger, *Phänomenologie des religiösen Lebens, Gesamtausgabe*, Band 60, pp. 298~99 [마르틴 하이데거, 『종교적 삶의 현상학』, 356~57쪽]. 데리다와 마찬가지로 하이데거가 데카르트(에게서)보다 아우구스티누스에 더 가까운

프랑스어 표현대로, 중심을 벗어난 자기, 혹은 하이데거의 표현대로, 현사실적 삶에 몰두하는 자기는 자신의 본래 힘을 고요히 발휘하는 실체가 되지 않을 것이다.23 그러한 자기는 하나의 과제로 해석되는 편이 더 나은 존재로서, 자기 자신을 발견하고 자기 자신이 되어가기를 추구하는 자이다(이 자기는 언제나 이전에 있었던 자기 그 이상의 자기를 발견하면서 당혹해하고, 최고의 통찰력에 지속적으로 부응하지 못함으로 인해 당혹해하는 자신을 발견한다). 이 자기는 거북이처럼, 자신만의 집에 머무를 수 없으며 항상 '사태 한가운데서'in medias res, '도상에서'unterwegs, 다시 자신을 발견하게 될 것이다. 여기서 이를 전근대적 전통에 따라서 표현하자면, 자기성selfhood은 하나의 여정journey이다.24

나의 두 번째 탈근대적 동기는 존재-신학 비판이다. 나는 존재-신학을 극복하는 것이 신의 초월을 복원하기 위한 필요조건이라고 주장할 것이다. 첫 번째 동기처럼, 이 초월의 모티브는 탈근대

(가까이 있다는) 데는 중요한 요점이 있음이 나타날 것이다. 이 제안의 이중적 의미는 괄호 안의 두 단어를 하나씩 생략함으로써 명확해진다.

23. 슈라그는 포스트모더니즘을 "주권적이고 군주적인 자아를 구성하려는 반복된 경향에서, 동시에 자기충족적이고, 자기확신적인, 불변하고 분할할 수 없는 자기-동일성에서 형이상학적 안온함을 찾는 데" 저항하는 것으로 제시한다. C. O. Schrag, *The Self after Postmodernity*, p. 27 [칼빈 O. 슈라그, 『탈근대적 자아를 넘어서』, 46쪽].

24. 본문에서 그려낸 바와 관련해서, 키에르케고어는 전근대적인 동시에 탈근대적인 면모를 강렬하게 드러낸다. 이에 나는 『결론적인 비학문적 후서』에 대한 해설서에 *Becoming a Self*라는 제목을 달 수 있었다.

철학의 핵심에 있는 세 번째 주제인 타자성과 복잡하게 얽혀 있다. 존재-신학을 극복하려는 시도는 오토가 주장해 온 "전적 타자"에서 보듯,[25] 신성함Holy을 재발견하는 시도가 될 것이다. 내가 이해하는바, 존재-신학 비판은 자기에 대한 타자가 무엇이건 간에 이 타자의 완전한 타자성을 보존하려는 포스트모더니즘의 광범위한 관심을 신학적으로 반영하는 차원에 속한다.

나의 기획 전반(특히 스피노자와 헤겔에 대한 논의의 경우)에서 존재-신학 비판이 지니는 중요성을 부각하고, 존재-신학 개념을 둘러싼 불투명성을 일으키기까지 하는 명료함의 결여를 넘어서고자, 나는 다음 장에서 존재-신학 비판에 관한 더 상세한 분석에 착수할 것이다. 이때 내가 지금 설정한 가정은 신의 초월을 합당하게 사유하고 말하는 것이란 존재-신학적으로 생각하고 말하기를 피하는 것과 같다는 것이다.

그런데 먼저 이러한 분석과 더불어 시작되는 더 긴 여정에 관한 간략한 지도를 제시하고 싶다. 이 책은 신의 초월을 해석하는 세 가지 길을 통과하면서 나타나는 변증법적 논증 또는 상승 운동을 따라 이동한다. 이 논증은 단계마다 신의 타자성을 조명하는 가운데 실행되는데, 신의 타자성이 조명되는 만큼 자기-초월이 환기되며 바로 이러한 방식으로 논증이 전개된다.

---

25. 특별히 R. Otto, *The Idea of the Holy*, pp. 25~30 [루돌프 오토, 『성스러움의 의미』, 65~74쪽].

신의 초월은 통상 신과 세계의 관계에 관한 물음으로 해석된다. 나는 이것을 **우주론적**cosmological **초월**이라고 부를 것이다. 범신론과 유신론 논쟁이 여기서 비롯된다. 범신론은 신과 세계를 총체적으로 동일시함으로써 신을 완전히 내재화한다. 이 전체성은 스피노자의 '신 즉 자연'Deus sive natura, 또는 헤겔의 '신 또는 정신'Gott oder Geist처럼 자연일 수 있다. 두 경우 모두 전체성은 어느 것 하나도 빼먹은 것이 없는 무한한 것들의 더미와 같은 조잡한 것으로 생각된 것이 아니다. 범신론의 신은 오히려 분석적 지성이 해부를 위해 살해를 저질러 더미로 환원한 모든 유한한 것들을 통합해내는 전체성이다. 좀 더 정확하게 말하자면, 그것은 전체 안에 전적으로 존재하는 총체적인 힘, 즉 아리스토텔레스의 영혼과 같은 것으로서, 이때 그 신은 온 세상에 생기를 불어넣고 통일성과 일관성을 부여한다. 따라서 신은 모든 유한한 것을 생성하고 그것들을 완전성으로 모으는 힘이다. 신은 다수를 하나 되게 함으로써 차이 속에 동일성을, 다원성 속에 통일성을 제공한다.

이 마지막 두 문장의 유신론적 형태가 있다. 하지만 그 의미는 이 두 문장 앞에 있는 문장을 긍정할 수 없으므로 상이해질 것이다. 유신론은 두 가지 점에서 범신론과 다르다. (1) 무로부터의ex nihilo 창조는 비대칭적 신/세계의 관계와 연관된다. 신은 세계 없이도 존재할 수 있지만, 세계는 신 없이 존재할 수 없다. 또한 (2) 신의 세계 **내** 내재성은, 직접적이건 간접적이건, 우리에게 말씀하시는 신이라고 적절하게 기술되고, 때로는 기적을 동반하는 급작스

러운 개입, 곧 이 세계 **내로의** 급작스러운 개입을 포함한다.[26]

범신론에 신적 초월이 전혀 없는 것은 아니지만, 내가 그 초월을 보여주려고 할 때, 그 초월은 범신론을 내재성의 철학이라고 부를 수 있을 만큼 매우 미미한 수준에서 나타난다. 유신론은 신의 타자성에 관한 매우 다른 의미를 강하게 함축하지만, 나는 유신론이 존재-신학의 분명한 변형태로서의 범신론과 그 자체로 구별되는 것에 만족할 경우, 유신론이 그 자신의 본질을 완전히 드러내지 못한 채, 신의 인격적 본성을 변호하는 데 그친다고 주장할 것이다. 이렇게 되면 유신론은 범신론과의 등가관계를 간신히 넘어서는 최소한의 자기-초월과 상관하는 최소한의 초월을 나타낼 뿐이라고 또한 주장할 것이다. 전적으로 세계 '안'이 아닌 세계 '바깥'으로 신을 표상하기 위해 자기를 호출하는 것은 자기를 자기 자신에 대한 몰입에서 벗어나게 하는 데 이르지 못한다. 그것은 인지적 만족과 자기-송축을 조장하는 것에 지나지 않는 것일지 모른다. 그 자체로 온전해지기 위해서, 유신론은 이런 존재-신학적 경향을 극복해야 한다.

몇몇 사람들이 종교를 이데올로기와 동일시하는 것이 편리하

---

26. 신적 발화와 특히 이 발화의 간접적인 방식에 대한 뛰어난 신학적 분석에 대해서는 다음 연구를 보라. N. Wolterstorff, *Divine Discourse*. 나는 이 기획과 존재-신학 극복의 관계를 다음 글에서 논의했다. M. Westphal, "Theology as Talking about a God Who Talks," *Modern Theology* 13. 월터스토프의 응답과 관련하는 더 세부적인 분석으로는 나의 다음 글을 보라. M. Westphal, "On Reading God the author," *Religious Studies* 37.

다고 생각하듯이, 또 다른 이들은 유신론을 존재-신학과 동일시하는 것이 적절하다고 생각한다. 이데올로기적 작업과 존재-신학적 작업 모두에 적용되는 유신론의 역사적 사례를 찾기는 어려운 일이 아니다. 그러나 그 연계성을 우연이라기보다는 본질적인 것으로 취급하는 것은 이중적 착각을 하는 것이다. 개념적으로, 유신론은 다른 가능성을 가지고 있으며, 역사적으로, 유신론은 때때로 그 다른 가능성을 현실화했다. 『혐의와 신앙』에서 마르크스, 니체, 프로이트의 혐의의 해석학에 대해 내가 제시한 답변은 (1) 종교가 모두 너무 자주 개인적 이기주의 또는 공동체적 이기주의에 몰두하고 있으며, 이런 일반적 의미에서의 종교가 이데올로기적이라는 것을 시인하고, (2) 이러한 경향에 저항할 만한 훌륭한 종교적 근거가 있음을 주장하며, (3) 혐의의 학파의 세 대가가 제시한 비판적 분석을 종교적으로 전유하기를 요구하는 것이었다.[27] 여기서 나의 논증은 존재-신학에 대한 탈근대적 비판과 연관 지어 위세 가지 요점을 다시 제시하는 것이다.

나는 유신론과 범신론, 특별히 스피노자와 헤겔의 범신론 사이에 일어난 논쟁의 역사적 계기들을 살펴보면서, 우주론적 쟁점들이 유일한 쟁점이 아님을 보여줄 것이다. 훨씬 더 근본적인 것은 인식론적이고 윤리적/종교적인 관심과 관련한다. 신적 타자성에

---

27. 이런 방식으로 위대한 세 현대 무신론자를 기술한 이가 바로 폴 리쾨르다. P. Ricoeur, *Freud and Philosophy*, p. 32 [폴 리쾨르, 『해석에 대하여』].

대한 더 깊은 평가는 **인식론적 초월**의 차원에서 얻을 수 있다. 여기서 자기는 그 내용이나 원천이 무엇이건 간에 자신의 표상에 대한 만족감에서 멀어지게 된다. 근대성과 탈근대성 사이의 논쟁과 마찬가지로 실재론/반실재론 논쟁에는 신학적 차원이 있으며, 나는 유신론적 반실재론이 실재론보다 신의 초월에 대한 정의를 더 잘 내릴 수 있다고 제안할 것인데, 이는 유신론적 반실재론이 인지적 자율성과 적합성 주장에 도전할 수 있기 때문이다. 반실재론의 요점은 우리의 신에 대한 지식이 우리의 구원에 적합하다는 것을 부정하는 것이 아니라, 신에 관한 진리가 '사물과 지성의 일치'adequatio intellectus et rei 여부를 따지는 고전적 이해로 이해될 수 있는 것인지를 의문시하는 데 있다. 나와 매우 가까운 친구 중 몇몇은 이에 경악하겠지만, 신에 관한 인식과 관련해서 나는 아우구스티누스와 아퀴나스가 칸트만큼이나 반실재론자라는 점을 논증할 것이다. 칸트와 마찬가지로, 그들은 이성에 입각하건 계시에 입각하건 우리의 신 인식이 전통적으로 정의된 진리관에서 비롯한 적합성 검사를 통과한다는 생각을 부정한다. 하지만 위-디오니시오스에게서 보듯, '부정신학'의 통찰은 신자를 침묵의 태도로 환원시키는 것이 아니다. 그 통찰은 강고한 유신론이, 특별히 그리스도교적인 담론이 인식론에 부합할 자격을 제공한다. 다소 다른 문헌을 가져오자면, 칼 바르트의 신학은 이 문제에 대해 그의 전근대적인 선구자들과 그 의견을 같이한다.

끝으로, 나는 신의 타자성, 곧 명령하고, 심판하고, 은혜로 용서하는 신의 타자성을 가장 공정하게 평가하는 것이 **윤리적/종교적 초월**이며, 이 신이 인간 자아에 가장 심원한 자기-초월의 차원을 불러온다고 주장할 것이다. 이러한 전개는 신을 세계에 대한 타자로, 나/우리의 인식의 성취에 대한 타자로, 그리고 마지막으로 나/우리의 의지적 목표와 성취에 대한 타자로 생각하는 것으로 요약될 수 있다. 나는 우주론적 초월에서 인식론적, 윤리적/종교적 초월로 이행하는 것이 자기-초월의 상승이라는 차원과 상관한다는 것을 일단 자명한 것으로 이해한다. 세계를 마주하는 신으로부터 나 자신과 공동체를 마주하는 신에게로 초점을 옮기는 것은 상당히 큰 대가를 치르게 한다. 그다음으로, 나의 인식의 자율성과 적합성에 대한 도전에서 나의 행위, 그리고 심지어는 정서적 자율성과 적합성에 대한 도전으로까지 초점을 옮기는 것은, 나 자신을 더 심원하게 탈중심화로 소환해내는 것을 의미한다. 마르셀이 너무나도 복잡한 과제를 다음과 같이 간명하게 제시해준 것처럼 말이다. "나는 어떻게든 나 자신 안에 타자를 위한 여지를 만들어야만 한다."[28] 윤리적 초월과 관련해서, 나는 여기서 레비나스의 텍스트를 통해 타자가 이웃이 될 것이라는 점을 탐구했다. 종교적 초월과 관련해서, 나는 여기서 키에르케고어의 텍스트를 통해 타자가 신이 될 것이라는 점을 탐구했다. 윤리적/종교적 초월을 말하는 것은 이 두 가지가 불가분의 관계를 맺는다고 가정하는 것이

---

28. G. Marcel, *Creative Fidelity*, p. 88.

다. 우주론적 초월이 인식론적 초월에서 지양되고aufgehoben, 이것이 다시 목적론적으로 윤리적/종교적 초월에서 유보되는 이러한 세 단계의 여정이 이 책의 핵심 물음에 대한 나의 해답이다. 우리는 신의 초월을 어떻게 사유해야 하는가? 레비나스의 말을 빌리자면, 어떻게 해야 우리의 신 담론이 신적 타자를 인간 동일자로 환원하는 일을 피할 수 있을까?[29]

이 연구는 본질적으로는 전근대적이면서 동시에 탈근대적이며, 방법론적으로는 현상학적이지만 두 가지 중요한 특징이 있다. 첫째는, 해석학적 현상학이다. 이것이 목적으로 삼는 것은 다양한 시대와 장소에서 구현될 수 있는 본질, 구조라고 할 수 있다. 그러나 나는 이것을 플라톤의 천상에서 찾기보다는 각자의 시대와 장소에 내재된 텍스트에서 찾는다. 특수성의 외피 아래 숨어 있는 본질적 구조를 끄집어내려고 할 때, 나는 엄밀한 학문인 체 가장하지 않고 오히려 내가 위치한 특정한 시간과 장소를 보여주고 인정할 것이다. 나의 소망은 해석학적 순환에서 벗어나지 않고 그 순환을 유익하게 만드는 것이다.

둘째, 이것은 실존론적 현상학이다. 다른 현상학처럼, 이것은 가능성에 관한 것이다. 이 현상학은 사례들의 사실을 정립하는 것이 아니라 가능한 경험 방식이나 세계-내-존재의 가능한 존재 방

---

29. 나는 헤겔의 지양과 키에르케고어의 목적론적 유보를 더 충만하게 구체적인 배경에서 추상적인 것을 재맥락하는 것에 관해 말하는 일과 밀접하게 연관되는 양식으로 받아들인다. 초기의 단계들이 버려지는 것은 아니지만 목적성이나 자기-충족성에 대한 요구는 버려져야 한다.

식을 탐구하려 한다. 다만, 이러한 경험 방식은 순전한 현상학적 가능성이 아닌 실존론적 가능성이다. 이 가능성은 단지 내가 경험할 수 있다는 것을 의미하는 것이 아니라, 내가 거주할 수 있는 장소와 내가 존재할 수 있는 방식을 나타낸다. 문제가 되는 것은 나의 삶의 의미다.

1부

존재-신학과 우주론적 초월을 넘어서려는 욕구

1장
하이데거:
신에 관해 말하지 않는 법

2장
스피노자:
자연의 존재-신학적 범신론

3장
헤겔:
정신의 존재-신학적 범신론

1장

하이데거

신에 관해 말하지 않는 법

탈근대 철학의 가장 심원한 관심사 가운데 하나는 — 개인이건 집단이건 — 주체가, 대상을 — 그 대상이 신이건 이웃이건 사회적 세계이건 자연적 세계이건 간에 — 자신의 고유한 표상과 목적으로 환원하지 않도록 타자성을 보존하는 것이다. 하이데거의 존재론에 대한 비판은 신과의 관계에서 이러한 우려를 표현한다. 그런데 신의 초월과 그에 상응하는 인간의 자기-초월을 복원하기 위해 존재-신학을 극복하자는 주장을 하려면 '존재-신학'이라는 용어가 무엇을 의미하는지 가능한 한 명확히 밝힐 필요가 있다. 이는 1960년대 좌파 사이에서 '파시스트'가, 혹은 1980년대와 1990년대 보수주의자 사이에서 '자유주의'가 그러했던 것처럼 일반적으로 남용되고 오용되는 말로 자주 사용된다. 이 용어가 '황색'과 같이 딱히 정의할 수는 없지만, 그 의미가 분명해서 따로 정의할 필요가 없는 용어로 취급될 때, 이 말을 사용하는 것은 더욱 무책임한 일이 되고 만다. 그렇게 하면 다양한 텍스트나 관점을 논쟁이나 면밀한 검토 없이 단순히 딱지를 붙임으로써 무시할 수 있게 되기 때문이다. 신에 관한 담론을 (그것이 비그리스도교의 담론이나 다신론의 담론이 아닌 이상) 단순히 신학적이라고 호명하는 것만으로 논의할 가치가 없는 것으로 치부하는 때도 너무 많다.

이것은 최고의 철학이 아닌 최악의 정치에 가깝다. 그러나 존재-신학에 대한 비판이 자기만족적 언어 남용으로 전락할 필요는 없다. 다음과 같은 물음에 답할 의향이 있다면 그것은 유용한 해석학적 도구가 될 수 있다. 존재-신학이 정확히 무엇인가? 또 다음과 같은 물음에 기꺼이 답할 의향이 있다면 그것은 유용한 비판적 도구가 될 수 있다. 존재-신학과 관련해서 정확히 무엇이 잘못되었는가? 왜 우리는 존재-신학을 피하거나 넘어서야 하는가? 이 포스트모더니즘의 한 줄기 흐름에 대한 나의 평가는 이 두 가지 물음에 대한 명확한 답을 제시하는 일을 전제한다.

다행히도 맨 처음 '존재-신학'이라는 말을 도입한 하이데거보다 우리가 더 먼 곳을 돌아볼 필요는 없다.[1] 그는 위 두 가지 물음에 대한 답을 제시하면서 동시에 자신의 비판이 지닌 정확성과 한계를 함께 제시한다. 왜냐하면 하이데거의 이론을 따르자면, 존재-신학은 한층 더 강력한 이유에서 신의 타자성과 인간의 자

---

1. 칸트가 이 말을 사용했지만, 그는 더 좁은 의미에서, 존재론적 논증에 유효한 것으로 제한하여 그 말을 사용했다. Kant, *Critique of Pure Reason*, A 632 = B 660[칸트, 『순수이성비판 1·2』, 802쪽]을 보라.

기-초월의 일치를 함축하기 때문에, 이는 나의 기획과 관련해서 매우 중요하게 작동한다. 이에 나는 존재-신학에 대한 하이데거의 이론이 무엇이고 그것이 어떤 점에서 문제가 되는지를 내가 어떻게 알게 되었는지를 설명하는 데 이 장을 할애할 것이다. 이는 다음 두 장에서 스피노자와 헤겔을 존재-신학자로 해석할 수 있는 기초를 마련할 것이며, 거기서 나는 신에 대한 존재-신학적 해석이 사변적 차원과 영성의 차원을 결정적으로 분리하는 것, 또는 영성을 사변적인 것으로 환원하는 것과 크게 다르지 않음을 보여주려고 할 것이다. 이것은 우주론적 초월 대 유신론의 논쟁으로부터 우리를 끌어내서 인식론적, 윤리적/종교적 초월을 더 크게 쟁점화하는 방향으로 인도할 것이다.

하이데거가 원래 참조한 것은 아리스토텔레스다. 정작 아리스토텔레스는 지혜 또는 제일철학이라고 부르지만, 우리에게 형이상학이라고 알려진 학science은 "사물의 첫째 원인과 원리 들을" 다룬다.[2] 아리스토텔레스는 이것이 무엇을 의미하는지 두 가지 설명을 제시한다. 첫 번째 설명을 따르자면, '제일'은 모든 것을 포함함을 의미한다. 따라서 "존재로서의 존재를 탐구하는" 학문은

> …그것은 개별 학문들 가운데 여느 것과도 같지 않은데, 그 이유는 다른 학문 가운데 그 어떤 것도 존재하는 것을 존재하는 것인

---

2. Aristotle, *Metaphysics*, 981b27 [아리스토텔레스, 『형이상학』, 36쪽].

한에서 보편적으로 탐색하지 않기 때문이다. 그런 학문들은 존재하는 것의 한 부분을 떼어내서 그것에 속하는 부수적인 것을 이론적으로 고찰하는데, 예컨대 수학적인 학문들이 그렇다. 우리는 원리들과 최고의 원인들을 찾고 있으므로, 분명 그 자체로서 이런 것들을 갖는 어떤 자연적인 것이 반드시 존재해야 한다. 그래서 만일 존재하는 것들의 요소들을 찾는 사람들이 찾았던 것이 바로 그런 원리들이라면, 그 요소들은 존재하는 것의 요소이지만, 부수적인 뜻에서가 아니라 그것이 존재자이기 때문에 필연적이다. 그러므로 우리는 존재하는 것인 한에서 존재하는 것에 속하는 제일의 원인들을 파악해야 한다.[3]

이 구절에서 "최고의" 것은 논리적으로 가장 일반적인 것, 모든 것을 포괄하는 것을 나타내기 위해 기능한다.

그런데 아리스토텔레스는 또한 무엇이 맨 먼저 제일철학을 만드는가를 상당히 다른 방식으로 이야기한다. 이론적 학문에는 세 가지가 있다. 자연학 또는 물리학, 수학, 그리고 "이 둘에 앞서는 학문"이 바로 그것이다. 자연학은 운동하는 대상들을 다루고, 수학은 때때로 최소한 물질과 불가분의 대상들을 다루지만, "제일의 학문은 분리될 수 있고 움직일 수 없는 것들을 다룬다." 이로써 그것은 신학이라고 불릴 것이다. 왜냐하면 "신이 어디에든 존재한다

---

3. 같은 책, 1003a24 이하 [같은 책, 129~30쪽 이하]. 강조는 필자.

면", 그것은 곧 (분리할 수 있는) 공간과 (부동의) 시간 바깥에 있는 "이런 유의 사물들에 현전하는 것이 분명하기" 때문이다. 또한 그것은 "이론학이 다른 학보다 우월한데, 이는 또 여타 이론학보다 더욱 우월하다"는 이유로 제일철학이라고 불릴 것이다. 그런데 이제 다음과 같은 물음이 도래한다.

> 제일철학이 〔논리적으로, 모든 것을 포괄하는 최고의 유를 다루는〕 보편적인지 아니면 어느 하나의 유, 즉 특정한 자연적 존재자에 대한 것인지 … 그런데 만일 자연적으로 이루어진 실체들과 떨어진 다른 어떤 실체가 존재하지 않는다면, 자연이 제일의 학문이 되겠지만, 만일 운동하지 않는 어떤 실체가 있다면, 이것에 대한 학문이 앞서서 있어야 하고 제일철학이 될 것이니, 그것은 제일의 것이기 때문에, 이런 점에서 보편적이다. 또한 그것은 … 존재로서의 존재를 고찰하는 것도 그 학문의 과제다.[4]

여기서 제일철학을 맨 먼저 형성하는 것은 제일의 것, 또는 다른 것에 앞서는 것으로서의 유일무이한 대상이다.[5] 이것은 최고 존재

---

4. 같은 책, 1026a25 이하 [같은 책, 244~45쪽]. 강조는 필자.
5. 아리스토텔레스는 여러 부동의 동자가 있을 가능성을 열어두기 때문에, 엄밀하고 정확하게는 최고 존재나 존재자에 관해 말해야 할 것이다. 대부분의 전통처럼, 하이데거는 이러한 미묘함을 무시하는데, 이 각주를 제외하면 나 역시 일단 그 미묘함을 무시하고자 한다.

이며, 모든 것을 포함하는 유의 논리적 우위성이라는 점에서가 아닌 가장 완벽한 존재의 우주론적 우위성이라는 점에서, 아리스토텔레스가 부동의 원동자Unmoved Mover라고 부르는 신이다. 신학이 보편적이라고 말하는 것은 무엇보다도 모든 존재자가 그 본질상, 곧 존재로서의 존재가 최고 존재에 비추어 이해되어야 한다는 말이다.

『형이상학이란 무엇인가?』(1929)의 1949년 판 서문에서 존재-신학은 아리스토텔레스에게서 출발하는 형이상학에 대한 이중적 접근을 하이데거가 단적으로 자신의 방식대로 호명한 것이다. 형이상학은 "처음에는, 이중의 방식으로, 가장 보편적인 특징에 대한 시야를 가진 것과 같은 존재자의 총체성"을 표상하지만 "…동시에 최고인 그러므로 신적 존재의 의미에서의 존재자 자체의 총체성"을 표상한다. 전자의 양식에서 그것은 존재론이고, 후자의 양식에서는 신학이다. 이것이 "본래적인 철학의 존재-신학적 본성"(WM/1949 275 [143])이다. 어느 시점에 하이데거는 "존재론과 사변적 신학 사이에 가로놓인 긴장"(MWP 235 [181])을 감지했다. 그는 이제 양자가 불가분의 관계에 있음을 깨닫게 된다.

이후 간행된 「형이상학의 존재-신-학적 구성」(1957)에서, 하이데거는 동일한 설명을 제시한다.

그런데 서양의 형이상학은, 그것이 그리스인에 의해 시작된 이래로 존재론인 동시에 신학이었다.… 이런 이유로 [프라이부르크대학교] 취임 강연 『형이상학이란 무엇인가?』(1929)에서 나는 형이상학을 존재자로서의 존재자에 관해 묻는 동시에 존재자 전체에 관해 묻는 물음으로 정의했다. 이러한 전체의 전체성이 존재자를 통일하는 통일성이며, 이 통일성이 [존재자 자체를] 산출하는 근거였다. 진정한 독자를 위해서 그것은 곧 다음과 같은 것을 의미한다. 형이상학은 존재-신-학onto-theo-logic이다. (ID 54[46])[6]

형이상학은 존재자의 존재를 가장 일반적인 것, 즉 어디에서나 모든 존재자에게 동등하게 타당한 근거를 부여하는 통일성에서 사유할 뿐만 아니라 근거를 설명하는 모든 것의 통일성에서, 즉 최고 존재자의 통일성에서 사유한다. … 그런데 존재론과 신학이 존재자 자체의 근거를 파헤치며 존재자로서의 존재자를 전체에 있어서 설명하는 한 그것들은 '론/학'Logies이다. … 그러므로 그것들은 더 정확히 말하자면 존재-론onto-logic이며 신-학theo-logic이다. 더 엄밀하게 그리고 더 명확하게 사유하자면, 형이상학은 존재-신-론onto-theo-logic이다. (ID 58~59[50~51]; 61, 69[53, 61~62] 참조)

1957년의 이 공식은 헤겔의 『대논리학』에 관한 강의의 맥락에서 나타난 것으로 1949년의 공식과 상이하다. 여기서 신학적 사유의 대표적인 예는 아리스토텔레스라기보다 헤겔이다. 이것은 두

---

6. ID 54~70[46~63]의 맥락에서 다룬다.

가지 의미에서 중요하다. 첫째, 하이데거가 형이상학의 존재-신학적 구성을 말할 때, 그는 그 정점에서 아리스토텔레스와 헤겔을 포함하는 전통을 염두에 두고 있음이 분명해진다. (1949년에 그는 그 전통이 아낙시만드로스로부터 니체에 이르는 것이라는 점을 확증했다[WM/1949 268[131]]). 둘째, 절대정신이나 이념이 최고 존재자인 부동의 원동자를 대체할 때, 존재-신학은 구조적인 개념이라는 점, 또 모든 존재자가 이해되어야만 한다는 것과 관련해서 다양한 존재자가 최고 존재의 역할을 할 수 있다는 점이 분명해진다. 이에 다음 장의 내용을 먼저 언급하자면, 스피노자에게 최고 존재는 신 즉 자연으로 지정된 유일실체이며, 이 실체가 아닌 모든 것은 그 실체와 관련해서 속성이나 양태로 이해되어야 한다.7

따라서 존재-신학은 배스킨라빈스나 하인츠 아이스크림과 약간 비슷하다. 이 제품들은 31가지 맛이나 57가지 종류의 다양한 아이스크림을 보유하고 있으며, 또 사람들은 이렇게 많은 종류의 제품이 있음을 알고 있다. 니체의 신의 죽음 선언을 논의하

---

7. 스피노자의 '신 즉 자연'(Deus sive Natura)에서 sive는 실재적 구별이라기보다 명목상의 구별로서 동격을 의미하는 말이다. 이것이 미국 운동선수가 가을에 어떤 운동을 하느냐는 질문을 받았을 때, 해당 선수가 '풋볼 또는 사커'라고 답할 때의 또는(or)을 뜻하는 것은 아니다. 오히려 이는 세 명의 테너 가수가 그들이 가장 좋아하는 스포츠를 알아보고자 할 때, 곧장 풋볼이라고 말하려 하다가 미국에서는 해당 스포츠가 사커라고 불린다는 것을 기억하여 '풋볼 또는 사커'라고 할 때의 또는(or)을 의미한다. 이와 비슷하게, 스피노자에게 이 말은 한 존재가 신과 자연이라는 서로 대체 가능한 두 이름, 곧 신과 존재를 모두 함축함을 의미한다.

면서, 하이데거는 세속적 근대성에서 신을 대신하는 여러 가지 것들을 다음과 같이 열거한다. 양심, 이성, 역사적 진보, 지상에서의 최대 다수의 행복, 그리고 심지어는 기업체도 있다. "세계에서 초감성적인 것으로의 도피"가 전체에 통일성과 인식가능성을 부여할 과제를 지닌 특수한 존재를 찾기 위해 필수적인 것은 아니다(WNGD 64).

그런데 존재-신학의 모든 형태에는 공통된 목적이 있다. 이 각양각색의 신은, 그것이 부동의 원동자이건, 자연이건, 정신이건, 시장이건 간에, 형이상학 이론의 핵심으로 작동함으로써 현실 전체를 철학적 반성으로 인식 가능한 것으로 만드는 역할을 한다. 따라서, 한 예로 자유 기업과 자유를 동일시하고 이것을 인간 역사의 내재적 텔로스로 만드는 작가들은 신의 죽음 시대의 신학자들인 셈이다.[8]

하이데거의 비판을, 두 번째 물음에 대한 그의 답변을 탐구해

---

8. 존재-신학은 아리스토텔레스와 스피노자에게서처럼 비역사적일 수도 있고, 성서적 메시아주의의 영향 아래 역사적으로 정향될 수도 있다. 따라서 그리스도인, 헤겔주의자, 마르크스주의자, 진화주의자, 실증주의자, 그리고 고전적으로 자유주의적인 존재-신학들은 행복한 결말을 가진 큰 이야기를 들려준다. 이때 존재-신학의 극복으로서의 하이데거의 포스트모더니즘은 "메타 내러티브에 대한 불신"을 말하는 리오타르의 포스트모더니즘과 마주한다. J-F Lyotard, *The Postmodern Condition*, p. xxiv[장-프랑수아 리오타르, 『포스트모던의 조건』, 1쪽]을 보라. 다른 책에서 나는 그리스도교의 메가 내러티브가 근대성의 메타 내러티브와 본질적으로 다르다고 주장했다. 다음 나의 책 서문을 보라. M. Westphal, *Overcoming Onto-Theology*.

보면, 존재-신학 개념이 더욱 정확하게 제시될 것이다. 존재-신학과 관련해서 문제가 되는 것은 무엇인가? 나는 세 가지 비판을 검토할 것이다. 이는 다음과 같이 간명하게 요약될 수 있다.

1. 존재-신학은 계산적 사유다.
2. 존재-신학은 표상적 사유다.
3. 존재-신학은 나쁜 신학이다.

이 중 첫 번째와 두 번째 규정이 매우 밀접하게 연관되어 있기에, 우리는 이 둘을 구별할 수는 있지만 궁극적으로 그것들을 분리할 수는 없다. 우리는 『형이상학이란 무엇인가?』의 역사를 추적함으로써 해당 주제에 가장 잘 다가설 수 있다. 이 저작은 1929년 초판에서, 1943년의 후기에서, 1949년에 이르러서는 "형이상학의 근본 바탕으로 소급해 들어감"이라는 제목을 달고 존재-신학 개념을 소개한다. 각각의 중대한 차이에도 불구하고, 언급된 논고들은 발견적이고 예비적인 방식으로 이성주의의 총체적 인식가능성에 대한 요구로 불리는 것을 벗어나려는 공통 관심을 공유하고 있다.

1929년부터 1949년까지의 움직임은 『존재와 시간』과 구별되는 '전회'의 양 측면으로 우리를 데려갈 것인데, 이 양면이란 곧 『존재와 시간』과 연관된 글과 '후기' 하이데거의 글을 분리하는 것을 말한다. 이러한 분할의 양면에서는 존재being와 존재자beings 사이의 '존재론적 차이'가 하이데거에게 중요한 것이 된다.[9] 또한 하

하이데거의 존재-신학 비판은 망각 또는 잊혀짐, 존재자에게 몰두하는 데서 존재로 물러서는 것으로도 요약할 수 있다. 존재론의 신학화는 최고 존재를 포함한 모든 존재자를 넘어서 이 모든 존재자의 존재로 이행하는 것이 아니다. 그보다 이런 신학화는 한 존재자에서 또 다른 존재자로 이행하는 것을 뜻한다. 『존재와 시간』에서 하이데거는 이미 다음과 같이 주장한 바 있다. "존재자의 존재는 그 자체가 또 하나의 존재자로 '존재하지' 않는다. 존재 문제의 이해에서 우리의 철학적 첫걸음은…'한 가지 이야기를 하는 데' 있지 않다. 그것은 마치 존재가 하나의 가능한 존재자의 성격을 가졌기라도 하듯이 그 유래가 되는 다른 존재자에게로 소급해 들어가지 않는 데 있다"(BT 26[20~21]).

하이데거의 참 신도들은 이런 식으로 말하는 것이 도움이 된다고 생각한다. 나는 그렇게 하지 않는다. 우리가 존재를 존재자로부터 구별해서 이해한다는 것이 무엇인가 하는 것은 그리 명확하지 않으며, 또한 우리가 염려해야 하는 것이 무엇인지는 한층 더 명확하지 않다. 하지만 하이데거는 자신이 존재를 통해 의도한 바

---

9. 하이데거는 명목화된 형태의 부정사 sein과 이 말의 분사 seiend를 규칙적으로 사용한다. 영어 번역은 다양하다. 또한 das Sein에 대해, 나는 그 말의 의미를 보존하는 의도에서 동명사 형태 'being'(존재)로 사용할 것이다. 신과 존재를 동일시하는 유혹을 피하기 위해 대문자 B는 사용하지 않을 것이다. 여기서 sein과 seiend 사이의 어원론적 연결을 보존하기 위해 나는 ein Seiendes를 'a being'(한 존재자)으로 das Seiende를 'beings'(존재자)로 사용하는데, 이는 하이데거가 일반적이고 총괄적으로 존재자의 영역을 지시하기 위해 단수 형태로 사용하는 말이다.

와 그것이 왜 그렇게 중요한지를 우리에게 말하고자 (수십 년 동안) 계속 노력한다. 해당 주제들이 '존재론적 차이'라는 관점에서 깔끔하게 요약되느냐는 물음과는 무관하게(나는 이 물음에 회의적이다), 그는 그 과정에서 나 역시 철학적으로 중요하다고 보는 여러 가지 주제를 발견한다. 그래서 '차이'에 대한 암시를 피할 수는 없겠지만, 나는 하이데거가 존재를 사유하려고 하는 와중에 스스로 도입한 다른 주제들과 관련지어 존재-신학 비판을 제시하고자 할 것이다.

『형이상학이란 무엇인가?』의 세 단계는 참된 본래적 사유 방식으로부터 최상의 사유 과제에 부적합한 사유 방식을 구별하는 일과 연관된다.[10] 1929년 판본에서 그러한 대조는 과학과 형이상학의 대조로 나타난다. 과학은 "우리 인간 실존이 자유롭게 선택한 태도〔세계 관계〕"로서, 그것은 "대상에 관하여 명확하게 그리고 유일하게 시종일관 말하는 일을 가능하게 한다. 이러한 물음의 객관성에서, 사태에 관해 정의하고 증명하는 일은 그 독특한 한계 안에서 존재자 자체에 복종하기 마련이다"(WM/1929 243 [151]; 강조

---

10. 하이데거는 여기서 본래성이나 적합성 둘 다를 말하고 있으며, 어떻게 자신의 목적을 가장 잘 표현할 수 있는지도 분명하게 밝히지 않는다. 사유의 본질에 적합한 사유 방식을 말하는 것이 '사물과 지성의 일치'라는 고전적인 이상에 부응한다는 것을 암시하는 것은 아니다. 이와는 정반대로, 우리에게 사유의 과제가 무엇인지 알려주는 것은 그 이상의 '적합성'을 포기하는 것과 관련한다. 이런 점에서 하이데거는 『존재와 시간』의 초월적 주관주의에 대해 비판적인 입장을 가지게 될 때조차도 한 명의 칸트주의자로 남는다.

는 필자). 이는 하이데거가 적절한 시점에 표상적 사유와 계산적 사유, 이 두 가지로 기술할 객관성에 대한 탐구를 세부적으로 제시한 것이다.

대상들을 정확하게 표상해내고자 하는 과학은 그 협력자들과 더불어 건전한 상식과 논리를 가지고서 오로지 "존재자"에게만 관심을 가지며, "그 너머는 아무것도 아니라고 여겼기에 … 과학은 무에 대해서는 아무것도 알려고 하지 않는다." 과학과는 대조적으로 형이상학은 "그런데 그 '무'는 과연 어떠한 것일까?"(WM/1929 244[153, 152])라고 묻는다. 하이데거는 권태, 즐거움, 두려움 같은 기분에서 존재자가 경험의 전형으로 나타나는 배경을 우리가 인식하게 된다고 제안한다. 이 배경은 그 자체로 한 존재자가 아니고, 곧 무로서, 이것이 바로 형이상학이 사유하려고 하는 무다. 이러한 사유는 사태들의 순수한 우연성의 경험, 존재자의 전체성을 "지금까지 숨겨져 있었던 단적인 '타자'를 완전한 낯섦에서부터"(WM/1929 251[163], 또 256[172] 참조) 드러내는 경험으로부터 일어난다. 형이상학은 확실히 신의 초월이 아닌 초월로, 존재자를 넘어서 본질상 존재자에 속하는 무로 나아가는 인간의 운동이다.[11]

---

11. 「근거의 본질에 관하여」는 『형이상학이란 무엇인가?』와 마찬가지로, 『존재와 시간』이 출간되고 난 다음 해인 1928년에 나온 글이다. 하이데거는 무를 사유하는 것과 존재를 사유하는 것이 본질상 같다는 점을 분명히 하기 위해 그 둘을 연결한다. "무는 존재자의 아님이며, 그로써 존재자로부터 경험된 존재다"(ER 3[31]).

그러나 이것은 우리를 상식의 안전성, 과학, 그리고 그것들이 공유하는 논리를 넘어서게 한다.

1943년에 이르러 하이데거는 사유의 과제를 형이상학이 아닌, 형이상학의 극복(WM/1943 257[174])으로 보기에 이른다.[12] 이것은 그가 심연Abgrund으로서의 존재자의 근거Grund를 사유하기를 포기했기 때문이 아니다. '후기 하이데거'는 그러한 극복의 노력을 강화하는 것으로 나타난다. 그러나 그는 이제 '형이상학'을 자신의 기획을 위해서가 아니라, 그것이 존재자를 대상화하여 장악하는 과학과 맞서는 한에서, 서구 철학 전통을 위해 사용한다.

1936년과 1943년 사이 하이데거가 1961년에 『니체』라는 제목으로 출판할 저작의 내용 대부분이 간행되었다. 그래서 그가 이제 근대 과학을 계산적 사유로 기술하는 것은 전혀 놀라운 일이 아니다. 그것은 "존재자를 계산하는 대상화의 한 방식으로서 의지에의 의지 자체[니체의 힘에의 의지에 대한 하이데거의 관용구]에 의해 정립된 하나의 조건이며, 이 조건을 통해 그 의지는 자신의 주권을 확보한다." 과학의 진리는 "단지 존재자에 대한 진리일 뿐이다. 형이상학은 이러한 진리의 역사다"(WM/1943 258[176], 강조는 필자).[13]

---

12. 철학의 과제 또는 철학적 사유에 대해 말하고자 하는 유혹이 들지만, 하이데거는 궁극적으로 형이상학의 극복을 철학의 종언과 동일시할 것이다. 「철학의 종말과 사유의 과제」를 보라. 이 글은 『철학의 종말』이라는 글 모음집에 수록되어 있다.

13. 인식과 힘에의 의지의 연결 문제에 대해서는 다음 글들을 보라. F. Nietzsche, "The Will to Power as Knowledge," *The Will to Power*, pp. 261~331 [니체, 『권

1장 하이데거 57

만일 우리가 아리스토텔레스와 데카르트를 생각한다면 여기서 우리는 하이데거가 언급하는 과학과 형이상학의 긴밀한 연관성을 상기하게 될 것이다. 형이상학의 역사는 가장 기본적인 패러다임인 영역 존재론들의 역사인데, 여기서 과학, 자연, 그리고 사회가 작동해 왔다. 근대에서 수학의 역할과 다양한 종류의 기술을 연결하는 것은 형이상학과 과학의 파트너십을 위한 계산적 사유라는 명칭을 보증해준다. 다만 이러한 발전을 위한 씨앗은 고대 그리스에서 뿌려진 것이었다.

과학을 위한 근거 짓기의 역할을 하는 한, 형이상학은 그 자신의 고유한 "근거가 전혀 제시되지 않은 근본바탕"ungegründete Grund = Abgrund(WM/43 258, 260[176, 179])에 관한 명료성 결핍에 처한다. 그 결과, 계산적 사유는 "계산 가능한 모든 것이 계산으로 말미암아 그때마다 계산된 합계와 그 결과에 앞서서 이미 하나의 전체라는 사실을 예감하지 못한다. 물론 이 전체의 단일성은, 자신의 신비를 계산의 손아귀로부터 빼내고 있는 저 계산될 수 없는 것에 속해 있다"(WM/1943 262[182]). 만일 그렇게 해서, 우리가 "형이상학의 근본바탕으로 소급해 들어가는 길"을 따라간다면, 우리는 "공포라는 의미에서의 불안 가운데 우리를 사로잡는 심연"의 "말할 수 없음"(WM/1943 264[186]), 곧 우리의 파악 작용을 벗어나

력에의 의지』, 297~374쪽]. 또한 M. Heidegger, *The Will to Power as Knowledge and as Metaphysics*, Vol. III of N [『니체 1』에서 "인식으로서의 힘에의 의지."].

기를 필사적으로 무시하려고 애쓰면서, "최고 존재"의 관점에서 존재 물음에 답하는 경향을 보이는 "형이상학의 존재-신학적 구성"만을 찾게 될 것이다. 즉, 우리는 형이상학이 존재자를 계산적으로 표상하는 과학의 대안 그 이상의 동반자라는 점을 발견하게 될 수도 있다. 이런 신에 관한 과제가 과학을 가능하게 하며, 또한 형이상학은 이러한 책임을 회피하는 모든 신을 근대성이라는 화려한 신세계에 불법적으로 체류하는 이주민으로 취급할 것이다.

1949년의 과제는 여전히 형이상학의 극복과 관련하는데, 하이데거는 형이상학의 폐기가 아니라 변형을 주장한다(WM/1949 267[128]). 그러나 무와 심연이라는 주제는 대체로 형이상학의 근본바탕으로서의 존재의 빛과 존재의 진리라는 주제로 대체된다. 이것은 형이상학의 은신처 너머에 있는 것으로, 그러한 사유가 형이상학을 극복하는 사유가 될 것이다. 여기서 강조점이 존재자의 순전한 우연성, 존재자의 낯섦, 존재자의 신비로부터 존재자의 은폐 또는 드러남으로, 또는 존재자들이 그 블랙홀에서 **빠져나와** 한낮의 빛 가운데 출현하는 것으로 바뀌었다.[14]

이 맥락에서 존재(= 존재의 빛 = 존재의 진리) 대신 존재자를 사유하는 것은 감춰짐의 신비, 현전으로의 도래 그 자체를 사유

---

14. 이 초점 변경에 대한 중요한 배경이 다음 글에서 발견된다. "Letter on Humanism"(1947), BW. 또 in "Aletheia (Heraclitus, Fragment B 16)"(1943), EGT. ID, pp. 51, 71[43, 64]. 하이데거는 그 은신처에 존재하는 것으로서의 형이상학의 근거보다는 형이상학의 본질과 유래에 대해 말할 것이다.

한다기보다, 드러난 것, 현전에 도래한 것을 사유하는 것이다. 형이상학은 앞서 이미 보았듯이 이를 존재-신학의 이중적인 형태로 간주한다. 존재-신학은 "그것이 다음과 같이 존재하는 것이기 때문에 이중적인 성격을 갖는다. 존재자로서의 존재자를 표상한다는… 것은 언제나 존재가 이미 자신을 존재자ἢ ὄν로 나타내 보이고 있는 그것 안에서만 존재자ὄν를 표상한다"(WM 1949 276[244]). 형이상학은 존재로서의 존재에 관한 학문이라기보다 존재자로서의 존재자에 관한 학문이다. 이처럼 "형이상학의 근본바탕으로 소급해 들어오는 길에 오를" 때, 형이상학은 곧 존재론이 되는데, 형이상학을 극복하는 길은 "그 첫걸음을 내디디면서 직접적으로 모든 존재론의 영역을 떠나게 된다." 이 자체를 "기초 존재론"이라고 부름으로써, 『존재와 시간』은 존재론의 가장 깊은 추동력을 오해했다. "존재자 자체를 표상하던 오랜 관습으로 말미암아〔그것이〕 이러한 관습적 개념에 얽히게 되었다." 이러한 배경에 대항하여, "형이상학이란 무엇인가?"라는 물음에 대한 반성은 "표상적 사유에서 회상하는 사유das andenkendende Denken로의 이행을 예비하는"(WM 1949 276~77[145~46]) 역할을 한다.

이때 초월철학이 형이상학적인 것이 되도록 하는 임무가 초월적 주체에게, 『존재와 시간』의 경우에는 현존재에게, 존재-신학적 역할을 맡은 신, 그리고 존재에게 할당된다. 이러한 것들이 떠맡은 과제는 전체를 인식하는 가능성의 근거를 통합해내는 것이다.[15] 창조신학처럼, 초월철학은 결국 "그것의 기원이 되는 다른 존재에게로〔존재자에게로〕 소급해 가는 이야기를 지어내는데"(BT 26[21]. 또한 LH 211, 216[145, 150~51] 참조), 결국 그것은 초월적 주체, 혹은 역설적으로 『존재와 시간』의 경우에는 현존재로 귀결된다.

그런데 여기서 더 직접적으로 관심이 가는 것은 형이상학을 존재-신학적 구성 가운데 기술하는 계산적 사유라는 개념을 따라 표상적 사유라는 개념을 도입하는 것이다. 우리가 하이데거의 비판을 이해할 수 있다면, 우리는 이 두 가지 사유를 조금 더 분명하게 나타내야 한다. 하이데거가 "표상적-계산적 사유"(EPTT 377[147]. 또한 OM 100[113] 참조)라고 부르면서 이 둘을 함께 가져가는 때가 있다.[16] 여기에 분명 중요한 겹침이 있긴 하지만, 최종적으로 두 개념이 동의어가 되는 것은 아니다.

―◦―

하이데거가 말하는 계산적 사유(그리고 프랑크푸르트학파에서 도구적 이성이라고 부르는 것)는 기술의 역할에 대해 사고하는 것이다. 그의 견해를 따르자면, 근대 과학[학문]은 형이상학

---

15. 이러한 노선을 따라 독일 관념을 더 명시적으로 해석하는 논의하는 다음 책의 첫 장을 참조하라. R. Tucker, *Philosophy and Myth in Karl Marx*[로버트 터커, 『칼 마르크스의 철학과 신화』]. 주체에 대한 존재-신학자 데카르트의 해석은 다음을 보라. J-L Marion, "Descartes and onto-theology," *Post Secular Philosophy*.
16. 그러므로 『사유란 무엇인가』에는 계산적 사유에 헌신하는 「기념사[초연한 내맡김]」와 표상적 사유에 초점을 맞추는 「초연한 내맡김의 해명 : 사유에 관해 들길을 거닐며 나눈 대화로부터」가 함께 수록되어 있다.

에 뿌리를 두고 있으며 기술technology에서 그 열매를 맺는다. 또는, 그것은 데카르트적 이미지를 그저 약간 수정한 것에 불과하다. 서양 근대성에서 철학은 나무 같은 것인데, 그 나무의 뿌리가 형이상학이고, 그 줄기는 수학적 자연을 모형으로 삼는 학문이며, 그 가지는 이러한 학문에서 나온 기술이다.[17] 학문이 매개체이기는 하지만 근대 기술은 형이상학과 밀접하게 연결되어 있어 전자를 후자의 완성Vollendung이라고 부를 수도 있을 것이다(WNGD 56[314~15]; ID 51~52[42~44]; LH 220[154~55]; EPTT 375~76[144~46]; OM 86[91~92]; QT 21~23[28~32]; WM/1943 258[176]).

하이데거는 흔히 근대 기술의 현상으로 원자력, 도시화, 대기업과 소비자경제, 컴퓨터, 사이버네틱스, 정보과학, 미디어의 힘(LH 199[130], EPTT 375~76[144~46]; OM 87[93~94]; DT 48[125~26])을 가리킨다. 그런데 하이데거가 기술의 본질과 기술을 구별할 때, 그는 법의 정신에 대한 몽테스키외와 토크빌의 물음을 근대 기술 정신의 물음으로 바꿔낸다. 그는 기술을 기계의 집합체라기보다는 하나의 문화로 본다(OM 93[102]). 그것은 어떤 것을 행하는 방식이라기보다는 사물을 보는 방식, 어떤 드러남의 방식(QT 12~13[18~20])이다. 우리가 "수로 어림잡거나 소형 계산기나 컴퓨터를 사용하지 않는다"(DT 46[123]) 해도, 우리는 계산적 사유에 관

---

[17]. 데카르트의 이 유명한 은유는 『철학의 원리』 서문 역할을 하는 피코에게 보내는 편지에서 찾아볼 수 있다. Descartes, *The Philosophical Works of Descartes*, I, p. 211 [르네 데카르트, 『철학의 원리』, 537쪽].

여될 수 있다.

근대 기술의 본질이나 정신은 하나의 태도인데, 이 말의 오래된 중립적 의미와 더 최근의 의미에서, 그런 태도를 보인다는 것은 주위의 것들에게 공격적 자세를 취한다는 것을 의미한다. 기술적 태도는 모든 것을 나의(또는 우리의) 재량으로 보거나(WNGD 77, 84, 100 [345, 353, 374]) 명령으로(QT 16 [22~23]) 보는 것이다. 세계는 내(또는 우리)가 필요로 하는 모든 것의 안정적이고 고정된 보호구역으로 변모한다(QT 17 [23~24]; WNGD 73). 에너지가 그러한 필요의 목록 상단부에 있으므로, 자연은 거대한 주유소(DT 50 [128])로 여겨진다. 반어적으로, 인간이 인적 자원이 되는 과정에서, 이는 인간들이 노동력, 구매력, 투표력, 또는 나(또는 우리)의 종언(QT 18 [25]; OM 104 [118])을 따라 조작되어야 할 모든 것이 되는 것이다.

근대 기술의 정신은 하이데거가 "무리한" 것이고 심지어는 "기괴함"(QT 14~16 [21~22])으로 본 도전적인 방식으로 세계를 공략한다. 우리의 "거들먹거리는 태도"(DT 81 [178~79])에서, 우리는 우리 자신을 어떤 유순한 의미에서가 아니라 "존재의 폭군"(QT 27 [37]; LH 210 [143]; 211 [144] 참조)으로 설정했다. 여기서 우리는 근대성에 대한 가혹한 적개심을 접하게 되지만 하이데거가 철학적 러다이트 운동을 하는 것은 아니다.[18] 우리는 기술을 악마의 작

---

18. 하이데거의 반근대주의의 어두운 면에 대해서는 다음 문헌을 참조하라. M. E. Zimmerman, *Heidegger's Confrontation with Modernity*.

1장 하이데거 63

품이라고 맹목적으로 공격해서는 안 된다. 계산적 사유는 그 자체로 정당화될 수 있으므로 우리는 기술에 대해 '예'와 '아니요'의 태도를 보여야 하며, 계산적 사유가 유일한 사유가 되어 우리의 유일한 기준이 될 수 있다는 위협이 끊임없이 존재하기 때문에 '아니요'의 태도를 취해야 한다(DT 46[123], 53~56[132~36], EPTT 379[150], OM 100[112~13]). 그것은 "근대적 인간성을 주체성의 무조건인 지배자로 격상시킨다는" 점에서 불합리하며, 그 개별적 형태에서만이 아니라 집단에서도 "주체성의 무조건적 자기-주장"을 시행한다는 점에서 기괴하다(WNGD 68[332]; LH 221 [156], 강조는 필자. WNGD 95[368], 101[376], OM 85[90~91] 참조).

이러한 자기-의지가 무제약적으로 전개되는 방식 중 하나는 그 의지와 더불어 "모든 목적을 부인하는…" 것인 "목적 상실"(OM 101 [113~14])이다. 이는 다른 아이의 장난감을 빼앗아서 바로 버리는 것과도 같다. 왜 이렇게 하는가? 단지 그렇게 할 수 있어서 그렇게 하는 것뿐이다. "목적"은 장난감을 가지고 놀면서 즐기려는 것이 아니고, 단순히 불량배들의 의지적 통치권을 확립하기 위한 것이었다. 니체가 힘에의 의지를 말하는 바로 그곳에서 하이데거가 의지에의 의지를 말하는 것도 이 때문이다. "순수 의지는 의지 자신을 의지하며…순수 의지는 그 자신에게 형식으로서 유일한 내용이다"(OM 101 [113]). 기술적 태도에서 우리는 사실상 "내가 원하는 것이라면 무엇이든지 또 언제든지 나는 그것을 원한다"고 말한다. 이는 기술이 자체 관행에 내재된 기준 이외의 다른 어떤 기준에도 제약받지 않는다는 것을 의미하며(QT 26 [34~35]), 그 가치는 우리가 원하는 모든 것의 이름이 되고 우리가 얻을 수 있다고 생각하는 것의 이름이 된다(WNGD 71 [336~37]).[19]

하이데거는 이것을 "반란"이라고 부른다. 이는 근대성의 힘에의 의지를 묘사하는 과정에서 "니체가 신의 자리에 인간을 두었음"을 의미하는가? 어떤 의미에서, 신은 창조자이고 기술적 인간성은 신의 역할을 충족시키지 못한 채로 남겨지기 때문에, 신의 자리에 인간이 가는 것은 아니다. 하지만 다른 의미에서는 그렇기도 하다. 왜냐하면 인류가 이제 유일한 주체로 서 있기 때문이다. 사실 이 최고 존재는 별로 신성한 것이 아니다. 죽은 신이 다른 주체들과 사랑의 관계에 있었던 반면, 이 혁명적 주체는 자기 이외의 다른 모든 것을 대상으로 세운다(WNGD 99~100 [373~75]). 주체가 목적이고, 그 앞에서, 아이러니하게도 자신을 포함한, 그의 다른 모든 것은 수단이다(OM 99 [111] 참조).

이런 맥락에서 형이상학을 극복한다는 것은 기술의 정신에 이와 같은 독점권을 부여하기를 거부하고, 우리가 기술에 꼬리를 흔드는 개가 되도록 내버려두기를 거부하는 것을 의미한다. 기술의 습격에 대항하여, 또 다른 사유가 그에 대한 저항 운동으로 자리 잡아야 한다. 이것이 "존재에 의해 요청된" 사유다(LH

---

[19]. 기술이 자신의 외부 규준에 대한 면역력을 갖는다는 점과 관련해서, 하이데거의 분석은 다음 문헌에 나오는 자끄 엘륄의 분석과 매우 유사하다. J. Ellul, *The Technological Society* [자끄 엘륄, 『기술의 역사』].

194[124] ; 199[130], 204[135], 209[142], 236[175] 참조). 인간의 존엄은 "존재에 의해 부름을 받았다는 것에"(LH 221[157]) 있다. "존재에 귀를 기울이는"(LH 196[127]) 사유와 존재가 우리를 주재하는 사유는 우리가 본질적인 것이 아니며, 우리가 존재를 위해 존재한다는 것을 알고 있다(WNGD 97[370]; LH 213[147]).

'존재'가 하이데거의 근대 이후 신에 대한 필명이라고 확신하는 사람들은 이와 같은 구절에 주목한다. 하지만 하이데거는 이를 부인하고 존재를 어떤 존재, 심지어 최고 존재와 동일시하는 것을 자신이 일관되게 거부한다는 점을 지적함으로써 신을 존재로 간주하는 것에 대한 자신의 부정적 태도를 뒷받침한다. 그런데 만일 우리가 하이데거의 존재 담론에 관해 회의적이라면, 내가 하는 것처럼 우리는 '존재'를 나에게 말하고, 나를 부르고, 우리에게 요구하는 어떤 것에 대한 암호처럼 읽을 수도 있다. 곧, 그것은 나와 우리 모두에게 우리가 모든 것을 대상으로 삼는 주체가 아니고, 모든 것을 수단으로 삼는 목적도 아니라는 것을 상기시키는 어떤 것이 된다. 이 책에서 관심을 두는 종교적 맥락에서는 신과 이웃이 모두 다 그런 식의 역할을 한다는 점에서, 우리는 하이데거의 의도와는 상반되게, 그의 존재 담론을 신과 이웃 같은 존재자를 그 담론의 내용으로 채울 수 있는 형식적 표지로 읽을 수도 있다.

부르고 요구하는 목소리를 듣는 것에 관해서, 하이데거는 성서의 언어를 따라서, 또 불교적인 어조로 "의욕하지-않음"과 "의욕하기를 의도적으로 단념하는"(DT 59[140]) 사유에 관해 말한다. 그는 또한 도가적인 어조로, "결코 능동적이지 않은" 것으로서의 "더 고차원적인 활동", 초연한 내맡김Gelassenheit의 "수동성"(DT 61[144])에 관해 이야기한다.[20] 이런 점에서, 그가 시와 시각 예술로 선회한 데서 보듯, 하이데거는 근대성이라는 혁명적 반란에 대한 나름의 대안을 모색한다.

그러나 우리의 관심은 하이데거가 설명한 구원의 힘에 있지 않고 위험에 대한 그의 진단에 있다.[21] 그리고 이 점에서 그의 진단은 존재-신학이 계산적 사유이기 때문에 위험하다는 것이다. 그런데 꽤 분명한 반론이 제기될 수 있다. 우리는 존재-신학의 경로를 완전히 이탈하지 않았는가? 계산적 사유가 사이버 공간, 거대 합병, 여론조사를 주재하는 대담한 신세계는 그 존재-신학적 방식에 있어 형이상학의 신들과 무슨 관계가 있는가? 부활절 인사

---

20. 하이데거와 동아시아 사유와의 관계에 대해서는 다음 문헌들을 보라. G. Parkes, eds., *Heidegger and Asian Thought*; R. May, *Heidegger's Hidden Sources*; M. Zimmerman, "Heidegger, Buddhism, and deep ecology," *The Cambridge Companion to Heidegger*. 이 책 264~65쪽의 각주 1에 더 많은 문헌이 제시되어 있다.

21. QT 28, 34, 42[38, 47]. [QT 42는 「전회」라는 글에서 인용한 것으로, 이 글은 아직 국내에 번역되지 않았다.], 그리고 PLT 118[434]에서 하이데거는 횔덜린의 시를 인용한다.

위험이 있는 곳에
구원의 힘도 함께 자라네.

PLT에 수록된 이 논고는 계산적 사유에 대한 하이데거의 미학적 대안의 좋은 예비적 방향을 제시한다.

나 근대성의 반응은 다음과 같지 않은가?

주님은 죽었다.
그는 실제로 죽었다!

하이데거가 기술을 "핵 시대의 형이상학"(ID 52 [43])이라고 부를 때, 그가 의도한 것은 기술이 형이상학을 대체했다는 것이 아니라, 다른 시대의 위대한 정신은 철학자와 신학자에게서 비롯했지만, 오늘날의 위대한 정신은 기술자와 기업가에게서 비롯한다고 말하는 것인가?

하이데거는 여기에 "아니요"라고 하며 이렇게 답할 것이다. "윈도우 98이 이 시대의 종말의 집합체일 수도 있지만, 근대 기술의 핵심에 있는 계산적 사유는 여전히 형이상학이고 이처럼 여전히 그것은 존재–신학적으로 구성된다." 하이데거가 『니체부터 데카르트까지』*Von Nietzsche bis Descartes*라는 제목으로 두 학기짜리 근대 철학사 강의를 연다면 그는 이 논지를 잘 방어해낼 것이다.[22]

첫 학기 강의는 다음과 같은 논쟁에 할애될 것이다. 원래 형이

---

22. * 저자가 하이데거의 실제 강연을 염두에 둔 것인지는 모르겠으나 하이데거는 사실 웨스트폴이 언급하는 것과 유사한 강의를 시행한 바 있다. 1940년도 프라이부르크대학교 강의 내용이 여기서 웨스트폴이 언급하는 강의와 유사한 방식으로 진행되었다. 그의 전집 중 『니체 II』가 이에 해당한다. 우리말 번역본 서지사항은 다음과 같다. 마르틴 하이데거, 『니체 II』, 박찬국 옮김, 도서출판 길, 2012.

상학은 플라톤주의, 또는 플라톤주의의 각주였다. 초감각적 세계가 근원적이고 일차적이었으며, 감각적 세계는 파생적이고 부차적이었다. 니체와 마르크스는 초감각적 세계가 불가피하거나 찬탄할 만한 것도 아니고, 그저 감각적 세계의 부수현상에 불과하다고 주장함으로써 위대한 전복을 제정해낸다. 이것이 그들의 무신론의 의미다. 그러나 이러한 형이상학의 전복은 극복이라기보다 완성이다. 왜냐하면 초감각적 세계가 감각적 인간성 자체로 대체되기 때문이다. 이 인간성은 분명 창조자가 아니다. 하지만 그것은 주체, 최고 존재이며, 다른 모든 것의 의미가 바로 이것들과 관련해서 파생된다. 마르크스에게는 바로 이 물질적 주체가 인간의 생산이자 재생산이지만, 니체에게는 이 대지의 주체 자체가 힘에의 의지이다. 하지만 두 경우 모두 그것이 최고의 것이기 때문에 보편적이다. 그것은 모든 존재자를 그것들을 인식할 수 있는 통일성 안으로 모아들이는 존재이다.[23] 다시 한번 우리는 세속주의가 존재-신학을 저지하는 장벽이 아니라는 점을 상기하게 된다(WNGD 75[342]; OM 86, 92[92, 100~01]; EPTT 375[144~45]을 보라).

---

[23]. 근대주의자인 마르크스에게 이 인식가능성은 꽤 잘 통합되어 있다. 탈근대주의자인 니체는 그렇지 않다. 인식가능성은 산포되고, 다양화되며, 다원화되고, 또한 관점적인 것이 된다. 이것은 우리가 힘에의 의지의 변덕스러움이라고 부를 수도 있는 것, 곧 우리가 보아 온 것처럼, "모든 목적을 부정하는" 것으로서의 "목적 상실"(OM 101[113])이라는 변덕스러움 때문이다. 니체는 진리가 부분적으로 여성일 수도 있다고 생각하는 것은 그가 '여자의 마음'(la donna è mobile)을 생각하기 때문인가? (『즐거운 학문』 재판 서문 4절 참조).

하이데거의 둘째 학기 강의는 데카르트와 칸트에게서의 주체로의 전회를 다룰 것이다. 그 논증은 매우 유사할 것이다. 왜냐하면 하이데거는 데카르트와 칸트가 인간 주체성을 의미의 근원적, 중심적 근거로 둔다고 보기 때문이다.[24] 신을 인간 주체성으로 대체하는 것은 마르크스와 니체가 행한 너무나도 뻔뻔한 움직임을 소심하게 시행한 것에 불과한데,[25] 양자는 그 본질에서는 동일하다. 주체는 신에 대항하는 경험적 증거를 무력화하기 위해 초월적인 자가 된다(반면에 마르크스와 니체는 모든 초월적 가식을 벗겨내고, 개인이건 집단이건, 완전히 경험적인 자아에게 존재-신학적 과업을 부여할 것이다). 여전히, 에고 코기토 ego cogito는 "의심

---

24. 여기서 기원과 중심에 대한 참조는 하이데거의 분석과 데리다의 다음 글을 연결하기 위함이다. J. Derrida, "Structure, Sign, and Play in the Discourse of the Human Sciences," *Writing and Difference* [자크 데리다, 「인문과학 담론에서의 구조, 기호, 게임」, 『글쓰기와 차이』]. 또한 앞의 각주 15에서 마리옹에 대한 언급을 보라.

25. 마르크스는 "인간이 … 인간을 위한 최고의 존재라는 가르침"과 관련해서 포이어바흐와 친밀함을 표현한다. K. Marx, "Towards a Critique of *Hegel's Philosophy of Right* : Introduction," in *Karl Marx : Selected Writings*, p. 69 [칼 맑스, 「헤겔 법철학의 비판을 위하여」, 『칼 맑스/프리드리히 엥겔스 저작 선집 제1권』, 9쪽]. 그리고 니체는 차라투스트라를 통해 이렇게 말한다. "만일 신들이 존재한다면, 내가 어찌 신이 아니라는 사실을 견딜 수 있다는 말인가! 그러므로 신들은 없다 … 만일 신들이 존재한다면, 창조할 것이 남아있겠는가?" 『차라투스트라는 이렇게 말했다』의 2부 "지복의 섬에서." 또 이렇게도 말한다. "차라리 내 손으로 내 운명을 개척하겠다. 차라리 바보가 되고, 차라리 나 자신이 신이 될지니!" 4부, "실직." 앞의 각주 15를 보라. [니체, 『차라투스트라는 이렇게 말했다』, 172, 174, 515쪽.]

의 여지 없이 현전하는 것, 의심할 수 없는 것, 언제나 이미 알려진 것, 참으로 확실한 것, 모든 것에 앞서 확고한 것이며, 말하자면 모든 것을 자신에게로 세우는 것으로"(OM 87[93~94]; 칸트에 대해서는 88[95]을 보고, 또 LH 211[145] 참조) 존재한다.26

이는 계산적 사유에 대한 분석이 존재-신학적으로 구성된 형이상학의 잘못된 부분을 잘 짚어내지는 못하지만, 그것과 후자의 접점만큼은 완전히 없어졌다는 반론에 대한 꽤 좋은 답변이다. 하지만 우리는 이 답변이 단적으로 요점을 놓쳐버린 특정 철학자의 말처럼 보일 것이라는 점을 깨닫고자 두 학기 내내 강의실 의자에 앉아 있을 필요는 없다. 내가 염두에 두고 있는 철학자는 무엇보다도 철학적 신학을 시행하는 그리스도교 유신론자다. 이 유신론자는 분석철학자일 가능성이 매우 큰데, 어떤 경우든 이 유신론자는 칸트의 초월론transcendentalism의 반실재론적 위협, 더 강력하게는 니체적 관점주의의 반실재론적 위협으로 오염되지 않은 실재론의 틀 속에서 작업한다. 이 유신론자는 토대주의 기획foundationalist project을 단념했고 데카르트적 에고 코기토 앞에서 좌절하지 않는다. 다시 말해, 우리의 철학자는 니체/마르크스의 신의 죽

---

26. 데카르트와 칸트에 대한 이러한 독해는 신이 이들 각각의 사유에서 인간 주체성에 한계를 부여하는 역할을 담당한다는 점을 무시한다. 하지만 근대와 탈근대의 철학 대부분이 그들의 사유에서 이러한 양상을 무시하거나 제거해 왔다. 하이데거의 니체 해석이 데카르트와 칸트에 관한 영향사적 사유(wirkungsgeschichtliches Denken)를 우리에게 제시한다는 점이 논증될 수도 있다.

음과 데카르트/칸트의 초월적 전회에 선택적으로 참여하지 않았다. 그래서 이 유신론자가 가장 자주 대화하는 역사적 인물들은 거의 언제나 칸트 이전, 더 빈번하게는 데카르트 이전의 인물들이다. 비록 이 사람이 개신교 신자라 할지라도, 이 철학자는 중세 철학자들을 대륙 철학적 성향을 품은 수많은 가톨릭 철학자보다 더 진지하게 받아들인다.

이 철학자는 앞의 반대 견해를 다음과 같이 다시 정식화한다. "당신이 존재-신학과 계산적 사유를 연결한 것에 대해 내가 의문을 제기했을 때, 이것이 당신이 방금 묘사한 것, 즉 근대 기술에 형식적으로 존재-신학적인 어떤 것이 있음을 부정하는 것은 아니었다. 그것은 반대로 당신이 존재-신학이라고 부른 것의 본래 '플라톤적' 형식에 기술적인 무엇인가가 있다는 주장을 부정하는 것이었다. 내게는 '계산적 사유'가 플라톤, 아리스토텔레스, 플로티누스, 아우구스티누스, 아퀴나스의 형이상학,[27] 또는 나와 대화하고 있는 사람들이 하는 일을 아주 훌륭하게 묘사한 것으로는 보이지 않는다. 유신론자인 우리는 신의 죽음과 힘에의 의지를 가진 인간의 무조건적 자기-옹호를 긍정하는 것이 아니라 신 자체를 긍정한다. 예를 들어, 다국적 기업 세계와 초고속 정보로 긴밀하게 연결된 세상과는 멀리 떨어져 있는 신의 예지와 인간의 자유의지 사

---

[27]. 나는 다음 장에서 아우구스티누스와 아퀴나스는 존재-신학의 이론가들이 아니며 그들의 연구에서 발견될 수 있는 어떤 존재-신학적 경향도 명시적인 반론의 견제를 받아야 한다고 주장할 것이다.

이의 관계를 명확하게 해명하려고 노력하는 작업은, 점점 더 비합리적으로 되어 가는 우리 세계의 도구적 합리성으로부터 새로운 방식으로 자유로워지는 것이다. 그것은 핵심적 심층보다 더 깊은 무언가가 있을 가능성을 열어둔다."

근대 기술의 현상에 관한 한에서, 하이데거는 이런 식의 요점을 즉각 납득할 것이다. 그러나 문제는 계산적 사유의 본질 또는 정신이라는 것이 니체 이전, 칸트 이전, 심지어 데카르트 이전의 것이라 할 수 있는 철학적 신학 속에 미리 형상화되어 있었는가 하는 것이다.[28] 하이데거는 우리가 하이데거 자신의 두 번째 학기를 너무 빨리 중단시키는 바람에 초기 근대 철학에서 마르크스/니체적 반전에 대한 선취는 보여주었지만, 주체에 대한 데카르트/칸트적 전환이 어떻게 해서 플라톤과 아리스토텔레스로 거슬러 올라가는 전근대적 뿌리를 가지는지에 대해서는 귀를 기울이지 않았다고 생각할 것이다. 비록 하이데거의 계산적 사유rechnendes Denken와 표상적 사유vorstellendes Denken에 대한 설명 사이에는 첨예한 선이 그어져 있지 않지만, 하이데거가 제시한 형이상학의 존재-신학적 구성에 대한 진단에서 이제 전면에 등장하는 것은 표상적 사유 개념이다. 근대 기술을 고전 형이상학과 연결하는 것은

---

28. 여기서 '탈 또는 이후'(post)를 말하는 만큼 쉽사리 '전'(pre)이라는 말을 사용할 수 있는데, 그 이유는 그 요점이 연대기적이라기보다는 실질적인 것이고, 작금의 장면에서 우리의 반대자가 시행하는 일종의 철학적 신론에 놀랄 만큼 풍부하고 중요한 발전이 포함되어 있기 때문이다.

계산적 사유의 표상적 차원이다. 뿌리, 줄기, 가지 등의 이미지는 친족관계의 이야기로 번역할 수 있다. 그러나 과학이 형이상학에서 어떻게 자라나는지, 그리고 과학에서 기술이 어떻게 발전하는지에 대한 통시적 이야기도 중요하지만, 하이데거에게서는 세 요소 사이의 깊은 가족적 유사성에 대한 공시적 이야기가 더 중요하게 다뤄진다. 친족관계는 혈통만이 아니라 근친성과 관련이 있다.

―◦―

근대 기술은 세계를 보는 방식, 즉 인간의 힘에의 의지를 사용하여 세계를 인간과 자연 원천의 복합체로 보는 방식이다. 그런데 하이데거의 분석에 의하면, 세계를 실천적으로 우리 마음대로 소유하는 것은 세계를 이론적으로 우리 마음대로 소유하는 짓을 사실상 전제하고 있으며, 하이데거가 표상적 사유라고 부르는 것은 **과학과 형이상학**으로 세계를 이론적으로 지배하는 것이다. "주체성으로의 인간의 봉기는 존재자를 대상으로 만든다. 그러나 대상적인 것은 '표상 행위를 통해 마주 서 있게 된 것'이다. 그 자체로 존재하는 것을 지워버림, 즉 신의 살해는 인간이 물질적, 신체적, 심리적, 정신적 원천[강조는 필자]의 존립을, 존재자를 지배하려는 인간 자신을 안전하게 확보한 항구적 상비 부품에서 수행된다"(WNGD 107 [383]). 다시 말해, 대상들의 세계는 정신적 원천을 표상적 사유가 마음대로 처리하는 세계이다.[29]

---

29. 이 제안은 "상비된 부품의 의미로 놓여 있는 것은 더는 대상으로 우리와 마주

하이데거는 인식이 마음대로 다루는 표상된 대상들이 존재하게 되는 바로 그때 세계를 우리 마음대로 사용할 수 있다고 종종 말한다. 따라서 우리는 과학의 기술적 적용에 관한 것이 아니라 힘에의 의지의 가치로서의 진리라는 맥락에서 "항구적인 상비 부품"을 "우리 마음대로"(WNGD 83~85 [352~53]. 또한 DT 58 [139] 참조) 읽어낸다. 이와 밀접하게 관련된 구절에서 대상은 "표상으로 처분되어"(WNGD 100 [375]) 존재한다. 다른 곳에서 존재자는 우리의 처분을 따르는 "인식의 영역에", 또는 더 정확히 말하자면 "세계가 인간에 의해 마음대로 처리되는 그런 영역 속에 세워짐으로써"(AWP 130, 133 [152, 158]) 세계는 그림(표상)으로 존재하는 표상적 사유의 영역에 존재한다.

이렇게 세계를 마음대로 처리할 가능성[30]은 이따금 '소환하기 쉬움'을 의미하는데, 이는 "이성이 이성의 고유한 판단 원리들을 가지고 자신의 물음에 답하도록 자연을 강제하는" 칸트의 근대 학문에 대한 설명이 지니는 어조를 띠고 있다.[31] 하이데거는 근

서지 않는다"(QT 17 [24]. 또한 23 [31], 26~27 [35~37] 참조)는 하이데거의 주장과 배치되는 것인가? 아니다. 이 글에서 인용한 실천적으로 그리고 이론적으로 어떤 것을 마음대로 처리하는 일 사이의 구별은, 양자가 사태를 마음대로 처분한다는 인식과 양립할 수 있다.

30. 여기에는 놀랄 만한 애매성이 있다. 처리 가능성은 '누군가의 처리'만이 아니라 일회용 기저귀처럼 '폐기 가능한 것'을 의미할 수도 있다. 이 두 의미는 동의어가 아니지만 서로 연결되어 있다.

31. Kant, *Critique of Pure Reason*, B xiii [칸트, 『순수이성비판 1』, 180].

대 과학의 기술적 적용보다는 형이상학적 토대를 언급하면서 이렇게 쓰고 있다. "연구로서의 인식은 존재하는 것이면 무엇이건, 그것이 어떻게 표상될 수 있으며 또 어느 정도로 표상될 수 있는지를 묻는 물음에 대해 해명하도록 요구한다. 존재자가 앞으로 어떻게 진행될 것인지를 예측하거나 혹은 그것을 이미 지나간 것으로서 곰곰이 추산할 수 있다면, 연구는 존재자를 마음대로 처리하고 있는 셈이다. … 자연과 역사는 설명하는 표상 행위의 대상이 된다"(AWP 126~27[147]). 근거율의 "엄밀한" 정식화, 곧 '근거 보충의 원리'principium reddendae rationis에서, 존재하는 것이면 무엇이건 그것을 해명하도록 요구하는 것은 모든 사실이나 사건을 설명하고 모든 진리 주장을 정당화하기 위해 인식하는 주체에 근거가 부여되기를 요구하게 된다. 근거를 부여하라는 요구의 원리는 최고 존재, 곧 신을 포함하여, 모든 존재자를 아우르는 "사법 권역"Geltungsberich(PR 22~30[61~105], 또 AWP 127[147] 참조)을 구성한다. 이 법정의 재판관은 대상들을 대상들로 표상해내는 인간들이다(PR 119[293~94]. 또한 AWP 134[157] 참조).

표상적 사유가 이러한 관할 구역의 이름인 이유는 그것의 기저가 되는 존재론 때문이다. 거기에는 표상하는 주체와 표상된 대상 외에 다른 것이 없다(LH 211[145]; WNGD 100[375]; DT 77~79[171~76]; PR 55, 101[141~42, 255~56]). 또는, 더 간결하게 말하자면, 존재하는 것은 표상되는 것이다(AWP 127~30[147~52]; PR 23, 27[64~65, 76]).[32]

우리가 이 후자의 공식을 '존재하는 것은 지각되는 것이다'esse est percipi라는 명제와 동치인 것으로 읽으면 안 되는 최소 두 가지 이유가 있다. 첫째, 존재로 간주하기 위해서는 존재하는 것이 표상으로 있는 것이 아니라 표상되어야 할(또는 최소한 표상 가능할) 필요가 있다. 이것이 바로 하이데거가 문제가 되는 존재론을 데카르트, 레싱, 라이프니츠와 같은 실재론자들만이 아니라(PR 79, 87[199, 220]), 하이데거 자신이 어떤 경우에도 주관적 관념론자나 현상론자로 해석하지 않는 칸트에게까지 귀속시키는 데(PR 71~74, 77, 80[181~87, 194~95, 200]) 거리낌이 없는 이유이다.

둘째, 표상은 근거율 아래 작동하기 때문에 예전처럼 단순히 그림을 제작하는 그런 문제가 아니다. 주체와 대상 사이의 거래에서 발생해야 할 진리와 정당화는 오직 근거들이 제시되는 경우에만 일어날 수 있다(PR 71~74[181~87], 118~19[292~96]). 따라서 표상되는 것은 "근거 정립의 근거 명제로서 근거에 대한 근거 명제를 만족시키는 하나의 명제에서 진술되는"(PR 23[65]) 것에 불과하다. 존재한다는 것은 정당화된 진술로 확증되는 것이다.[33]

---

32. 하이데거는 이런 것을 말할 때 분명 주체를 망각하지 않았다. 그러나 그가 단순히 주체를, 다른 정식화가 암시하는 것처럼, 대상에 상관하는 자로 전제하는지, 아니면 모든 것이 그 자체로 상비된 부품으로 세워져 있는 것이 정지 상태의 상비 부품(인적 자원)이 되는 것처럼, 주체 자체가 표상된 대상들이 되어야만 한다는 아이러니를 지적하고 있는지는 분명하지 않다. 그는 "주체가 존재론적 표상의 첫 번째 대상이다"(OM 88[94])라고 말한다.
33. 이 점에서 표상적 사유는 다른 맥락에서 증거주의라고 불리는 것과 잠재적으

물론 주체는 이 주체/대상 존재론의 특권적 파트너다. 주체성 개념을 당연시하지 않으려 했던 하이데거는 그것을 그리스어 휘포케이메논hypokeimenon의 라틴어 번역어인 수브옉툼subjectum으로까지 거슬러 올라가서 살핀다. 서술되는 대상으로서의 주체라는 의미에서, 아리스토텔레스는 이 개념을 자신의 실체 또는 제일 존재ousia 개념을 설명하는 데 도움이 되도록 사용한다. 하이데거는 기체substratum 내지는 아래에 놓이거나 앞서 놓인 것이라는 이 말의 어원적 의미에 초점을 맞춘다. (개인 및 집단으로서의 인간) 주체로의 근대적 전회는 데카르트가 휘포케이메논(WNGD 83, 100[352, 375]; OM 87[93]; AWP 128[149]; LH 211[145])의 의미에서 에고 코기토를 주체로 식별했을 때 발생했다. 이것이 의미하는 바는 무엇인가?[34]

하이데거의 이야기는 다음과 같다. 근대성은 인식론적 불안의 나쁜 사례와 더불어 시작한다. 힘에의 의지처럼, 근대성의 가치는 모두 그 자신의 안전에 관한 것이다. 이러한 존재 방식에서 가장 높은 인식론적 가치는 진리인데, 오직 안전한 진리, 보증된 진실, 확실한 진리만이 거기에 해당한다(WNGD 82~85[350~55]; OM 88,

---

로 동일한 것이기도 하다. 다음 책의 편집자들이 그 책에 실은 글을 보라. Alvin Plantinga & Nicholas Wolterstorff, eds. *Faith and Rationality*.

34. 에티엔 발리바르는 다음 글에서 이런 데카르트 독해에 도전한다. É. Balibar, "Citizen Subject," *Who Comes After the Subject?*, 각주 26를 보라. 그의 해석은 데카르트의 사유에서 신의 역할을 강조한다는 점에서 중요하다.

100[94, 112]). 데카르트는 자신을 스스로 근거 짓는 확실성과 다른 모든 확실성의 근거가 될 수 있는 어떤 것을 찾으면서, 결국 에고 코기토를 발견한다. 그것은 사유된 것이나 인식되는 것과 관계 맺는 생각하는 인간 또는 인식하는 인간이 아니다. 그것은 가장 기본이 되는 주체, 수브옉툼, 휘포케이메논이다. (칸트에 대해서도 이런 이야기를 하는 것은 고학년 학부생이나 대학원 1년 차 학생들에게 그저 좋은 철학 연습 거리에 그칠 뿐이다.)[35]

이제 우리는 왜 하이데거가 주체에 대한 데카르트적/칸트적 전회를 "폭정"(LH 210[143])에서 비롯한 "내란"과 "공격"(WNGD 100[375])으로 기술하면서 근대성의 에토스(윤리)인 주체/대상 존재론에 그토록 적대적으로 반응했는지 알 수 있다. 이러한 움직임에서 인간성은 "모든 것을 자신과 관련해서 두는"(OM 87[93]) 것이기 때문이다. 휘포케이메논으로서, 인간성은 "자신에게로 모든 것을 모아들이는" 근거가 된다.

> 이 주체 개념의 형이상학적 의미는 우선 인간과는 특별한 관련이 없으며, 나라는 것과도 별 관련이 없다.
> 그러나 인간이 일차적이고 본래적인 그런 실질적 주체가 된다면, 이것은 곧, 인간이 모든 존재자를 존재의 존재방식과 그 진리의

---

35. 『순수이성비판』의 재판 서문에서 칸트의 학문 개념은 확실하거나 안전한 (sicher) 길이라는 점에 주목할 필요가 있다.

방식에서 근거 짓는 그런 존재자가 된다는 것을 의미한다. 인간은 존재자로서의 존재자와 관계하는 이런 관계의 중심이 된다.… 인간은 모든 존재자에게 척도를 제공하고 기준을 마련해주는 그런 존재자로 존재할 수 있기 위한 입장을 쟁취하기를 요구한다. (AWP 128, 134[149, 159])

이 지점에서 앞의 장에서 나온 두 가지 탈근대적 주제가 하나로 합쳐진다. 즉, 존재-신학에 대한 비판은 주체의 탈중심화로 흘러 들어가고, 인간 주체성이 "존재자와 관계하는 이런 관계의 중심"으로 자신을 규정함으로써 "모든 것을 자신과 관련해서 두는" 방식에 도전한다. 만일 근대 기술이 자만심으로 가득 찬 인간주의라면, 데카르트와 칸트에게서 일어난 주체로의 전회도 마찬가지로 그러하다. 데카르트와 칸트에게서 표현된 이론적인 힘에의 의지는 근대 기술에서 표현된 실천적인 힘에의 의지와 친족으로서 계통에 속하거나 유사성으로서 친족관계에 있다. 양자는 인간 주체성의 무조건적 자기-옹호를 보여준다.[36]

그러나 우리는 하이데거의 표상적 사고와 그 기원에 대한 설명으로 선회했는데, 이것은 주체로의 데카르트적/칸트적 전회에서, 표상적 사고의 기원이 니체 및 근대 기술과 연관되어 있음을 더 분명하게 알아보기 위한 것이 아니다. 그러한 주제의 선회는 이

---

36. 앞의 각주 26을 보라.

현대적이고 인본주의적인 신학적 이론에 대한 비판이 우리의 반대자가 존경하고 영속하는 전근대적 철학과 관련이 있는지를 알아보기 위한 것이었음을 잊지 말자. 전근대적 철학도 인간주의적 오만일까? 적어도 한 가지 의미에서는 그렇지 않다. 이름에서 알 수 있듯이, 최우수 선수와 최고경영자의 역할은 인간주의적인 존재-신학으로 말미암아 초감각적이고, 초인간적인 것에 배정되는 것이지, (인간 주체성의 전통적인 명칭인) '인간'에게 배정되지 않는다.

이렇게도 볼 수 있을 것 같다. 하이데거가 이런 명백하고 결정적인 차이에 의문을 제기하려면, 이 차이가 자라나는 공통의 근거가 있어야 할 것이다. 전근대적 존재-신학과 근대적 존재-신학 모두 효용성과 힘보다 인식과 진리를 우선시하는 이론적인 과업이다. 만일 전근대적 존재-신학이 진리와 지식의 이름으로 인간의 개념성을 마음대로 처리하는 '신'을 소유하려 한다는 것이 밝혀진다면, 그것과 근대성의 차이는 결국 그리 결정적인 것이 아닐 수도 있다. 실제로 이것이 해당 쟁점에 대한 하이데거의 견해다.

고대와 중세의 사상은 엄밀히 말하면 표상적 사유가 아니다. 다시 말해 그 사상은 존재자를 인간 주체의 대상으로 구속하지 않는다. "마주 대하는" 어떤 것을 갖는다는 것은 엄밀하고 근대적인 의미에서 "대상들"에 대해 "주체"가 되는 것과 같은 것이 아니다(PR 82, 87 [208, 220]). "마주 대하는" 것은 그리스적 의미에서는 자연physis일 것이고 그리스도교적 의미에서는 창조된 존재자ens creatum일 것이다(PR 62~64 [157~62], 90~91 [226~30], AWP 130 [152]).

여전히 하이데거는 우리 마음대로 처리하게끔-모든 것을-소유하는-것-으로서의-진리truth-as-having-everything-at-one's-disposal passages라는 자신의 가장 강력한 이해를 보여주는 한 대목에서, 니체에게서의 데카르트적 기획의 성취를 지적할 뿐만 아니라 데카르트가 『성찰』에서 제일철학이라는 이름을 취한 것은 아리스토텔레스가 선취한 바 있다고 지적하기도 한다(AWP 127 [148]).

다음으로 플라톤이 있다. 그가 선Good을 존재나 본질 저편 epikeina tes ousias에 있는 것으로 파악했을 때, 그는, 현존재의 이해의 지평으로 들어간다는 초기 하이데거의 의미에서, 주체에 대해 대상이 있는 것이 아니라는 점을 잘 보여준다.[37] 하지만 그가 인식이라는 주제를 상기 차원에서 도입할 때, 그리고 심지어 선을 형상으로 제시할 때, 그는 의식하지 못한 채로 인간 주체성을 데카르트적 중심으로 치켜올린다(ER 93~97 [237~45]; AWP 131 [153~54]).[38]

「휴머니즘 서간」에서 하이데거는 근대와 전근대 형이상학의 연계성을 확대한다. 그는 이론조차 일종의 기술로 간주되는 "사

---

37. 레비나스는 단순히 '존재론'이라고 부르는 전통에 대항하여 플라톤(『국가』 508e~509b)에 나오는 이 주제를 제기할 것이다. 게다가 자신의 두 번째 주저인 『존재와 다르게 또는 존재사건 저편』이라는 제목에서도 이를 덧붙인다. 다음을 보라. TI, pp. 102~103 [144~46쪽]; Richard A. Cohen ed., *Face to Face with Levinas*, p. 25; BPW, pp. 101, 109, 111, 117, 122, 125, 139, 141, 그리고 147.
38. 로고스가 이성이 되는 동시에 플라톤에게서 어떻게 자연이 이데아가 되는지에 대한 설명은 IM 98~164, 특별히 146~52를 보라.

유에 대한 기술적 해석"의 시작점을 플라톤과 아리스토텔레스에게서 발견한다. 이것의 하나의 징후는 엄밀한 사유의 가장 중요한 기준으로서 논리학의 출현이다. 사유 자체가 미적분의 한 종류가 된다(LH 194~95[124~26]).[39]

사유에 관한 기술적 해석의 또 다른 증상은 "철학이 최고 원인에 따라 설명하는 기술로 변모한다"는 것이며, 하이데거는 직접적으로 근대성을 구성하는 "주체성의 지배"(LH 197~98[128~29])와 관련하여 움직인다.

> 언어의 황폐화 … 곧 근대적인 주체성의 형이상학의 지배 아래 … 언어는 존재자를 지배하는 도구로서, 우리의 한낱 욕구와 경영을 위해 헌신한다. 존재자 자체는 원인과 결과의 그물 속에서 현실적인 것으로 나타난다. 현실적인 것으로서의 존재자를 우리는 계산하고 행동하면서 만나기도 하고, 또 설명과 근거 제시를 수단으로 하여 과학적으로 또는 철학적으로 만나기도 한다. … 마치 존재의 진리가 원인과 설명 근거를 기반으로 삼아 … 성립한다고 결정이나 된 것처럼 말이다. (LH 198~99[129~30])

---

39. 하이데거는 논리학에 대한 자신의 비판(WM/1929 참조)이 '비합리주의'의 한 형태라는 것을 부정하고, 반대로 논리학이 요구하는 "기술적-이론적 개념의 정밀성"에 있어서 사유하는 주체는 "물고기들이 메마른 땅에서 얼마나 오래 살 수 있는지를 보고 물고기의 성질과 힘을 평가하려고 시도하는 것"(LH 195[125])과 같다고 제안한다. 해당 문제에 대한 더 상세한 논의를 위해서는 다음 문헌을 보라. T. Fay, *Heidegger*.

이 구절은 명백히 근대성에 관한 것이지만, 그 근대성이란 철학을 인과적 설명과 증거의 제공, 특히 가장 높은 원인을 수반하는 존재-신학적 설명과 증명을 제공하는 것으로 만드는 플라톤과 아리스토텔레스의 실천에 대한 일련의 각주에 불과한 근대성이다. "주체성의 지배"는 (데카르트와 칸트에 의해) 인간 주체성을 권리상 최고의 것으로서 정립했을 때 출현한 것이 아니라, 존재-신학적으로 구성된 형이상학의 논리적 증명과 인과적 설명 앞에서 모든 것을 투명하게 만들어야 한다는 요구 가운데 인간 주체성을 사실상 최고의 것으로 정립했을 때 처음으로 출현한 것이다.

아마도 헤겔의 베를린대학교 취임 강연이 근대와 전근대를 연결하는 정신을 가장 잘 표현한 것일 테다. 그는 『엔치클로페디』 강의를 시작할 때, 청중에게 "학문에 대한 신뢰와 이성에 대한 믿음, 자기 자신에 대한 신뢰와 믿음이" 그들 안에 들어오게 해달라고 기원한다.

> 진리에의 용기, 정신Mind의 힘에 대한 믿음은 철학을 공부하기 위한 첫 번째 조건이다. 인간은 자기 자신을 존경해야 하며, 자신을 최고의 가치 있는 자로 여겨야 한다. 정신의 위대함과 힘에 대해 인간은 최대한으로 충분히 사유할 수 없다. 우주의 숨은 본질은 인식의 용기에 저항할 힘을 그 자체로 가지고 있지 않다. 인식은 우주 앞에서 자신을 열고, 자신의 풍부함과 심오함을 그것에 분명하게 보여주고, 그것을 향유할 수 있어야 한다.[40]

하이데거는 『근거율』에서 이 구절을 참조하는데(85 [216]), 이는 그가 완연하게 발전시키는 텍스트로서, 여기서 그는 전근대 형이상학과 근대성의 주체성 및 표상적 사유로의 전회 사이의 깊은 친근성을 보여준다. 하이데거의 초점은 라이프니츠가 공식화한 충분근거율이나 근거율에 맞춰져 있는데, 그는 라이프니츠가 가장 먼저 그런 원리에 대한 명시적인 공식화를 제시했다고 주장하며,[41] 반면에 그것이 고대 그리스로 거슬러 올라가 기나긴 '배양' 기간을 거쳐서 서구 형이상학의 등대가 되어 왔다고 주장한다(PR 4, 53, 118, 121 [16, 139, 292, 298]). 우리는 위에서 하이데거가 어떻게 라이프니츠를, 표상적 사유의 창시자이자 그 사유의 기저에 있는 주체/대상 존재론의 창시자인 데카르트 및 칸트와 연결하는지를 살펴보았다. 우리는 이제 '배양'이라는 은유를 실물로 만들어 라이프니츠의 근대성에 내재한 깊은 전근대적 뿌리를 알아볼 필요가 있다.

한편으로, 근거율은 진술을 타당하게 할 근거를 제시하는 것과 관련한다. "라이프니츠에게 근거율은 명제들과 진술들을 위한

---

40. G. W. F. Hegel, *Werke in zwanzig Bänden*, Vol. 10, p. 404. 나의 번역은 헤겔의 과도한 이탤릭체를 제거하고 Geist를 'Mind'로 번역한다. 그는 이성이 신뢰와 신앙에 기반을 두고 있다는 자신의 '루터주의적' 견해에 얽힌 아이러니를 망각하고 있는 것 같다. 이 말에 대한 하이델베르크 버전은 3장 각주 31번을 보라.
41. [라이프니츠와 칸트가 연결되는] 오직 세 번째 제시에서, **충분근거를 명시하는 '완전한' 형식**이 원리로 제시된다. 하이데거가 제시하는 원리의 세 가지 형태를 간략히 정리하기 위해서는 다음 책을 보라. J. D. Caputo, *The Mystical Element in Heidegger's Thought*, p. 60. 2장에서 카푸토는 하이데거의 저작에 대한 훌륭한 개관을 제공한다.

원리이다. … 근거율은 참인 문장을 위해 가능하면서도 필연적인 근거를 보내는 근본 원리다"(PR 22[63]). 우리가 라이프니츠에게 존재하는 것은 정당화된 진술로 확증되는 것임을 보았을 때 이 문제도 보았다.[42] 그런데 그는 항상 인식론적 질서에 있는 근거들에서만큼이나 존재론적 질서에서 자신의 원리가 원인과 관련한다는 점을 항상 분명히 한다(PR 21~22, 26, 97 [59~63, 72, 245~46]). 그리고 그 지배를 벗어나는 것은 아무것도 없으므로 원리는 결국 설명의 완전성을 요구하게 된다(PR 32~33, 120 [297~98]). 이는 결국 근본적인 존재-신학적 몸짓으로 이어지며, 제일원인으로서의, 궁극적 근거ultimo ratio, 최상의 근거summa ratio로서의 신에 대한 요청(어떤 초감각적 실재), 만물에 대한 열쇠인 일자에 대한 요청으로 이어진다(PR 26, 101, 117, 125 [74, 255, 289, 309]).

제일원인으로서의 신은 근거율의 지배 아래 있다(PR 26 [47]). 사실상, "근거율이 유지되는 한에서만 신은 존재한다"(PR 28 [77]).[43] 궁극적인/최상의/제일의 것으로서의 신은 최고 존재다. 기껏해야 말이다! 아주 미미한 예외, 다음과 같은 더 상위의 것이 하나 있을 뿐이다. 신을 납치하고, 이성의 고유한 규정의 물음에 답하는 일을 하도록 새로운 종을 투합하는 근거율이 바로 그것이다. 신

---

42. 앞의 각주 33를 보라.
43. 라이프니츠의 동시대인인 안젤루스 실레시우스가 "장미는 이유 없이 존재하며, 피어나기 때문에 피어난다"고 쓸 때, 라이프니츠는 자신의 원리에 대한 이 도전을 "신성모독에 잠재적으로 기울어진 것"(PR 35 [93~94])으로 보았다.

의 과제는 시금석으로 존재하되, 이성의 신전에서 사제는 되지 말고, 정점에 있긴 하지만 신전의 건축가는 되지 않는 것이다.[44] 마르크스와 니체가 데카르트와 칸트보다 인간 주체의 궁극성에 대해 더 솔직하고 덜 양면적이듯이, 데카르트와 칸트는 플라톤과 아리스토텔레스보다는 더 솔직하고 덜 양면적이다. 하지만 공동의 기획이 그들 모두를 그들 사이의 실질적 차이에도 불구하고 하나로 묶어내는데, 이를 라이프니츠보다 더 명확하게 볼 수 있게 해준 이는 없다. 전근대적 존재-신학은 근대적인 인간주의적 존재-신학의 잠복기와도 같다.

―◦―

우리는 이제 하이데거가 존재-신학에서 "신이 철학 속으로 들어올 수 있는 유일한 경우는 오직, 철학이 자발적으로, 자신의 본질을 따라, 신이 철학 속으로 들어올 수 있기를 요구하고 또 어떻게 해서 철학 속으로 신이 들어오는지는 규정하는"(ID 56[48]) 경우에서라고 말할 때, 그가 의도하는 바가 무엇인지를 이해할 위치에 서 있다. 철학은 신이 지켜야 할 규칙을 만든다. 고대의 욥처럼, 철

---

44. 하이데거는 신이 종종 이성의 저자로 언급된다는 것을 알고 있다. "그러므로 근거율은 오직 신이 존재하는 한에서만 존재한다. 그러나 오직 근거율이 유지되는 한에서만 신은 존재한다. 이러한 사유는 순환하고 있다"(PR 28[77]). 하이데거는 이미 데카르트에게서 뚜렷이 드러난 이 순환을 존중하지 않는다. 그가 존중하는 길은 해석학적 순환이다. 왜냐하면 하이데거는 인용문에서 첫 번째 문장이 결국 공허한 아첨으로 끝난다고 생각하는 반면 두 번째 문장은 형이상학의 작동 원리라고 생각하기 때문이다.

학은 인간의 설명에 대한 욕망/요구를 충족시킬 수 있는 모습으로 철학 속으로 들어올 것을 신에게 요구한다. 이에 존재-신학은 계산적-표상적 사유로서의 성격 때문에 나쁜 신학이 된다. 그것은 신이 신으로 존재하게 하지 않으며, 무엇보다도 종교 비판에 취약하다. 하이데거가 존재-신학적으로 구성된 형이상학에 대해 가장 깊이 반대한 것은 '아테네와 예루살렘이 무슨 상관이 있는가?'라고 한 테르툴리아누스의 물음, 그리고 철학자들의 신과 아브라함, 이삭, 야곱의 신을 대조한 파스칼을 반향하고 있다.

이것은 하이데거가 존재-신학 개념을 도입한 두 텍스트에 모두 명시적으로 드러나 있다. 하이데거는 "형이상학의 근본바탕으로 소급해 들어감"에서 형이상학의 존재-신학적 성격이 "철학의 본위"에 속한다고 쓰고 있다. 그것은 그리스 철학과 기독교 신학의 교부적이고 중세적인 합병에 기인한다기보다는 "그리스도교 신학이 그리스 철학을 자기 것으로 삼을 가능성을 제공했다. 이것이 그리스도교 신학에 좋은 것이었건 나쁜 것이었건, 신학자들이 그리스도인의 경험으로부터 그 스스로 결의한 것이다"(WM/1949 275~76[143]).

그러나 그는 신학자들이 반응하기를 기다리지 않고 "하느님께서 이 세상의 지혜가 어리석다는 것을 보여주시지 않았습니까?"(고린토인들에게 보낸 첫째 편지 1:20)라는 바울의 물음을 명심하게끔 상기시킨다. 그는 아리스토텔레스가 제일철학이라고 부른 것과 "이 세상의 지혜"를 동일시하면서, "그리스도교 신학이

다시 한번 사도 바울의 말에 의해, 그리고 또 그의 말을 따라 어리석은 것인 철학을 진지하게 받아들이기로 결정하게 될 것인가?"(WM/1949 276[144])라고 묻는다.[45]

「형이상학의 존재-신-학적 구성」에서, 하이데거는 "어떤 종류의 무신론 때문이 아니라" 곧 "형이상학의 본질적 본성"(ID 55[47])에 대한 통찰 때문에 존재-신학이 문제가 된다고 쓰고 있다. 철학의 신은 제일원인, 궁극적 근거, 최상의 근거이다. 그런데

---

45. 이 구절은 하이데거의 초창기 종교철학 강의에서 루터의 그리스 철학에 대한 바울적 대립의 반향을 일으켜낸다. M. Heidegger, *Phänomenologie des religiösen Lebens*, Vol. 60, pp. 97, 281~82, 306~10 [마르틴 하이데거, 『종교적 삶의 현상학』, 115, 336~38, 364~69쪽]. 루터는 자신의 『하이델베르크 논박』에서 이 주제를 바울의 십자가 신학과 스콜라적인 영광의 신학 간 구별의 하나로 인용하고 있다. 이것은 위의 책 281~82[336~38]에서 하이데거가 제안한 구별이다. 다음 글들을 보라. J. van Buren, "Martin Heidegger, Martin Luther," *Reading Heidegger from the Start*. 또한 M. Luther, *Career of the Reformer: I*, Vol. 31 of *Luther's Works*, p. 52. 하이데거의 종교철학 강의는 이론적인 것의 우위성을 지속적으로 반대하는 내용을 담고 있다. 그 강의는 철학이 과학이 되거나 되어야 한다는 것을 거듭 부인한다(3, 8~10, 15, 17, 27, 29, 35[18, 23~25, 31, 32~33, 43, 44~45, 51]). 경험 그 자체가 지식으로 해석될 수 있는 것이 아니기 때문에 그것은 예술에 가깝다(8[23]). 왜냐하면 경험은 '대상'이라기보다는 그 유의미(성)(Bedeutsamkeit) 안에서 세계와 상관적으로 정립되는 것이기 때문이다(8~16[23~32]). 우리는 여기서 『존재와 시간』에서의 손-가까이 있음과 눈-앞에-있음 내지 객관적으로 현전하는 것의 구별이 분명하게 선취되고 있음을 목도한다. 마찬가지로 이것은 인간주의적 오만으로서의 주체/대상 도식에 대한 비판이기도 하다. 여기서 경험에 대한 분석은 주로 종교적 경험에 대한 분석이기 때문에, 철학에 관한 것은 신학에서도 적용될 것이다(72, 97, 102, 116[89~90, 115, 121, 138~39]). 이 강의를 나중에 나온 존재-신학 비판에 대한 선취로 분석한 글로는 다음과 같은 나의 논고를 보라. M. Westphal, "Heidegger's 'Theologische Jugendschriften,'" *Overcoming Onto-theology*.

인간은 이런 신에게는 기도할 수 없고 희생제물도 바칠 수 없다. 자기원인 앞에서, 인간은 이런 신 앞에서 경외감에 무릎을 꿇을 수도 없고 찬송을 부르거나 춤을 출 수도 없다.

그러므로 철학의 신, 다시 말해 자기원인으로서의 신을 포기할 수밖에 없는 신-없는 사유가 아마도 신적인 신에게 더 가까울 것이다. 이는 여기서 오직 다음을 의미할 뿐이다. 신 없는 사유가 존재-신학이 믿고 싶어 하는 것보다 훨씬 더 신적인 신에게 열려 있는 사유다. (ID 60, 72 [51~52, 65])

하이데거는 니체와 신의 죽음에 관해 다룬 그의 논고에서, 신에게 가하는 "최후의 일격"은 신을 알 수 없거나 신의 존재를 증명할 수 없다고 주장하는 것이 아니라고 본다. 오히려 그 일격은 "존재자 중의 존재자인 신이 최고의 가치로 여겨지게 된다는 사실 속에 있다. … 이러한 뼈아픈 타격은 신을 믿지 않는 방관자들에게서 오는 것이 아니라, 바로 신앙인과 이들의 신학자들한테서 오는 것이기 때문이다. … 신앙의 견지에서 바라보면, 이렇게 사유하고 저렇게 말하는 행위는, 그것이 신앙의 신학 속으로 들어와 뒤섞이게 된다면, 더할 나위 없는 신성모독이 된다"(WNGD 105 [380~81]. 또한 99 [373] 참조).

이 반론이 이전의 반론과 동등하다는 것을 인정하려면, 우리는 두 가지를 기억해야 한다. 첫째, 하이데거의 니체 해석에서, 삶을 보존하고 강화하려는 힘에의 의지로 요구되는 것이라면 어떤 것이든, '가치'는 일정한 저장고를 의미한다. 둘째, 신을 '최고의 가치'로 격하하는 사회-정치적 방법이 분명히 있지만, 하이데거는 표상적 사유와 계산적 사유에 관한 분석에서 신이 인식론적 가치, 설명과 정당화의 최상의 원리, 인간이 이해할 수 있는 모든 것을 실현하는 열쇠가 되는 방식을 식별해냈다. 이에 신은 노동력 풀의 일부분이 되고, 인식론적으로 유용해야만 계속해서 유익하게 고용될 수 있다.

여기서 하이데거가 다시금 어떤 종류의 신학에 대해 가혹하게 말하고 있지만, 그는 자신의 비판이 반종교적인 것이 아니라 오히려 그 반대라고 주장한다. 키에르케고어와 꽤 유사하게 들리는, 그리스도교 국가Christendom와 신약성서의 그리스도교를 구별 짓는 그의 말은 "그리스도교 국가와의 대결이 어떤 면에서든 그리스도교에 대한 공격이 아니며, 신학에 대한 비판이 곧 신앙에 대한 비판은 아니다"(WNGD 63~64[326])라는 점을 주장한다.

아마도 하이데거가 성스러운 것을 신비로 생각하자고 호소한 것이 존재-신학에 대한 비판의 종교적 뿌리를 밝히는 가장 지속적인 방식일 것이다. 표상적-계산적 사유는 이것을 할 수 없다(QT 26[34]). 그러나 이런 식의 사유에 대한 그의 분석과 비판에 어떤 다른 음영이 끊임없이 얽힌다. 그가 그것을 존재 사유, 즉 초연한 내맡김Gelassenheit이라고 부르건, 성찰적 사유besinnliche Denken, 또는 회상적 사유andenkendes Denken라고 부르건, 형이상학으로부터 뒤로 물러섬으로 부르건, 모두 같은 개념을 말하고 있다. 모든 것이 인과적 설명과 논리적 정당화라는 프로크루스테스의 침대 안에 들어맞아야 한다는 요구를 대신하여, 이런 식의 또 다른 사유는 그런 개념적 도식 안에서는 필연적으로 사유되지 않는 것을 사유하려고 시도한다. 하이데거가 "오직 존재의 진리에 따라서만 성스러운 것의 본질이 사유될 수 있다"(LH 230 [167]. 또 218 [153] 참조)고 할 때, 우리는 "존재의 진리"라는 개념의 기초가 되는 "존재론적 차이"에 우리가 공감하고 있는지를 상기해야 하며, 이 구절이 충만한 인식가능성을 위한 요구를 신비에의 개방으로 대체하는 사유 방식을 가리킨다는 점이 기억되어야 한다.

이미 『형이상학이란 무엇인가?』에서 '형이상학'은 여전히 나쁜 사유를 극복하는 것이라기보다 (그것의 적절한 자리에 한정해서 위치하는) 좋은 사유를 성취하기 위한 이름이며, 바로 이런 논지 아래 등장한다. 무를 사유하는 것은 "지금까지 숨겨져 있던 순수한 '타자'로서의 완전한 낯섦을 간직한" 존재자를 발견하는 것이다. 여기서 낯섦은 논리학, 과학, 공통감각을 넘어서 "경이"를 자아내는 것이다(WM/1929 251, 256 [163, 172]).

이 주제는 『형이상학이란 무엇인가?』의 1943년 판 후기에서 발전된 것이다. 이제 형이상학의 극복으로 기술되는 저 과제는 계산적 사유를 벗어나는 신비를 사유하는 것이다(WM/1943 262~63 [182~85]). 루돌프 오토의 '두렵고 매혹적인 신비'로서의 전적 타자 개념처럼, 이 신비는 쉬이 접근하기 어려운 것이면서 매력적인 것이다.[46] "심연"의 "무시무시함"과 "공포" 앞에서, 우리는 "불안"을 경험한다. 하지만 "모든 경이로움 가운데의 경이로움" 앞에서의 "경외감"도 있다(WM/1943 260~61 [180~81]). 그러므로, 두려움에도 불구하고, 적절한 반응은 우리가 직면하는 "은총"과 "호의"에 대한 "굴복", "희생", 그리고 사유이다(WM/1943 262~63 [182~85]). 어떤 언어적 반응에서는 신비로 남아 있는 것을 인간의 말로 표현하기에는 언제나 부적절하다는 것을 인식하는 가운데, 말에 선행하는 "말할 수 없음"이 나타날 것이다. "사유가思想家는 존재를 말한다. 시인은 성스러운 것을 부른다"(WM/1943 263~64 [186]). 이러한 것은 형이상학에서는 법정 화폐로 인정하지 않는 동전의 양면이다. 이 글을 쓰는 하이데거는 절반은 사유가, 절반은 시인(일 것)이겠지만, 신학자는 아니다. 하지만 그의 주장은 분명하다. 가장 깊은 종교적 동기에서, 신학자는 신비가 마주칠 수 있는 공간을 열어두는 권한을 가진다.

하이데거는 계속해서 이런 모티브로 돌아온다. 초연한 내맡김으로서의 성찰적 사유에 관한 논의에서, 그는 잠재적으로 "**사태를 향한 내맡김**"과 "**신비로의 개방성**"을 동일시한다. 주체가 이해의 지평 안에 있는 대상들을 표상하는 반면, 무엇이 지평이 되게 하는

---

46. Otto, *The Idea of the Holy* [오토, 『성스러움의 의미』]. 하이데거는 이 책이 나온 직후 그것을 독파했고, 한때 이 책에 대한 서평을 계획하기도 했다(GA 60 332~34 참조). 이는 그가 후설의 이목을 끌기 위해 소환해낸 것일 수도 있다. T. Kisiel, *The Genesis of Heidegger's Being and Time*, pp. 75, 86, 96~97을 보라.

지를 물으면서 표상의 영역을 벗어날 것을 인식하는 사유도 있다 (DT 55, 63~68 [135, 147~51]). "언어가 존재자를 지배하는 도구로서 우리의 순전한 욕구와 경영에 굴복할" 때 언어는 오직 "익명적인 것"에서만 발견되는 "신비"와의 접촉을 잃게 된다(LH 199 [130]). 이를 가능하게 하는 또 다른 방식은 "스스로 은닉함"으로써만, 그리고 "이탈함"으로써만 자신을 주는 그것에 대해 말하는 것이다(PR 54~55, 61~62, 68 [140~42, 154~58, 175]).

하이데거가 이 모든 것을 저술한 시점은 자신을 그리스도교 신학자라고 기술했던 때를 훨씬 지난 시기이다.[47] 하이데거는 「휴머니즘 서간」(1947)에서 「근거의 본질에 관하여」(1929)에 나오는

---

[47] 하이데거는 처음에 1921~22년에 진행한 자신의 아리스토텔레스 강의에서 철학이 '원리상 무-신론적인' 것이 되어야 한다고 말했다. M. Heidegger, *Phänomenologische Interpretationen zu Aristotles*, Vol. 61 of the *Gesamtausgabe*, pp. 196~97. 그는 이 주장을 자신의 마르부르크대학교 지원을 위한 제출 원고에서 되풀이한다. 1922년에는 "Phenomenological Interpretations with Respect to Aristotle," p. 367 [마르틴 하이데거, 『아리스토텔레스에 대한 현상학적 해석』, 37쪽]에서 ; 1924년에는 *The Concept of Time*, p. 1에서 ; 또 1925년에는 *History of the Concept of Time*, pp. 79~80에서 ; 1928년에는 *The Metaphysical Foundations of Logic*, p. 140 [마르틴 하이데거, 『논리학의 형이상학적 시원근거들』, 210쪽]에서. 「하이데거의 청년을 위한 신학 논고」라는 글에서, 나는 이 초창기 구절들과 관련해, 이것이 방법론적인 무신론을 의도하지, 실제적인 무신론을 의도하는 것은 아니었다는 점을 논증했다. 특별히 마르부르크대학교 재직 시절 쓴 또 다른 글과 비교했을 때, 마르부르크에서의 진술은 진실이었다고 나는 생각한다. M. Heidegger, "Phenomenology and Theology," *The Piety of Thinking* [마르틴 하이데거, 「현상학과 신학」, 『이정표 1』]. 또 「휴머니즘 서간」에서 인용된 구절을 보라.

다음 구절을 인용한다. "현존재를 세계-내-존재라고 한 존재론적 해석을 통해 신을 향한 가능 존재에 관해서는, 긍정적이건 부정적이건, 아무런 결단도 내린 바 없다. 하지만 초월에 대한 해명을 통해서 우리는 비로소 현존재에 관한 적합한 개념을 획득할 것인데, 이와 관련해서 이제 현존재와 신의 관계가 어떻게 존재론적으로 정돈되는지가 물어질 수 있다." 그는 "신의 현존에 대해 결단을 내리는" 일의 실패가 철학이 "무관심에 머무름"을 뜻하는 것은 아니라고 첨언한다(LH 229~30[167]; ER 91, n. 56[73, 각주 56]). 그가 신앙을 위해 세계를 안전하게 만들려는 것이 아니라면, 최소한 그는 신앙의 가능성을 위해 세계를 안전하게 만들기 위해 나서고 있다. "오직 존재의 진리를 따라서만 성스러운 것의 본질이 사유될 수 있다. 성스러운 것의 본질을 따라서만 비로소 신성의 본질이 사유될 수 있다. 신성의 본질에 비추어야만 비로소 '신'이라는 말이 무엇을 의미하는지가 사유될 수 있고 말해질 수 있다"(LH 230[167]).

하이데거는 믿음의 영혼believing soul과 철학자를 (아마도 너무 깔끔하게) 구별한다. 그러나 그는 믿음의 영혼이 말하는 바를 알고 있다.

> 하느님, 저는 결코 당신을 정의하지 않으리다.
> 저는 제가 능히 이해한 것에는 경배할 수 없사옵니다.[48]

---

48. L. F. Brandt, *Psalms/Now*, p. 175 [레슬리 브란트, 『오늘의 시편』, 260쪽].

그리고 하이데거의 존재-신학 비판은 결국 이런 식의 신앙을 위해 현대 기술 세계에 어떤 여지를 남겨두려는 시도로 귀결된다. 그것은 단지 관용적인 공간이라기보다는 위반의 공간이 될 것이다. 왜냐하면 이러한 신자는 모든 형태의 종말론, 형이상학, 과학, 그리고 기술의 궁극성을 부정하기 때문이다. 하이데거는 신학이 신학 자체의 존재-신학적 경향을 극복하고, 이러한 극복을 통해 신을 인간 주체성에 종속시키지 않고 예배의 대상이 되게 하는 데 가담하라는 도전적 제안을 하고 있다.

하이데거의 존재-신학 비판은 우리에게 존재-신학의 다양한 종을 구별하는 법을 가르칠 뿐만 아니라 더 중요하게는 그 유적 동일성을 인식할 수 있는 길을 가르친다. 전근대 세계에는 그리스의 플라톤과 아리스토텔레스가 있다. 근대 세계에는 데카르트와 칸트의 초월적 인간주의가 있고 마르크스와 니체의 경험적 인간주의가 있다.[49]

기술적 차원에서 이들의 유적 동일성은 기본적으로, 최상이라는 항을 통해 보편적인 것의 실마리를 찾고 중심, 기원, 최고 존재라는 항으로 전체를 이해하는 존재-신학적 태도로 나타난다.[50]

---

49. 하이데거는 그리스적인 것과 그리스도교적인 것을 연결하는 데서 니체를 따른다. 그는 니체의 철학사와 결별하여 니체를 형이상학을 극복하는 자라고 보기보다 아이러니하게 헤겔의 열망을 지닌 형이상학의 완성자로 다룬다. 포스트모더니즘의 악명 높은 '반인간주의'는 존재-신학에 관한 의혹과 연관이 깊다.
50. 앞의 각주 24을 보라.

이런 차원에서 전근대적이고 초감각적인 것과 근대적인 인간주의적 종 사이의 구별은 여전히 적어도 그것들의 유적 친족관계만큼이나 근본적인 것처럼 보인다.

그러나 비판적인 차원에서 하이데거의 분석은 그 상을 상당히 변화시키는 유적 동일성의 두 번째 차원을 가리킨다. 모든 형태의 존재-신학은 인간주의적 자만심으로 판명된다. 전근대적 존재-신학들이 그 배양기에 (충분) 근거율의 지배와 지도를 받는 한, 즉 논리적 정당화와 인과적 설명이라는 인간적 규준과 관련하는 완전한 이해가능성의 요구를 따라 철학적 담론 속으로 '최고 존재'를 들여오기를 승인하는 한, 존재-신학은 힘에의 의지의 이론적 표현이고, 모든 것이 인간의 목적을 따라 배치되어야 한다는 요구에 불과하다.

즉, 그것은 마르크스와 니체에게서처럼 노골적인 부정만이 아니라 일정한 방식으로 초감각적 초월을 긍정하면서 어떤 초감각적 세계의 초월을 타협적인 것으로 만든다. 만일 어떤 종류의 초감각적 '신'이 정립된다면, 또 공간과 시간의 감각적 세계 '저편'과 '바깥'이 오직 인간 지성의 완전한 이해가능성의 요구를 따라 직접적으로 배치된다면, 한편으로 그렇게 제안된 초월은 다른 한편을 빼앗기게 된다. 신적인 것은 그것이 그 자체로 이해될 수 있는 한, 그리고 그것이 다른 모든 것의 이해가능성의 근거인 한, 우리에게 용납되는 것이 된다. 이는 신적 초월의 문제가 단순히 교리적인 내용의 문제가 아니라는 것을 의미한다. 인간 주체성이 "존재자와의 관계의 중심"(AWP 128[149])이 되면서, "모든 것을 자신에게로 세울"(OM 87[94]) 때, 초월적인 "무엇"what은 내재적인 "어떻게"how를 따라 중립화될 수 있다.[51]

이것은 신적 내재성의 철학으로서의 범신론과 신적 초월의 철학으로서의 유신론의 차이를 엿보는 것으로는 신적 초월의 물음에 접근할 수 없다는 것을 의미하는가? 그렇지는 않다. 다만 이것은 우리가 양자 사이의 학설상의 차이에 더 많은 주의를 기울여야 한다는 것을 의미한다. 자연 세계와 인간 역사의 세계 '내부'에 신을 위치시키건 그 '외부'에 신을 위치시키건, 우리는 우주론적 물음에 더하여 하이데거가 제시한 비판의 안내를 받아 최소한 다음 두 가지 부가적 물음을 따져 물어야 한다. 이러한 신학은 개별적으로건 집단적으로건 인간 존재자들이 그들 스스로 들어야 하고, (자신이 스스로 제시한 물음에 답을 요구하는 욥이나 칸트와는 다르게) 또 응답할 수 있는 신의 부름이나 요구를 어느 정도까지 받아들일 수 있게끔 하는가?[52] 그리고 이 신학은 자신을 감추

---

51. '무엇'과 '어떻게' 사이의 구별은 키에르케고어가 요하네스 클리마쿠스를 통해 『결론적인 비학문적 후서』에서 주체성으로서의 진리에 대해 수행한 분석의 핵심에 있는 것이다. 나의 다음 책이 이 문제를 세부적으로 다루었다. Westphal, *Becoming a Self*, 8장. 하이데거는 자신의 1920/21년 강의에서 '어떻게'의 종교적 의미를 크게 강조한 바 있다. *Einleitung in die Phänomenologie der Religion*, in *Phänomenologie des religiösen Lebens* (GA 60). 이 책 2장 각주 44를 보라.
52. 우리는 「휴머니즘 서간」에서 존재 및 신과 관련해서, 위에서 정립한 물음을 살펴보았다.

는 만큼 자신을 보여줌으로써 우리의 개념적 지배를 회피해버리는 신비로서의 신에게 어느 정도까지 개방되어 있는가?[53] 스스로 존재-신학적 가능성을 극복하려 하는 유신론은 신과 세계의 관계를 범신론의 신과 세계의 관계로부터 구별해내는 것을 넘어서는 어떤 일을 수행해야만 할 것이다.

따라서 다음 두 장에서 우리는 스피노자와 헤겔의 두 가지 존재-신학적 범신론을 살펴보면서, 유신론적 초월에 대한 그들의 부정이 신적 계시와 신비의 여타 쟁점들과 어떻게 연관되는지를 살펴볼 것이다. 이러한 작업은 다음과 같은 것을 희망한다. 즉, 유신론이 우주론적 초월을 넘어서, 단순히 대안적인 존재-신학이 되지 않으려면, 신의 초월을 인간적인, 너무나 인간적인 차원으로 환원시키도록 기능하는 신적 초월의 교리가 되지 않으려면, 그것이 대체 무엇을 긍정해야 하는지가 다음 두 장의 작업에서 더 분명해질 것이다.

---

53. 우리는 이 논지를 「들어가는 말」의 결론부에서 살펴보았다.

2장

스피노자

자연의 존재-신학적 범신론

스피노자는 전형적인 범신론자이다. 하지만 그는 사실상의 무신론자가 아닌가? 이것이 그가 존재-신학적 의미에서의 형이상학을 극복했다는 것을 의미하지는 않을 것이다. 만일 선과 인류가 (다양한 방식으로) 신을 최고 존재로 대체할 수 있다면, 왜 자연은 안 되겠는가? 그러나 무신론자는 신적 초월이 분명하게 드러날 수 있는 신적 내재성의 모형을 거의 제공하지 못한다. 그래서 스피노자의 무신론 문제로 논의를 시작하는 것이 좋겠다.

적지 않은 수의 사람들이 스피노자를 무신론자로 낙인찍으려고 했다. 그 목록의 첫머리에 피에르 베일이 있는데, 그의 1697년 논고는 18세기의 스피노자 수용을 주도했다.[1] 다른 이들로는 라

---

1. P. Bayle, *Historical and Critical Dictionary*. 그의 논고는 다음과 같이 시작한다. "암스테르담 출신으로 유대인으로 태어난 베네딕투스 데 스피노자는 이후 유대교로부터 탈선했으며, 최종적으로는 무신론자가 되었다. 그는 체계적인

이프니츠2, 프리스틀리3, 야코비4, 콜리지5가 있다.

그런데 스피노자가 거주하던 곳 인근에서는, 그리고 스피노자가 살아 있는 동안에는 무신론이라는 혐의는 드문 것이었다. 스피

무신론자였는데…," p. 288. 그 이후의 내용은 다른 것들 가운데서도, 스피노자의 『에티카』를 예비하는 것으로서의 『신학정치론』의 역할을 강조한다. pp. 293, 295, 300~301을 보라.

2. G. W. Leibniz, *Sämtliche Schriften und Briefe*, II.1, p. 535.
3. "심판관은 그가 말하는 '신'의 의미를 엄격히 정의해야 한다. 그렇지 않으면 에피쿠로스주의자나 스피노자주의자도 무신론자가 아닐 것이기 때문이다…." J. Priestley, *Essay on the First Principles of Government*, in *Political Writings*, p. 59.
4. 레싱이 스피노자주의자였다는 야코비의 고발은 우리가 나중에 더 살펴볼 범신론 논쟁을 예비한다. 다음 문헌을 보라. F. H. Jacobi et al., *The Spinoza Conversations between Lessing and Jacobi*, p. 123. 또한 p. 81 참조. 더 완전한 기록으로는 다음 문헌을 보라. H. Scholz ed., *Die Hauptschriften zum Pantheismusstreit zwischen Jacobi und Mendelssohn*.
5. "스피노자주의는 신으로부터 지성과 의식을 배제하는 것으로 나타난다. 따라서 그것은 무신론이다." 다음 문헌에서 재인용. T. McFarland, *Critical Annotations* in *Coleridge and the Pantheist Tradition*, p. 190. "그리고 내가 그리스도인이 아니라면, 또 내가 그리스도인이라는 의미에서만, 나는 스피노자와 함께 무신론자가 되어야 한다." S. T. Coleridge, *Letters, Conversations and Recollections of S. T. Coleridge*, I, pp. 88~89. 하지만 콜리지는 해당 주제에 대해 일관적인 마음을 가지지는 않았다. 다음 문헌에서 엮은이의 콜리지의 「스피노자에 대한 주석」(Note on Spinoza) 부분에 대한 논의와 「주석」(Note)에 나오는 콜리지의 의견을 확인하라. S. T. Coleridge, *Shorter Works and Fragments*, Vol. 11 of *The Collected Works of Samuel Taylor Coleridge*, I, pp. 608~13 ; *Biographia Literaria*, Vol. 7 of *The Collected Works*, I, pp. 152~53과 p. 152, n. 3 ; 그리고 *The Notebooks of Samuel Taylor Coleridge*, I, #1379. 맥파랜드(p. 190)는 스피노자주의와 무신론을 동일시하는 것을 콜리지의 "숙고 끝에 나온 최종적인 철학적 입장"으로 받아들인다.

노자는 『신학정치론』1670의 저술 동기 중 하나를 다음과 같이 제시한다. "저를 무신론으로 끊임없이 비난하는 대중들이 저에 대해 가진 견해. 저는 가능한 한 이런 비난을 피하려고 합니다."[6] 하지만 비난을 피하기는커녕, 스피노자의 『신학정치론』은 람베르트 판 벨튀센으로부터 "은폐되고 위장된 논변으로 전면적인 무신론을 가르침으로써…무신론으로 유도한다"라는 비난을 받았다.[7] (스피노자는 "내가 추구하는 삶의 방식이 무엇인지" 알고 있었다면 벨튀센은 다르게 생각했을 것이라고 하는데, "이는 무신론자들은 대개 내가 항상 경멸해 왔던 명예와 부를 지나치게 좋아하기 때문이다"라고 답한다.)[8] 그리고 1674년에 홀란드 정부는 『신학정치론』과 "다른 이단적이고 무신론적인 글"을 정죄했다.[9] 나중에, 알프레드 뷔르흐Alfred Burgh는 스피노자에게 자신이 속한 가톨릭 교회로 복귀하라고 말할 것인데, 여기서는 자신처럼 그에게 회개하기를 촉구하면서 "무신론자들의 비참하고 불안한 삶에 대해 반

---

6. Spinoza, *Spinoza: The Letters*, Letter 30, p. 186 [스피노자, 『스피노자 서간집』, 207쪽. 이하 『서간집』]. 스피노자의 서신은 셜리 판본에서 인용될 것이며, 이 판본의 쪽수가 기재될 것이다. 이 서신 번호는 여러 판본에서 널리 사용되고 있다.

7. Letter 42, p. 236 [『서간집』, 272].

8. Letter 43, p. 237 [『서간집』, 273]. 오늘날의 풍토에서 우리는 이것을 아이러니한 것으로 읽는 것 이외에는 달리 읽어낼 방도가 없다. 그러나 스피노자의 시대에 신과 도덕 사이의 연결고리는 너무 긴밀하여서, 그는 정직하게 도덕적 원리를 견지하는 어떤 사람도 무신론자일 수 없을 것이라고 믿었을지도 모른다.

9. Shirley, p. 55.

성하기"를 요구하고, "… 그들의 가장 불행하고 끔찍한 죽음"에 대해 성찰하라고 강요한다.[10]

이것이 스피노자가 『에티카』를 출간하지 않기로 한 배경이었다. 그는 출판 직전에 올덴부르크에게 편지를 쓴다.

> 저의 책 한 권이 출간될 것인데, 거기에는 신이 존재하지 않음을 보여주려는 시도가 담겨 있다는 소문이 사방에 퍼졌습니다. 많은 사람이 이런 소문을 사실로 믿었습니다. (아마도 이 소문을 주동한) 몇몇 신학자들은 이 기회를 활용하여 군주와 당국에 저를 고소하려고 합니다. 나아가 저에 대해 우호적이라는 의심을 받는 어리석은 데카르트주의자들은 그런 혐의에서 벗어나기 위해 제 사유와 글에 대한 증오심을 사방에 표명하기를 멈추지 않았습니다. … 저는 이를 믿을 만한 사람들에게서 수집했고 또 그들로부터 신학자들이 사방에서 제게 반대하여 음모를 꾸민다는 것도 알게 되었는데, 상황이 어떻게 돌아가는지 확인할 때까지 제가 준비한 출간을 보류하기로 결정했습니다. … 하지만 이 일이 매일 더 심각해지고 있으며 그렇다고 제가 무엇을 해야 할지도 모르겠습니다.[11]

---

10. Letter 67, p. 311 [『서간집』, 367].
11. Letter 68, p. 321 [『서간집』, 370~71].

19세기 초의 분위기는 매우 달랐다. 노발리스는 "스피노자는 신에 취한 사람이다"라고 썼다.[12] 그리고 슐라이어마허는 "성스럽게 추방당한 스피노자는…종교로 충만하고, 성령으로 충만한" 사람이라며 그에게 헌사를 바친다.[13] 또 헤겔은 스피노자의 견해를 무신론보다는 무우주론에 더 가까운 것으로 볼 것이다.[14] 그리고 하이네는 스피노자를 "오랫동안 조롱과 증오의 대상으로 간주했지만, 또한 우리 시대의 지적 패권의 왕좌에 오른 자"라고 기술했으며, 이에 덧붙여 "무지와 악의"만이 그의 학설을 무신론이라고 부를 수 있다고도 했다.[15]

역사적으로, 스피노자를 무신론자라고 부르는 사람들은 그의 생각에 대해 매우 적대적인 경향을 보여주었지만, 이 꼬리표를 거부한 사람들은 깊은 동정심을 갖는 경향이 있었다. 그 문제를 조금 더 냉정하게 정리할 수 있게 된 지 오래다. 그리고 이렇게 하는 작업은 중요하다. 왜냐하면 '신론', '무신론', '범신론' 같은 (또한

---

12. Novalis. *Novalis*, II, p. 812 (Fragment 346).
13. F. Schleiermacher, *On Religion*, p. 40 [슐라이어마허, 『종교론』, 59~60쪽]. 슐라이어마허는 차후 스피노자를 "그리스도교적 경건은 아니었지만 경건함에 깊은 영향을 받은" 이로 묘사한다. 그는 또한 자신이 스피노자주의자는 아니었다고 주장하는 반면, 스피노자는 "[오직] 문자주의자들에 의해서 신 없는 이로…매도"당할 수 있을 뿐이라고 주장한다. p. 104.
14. G. W. F. Hegel, *The Encyclopedia Logic*, p. 97 (*Anmerkung* ¶50) [헤겔, 『논리학』, 208쪽].
15. H. Heine, *Religion and Philosophy in Germany*, pp. 69, 72 [하인리히 하이네, 『독일의 종교와 철학의 역사에 대하여』, 106, 111쪽].

존재-신학 같은) 용어들은 상당히 명확한 서술 내용을 가진 채로 모호한 존칭이나 멸칭으로 사용되지 않을 때 더 나은 명징함을 제공하기 때문이다. '무신론'은 다음과 같이 매우 다른 물음 중 하나에 대한 부정적 답변의 관점에서 정의될 수 있다. (1) 무신론에는 인격적 창조자라는 유신론적 개념에 상응하는 어떤 것이 있는가? 또 (2) 무신론에 신이라고 할 만한 것이 있는가?

스피노자가 의심할 여지 없이 무신론자라는 견해와 그가 논쟁의 여지가 없을 정도로 무신론자가 아니라는 견해가 있다는 것이 즉시 명백해진다. 그는 첫 번째 질문에 아니요로 답할 것이며, 만일 무-신론이 유신론에 대한 부정으로 나타난다면 그 경우에는 예라고 답하면서 분명 무-신론자가 되고자 할 것이다. 다만 그는 위 두 번째 물음에 대해서도 예라고 답할 것이고, 무신론이 어떤 존재를 신이라고 불러야 한다는 것을 부정하는 것이라면, 그는 분명히 무신론자이지도 않고 무신론자가 되고 싶어 하지도 않는다. 해당 논쟁은 이 점에서 스피노자의 명확한 견해에 관한 것이 아니고, '무신론'에 어떤 의미를 부여해야 하느냐와 관련된다.

우리는 첫 번째 물음과 관련하여 범신론을 포함한 모든 비유신론자들을 무신론자들이라고 정의하는 식으로, 그렇게 '무신론'을 정의할 것인가 아니면 두 번째 물음과 관련하여 범신론이 제3의 선택지가 되도록 정의해야 할 것인가? 우리가 이미 보았듯이, 유신론의 초월적 신과 범신론의 내재적 신을 비교함으로써 신적 초월성의 문제에 접근하는 것이 유용한 길일 것이므로, 후자의 대안이 현재의 기획에서 바람직하다고 할 수 있다. 다행히도 몇 가지 다른 고려사항들은 같은 방향을 가리키고 있다.

1) '무신론'은 종교에 대한 일반적 반대나 무관심을 의미하게 되었다. 모든 비-유신론자를 무신론자로 만드는 것은, 어떤 면에서는 거만하고 기술적인 차원에서 오해의 소지가 있는 방식인데, 이는 유신론이 종교적 삶을 독점하고 있다는 것을 암시한다.[16]

2) 베넷과 매킨타이어는 특히 스피노자의 경우에는, "다른 어떤 것보다 더 세계가" 신에 대한 술어의 담지자가 되는 데 "근접해 있다"는 것이 자연을 신으로 부르는 일을 정당화한다고 지적한다. "무한하고, 영원하고, 다른 어떤 것에 의해 작동되지 않는" 것 등이 세계에 대한 서술이다.[17]

---

16. 유신론은 다른 형태의 종교들이 우상숭배적이라는 규범적 주장에 권리를 부여하지만 오직 유신론자들만이 종교적이라는 기술적 주장에 권리를 부여하지는 않는다. 스피노자가 '모든 종교를 포기했다'는 비난에 대한 열정적인 반박은 스피노자의 다음 서신을 보라. Letter 43, p. 238 [『서간집』, 275~76].

17. J. Bennett, *A Study of Spinoza's Ethics*, 이하 SSE, p. 33. 알래스데어 매킨타이어도 동일한 논점을 다음 글에서 제시한다. A. MacIntyre, "Pantheism," in *The Encyclopedia of Philosophy*, VI, 33b. 그는 스피노자가 "신성에 관한 것으로 여겨지는 모든 핵심적 술어가 사물의 전체 체계에 적용된다"(강조는 필자)고 믿었다고 본다. 그러나 이것은 오해의 소지가 있는데, 왜냐하면 그가 그러한 '형이상학적' 속성으로, 무한, 영원성, 자기원인, 보편적 원인을 목록으로 제시하지만, 인격성을 전제하는 선함, 자애, 그리고 사랑과 같은 (스피노자가 부정할) '도덕적' 속성들을 목록에 넣지는 않기 때문이다. 베넷은 필연적인 구별을 제시한다. "스피노자는 자연 세계가 신에 대한 수많은 전통적 설명에 답한다고 주장한다. 그러나 모든 것에 대해 답하는 것은 아니며, 특히 '인격'에 대한 서술에는 답하지 않는다"(p. 34).

3) 이 마지막 고찰은 그 자체로 충분치 않다. 왜냐하면 무신론자도 세계가 무한하고 영원하고, 또 기타 등등 그렇게 존재한다는 데 동의할 수 있기 때문이다. 베넷은 범신론자와 무신론자 사이의 심원한 일치점을 인정한다. "우리는 어떤 실질적인 견해 차이가 있다고 너무 빨리 확신해서는 안 된다.…스피노자와 무신론자가 각각 '그것은 모두 신이다' 및 '그것 중 아무것도 신이 아니다'라고 말하면서 무언가를 가리킨다면, 그들은 상당히 동일한 세계를 가리키게 될 것이다."[18] 그래서 베넷은 스피노자가 자연인 신을 요구하는 "또 다른 이유"가 있다고 지적하는데, "곧 자연에 대한 그의 견해는 공경, 경외감, 겸허한 사랑의 적합한 대상에 대한 것이다.…따라서 그는 자연을 유대-그리스도교 전통에서 신에게 적용되는 형이상학적 서술을 위한 최상의 주체로 간주할 뿐만 아니라 그 전통에서 신에게만 채택되는 속성들을 가진 최상의 대상으로 간주할 수 있었다."[19]

논점은 근본적으로 마이클 레빈이 무신론과 범신론의 차이가 결국 단순히 기술적인 것이 아니라 평가적인 것과 관련된다고 주장할 때 제시한 것과 같은 것이다. 그는 범신론자가, 오토의 언

---

18. Bennett, SSE, pp. 32~33.
19. Bennett, SSE, pp. 34~35. 이것은 범신론과 무신론을 구별하는 데 도움을 주지만 '유신론'을 스피노자의 가장 깊은 확신 중 하나로 언급하는 것을 정당화해 주지는 않는다. 유신론자가 아닌 어떤 이를 무신론자로 가정하는 일이 잘못인 것처럼 무신론자가 아닌 이를 유신론자라고 가정하는 것도 잘못이다.

어로 말하자면 무신론자가 놓치는 신령한numinous 어떤 것을 지니며, 무한하고, 영원한 총체성을 경험한다고 제안한다.[20]

─◦─

스피노자의 범신론이 무신론적인 것이 아닌 비-유신론적인 것이라면, 우리는 신의 내재성을 특별하게 다루면서 그러한 신에 대한 관점을 조금 더 상세하게 구성해야만 한다. 레싱과 헤르더의 도움으로 스피노자가 훗날 괴테, 독일 관념론자들, 그리고 독일 낭만주의자들에게 비옥한 영감의 원천이 된 것은 ἐν καὶ πᾶν(하나이자 모든)이라는 슬로건 아래 일어났다.[21] 하지만 스피노자의 고유한 슬로건은 '신 즉 자연'Deus sive Natura이다(E4 Pref, II/206~207 및 E4 P4D).

스피노자의 슬로건에서 '또는'sive을 이해하기 위해서는 (1) 커피 또는 차, (2) 뉴욕 또는 미국의 가장 큰largest 도시, 그리고 (3) 살인 또는 살해라는 세 가지 경우를 구분할 필요가 있다. '또는'은

---

20. M. P. Levine, *Pantheism*, pp. 39~40, 45, 48, 64, 69, 83~84. 신에 대한 지적 사랑에 관한 스피노자의 설명이 성스러움에 대한 우리의 반응에 관한 오토의 설명과 완벽하게 맞아떨어지지 않는다는 점을 지적할 수도 있다. 하지만 어떤 종류의 사랑도 스피노자에게는 (꼭 정념은 아닐지라도) 정서이며, 설명적인 것과 평가적인 것을 구별하는 요점도 그에게는 잘 정립되어 있다. 하지만 우리는 스피노자와 무신론자를 구별하는 데 도움이 되는 세계에 관한 평가가 레빈이 말하는 "내적 가치"(p. 69)는 아니라는 점에 주목해야 한다.
21. 레싱에 대해서는 다음을 보라. Vallée, pp. 85~86. 또 범신론 논쟁에 대한 논의는 다음을 보라. F. C. Beiser, *The Fate of Reason*, 2장 [프레더릭 바이저, 『이성의 운명』, 101~195쪽]. 헤르더에 대해서는 다음을 보라. J. G. Herder, *God, Some Conversations*.

지시에 관한 한 연결된 용어가 서로 바꿔 사용할 수 있는 것임을 의미하므로 이는 (2)와 (3)에만 적절하다.[22] 그러나 이 두 경우는 연결된 항이 다음과 같다는 점에서 다르다. 세 번째 경우에서 연결된 항은 동의어이며 동일한 지시체를 가지고 있다. 하지만 두 번째 경우는 그렇지 않다. 스피노자가 '또는'을 사용했다는 것은 그에게 '신'과 '자연'이 동일한 실재를 지칭한다는 것을 의미한다. 다만 이것이 이 두 용어를 동의어로 이해해야 하는지를 알려주지는 않는다. 그러면 자연과 신의 관계를 어떻게 해석할까?

스피노자는 『지성교정론』을 쓰는 동안 올덴부르크에게 편지를 보내 "우리 시대의 신학자들이 불쾌하게 여길까 두렵습니다"라고 말한다. 왜냐하면 그가 피조물에 귀속시킨 것을 신학자들은 신에게 귀속시키고, 반대로 신에게 귀속시킨 것은 피조물에 귀속시키기 때문이다. "저는 제가 알고 있는 저자들이 했던 방식으로 신과 자연을 구별하지 않습니다."[23] 이는 두 가지 독해를 가능하게 해준다.

1) 다른 사람들과 달리 나는 신과 자연을 구분하지 않는다.

2) 다른 사람들과 마찬가지로 나는 신과 자연을 구별하지만, 다른 이들이 하는 방식으로 그렇게 하는 것은 아니다.

---

22. 신이나 자연에 대해 말하고자 하는 유신론자는 커피-또는-차에서의 '또는'을 원할 것이다. 라틴어에서 이것은 'vel' 또는 'aut'일 것이다.
23. Letter 6, pp. 83~84 [『서간집』, 48~49]. 아마도 스피노자는 자신의 『소론』을 염두에 두는 것 같다.

첫 번째 독해는 스피노자의 하나인 유일실체, 곧 신이라고 일컬어질 수도 있는 것이 단순히 자연 전체를 뜻한다는 통상적 견해로 우리를 이끈다. 이는 레싱-헤르더의 ἐν καὶ πᾶν(하나이자 모든)이라는 슬로건에서 암시되는 내용이다. 하이네가 스피노자에 대해 "세계는 신을 들이마셔서 신으로 가득 차 있는 것만이 아니다. 세계는 신과 동일하다. 스피노자가 유일실체라고 부르고…'그것이 현존하는 모든 것'"이라고 말할 때,24 그리고 요벨이 스피노자의 신을 "단일한 전체로 파악되는 한에서, 그것은 우주 자체"라고 기술할 때 이는 명시적으로 드러난다.25

더 미묘한 시각으로 이어지는 것은 두 번째 독해다. 그리하여 매킨타이어는 서양의 범신론을 "어떤 의미에서 존재하는 모든 것이 신 또는 적어도 신의 현시여야 한다"는 견해로 정의한다.26 『신학정치론』에 대한 비판에서, 판 벨튀센은 "모든 것이 피할 수 없는 필연성에 의해 신에게서 나온다고 주장할 때, 또는 우주 전체가 신이라고 주장할 때" 보상과 처벌과 관련해서 일어날 일에 대해 이상히 여긴다. "왜냐하면 저는 저자가 이와 같은 견해와 그리 멀지 않다는 점을 우려하기 때문입니다. 어떻든 간에 모든 것이 필연적

---

24. Heine, *Religion and Philosophy in Germany*, p. 74 [하이네, 『독일의 종교와 철학의 역사에 대하여』, 114].

25. Y. Yovel, *Spinoza and Other Heretics*, p. 5. MacIntyre, "Pantheism," p. 34b 및 Levine, *Pantheism*, p. 34.

26. MacIntyre, "Pantheism," p. 32b. 이 정의가 앞의 각주에서 매킨타이어가 제시한 정의와 같은 것인지 명확하지 않다.

으로 신의 본성으로부터 나온다고 주장하는 것과 우주 자체가 신이라고 주장하는 것은 별 차이가 없기 때문입니다."[27]

별 차이가 없다. 하지만 어떤 점에서 그런가? 신과 세계 사이의 어떤 구별을 허용할 만큼 그렇다는 말인가? 이 지점에서 컬리는 "정확히 어디서, [스피노자는] 실체가 자연 전체라고 말하는가?"라고 묻는 놀라운 당돌함을 보여준다.[28] 물론 가장 유력한 후보는 우리가 탐구하고 있는 '신 즉 자연'이라는 정식이다. 따라서 우리는 우리의 물음이 "저는 제가 알고 있는 저자들이 해왔던 방식으로 신과 자연을 구별하지 않습니다"라는 말을 어떻게 읽을 수 있는지에 관한 두 가지 독법이 실제로는 저 공식에 관한 물음이라는 점을 상기할 수 있다.

두 서신은 우리의 물음과 직접적인 연관성을 갖는다. 판 벨튀센의 서신에 답하면서, 스피노자는 "모든 것이 필연적으로 신의 본성으로부터 나온다고 주장하는 것과 우주가 신이라고 주장하는 것이 어떤 이유로 동일한 것이거나 별 차이가 없다고 하는" 벨튀센의 주장은 "악질적"이라고 기술한다.[29] 이후 올덴부르크에게 보낸 편지에서, 스피노자는 이렇게 쓰고 있다.

---

27. Letter 42, pp. 226~27 [『서간집』, 256].
28. E. Curley, *Behind the Geometrical Method*, p. 36. 『소론』에서 비롯하는 두 후보에 대한 컬리의 거부에 관해서는 같은 책, p. 150, n. 52를 보라.
29. Letter 43, p. 239 [『서간집』, 277].

저는 신과 자연에 대해 새로운 그리스도교 학자들이 통상적으로 옹호하는 것과는 매우 다른 견해를 가지고 있습니다. 저는 신이 만물의 이른바 내재적 원인이지 타동적 원인이 아니라고 생각합니다. … 그러나 몇몇 사람이 생각하듯이 『신학정치론』이 신과 자연의(그들은 자연을 일정한 물질 덩어리 또는 유형의 물질로 이해합니다) 동일성에 기초한다고 믿은 것은 매우 잘못되었습니다.[30]

스피노자는 여기서 "저는 제가 알고 있는 저자들이 해왔던 방식으로 신과 자연을 구별하지 않습니다"는 그의 견해에 대한 두 번째 해석을 우리에게 내놓고 있는 것 같다. 방금 인용한 서신은 구체적으로 신과 자연에 대한 단순한 동일시를 부정하며, 양자에 대한 그의 구별이 이루어지는 방식에 관한 두 가지 쟁점을 말해준다. (1) 그것은 그리스도교의 표준적 설명이 아니고 (2) 인과적인 설명인데, 신은 세계의 타동적인 원인이라기보다는 내재적인 원인이다. 즉, 인격적인 신이 행하는 무로부터의 ex nihilo 창조를 그는 염두에 두지 않는다.[31] 그가 염두에 두고 있는 것은 『에티카』에서 상세히 해명하는, 실체와 그 양태의 관계, 능산적 자연 natura naturans과 소산적 자연 natura naturata의 관계에 대한 것이다.

---

30. Letter 73, p. 322 [『서간집』, 382].
31. 『에티카』에서 스피노자는 실체가 창조될 수 있다는 것을 명시적으로 부정한다. E1 P6C, P8S2, 그리고 P15S. 또한 실체와 그 양태들과의 관계에 대한 스피노자의 설명은 일관적으로 반창조론적이다.

실체는 오직 한 분, 곧 신이다. 신은 필연적으로 존재하며 또한 신은 그 양태인 모든 유한한 것들의 무한한 원인이다. 반면에 실체는 그 자체로 존재하며 그 자신을 통해 파악되고, 그 양태들은 신 안에 존재하며, 신을 통해서 파악된다. 인과적으로 말하자면, 그것들은 필연적으로 신의 본성의 법칙을 통해서 일어난다. 논리적으로 말하자면, 그것들은 필연적으로 신의 본성으로부터 따라 나온다. 이 모든 것에 있어서, 실체와 실체의 양태들은 구별될 수 있다.[32] 개별적으로나 집합적으로나 이러한 차이들이 "데카르트의 '실재적 구별'"에 이르지 못한다고 반박된다면, 스피노자는 이에 동의만 할 뿐이다. 스피노자가 신과 유한한 것의 세계를 구별하는 것은 다른 이들의 구별과 같지 않다. 그것은 창조자인 실체와 창조된 실체 사이의 구별이 아니다.

1부에서 이런 주제를 발전시키는 가운데 스피노자는 실체와 양태의 구별과 마찬가지로 능산적 자연(산출하는 자연, 능동적 자연, 원인으로서의 자연)과 소산적 자연(산출된 자연, 수동적 자연, 결과로서의 자연) 사이의 구별을 재정식화한다. 전자는 "그것이 자유 원인으로 간주되는 한에서 신"과 동일시된다. 후자는 "양태들이 신 안에 있는 것들로 간주되고 신 없이는 존재할 수도 없고 파악될 수도 없는 것으로 간주되는 한에서 신의 속성들의 모든 양태들"로 나타난다(E1 P29S). '신 즉 자연'은 자연 전체와 신의

---

32. 가렛의 반응에 대한 컬리의 언급은 BGM, p. 150, 53번 주석의 끝에 나온다.

단순한 동일시가 아니다. 왜냐하면 엄밀히 말해서 그것은 신 또는 능산적 자연을 의미하기 때문이다. 소산적 자연이 아닌 이 두 항은 동일한 지시체를 갖는다. 그것들은 동의어인가? 일상적인 용례로는 아니다. 하지만 스피노자 이론의 맥락에서는 그렇다.

스피노자는 이 용어를 도입하기 직전에 "신은 모든 사물의 타동적 원인이 아니라 내재적 원인"(E1 P18)이라는 주장을 되풀이한다. 우리의 물음은 이제 꽤 명확해졌다. 우리는 실체와 그 양태 사이의 구별, 신적 내재성의 이론으로서의 능산적 자연과 소산적 자연 사이의 구별을 어떻게 해석해야 할까? 스피노자의 신은 원인이 결과를 초월하는 것처럼 그렇게 세계를 초월한다고 말할 수 있다. 그러나 원인과 결과의 관계는 두 실체, 곧 창조하는 것과 창조된 것 사이의 타동적 관계가 아니기 때문에, 스피노자는 신을 세계의 내재적 원인으로 만든다. 이 모든 것은 매우 명확하다. 그런데 이는 무엇을 의미하는가?

나는 스피노자의 텍스트에 대해서는 컬리의 해석이 가장 타당하다고 믿는다. 능산적 자연(신, 실체)은 자연의 법칙이고, 소산적 자연(세계, 양태들)은 이 법칙들을 따라 일어나는 유한한 사물/사건/사실의 세계이다. 이러한 관점에서 스피노자의 자연주의는 그의 실체 일원론보다 더 기초적이다.[33] 우리는 후자가 전자의 필연적 귀결이라고 말할 수 있을 것 같다.

---

33. Curley, BGM, 36~50, E. M. Curley, *Spinoza's Metaphysics*, 1~2장.

이 독해는 자연적 사실과 관련하여 자연법칙에 대한 '개념론자' 내지 '유명론자'가 아닌 '실재론자'의 관점을 내포하고 있다. 자연법칙은 단지 사물들이 어떻게 규칙적으로 일어나는지를 기술한 것이 아니다. 자연법칙은 일종의 인과적 유효성을 가진 힘이다.[34] 그것들은 단순한 유형이 아니라 힘이다. 자연법칙은 자연법칙이 '지배하는' 세계로부터 구별될 수 있는데, 이는 마치 (일반적인 의미의 소재로서의) 물질로부터 에너지를 구별하거나 유기체로부터 생명력을 구별하는 것과 같다.[35] 하지만 그것들이 세계와 분리될 수는 없다. 이 점에서 자연법칙은 아리스토텔레스의 형상과 유사하다. 이것이 바로 스피노자가 관계를 기술하는 두 가지 분명히 상반되는 방식'으로' 공간의 은유를 사용하는 이유이다. 양태들의 총체로서의 세계는 신 안에 있고, 신은 그 내재적 원인으로서의 세계 안에 있다.

―◦―

스피노자의 범신론은 철저한 자연주의다. 과학을 따라 발견되는 자연법칙이야말로 세계에 관한 가장 심오한 진리이다.[36] 그것

---

34. 이런 견해를 스피노자에게 귀속시키는 해석은 Yovel, *Spinoza and Other Heretics*, p. 158과 Levine, *Pantheism*, pp. 40~41을 보라.
35. 만일 목적론적 함축만 없었다면, 스피노자의 신은 아리스토텔레스식의 세계-영혼이 될 것이다.
36. 이것은 우리가 스피노자를 유물론자로 설명하느냐 아니면 이원론자로 설명하느냐의 문제를 남긴다. 두 해석 모두에서, 정신은 신체가 그런 것처럼 완전히 기계론적 자연법칙의 산물이다. 다음 글을 보라. Curley, BGM, 또 S.

들은 신의 창조적 행위의 산물이 아니라 그것들 자신이 신이다. 인격적 창조자는 없고 모든 인격이 자연의 비인격적 법칙의 '피조물'이라는 입장이 따라 나온다. 그러나 우리가 정리와 따름정리의 관계를 전도시키고 인격적 신에 대한 반례의 결과를 (능산적 자연으로서의) 자연의 신격화로 만들어낸다면 스피노자를 더 잘 이해할 수 있을 것이다.

이 질서는 스피노자에게 신이 (1) "세계 바깥에 현존하는 유일무이한 분리된 인격"이 아니고, 오히려 (2) "하나의 전체로 파악될 수 있는 우주 그 자체"라고 말한 요벨이 제안한 것이다.[37] 우리는 두 번째 정식에 수정이 필요하다고 보았으나, 이제 우리의 관심은 두 번째 정식에 대한 결정적이고 부정적인 전제로서의 첫 번째 정식을 향하고 있다. 우리는 세계로부터 분리된 신에 관한 물음을 신의 인격적 성격에 관한 물음과 구별해낼 수 있지만, 이 물음들을 같은 물음의 추상적 형식과 구체적 형식으로 볼 때 더 정확한 목표 대상에 이를 수 있다. 인격적 창조자는, 사실을 표현하기 위해 실체의 언어를 사용하건 사용하지 않건 간에, 세계와 사실상 구별될 것이다.[38] 어떤 식으로건, 레빈이 신의 인격성에 관한 물음을

Hampshire, "A Kind of Materialism," in *Freedom of Mind*. 스피노자를 이원론자로 보는 견해로는 A. Donagan, "Spinoza's Dualism," in *The Philosophy of Baruch Spinoza* 및 Bennett, SSE. 컬리는 다신의 유물론이 베넷의 이원론과 양립할 수 있다고 보지만 도너건의 그것과는 양립할 수 없다고 본다. Curley, BGM, p. 157, n. 38을 보라.

37. Yovel, *Spinoza and Other Heretics*, p. 5.

유신론과 범신론 논쟁의 핵심으로 다루는 것은 올바른 것이다.[39]

스피노자 그 자신의 경우 그는 이에 대한 의심을 남기지 않았다. 신으로서의 자연에 대한 그의 긍정적 제안은 인격적 신 개념에 대한 4중의 도전과 얽혀 있다.

1) 우선 신은 (자유선택의 의미로서) 신에 대한 자유의지를 부정한다. 신의 결정론적 우주 그 어디에도 자유의지의 여지가 없다. 신은 유한한 존재자들과는 다르게 외부적인 제약이 없다는 의미에서는 자유롭지만, 이것이 자유의지의 관점에서 해석되어서는 안 된다. "대부분의 사람들은 신의 능력을 신의 자유의지나 존재하는 만물에 대한 신의 권능으로 이해한다.···그들은 종종 신의 권능과 왕의 권능을 비교한다. 그러나 우리는 이것을 1P32C1과 C2에서 반박하였다"(E2 P3S).[40] 자신의 본성의 필연성에서부터 작용하는 신은 만물에 관한 자유로운 원인인데, 이는 "모든 사물은 의지의 자유 또는 절대적인 선한 쾌락에 의해서가 아니라 신의 절대적 본성 또는 무한한 힘에 의해 예정된다는 것"(E1 App, II/77)을 의미한다.[41] 신의 힘에 자신이 생산하지 않는 것이 있다고 생각하는

---

38. 레비는 처음에는 그것들을 구별하지만(p. 2), 다음과 같이 말하면서 스마트와 짝을 이루어 그 차이를 무너뜨리는 것 같다. 유신론적 초월은 "'신이 창조자이며 그래서 우주 '바깥에' 있다는 '믿음'"과 연관된다(p. 107, 강조는 필자).
39. Levine, *Pantheism*, pp. 2~3, 11, 19, 53, 95, 147, 313~15. 그는 포이어바흐의 말을 인용하고 있다. "유신론을 범신론에서 분리하는 것은 단지 신을 인격적 존재로 개념화하거나 상상하는 것에 불과하다"(p. 20, n. 16).
40. 스피노자는 E1 P33 & P33S1을 교차적으로 참조했을 것이다.

것은 잘못이다(E1 P17S, II/61. 또한 E1 App, II/83 참조). 신의 의지에 호소하는 것은 "무지의 성역"(E1 App, II/81)에 불과하다.

『신학정치론』에서, 신의 의지와 지성은 "실질적으로 하나이며 동일하다." 이는 신의 의지나 규례가 "항상 영원한 필연성이나 진리"(TTP 31, III/62~63)와 연관된다는 것을 의미한다. 보편적 자연법칙은 신의 영원한 규례에서 비롯된 것이 아니다. 그것들은 단지 그러한 자연의 규례일 뿐이다. 스피노자는 이 시점에서 자신이 라이프니츠와 혼동되지는 않을까를 미리 두려워하는 듯, 『에티카』에서는 이를 넘어 의지와 지성이 신에게 적절히 속해 있음을 부정하는 견해로 나아간다.[42] 의지를 포함한 현실적 지성은 사유의 방식이며 소산적 자연에 속해 있다(E1 P17S, II/62; P31; P31D; P32C2). 신은 사유하는 존재이고 사유는 신의 속성이다. 이는 신에게 정신이 있거나 신이 정신을 가지고 있기 때문이 아니라 유한한 정신들이 신의 본성을 표현하는 양태, 즉 신에 의해 야기되는 양태이기 때문에 그런 것이다. 신이 사유하는 존재라고 말하는 것은 단순히

---

41. 스피노자는 차후 자신의 가치론에서, 이런 점에서 신의 완전성이 감소한다는 것을 부정한다. 왜냐하면 완전성은 오직 힘의 문제일 뿐이기 때문이다(E1 App, II/83).
42. 라이프니츠와 스피노자 사이에 얼마나 많은 차이가 있느냐에 대해서는 다음 문헌을 보라. R. M. Adams, *Leibniz*, pp. 123~34. 그는 이렇게 적고 있다. "라이프니츠가 창조된 세계의 존재에 대한 신학적 설명에 있어 신의 의지의 역할과 최상의 선택을 고집하는 것은 스피노자와 자신의 결정론을 차별화하는 요점으로 남을 것이다…. 라이프니츠가 스피노자에게 반대하여 신의 인격성을 방어하는 것을 가장 쉽게 볼 수 있는 지점이기도 하다"(p. 125).

자연이 유한한 정신들을 산출한다고 말하는 것이다(E2 P1D. 또한 E2 P11C 참조).

2) 신의 자유의지를 부정하는 것과 밀접한 관련이 있는 것은 신의 목적에 대한 부정이다. 『신학정치론』에서 스피노자는 신의 인도guidance에 대해서 그가 신의 규례에 대해 말한 것과 같은 말을 한다. 둘 중 하나에 대해 말하는 것은 단순히 자연적인 인과성에 대해 말하는 것이다. "따라서 만물이 자연법칙에 따라 일어난다고 하건, 신의 규례와 인도를 따라 명령받은 것이라고 하건 우리는 같은 말을 하는 것이다"(TTP 25, III/45~46).

스피노자는 『에티카』에서 신이 선을 위해 작용한다고 말하는 것보다 자유의지를 신에게 귀속시키는 것이 낫다고 말한다. 이런 식으로 말하는 사람들은 "신에게 의존하지 않는 어떤 것, 신이 자신의 행위에서 표본으로 삼거나 마치 정해진 목표인 것처럼 삼은 어떤 것을 신 바깥에 놓는 것처럼 보인다"(E1 P33S2, II/76). 신의 고유한 존재가 모형이라는 것에 반대하게 된다면, 스피노자는 목적에 관심을 집중시킬 것이다. "신이 목적을 위해 작용한다면, 신은 필연적으로 그가 결여한 어떤 것을 원하게 되는데", 이것이 불완전성이다(E1 App, II/80). 신의 목적이라는 개념 자체는 인간의 허구이고 사물들의 참된 인과성에 대한 우리의 무지, 우리 자신의 욕구에 대한 의식, 목적인을 통해 우리 자신의 행동에 대해 해석하는 것이며, 또 결국 그것은 신에 대해 이런 목적성을 우리가 투사하는 것이다(E1 App, II/78~80). 스피노자는 이 논증을 통해서 차후 자신의 유명한 슬로건인 '신 즉 자연'을 도입할 것이다(E4 Pref, II/206~207).

신과 자연을 동일시하는 것은 목적을 부정하고 따라서 자유선택을 부정하는 것만큼이나 의도적으로 신에 대한 일반적 의미에서의 섭리를 부정하는 것이다. 콜라코프스키는 스피노자가 글을 쓸 때 주장하는 것을 다음과 같이 단순하게 반복한다.

> 그러므로 만일 우리가 스피노자의 어휘로부터 자유로워진다면, 우리는 이렇게 말할 것이다. 우리는 우리가 세계의 일부라는 사실에 무관심할 것이다. 그것이 자비롭건 적대적이건, 그것은 인간을 향한 어떠한 의도도 포함하고 있지 않다. 그것은 존재하게 될 수 있는 모든 것을 그것의 완전성 속에서 현실화했다. 자연은 인간의 고통에 대해 어떤 것도 바꿀 의도가 없으며, 그리고 결국에 이를 시행할 수 있다거나 시행하리라는 것은 생각할 수도 없는 일이다. 이 세계에 우리의 삶을 지켜줄 섭리는 없고, 보호책도 없다.… 자연은 우리의 구성에 무관심하다.[43]

3) 이런 배경에 대하여 제3의 부정은 피할 수 없다. 자유의지나 목적 없이 작용하는 신은 기적을 행하는 신이 아니다. 기적에 대한 스피노자의 반론은 인식론적 의심에서 비롯되는 것이 아니라

---

43. L. Kolakowski, "The Two Eyes of Spinoza," in *Spinoza*, p. 284.

형이상학적 확증에서 일어나는 것이라는 점에서 흄과 다르다. 그리고 기적을 행사할 수 있음을 상상조차 할 수 없는 신이라는 개념에서 발생한다는 점에서 이신론의 기적 반대와도 다르다. 신과 자연은 너무 잘 연관되어 있어서 신의 힘을 이해하는 유일한 방도는 기적을 통해서가 아니라 자연적 원인을 통해서이다(TTP 16, III/28, 35, III/82, 37, III/84). 기적에 대한 믿음은 실재적 원인에 대한 무지와 신의 섭리에 대한 믿음(전통적이고 비-스피노자주의적인 의미)에서 비롯된다. 만일 그런 사건이 일어난다면 그것은 신적 규례, 지성, 자연에 반하는 것이 될 것이다. 신을 드러내기보다도 그것은 "신의 존재를 의심하게 할 것"(TTP 34~38, III/81~86)이다. 이상하게 들리겠지만 실은 그리 이상한 말은 아니다. 이는 기적이 우리를 자연법칙의 궁극성을 의심하게 할 것이라는 단순한 주장이다. 스피노자는 일관되게 그 가능성을 배제한다.

『신학정치론』에서 이 반론이 출판된 후, 스피노자는 올덴부르크에게 "학식 있는 자들의 주저함을 야기한…구절을 내게 알려달라"고 요청했다. 올덴부르크는 신과 자연을 "애매하게" 다루는 것을 지적하면서 "거의 모든 사람이 선생님이 신과 자연을 혼동했다고 생각합니다. 게다가 많은 사람의 눈에는 선생님이 기적의 권위와 타당성을 배척하는 것으로 보입니다"라고 답했다.[44] 스피노

---

44. Letter 68, p. 322[『서간집』, 371]. 또 Letter 71, p. 329 [『서간집』, 378]. 올덴부르크가 언급한 세 번째 항목은 예수 그리스도의 성육신과 속죄에 관한 것이다. 그것은 그리스도교와 관련이 있지 유신론 자체와 관련이 있는 것은 아니다.

자는 답변에서, 기적의 계시적 가치를 부정하며 기적에 대한 믿음이 무지에 근거한 미신이라는 주장을 되풀이한다.45 『에티카』에서 스피노자는 자신의 자유의지와 신의 목적에 대한 부정의 따름정리를 짤막하게 언급하고 있고, 많은 이가 단순히 무지함에서 기적을 믿지만, 어떤 사람들은 그들의 권위가 기적에 달려 있으므로 이러한 믿음에 집착한다는 말을 덧붙인다(E1 App, II/81).

4) 스피노자의 네 번째이자 마지막 부정은 신에게는 정서affects나 감정emotions이 없다는 것을 분명히 한다.46 그는 단순히 감정을 그것의 일부인 수동passion과 동일시하지 않는다. 스피노자는 내가 나의 감정적 삶에서 무슨 일이 일어나고 있는지 충분히 이해하는 정도에서는 내 감정은 능동action이고, 이 이해가 부족한 정도에서는 수동이라는 견해를 가진 것 같다. 수동은 불완전한 것을 나타내기 때문에, 그는 단지 신에게서의 수동을 부정하고 싶어 하는 것처럼 보인다. 실제로 그는 수동인 질투심을 신에게 귀속시키는 것은 비이성적일 것이라고 주장한다(TTP 44, III/101). 그는 더 일반적으로 수동을 신에게 귀속시키는 사람들은 "신의 참된 지식에서 이탈한다"(E1 P15S, II/57)라고 주장한다.

그러나 스피노자가 신으로부터 배제하기를 원하는 것은 수동만이 아니라 그와 같은 정서들이다. 그것은 인간의 정서들을 신에

---

45. Letter 73, pp. 332~33 [『서간집』, 382~83].
46. 엘웨스(Elwes)와 셜리(Shirley)는 affectus를 '감정'(emotion)으로 옮기지만 컬리(Curley)는 '정서'라는 용어를 고수한다.

게 귀속시켜 창조자로서의 신을 만들어내는 것과 같은 종류의 혼동이다(E1 P7S2).[47] "신은 수동이 없고 기쁨이나 슬픔의 영향을 받지 않는다"(E5 P17). 그 뒤를 이어 이런 말이 나온다. "엄밀히 말하면 신은 아무도 사랑하지 않고 아무도 미워하지 않는다"(E5 P17C). 또 이런 말이 나온다. "신을 사랑하는 사람은 그 보답으로 신이 그를 사랑해야 한다고 침노할 수 없다"(P5 P19). 그렇다면 신은 자신을 사랑하지 않는가? 그렇다. 그러나 우리 자신의 (목적격인) 신에 대한 지적 사랑만은 "자신을 사랑하는 바로 그 신에게서 비롯하는 (주격인) 신의 사랑 그 자체이다"(P5 P35~36). 자신을 사랑하는 신은 자신의 모든 것을 사랑하기 때문에 "신의 인간에 대한 사랑과 신에 대한 [인간] 정신의 지적 사랑은 하나이고 동일하다"(E5 P36C)라는 내용이 뒤따른다.[48]

여기에 새로운 것은 없다. (연장뿐 아니라) 사유는 신의 속성이다. 그러나 이것은 우리가 이미 본 바와 같이 신이 현실적인 지성이나 의지라는 것이 아니라 소산적 자연에서만 일어남을 의미한다. 이는 그저 신이 모든 현실적 지성이나 의지의 원인이라는 것을 뜻

---

47. 앞 단락에서 인용한 『에티카』의 구절은 신에게 귀속된 감정을 창조에 대한 믿음과 연결하고 있다.
48. 마이스터 에크하르트의 말과 비교해보라. "내가 신을 보는 눈은 신이 나를 보는 눈과 같은 눈입니다. 나의 눈과 신의 눈은 하나의 눈이고 하나의 봄이며, 하나의 앎이고 하나의 사랑입니다. … 신이 자신을 아는 바로 그 지식이 모든 분리된 영혼의 지식이고 그 외 다른 것이 아닌 지식입니다." E. Meister, *Meister Eckhart*, pp. 270, 261.

한다. 이제 같은 원리가 감정에 적용된다. 신은 사랑이지 사랑하는 사람이 되는 것이 아니며 사랑하는 모든 사람의 비인격적 원인이 되는 것이다. 로이스는 콜라코프스키로부터 인용한 위 구절을 되울리면서, 스피노자의 신을 "엄격한", "자비 없는", "신성한 것"으로 묘사함으로써 그의 노선을 요약한다.[49]

―◦―

우리는 스피노자의 범신론에서 발견되는 신적 내재성에 대한 이해를 살펴봄으로써 유신론에서 구체적으로 제시하는 신의 초월을 탐구하고 있다. 비록 요즘에는 스피노자주의자가 그렇게 많지는 않지만, 이런 선택은 일견 보이듯이 그렇게 돈키호테적인 것이 아니다. 우선, 서양 전통에 속한 그 어떤 글도 범신론의 신적 내재성 논지의 표준구locus classicus에 대한 더 강한 주장을 하지 않는다. 다만 두 번째로 오늘날 자연주의와 유물론 대부분이 자연을 신격화하지는 않지만, 자연의 비인격적 법칙이 우주의 궁극적인 사실이라는 관념을 가지고 있으며, 이는 정교한 이론에서나 모호하고 세속적인 상식 속에서나 널리 퍼져 있는 관념이다. 특히 스피노자와 마찬가지로 비인격적인 것의 궁극성으로부터 명확하게 단절하지 않은 채로 어떤 종교적 감성을 유지하고자 하는 사람이 적지 않기 때문에, 실질적으로 명실상부하지는 않더라도, 범신론이 우리가 사는 세계의 세속 신앙이라는 말 정도는 할 수 있을 것이

---

49. J. Royce, *The Spirit of Modern Philosophy*, p. 43.

다. 그러므로 우리가 스피노자와 유신론 사이의 다툼을 검토하는 것은 단지 역사적 관심에서 비롯한 것이 아니다.

우리는 두 가지 경쟁적인 묘사 또는 우주론을 가지고 있다. 내재성 이론은 무한하고 궁극적인 것이 비인격적이라고 주장한다. 초월의 이론은 무한하고 궁극적인 것이 인격적이라고 주장한다. 여기서 가장 중요한 물음이 존재-신학적 형식을 취할 수 있다. 최고 존재에 대한 이론 중 어느 것이 존재 전반에 대해 가장 좋은 설명을 제공하는가? 누구의 신이 충분근거율의 요구를 가장 잘 충족시키는가? 존재-신학의 항목에서 볼 때, 신이 내재적인가 초월적인가를 가리는 논쟁에서 이는 중요한 물음이 될 것이다.

그런데 우리는 초월의 물음이 또한 자기-초월의 물음이기도 하다는 가설을 탐구하고 있는데, 이는 이 세계 내에서의 우리의 올바른 태도가 무엇인지를 묻는 물음이지, 그저 세계에 대한 적절한 설명이 무엇인지를 묻는 물음이 아니다. (이런 방식으로 간단하게 이 쟁점을 대하는 것은 존재-신학적 기획과 결별하는 것이다. 우리는 우리의 고유한 물음으로 물음을 던지는 사람이고, 그 물음에 상응하는 답을 전부 다 제시하지는 못하는 사람이다.) 우리는 내재성의 의미가 비인격적인 것의 궁극성이라는 점을 이해했다. 우리가 더 치열하게 이 궁극성의 의미에 관해 묻는다면, 스피노자는 우리에게 곧장 두 가지 답을 주고 싶어 할 것이라는 점을 알게 될 것이다. 인식론적 측면에서 보면, 신의 비인격적 성격은 성서적 유신론과 관련된 신의 신비 개념과 신의 계시 개념을 훼손한다. 윤리적 측면에서는 도덕법칙의 부여자로서의 신에 대한 유신론적 이해를 저해한다. 각각의 경우에, 신적 초월을 제거하거나 최소화하는 것은 인간의 중요한 자기-초월 방식도 제거하거나 최소화한다. 인식론적으로나 윤리적으로 인간은 가장 높은 기준점으로 남아 있다. 스피노자 신학의 이러한 결과는 동시에 그의 가장 깊은 동기이기도 하다. 그의 내재성의 철학은 충만한 인간 자율성을 요구한다는 점에서 철저히 근대적이다.[50]

우리는 윤리의 물음으로 돌아갈 것이다. 지금으로서는 인식의 물음을 살피도록 하자. 범신론이 신적 존재가 인간의 이해 능력을 훨씬 뛰어넘는 신비라고 주장하는 인식론적 초월과 필연적으로 반정립하지는 않는다.[51] 우리는 힌두교, 불교, 도교 전통의 다양한 동양 범신론이나 부정신학과 관련된 서구 범신론에 대해서만 생각해야 한다. 그러나 스피노자의 범신론은 충분근거율에 강하게 귀속해야 한다는 요구에 포위되어 있다. 이는 모든 것을 이유나 설명의 제공을 통해 이해할 수 있게 만들어야 한다는 요구와 이 요구가 함축할 확신에서 비롯한다. 근거들은 우리가 그런 이유나 설명을 제시할 수 없다면 우리에게 요구되지 않을 것이다.

따라서 베넷은 이성주의를 "스피노자가 논증한 학설 중 그 어떤 것보다 깊은 곳에 놓여 있는" 그의 다섯 가지 논지 중 첫 번째

---

50. Yovel, *Spinoza and Other Heretics*, p. xi을 보라.
51. Levine, *Pantheism*, p. 95~96; MacIntyre, "Pantheism," 33a.

것으로 위치시킨다. 이것은 스피노자에게 중요한 이성의 우월성, 곧 감각에 대한 이성의 우월성만을 의미하는 것이 아니다. 이 이성주의는 "설명적 이성주의", 곧 "어떤 경우든 그것은 모두 다 설명될 수 있다"는 견해, "순전한 사실들을 인정하지 않는" 견해이며, 그리고 "인과적 이성주의", 곧 "전제가 전제로부터 따라오는 결론에 영향을 미치는 것처럼, 한 원인이 그 결과와 연관되어 있다"는 견해를 의미한다. 그리고 "이는 스피노자가 논리적 연결이 인과관계보다 약한 연결이라고 보기보다는 인과관계를 더 강한 것으로 본다"는 것을 의미한다.[52] 이것은 모든 진리가 필연적 진리라고 하는 스피노자의 주장에서 핵심이 된다.[53]

데카르트의 이성주의는 그에 비하면 미약한 것이다. 스피노자가 일찍이 데카르트의 『철학의 원리』를 기하학적 형태로 번안하려고 한 자신의 시도에서, "이것 또는 저것이 인간 이해를 능가한다"라고 말할 때, 마이어는 이 말이 데카르트를 대신해서 한 말이라고 지적한다.

> 왜냐하면, 우리의 저자〔스피노자〕가 이것을 자신의 의견으로 제시한다고 생각해서는 안 되기 때문이다. 그는 이 모든 것들, 심지어 더 숭고하고 미묘한 다른 많은 것들이 명석하고 판명하게 파

---

52. Bennett, SSE, pp. 29~30.
53. Curley, SM의 3장을 보라.

악될 수 있을 뿐만 아니라 매우 만족스럽게 설명될 수 있다고 판단한다. 다만 이는 인간 지성이 데카르트가 열어 주었으며 매끄럽게 만들어 둔 다른 길을 따라 사물에 대한 진리와 지식을 탐구하도록 인도되었을 때만…[가능하다]. 지성이 지식의 정점에 도달하기를 바란다면, 다른 기초들이 필요하다.[54]

마이어를 따라서, 우리는 이것이 데카르트가 시행한 의지와 지성의 구별을, 또 데카르트가 신과 인간 주체들 모두에게 부여한 자유선택을 스피노자가 부인한 단락 바로 뒤에 나온다는 점에 주목할 필요가 있다. 자유선택은 인과적으로 설명할 수 없는 사건이기에, 스피노자는 (이런 의미에서의) 자유와 총체적 지성이 상호 배타적이라는 점을 발견한다. 그는 특히 데카르트가 신과 인간에게 자유선택을 부여했다는 것과 사물의 자연본성과 자연법칙을 신이 자유선택으로서의 자유의 결과로 제시했다는 사실에 불안감을 느꼈다. 비록 "신이 그렇게 소망했고 그것을 허용했기 때문에" 그것들은 불변하고 영원하지만, 이 점에서 그것들은 우연적일 수도 우연적이지 않은 것일 수도 있었을 것이다.[55] 그런데 스피노자에게 "이 점에서 인격적 창조자를 도입하는 것은 사물에 대한 이성적인 설명의 희망을 포기하고 데카르트가 찾기를 바랐던 과

---

54. Curley, *The Collected Works of Spinoza*, I, 230 (Gebhardt, I/132).
55. 다섯 번째 성찰에 대한 가상디의 반론에 대한 데카르트의 답변에서 *The Philosophical Works of Descartes*, II, 226.

학을 배반하는 것"이었다.56

스피노자는 이 지점에서 데카르트의 사유에서 자신과 화해할 수 없는 긴장점을 본다. "데카르트적 학문은 자연에 대한 인식가능성의 조건으로, 자연법칙이 필연적 진리가 되기를 요구한다. … 그러나 데카르트적 신학은 자연법칙이 임의적 창조자의 의지에 엄격하게 종속되는, 우연적 진리들이 될 것을 요구한다."57 따라서 데카르트가 비춘 길과는 "다른 길"이 필요하다. 데카르트가 무한 실체로서의 신 관념을 언급하는 것과 관련해서 이보다 더 명확한 구절은 없다. "내가 무한한 것을 파악하지 못한다는 것은 … 유한한 나에 의해 파악되지 않는다는 것이 무한한 것의 본성에 속하고, 내가 이를 … 이해하는 것으로 충분하기 때문이다."58

문제는 신에 대한 우리의 인식이고, 결국에는 신 안에 있는 모든 것들에 대한 인식이다. 이 인식은 얼마나 좋은 것인가? 감각보다 이성에 우위를 두는 전통적인 위계는 스피노자에게 상상에 대한 이성의 우위라는 위계가 된다. 또한 그는 상상에 대한 강고한 반론을 제시하는데, 결국에는 상상을 오류의 원천이 되는 것으로 이해한다(E4 P1S). 우리가 보게 될, 『신학정치론』에서 이성의 이성

---

56. E. Curley, Introduction to *A Spinoza Reader*, p. xxv. 다른 곳에서 컬리는 데카르트와 스피노자의 가장 근본적인 차이점은 "스피노자에게 세계는 완전히 이해 가능한 것이었다"라는 데 있다고 쓰고 있다. SM, p. 157.

57. Curley, BGM, p. 42.

58. Descartes, *Third Meditation*, I, 166 [데카르트, 『제일철학에 관한 성찰』, 71~72쪽].

적, 철학적 인식은 상상, 일반인들과 그들의 선지자들의 종교적 인식보다 우월하다. 윤리학에서 스피노자는 가장 낮고 열등한 단계가 상상이고, 이를 첫째 단계로서 표기하는 분할의 선을 제시하는 3단계 이론을 제시한다.[59] 놀랄 것도 없이 스피노자는 신, 자유, 불멸성에 대한 전통적인 관념을 상상의 탓으로 돌린다. 그러나 상위 두 단계, 즉 추론적 이성과 직관적 이성은 이런 오염으로부터 벗어난다(E2 P40S2).

더 높은, 이성적인 인식에 찬사를 보내면서, 스피노자는 그 인식과 관련해서 그것이 (1) 명석하고 판명한 관념들에서 도출되고(TTP 11, III/16), (2) 자유는 상상에서만이 아니라 두 가지 다른 오염원, 개인적 기질과 지배적 의견에서 비롯하며(TTP 16~17, III/30), 그리고 (3) 신의 본성으로의 참여(TTP 10~11, III/15~16)에서 비롯한다고 주장한다.[60] 그러나 이 중 어느 것도 신이 인간의 이해력을 넘어설 가능성을 배제하지는 않는다. 데카르트는 이 세 가지 주장을 모두 할 수 있을 것이다.

우리는 둘의 차이에 양적으로 접근할 수도 있다. 데카르트는 "신 안에 무수히 많은 것이 있을지도 모른다는 것, … 나에 의해 파악되지 않는다는 것이 무한한 것의 본성"이라고 본다.[61] 그러나 스

---

59. 그가 이 첫 번째 단계에서 '임의의 경험에서 비롯한' 지식과 '기호들에서 비롯한' 지식을 구별하는 한, 그는 우리에게 거의 사중의 분할선을 부여하는 셈이다.
60. 『에티카』에서 이것은 "인간 정신은 신의 무한 지성의 일부분이다"(E2 P11C, P43S)라는 강한 주장이 된다.

스피노자는 신이 무한한 속성을 가지는 한에서, 인간 지식에서의 유한성을 허용하는데(E1 Def6), 그 속성 가운데 우리가 인식하는 것은 오직 두 가지, 사유와 연장뿐이다. 두 사람 모두 신의 무한에서의 이 무지의 영역terra incognita을 승인하는 것처럼 보이기 때문에, 그들의 의견 차이를 엿보기 위해서는 신이 인간의 이해력을 초과한다는 양적 의미를 따로 떼어 놓고 문제를 들여다봐야 한다. 왜냐하면 그들은 질적인 문제에서 서로 다르기 때문이다. 전적으로 우리의 시야 바깥에 있는 실재의 차원들이 있음을 참작할 때, 우리가 파악한 이러한 차원들에 대한 우리의 이해는 얼마나 철저할까? 양자 모두 무한 실체로서의 신에 대한 명석하고 판명하고, 확실한 지식을 가진다고 주장한다(스피노자에게 이와 다른 지식은 없다). 하지만 데카르트는 무한 실체가 있고 그것을 파악할 수 없다는 것을 명석하고 판명하게 지각한다. 그가 가지고 있는 지식은 부적합한 것이지만 그가 가지고 있지 않은 지식은 부적합한 것이 아니다.

다시금 데카르트와 이견을 내려는 스피노자는 이성적이고 철학적인 지식을 위해 이미 만들어져 있는 주장을 넘어서야 한다. 그리고 그는 그렇게 한다. 스피노자는 우리가 두 번째 지식, 곧 추론적 차원과 세 번째 지식, 곧 직관적 차원에서 신에 대한 적합한 지식과 신 안에 있는 유한한 것들에 대한 적합한 지식을 가진다고 주장한다(E2 P40S2 ; E2 P47, P47S).

---

61. Descartes, *Third Meditation*, I, 166 [데카르트, 『제일철학에 관한 성찰』, 71~72].

스피노자는 이러한 언어를 사용하는 데 있어 진리에 대한 학술적 정의, 곧 '사물과 지성의 일치'adaequatio rei et intellectus라는 정의를 소환한다. 그는 진리가 어떤 관념(판단judgment)과 관념의 대상 사이의 합치를 의미한다고 말한다(E1 A6). 여기서 우리는 익숙한 대응의 언어를 말하고 있다. 전형적인 이성주의의 방식으로, 스피노자는 적합 관념을 단순한 합치가 아닌 선험적으로a priori 수립될 수 있는 합치로 정의한다(E2 Def4).

그러나 신의 본질과 유한한 것들에 대한 선험적 지식을 '적합'(ad [~관해서] + aequare [동등하게 하다, 동등한 것 내지 동등하게 만드는 것)이라고 부르는 것은 무엇을 암시하는가? 무엇이 무엇과 같다는 말인가? 분명히 스피노자는 "대상들이 우리의 인식과 일치해야만 한다"고 하는 칸트주의자가 아니라 "우리의 모든 인식이 대상들과 일치해야만 한다"고 주장하는 실재론자다.[62] 지성이 사물에 적합한가? 혹은 지성과 사물은 동등한가? 이는 어떻게 측정되는가?

측정의 은유는 지식을 저울 장치의 균형으로 암시해낼 수 있다는 점에서 도움을 준다. 주장으로서의 지성의 차원에 나타나는 모든 것이 사실로서의 사물의 차원에서 나타난다고 해도, 우리는 올바름이라고도 부를 수 있는 적합성을 부분적으로만 가질 뿐이다. 왜냐하면 우리의 눈금은 저울에 올린 것이 다음과 같은 사

---

62. Kant, *Critique of Pure Reason*, B xvi [칸트, 『순수이성비판 1』, 182].

례가 되지 않는 한에서는 균형을 잡지 못할 것이기 때문이다. 사실로서의 사물 차원에 있는 모든 것이 주장으로서의 지성 차원에 존재하는 것으로 나타나야만 한다. 이 쌍방향 상호성은 중요하다. 왜냐하면 스피노자는 부분성을 부적합성의 한 표시로 제시하기 때문이다(E2 P11C). 하지만 그것이 차이점이 되는 것은 아니다. 우리는 여기서 본질적 본성을 다루고 있으므로, 경험적 사실의 완전성은 문제가 되지 않는다. 무한 실체로서의 신의 본질적 본성과 이 실재에 대한 그의 주장 사이에 어떤 불균형이 있음을 암시하는 대목이 데카르트의 설명에 나타나지는 않으며, 그의 확언이 불완전하다는 암시도 없다.

신적 대상과 인간의 지성은 데카르트에게서 이해의 지점에 이를 때 균형을 잃는다. 신의 경우에, 그 실재의 차원에는 무한 실체에 대한 우리의 명석하고 판명한 관념이 이해할 수 있는 것 이상의 것이 있다.[63] 코기토는 유한한 사유하는 실체가 무엇인지에 대한 우리의 이해를 표현한다. 우리가 유한한 연장된 실체를 이 사유하는 실체와 대조할 때, 우리는 우리가 말하는 것을 이해하고 있다. 그러나 그러한 대조가 무한한 사유 실체와 관련하게 될 때 우리는 우리가 말하는 것을 이해하지 못한다. 우리는 (우리가 신이 무한 실

---

63. 주장이 이해에서 파생되는 방식에 대한 하이데거의 설명이 도움을 줄 수 있다. 다음 글에서 시행한 나의 분석을 보라. "Hermeneutics as Epistemology," in *Blackwell Guide to Epistemology*, pp. 415~35. 나는 이것이 데카르트가 구별해내는 방식이라고 생각하지는 않는다.

체라는 것을 알기 때문에) 우리가 아는 것 이상의 것을 말하는 것이 아니라 우리가 이해할 수 있는 것 이상의 것을 말하는 셈이다.

명제적 주장의 측면에서는 약한, 데카르트적 의미의 적합성에 반하여, 스피노자는 강력한 의미의 적합성을 이해의 차원에 자리매김한다. 그는 이 용어로 데카르트와 자신을 명시적으로 구별하지는 않는다. 그러나 그가 하는 모든 말은 더 강한 적합성을 전제로 하는 것 같다. 특히 세 가지 요인이 주목할 만하다. 첫째, 그는 우리에게 신(또는 신 안에 세계)의 인식가능성intelligibility에 대한 한계 설정을 수반하는 것처럼 보이는 신의 자유의지 같은 신에 관한 개념을 일관되게 거부한다. 유일한 예외는 양적인, 알려지지 않은 신의 속성이다. 그러나 사유와 연장의 영역에서, 신은 모든 유한한 존재에 대한 설명이다. 또한 스피노자는 신이 설명되지 않는 설명가unexplained explainer가 아니라는 것을 확실히 하기 위해 자기원인으로서의 신 개념을 소환하고 범신론적 방식의 존재론적 논증으로 그 개념을 뒷받침한다. 데카르트와는 달리, 그는 신이 파악될 수 없음을 암시하는 개념에는 그 어떤 권리도 부여하지 않는다.

둘째, 그는 이성을 본질적으로 순수한 것으로, 이해를 제약하는 오염들에서 벗어나 구성된 것으로 나타낸다. 우리는 이미 이것을 상상, 개인적 기질, 그리고 공공의 의견을 따라 이해해 왔다. 이 목록에 이제 시간을 더해야 한다. 칸트, 하이데거, 데리다와 같은 스피노자 이후의 사상가들은 그 어떤 것도 시간과 같은 영원한 것에 대한 독단적 인식가능성으로부터 우리를 단절시키지 못한다고 한 플라톤에 동의한다. 하지만 그들은 우리가 어쩔 수 없는 시간적 존재라는 사실을 발견한다. 플라톤처럼, 스피노자는 우리가 인식론적으로 시간을 초월할 수 있다고 주장한다. 그는 이성이 이종지 및 삼종지에서의 영원한 상相 아래서 sub specie aeternitatis 사물들의 본질을 파악한다는 대담한 주장을 한다. 이런 의미에서 정신 자체는 영원하다(E2 P44C2 & C2D ; E5 P22, 29~31). 그것은 플라톤의 표현대로 우리가 "사물들 자체를 영혼 자체에 의해서 바라볼" 수 있다는 신적 에테르에 거한다.[64] 이것이 바로 존재-신학이 현전의 형이상학이 되는 지점이다.

마지막으로, 스피노자가 말하는 삼종지가 있다. 이종지와 마찬가지로, 직관적 방식의 이성은 "신의 특정 속성의 형식적 본질에 관한 적합 관념으로부터 사물의 본질에 관한 적합한 인식에까지 이른다"(E2 P40S2). 두 개의 표기는 이러한 신 인식의 방식과 적합 관념과 관련해서 신 안에 있는 만물을 인식하는 방식을 구별한다. 첫째, 직관적 측면이 있다. 만약 숫자 세 개가 주어져 있고, 첫 번째 숫자에 대해서 두 번째 숫자가 비례해서 있듯이, 그렇게 세 번째 숫자에 대하여 있는 네 번째 숫자를 찾고자 한다면, 나는 어떤 방법의 안내를 받아 명시적인 추론 과정을 사용하여 추론적으로 생각을 전개할 수 있다. 이것은 이종지가 될 것이고, 『에티카』가 그 한 예가 된다는 점이 명백해진다. 그런데 만약 세 가지 숫

---

64. Plato, *Phaedo*, 66e [플라톤, 『파이돈』, 73쪽].

자가 1, 2, 3이면, 네 번째로 비례하는 수가 6이라는 것을 "한눈에" 알 수 있다(E2 P40S2).

둘째, 삼종지는 "보편적 지식"을 넘어서 "특이한 것들"singular things(E5 P36S)로 나아간다. 이 움직임은 필연적인 것이 아니다. 톨스토이의 이반 일리치는 모든 인간이 죽는다는 것을 알았고, 인간인 카이우스가 죽는다는 삼단논법적 결론을 내릴 수 있었다. 하지만 그가 죽었다는 것은 전혀 깨닫지 못했다.[65] 만물은 필연적으로 자연의 법칙을 따라 일어난다는 것이 『에티카』의 증명에서 알 수 있는 한 가지다. 이런 관점에서 나의 암을 보는 것, 또는 사랑하는 사람의 암을 보는 것은 다른 일이다.

스피노자는 "우리가 사물을 이런 [세 번째] 방식으로 더 많이 이해할수록 신을 더 많이 이해할 수 있다"(E5 P25D)고, 또 "우리 각자가 이런 종류의 인식으로 더 많은 인식을 성취할수록 자신과 신에 대해 더 많은 것을 의식한다"(E5 P31S)고 말한다. 더구나 신에 대한 지적 사랑이 자라나는 것(E5 P33), 그 사랑이 신이 자기 자신을 사랑하는 것으로 밝혀지는 것(E5 P36, P36C)은 이 삼종지에서 비롯된 것이다. 우리가 『무지의 구름』에서 보는 바대로, 인식의 대척점에 신의 사랑이 있다. 다만 이것은 봄에 단단히 매여 있는 사랑이다. 신에 대한 우리의 의식과 마찬가지로, 사랑은 신에 대한

---

65. Leo Tolstoy, "The Death of Ivan Ilych." [레프 니콜라예비치 톨스토이, 『이반 일리치의 죽음』.]

우리의 이해가 자라남에 따라 함께 자라난다. 이 자람은 점진적이다. 우리는 신 안에서 만물을 구체적으로 볼 수 있는 지점에 즉각 도달하지 않는다. 하지만 신에 관해 본질적인 신비로운 것은 이러한 이해의 자람에 어떤 제한도 두지 않는다.

우리는 스피노자가 자신의 조상들, 아브라함, 이삭, 야곱, 심지어 데카르트의 신에게서도 돌아서는 것이 그의 존재-신학적 기획을 위해서라는 것을 이해할 수 있다. 그들의 신은 너무 초월적이고, "로고스나 이성"이 "자연 세계에 복원될" 수 있게 하려고 그 자취를 감추게 된다.[66] 그의 대체재로서의 신은 "최종적인 설명의 원리"다.[67] 스피노자가 계속 말하는 "그"가 필연적 진리로 해석되는 자연법칙인 것으로 판명되는 것은 절대 놀라운 일이 아니다.

―◦―

스피노자의 존재-신학적 이성주의는 신적 신비만큼이나 신적 계시에 적대적이다. 왜냐하면 그것은 신의 자유가 인과적 설명의 격자를 가로막는 두 번째 장소이기 때문이다. 신이 창조된 질서를 통해 알려질 수 있는 한(시편 19:1, 로마인들에게 보낸 편지 1:20), 유신론은 일반적으로 방금 설명한 자연법칙의 우연성을 포함하고 있다. 창조의 사실도 자연의 본성도 모두 다 신의 자유의지의

---

66. Yovel, *Spinoza and Other Heretics*, p. 127.
67. 다음 책의 서문을 보라. Curley, *A Spinoza Reader*, p. xxiv. 데카르트의 신은 설명의 원리이기도 하지만 스피노자만큼 일관성이 있지는 않다. 결정적인 측면에서 데카르트의 신은 설명되지 않는 설명하는 자로 남아 있다.

결과라는 사실을 회피할 수 없다.[68] 그러나 성서의 신은 주로 계시를 통해 알려진다(또는 자연을 통한 신 인식이 일반 계시로 불린다면, 이는 특별 계시를 통한 인식이다). 이 계시는 역사 속의 우연적 행위(출애굽, 속죄)와 역사 속의 행위를 해석하는 것을 포함한 우연적 언어 행위speech acts로 구성된다.[69] 신적 행위나 신적 언어 행위는 모두 자연법칙으로 설명될 수 없다. 오히려 그 역이 참이다. "말씀 한마디에 모든 것이 생긴다"(시 33:9)는 것은 자연에만 적용되는 것이 아니라 자연의 법칙에도 적용된다.

스피노자의 신학은 창조와 섭리를 없애야 하는 것과 같은 이유로 계시를 없애야 한다. 인간의 인식은 이러한 유신론적 신학 이론에 의해 근본적으로 분산되어 있다. 우리는 그가 실체가 창조될 수 있다는 것을 단순히 부정하는 반면, 또 그가 완전한 부정 대신 설득력 있는 (재)정의를 제시함으로써 신의 섭리에 대한 전통적인 관점을 없앤다는 것을 보아왔다. 신은 자연법칙이며, 신의 인도guidance에 대해 말하는 것은 단순히 그 법칙을 따라 일어나는 사건을 말하는 것이다. 그것이 곧 신의 율법이라고도 생각할 수 있을 것이다. 스티븐슨이 스피노자를 설득력 있는 정의의 주요

---

68. 라이프니츠와 같은 신학자들이 이 두 가지 중 어느 한 가지 또는 두 가지 모두에서 스피노자 쪽으로 강하게 끌려가는 것을 발견할 수 있다.
69. G. E. Wright, *God Who Acts*. 이것의 고전적인 표현인 성서신학 운동은 아마도 신의 언어행위에 제대로 주의를 기울이지 못했을 것이다. 중요한 교정 작업으로, N. Wolterstorff, *Divine discourse*.

한 예로 든 것은 놀라운 일이 아니다. 그 정의란 다음과 같다. "단어의 정서적 의미를 실질적으로 바꾸지 않고 익숙한 단어에 새로운 개념적 의미를 부여하는 것, 그리고 사람들의 관심의 방향을 바꾸고자 하는 의식이거나 무의식적인 목적으로 활용되는 것"이 바로 설득력 있는 정의다.[70]

스피노자는 계시를 다루기 위해 후자의 전략을 채택한다. 그는 신이 자신의 법령을 지혜로운 이들의 마음이 아닌 다른 데서 기록할 것이라는 믿음을 미신이나 광기로 취급한다(TTP 7, III/5~6). 하지만 예언자를 현자로 대체해야 하는 이유를 제시하기보다 그는 예언을 다시 정의한다. 제대로 이해된 예언이나 계시는 그저 이성일 뿐이다. 그것은 우리가 아는바, 자연적 지식이나 자연의 빛에서 비롯한 확실성이다. 비록 인간의 마음이 계시의 첫째 원인이기는 하지만, 우리는 우리의 명석하고 판명한 관념이 신의 본성에 의해 우리에게 지시된다고 말할 수 있다(TTP 10~11; III/15~16). "신은 인간에게 자신을 직접적으로 소통할 수 있다. 왜냐하면 신은 신체적인 수단을 쓰지 않고 자신의 본질을 우리의 정신에 전달하기 때문이다"(TTP 14; III/20). 다시 말해 우리의 신에 대한 지식은 선험적이다.

---

70. C. L. Stevenson, *Facts and Values*, p. 32. 스피노자에 대해서는 pp. 41~42를 보라. 판 벨튀센이 스피노자는 "은폐되고 위장된 논변으로 전면적인 무신론을 가르침으로써…무신론으로 유도한다"고 말하도록 이끈 것이 설득력 있는 정의를 사용한 것인 데는 의심의 여지가 없다. 앞의 각주 7을 보라.

이 이상의 것은 필요 없다. 지적으로 열등한 많은 이들은 제외하고서 말이다! 보통 예언자라고 불리는 이들은 신적 계시의 참된 수용자가 아니다. 그들은 어떤 확실한 지식을 얻을 수 없고 오직 신앙만을 사용할 수 있는 사람들에게 신의 진리를 해석해준다(TTP 10~11 ; III/15~16). 그들의 재능은 지성과 반비례하는 상상력의 재능이기 때문에 그들 스스로는 지적으로 열등하다. 명석하고 판명한 관념이 부재한 경우, 예언자들과 그 청중들은 확실성을 부여하기 위한 징후를 요구한다. "그러므로, 이런 점에서 예언은 징후를 요구하지 않지만, 그 고유한 자연의 확실성과 연관된 자연적 지식 자체보다 열등하다"(TTP 15~17 ; III/26~30).[71]

예언의 불완전성으로 인해 우리는 성서에 대해 두 가지를 말할 수 있다. 첫째, 이성에 의해 독립적으로 수립된 진리를 가르치는 차원에서만 성서는 신적이라고 말해질 수 있다(TTP 42, III/99).[72] 둘째, 성서가 가르치는 것 중 일부는 이성에 반하는 것이 있는데, 예를 들어, 신이 질투하신다는 모세의 견해가 그런 것이

---

71. 앞서 인용한 서신 73, 올덴부르크에게 보낸 편지에서 스피노자는 "신적 계시의 확실성을 기적, 즉 무지가 아닌 오직 신적 계시에 대한 확실의 시혜를 기반으로 삼아 확립할 수 있다고 확신합니다. … 여기서 저는 종교와 미신의 핵심적 차이로서 미신이 무지에 기초하고 종교는 지혜에 기초한다는 점을 인정한다고 기꺼이 덧붙여 말합니다"(pp. 332~33 [『서간집』, 382])라는 확신을 표했다. 다시 말해, 자율적 이성을 성서적 계시의 독자적 기준으로 삼기를 거부하는 아우구스티누스와 아퀴나스의 종교는 미신인 셈이다.

72. 앞의 각주를 보라.

다(TTP 44, III/101). 이와 같은 것은 열등한 의미에서는 예언이라고 불릴 수 있지만, 그것이 계시로 여겨지는 적절한 의미에서의 예언인 것은 아니다.

하이네는, 스피노자의 범신론을 변호하면서, "신은 세계와 동일하다. … 인간 안에서 신성은 자기의식에 이르고 이 자기의식은 인간을 통해 다시 그 신성을 드러낸다"[73]고 쓴다. 하이네는 집단적 인간성의 역사라는 측면에서 헤겔식 해석을 이어간다. 스피노자에게서 신성은 '인간' 안에서 자기의식에 이르게 되는데, 그 인간은 정신이라기보다는 현자일 것이다. 그러나 현실적 지성들만이 인간이기 때문에, 여전히 인간의 지식이 존재하는 유일한 현실적 지식이 될 것이다. 인간의 지식과 구별되는 신적 지식은 없고, 신적 지식은 인간의 지식에 의존하거나 인간의 지식보다 열등하다.

여기에 스피노자가 부인하는 인식론적 자기-초월의 두 번째 형태가 있다. 신의 신비를 거부하면서, 스피노자는 우리의 파악 능력을 뛰어넘는 실재가 존재한다는 것을 부인한다. 신의 계시를 거부함으로써, 그는 우리가 그것에 인지적으로 의존하는, 또 인지적으로 우리가 그것에 대해 열등한 모든 (개인적이거나 또는 집단적인) 인간 지성과 구별되는 현실적 지성이 존재한다는 것을 부인한다. 신비나 계시를 허용한다는 것은 우리 자신이 인지적 세계의 정점

---

73. Heine, *Religion and Philosophy in Germany*, pp. 77~78 [하이네, 『독일의 종교와 철학의 역사에 대하여』, 120쪽].

이나 중심이 되는 일을 허용하지 않는 것이다. 다만 신비나 계시를 허용하는 것은 우리가 마음대로 할 수 없는 현실과 앎을 향하게 됨을 우리 스스로 인정하는 것이다. 스피노자의 사물에 대한 도식에서는 이러한 자기-초월이 필요하지 않다는 점이 분명해질 것이다. 신의 초월에 관한 유신론의 긍정은 기적의 특별한 사례인 신의 신비와 계시를 모두 긍정한다. 이때 유신론의 긍정은 스피노자의 범신론에 대한 순전한 존재-신학적 대안 그 이상의 것이 된다.

─◦─

마침내 우리는 인식론적인 것에서 비인격적인 것의 궁극성에 대한 윤리적 의미로 선회한다. 니체는 오버베크에게 보낸 유명한 편지에서 자신의 해석을 제시한다. "나에게는 전조가 있는데, 얼마나 놀라운 전조인가!… . 〔스피노자의〕 모든 경향은 나의 경향과 같을 뿐만 아니라 ─ 지식을 가장 강력한 정서로 만드는 ─ 그의 학설의 다섯 가지 요점에서 나는 스스로 그것을 인정하는데 … 그는 의지의 자유, 목적론, 도덕적 세계 질서, 비이기주의, 또 악을 부정한다."[74]

스피노자가 그의 생애 동안 특별히 스스로를 '비도덕주의자'로 지목한 데서 비롯한 이러한 열정을 환영했을지는 분명하지 않다. 그는 정치적, 철학적 이유로 무신론이라는 비난을 거부할 필요가 있다고 생각했기 때문에, 자신이 도덕성을 훼손한다는 비난을

---

[74]. F. Nietzsche, *The Portable Nietzsche*, p. 92.

물리치기를 간절히 바랐다. 『에티카』에서 그는 자주 자신을 종교와 도덕의 지지자로 묘사했다(E4 P37S1 ; E4 P73S ; P4 App, II/272 ; E5 P41, P41S).[75]

스피노자는 그가 무신론자인 것과 같은 의미에서 비도덕주의자이다. 그의 윤리학은 그의 신학처럼 유신론의 그것과는 극적으로 다르다. 그리고 그는 자신이 무신론자가 아닌 것과 바로 같은 의미에서 비도덕주의자가 아니다. 그가 대안 종교를 제안한 것처럼, 그렇게 그는 대안 윤리를 제시한다. 그 차이는 여러 가지 면에서 드러날 것이다. 예를 들어, 그는 연민, 겸손, 후회는 미덕이 아니라고 주장한다(E4 P50, P53, P54). 만일 우리가 자기-초월의 물음에 초점을 맞추려고 한다면, 우리는 신의 명령이라는 쟁점과 관련해서 가장 근본적인 차이를 발견할 수 있을 것이다.

칸트가 말하길, "종교는 모든 의무를 신의 명령으로 인식하는 것 … 이다."[76] 대부분의 유신론자는 종교가 이런 것 이상이라고 주장하기를 원할 것이며, 종교가 이에 못 미치는 것이라고 말

---

75. Letter 43, p. 238, 그리고 Letter 75, p. 337 [『서간집』, 276, 387] 참조.
76. I. Kant, *Religion Within the Limits of Reason Alone*, p. 142 [임마누엘 칸트, 『이성의 한계 안에서의 종교』, 389쪽]. 데카르트가 자연법칙과 관련하여 신의 의지를 발동시켰듯이, 여기서 칸트는 도덕법칙을 신의 의지와 연결시킨다. 그러나 스피노자에게 신의 의지 개념은 무지의 표현이다(E1 App, II/81). 컬리는 스피노자가 신 관념을 알려질 수 없는 법칙 부여자로 발견한다고 말한다. 더 중요한 것은, 아마도, 스피노자의 인식가능성 모형을 고려할 때, 신의 의지는 그것이 도입되는 어떤 영역에서도 인식가능성의 상실을 나타낸다는 사실이다. "Spinoza's Moral Philosophy," in Grene, *Spinoza*, p. 370을 보라.

하는 유신론자는 거의 없을 것이다. 유신론자들은 도덕법칙을 신성한 명령으로 해석하는 방식에 대해 그들끼리 의견을 달리할 것이다. 플라톤의 『에우튀프론』으로 거슬러 올라가는 물음에 답하면서, 신의 명령의 전통은 신이 명령하거나 신이 금지하기 때문에 행위가 옳거나 그르다고 말할 것이고, 자연법 전통은 행위 자체가 옳은 것이거나 그른 것이어서 신이 명령하거나 금하는 것이라고 말할 것이다.77 그러나 두 전통은 신의 본성이 신의 계명의 내용을 통제하는 정도와 상관없이 우리의 도덕적 임무는 인격적인 신이 우리에게 준 계명에 복종하는 것이라는 데 동의할 것이다.

이런 맥락에서 도덕적 자기-초월의 본질은 분명하다. 나는 도덕적 우주의 중심이 아니다. 나는 나에 대한 적법한 도덕적 요구의 원천으로서, 나의 도덕적 상위자인 타자Another에 대한 의무 아래 있는 나 자신을 발견한다. 나의 복종할 의무는 나의 욕망, 나의 동의, 또는 나의 최선의 이성적 통찰에 달린 것이 아니다. 그것은 타자의 적법한 권위에서 파생한다. 나는 의무의 사실이나 의무의 내용 근거가 아니다. 신의 신비나 신의 계시에 관한 유신론적 관념이 나를 인식론적 자율성이나 자기-충족성과 무관하게 두는

---

77. 두 전통은 서로 단절되어 있지 않다. 아담스에 의하면, 하나의 행동을 잘못으로 만드는 것은 그것이 사랑의 신의 명령에 어긋난다는 점이다. 사랑으로서의 신의 본성은 자연법 유형의 제약을 신의 명령에 두지만, 이것은 신의 선택에 상당한 자유를 남겨둔다. R. M. Adams, "A Modified Divine Command Theory of Ethical Wrongness," in *The Virtue of Faith and Other Essays in Philosophical Theology*.

것처럼, 신의 명령에 관한 유신론적 관념도 도덕적 자율성이나 자기-충족성을 나에게 남겨두지 못한다. 어떤 경우에도 나는 측정 척도가 되지 않는다. 오히려 나는 다른 사람의 평가를 받고 부족함을 발견한다. 오히려, 타자인 누군가가 나를 측정한다(또한 부족함을 발견한다).

여기서 신의 초월이 (그것이 그저 유신론이 신비와 계시를 긍정하는 수준의 우주론에 불과했던 것처럼) 더는 우주론적이지 않다는 것을 주목할 필요가 있다. 그것은 세계 바깥의 원인에 관한 것이 아니라 나에 대해 적법한 도덕적 권리를 지닌 나 자신과는 다른 인격에 관한 것이다. 우리는 제일 운동자 개념보다 왕이나 아버지로서의 신에 대한 성서적 관념에 더 가까이 있다.[78] 바로 그 차원에서 우리는 존재-신학을 떠나 아브라함, 이삭, 야곱의 신의 방향으로 나아간다.

물론 스피노자는 이 모든 것을 가질 수 없을 것이다. 자연법칙이 개인 의지의 표현이 아니듯이 도덕률도 그런 표현이 아니며, 이성보다는 상상력의 마법 아래서 도덕적 삶을 신의 명령에 순종하는 것으로 생각할 때 우리는 그것을 오해한다. 이성에 이끌리

---

78. 유신론은 국가의 군주제와 가정 및 시민사회의 가부장제 둘 다에서 볼 수 있는 본질적인 개념적 연결점을 가지지 않는다. 이것들은 인간 간의 관계에 관한 것이다. 그러나 유신론은 신과 인간의 관계를 설명하기 위해 왕과 아버지 같은 이미지가 역사적으로 지닌 도덕적 권위의 함축성을 저버릴 수 없다. 군주제라는 정치체제를 혐오하는 유신론자는 다음과 같은 말을 하면서 부끄러워할 필요가 없다. "주님이 왕이시니 만민들은 두려워 떨 것이다!"(시편 99:1).

는 사람은 "다른 이가 아닌 그 자신이 가장 원하는 것만을 행한다"(E4 P66S). 다른 이의 명령에 책임을 지는 것은 노예 또는 어린아이가 되는 것이다(E4P66S;TTP 22~28, III/41~59).[79] 아담, 모세, 그리고 예언자들은 상상력에 근거한 무지에서 신을 도덕적 법칙을 부여하는 자로 다룬다. 그리스도는 오직 그의 청중들의 지적 결함에 적응하여 이런 방식으로 말한다. 스피노자는 "모세 율법을 대신할 자유인"을 찾고 있다.[80]

그의 대안은 종종 치료 모형의 측면에서 기술된다. 베넷은 이렇게 말한다. "그 윤리는 전체적으로 의학적이거나 심리치료적이다. 너 자신을 개선하기 위해 너는 너의 메커니즘을 이해해야만 하고 그다음 네가 아프고 불행하게 만드는 방식으로 느끼고 사고하고 행동하는 성향을 줄이기 위해서 그 메커니즘에 개입해야 한다." 스피노자의 인격적 신에 대한 부정은 도덕적 삶에 대한 이러한 관점과 밀접하게 연관되어 있다. "둘 사이에 직접적인 갈등은 없지만, 어떤 사람이 자신을 사랑하고 자신이 사랑해야 할 신에 의해 창조되었다고 깊이 믿으면서도, 자기-개선의 원칙적 길은 자신

---

79. Letter 43, p. 238 [『서간집』, 274] 참조.
80. Curley, Introduction to *A Spinoza Reader*, p. xxxii. 이것이 요벨이 스피노자를 이성의 마라노[Marrano, 이주 유대인]라고 부르는 이유다. 마라노는 겉으로는 위협을 받으면서 그리스도교로 개종했지만 속으로는 유대인으로 남아 있으려 했던 이베리아 유대인이었다. 그들의 슬로건은 "그리스도가 아니라 모세"였다. 스피노자의 슬로건은 "그리스도도 아니고, 모세도 아니고, 다만 이성"이었다. Yirmiyahu, *Spinoza and Other Heretics*, pp. 20, 36, 153을 보라.

의 병리학을 연구하고 그것을 지적으로 다루는 것이라고 어떻게 생각할 수 있는지 이해하기 어렵다."[81]

사실, 이 모형 속에서 나에게 부과된 도덕적 요구가 배제한 것은 신만이 아니다. 타자, 신적인 존재, 인간, 동물, 또는 환경적인 것과 나와의 관계는 오로지 나의 자기-이익을 위해 확정된 어떤 치료적 통찰에 의해서만 규정되는 것으로 전락한다.

스피노자의 경우에 선과 악 또는 옳고 그름과 같은 평가는, 그것들이 귀속되는 인격, 행동, 제도 등의 본질적 속성이라기보다 관계적 속성이다. 그런데 치료 윤리를 유신론적 윤리에서 구분하는 것은 관계성이 아니다. 유신론에서 신은 본질상 선하고 신의 의지는 본질상 옳다. 신이 아닌 다른 어떤 것이 좋거나 나쁘다고, 옳거나 그르다고 하는 것은 신과의 관계와 관련해서 말하는 것이다. 인간 윤리에 대한 평가적 담론은 관계적 담론이 될 것이고, 그것은 자기-초월을 내포할 것이다. 왜냐하면 내가 선하거나 악하거나, 내 행동이 옳거나 그르거나, 그러한 삶의 방식은 나에게 적법한 요구를 하는 타인과 나의 관계에 연루될 것이기 때문이다. 반대로, 맹목적인 자연적 필연성이 궁극적인 세계에서는 최고 존재가 본질상 내재하는 가치의 장소가 되지 않을 것이며, 파생적이고 관계적인 가치의 기초가 되지도 않을 것이다.

옳고 그름은 자연상태와와 상관한다. 자연이 죄를 지을 수 있

---

81. Bennett, SSE, p. 13.

다거나 잘못을 범할 수 있다고 생각하는 것은 잘못된 것이다(E4 Pref, II/206~208).

자연상태에서는 잘못된 것이 있을 수 없다. 왜냐하면 옳은 것은 단지 힘의 문제이기 때문이다.[82] 자연권(힘)에 의해 큰 물고기는 작은 물고기를 잡아먹고 강한 자가 자기 뜻대로 할 때, 약한 자는 반드시 참아야 하고 규범은 위반되지 않았기 때문에 여기서는 아무런 잘못도 일어나지 않는다. 사회계약을 통해 국가가 탄생함에 따라 정의와 불의, 옳음과 그름의 규범을 수립하기 위한 합의된 메커니즘이 출현했다. 그러나 이러한 규범은 이성이 아니라 위협에 의해 유지되기 때문에, "모세 율법을 대신할 자유인"은 이러한 개념을 기초적인 것으로 취급할 수 없다(E4 P37S1&S2, II/236~39).[83]

그래서 우리는 선과 악으로 변한다. 그것들은 또한 관계적이다. 하지만 사태를 선하거나 악하게 만드는 것은 그것들과 나의 관계다. 이러한 측면에서 그것들은 온기와 냉기에 대한 판단과 같다(E1 App, II/81). 이는 개개인에 따라 다를 것이며, 단일한 인격 안에서도 시시때때로 달라질 것이다(E3 P51S). 때때로 스피노자가 "우

---

82. 스피노자는 또한 완전성과 덕을 힘과 동일시한다. E2 App, II/83 ; E4 Def8 ; E4 P20 & P24를 보라.
83. 스피노자는 또한 여기서 죄와 공적에 대해 말하고 있는데, 이는 이러한 관념들이 일부 '교회'에 대해서만 의미가 있다는 점을 암시한다. 헤겔을 선취하는 스피노자는 사람들의 윤리적 삶(Sittlichkeit)이 도덕적 삶을 위한 기초일 수 있음을 부정한다. 그러나 그의 이성은 키에르케고어와 니체가 같은 결론을 내릴 이성과는 매우 다르다.

리는 어떤 것을 선이라고 판단하기 때문에, 그것을 위해 노력하거나, 의욕하거나, 원하거나 욕망하는 것이 아니다. 반대로 우리가 그것을 위해 노력하고, 의욕하고, 원하고, 욕망하기 때문에, 어떤 것이 선하다고 판단한다"(E3 P9S)고 쓸 때 보면, 이는 매우 주관적으로 들린다. 이 구절을 언급하면서, 그는 나중에 선과 악을 "모든 종류의 갈망"을 만족시키거나 좌절시키는 것과 동일시한다. 다른 곳에서 스피노자는 관계적인 선과 악에 다소 객관적인 반전을 부여한다. 선함은 "우리가 우리에게 유용하다고 확실히 알고 있는 것"(E4 Def1 ; Def2 참조)이다. 또는 "어떤 것이 우리의 본성과 일치하는 한, 그것은 필연적으로 선하다"(E4 P31).

나는 이러한 주관주의적 어조와 객관주의적 어조 사이에 갈등이 일어나지는 않는다고 생각한다. 전자는 스피노자의 심리적 이기주의를 표현한다. 우리는 사실 오직 자신의 만족만을 지향하기 때문에 우리가 원하는 것은 무엇이든 선이라고 부르고 욕망을 좌절시키는 것은 악이라고 부른다. 객관주의의 언어는 스피노자의 윤리적 이기주의를 표현한다. 사물은 우리에게 유용하거나 우리의 본성과 일치할 때 선한 것이 된다. 또 우리는 사물이 그런 선한 것임을 알 때 그 사물이 선하다는 것을 안다.

중요한 것은 우리가 지각된 선에 대해 말하든 실제 선에 대해 말하든 선은 개인에 대해 상대적이라는 것이다. 스피노자가 윤리적 이기주의자라는 것은 그가 코나투스를 다룰 때 분명해진다.[84] "각 사물(개별 사물, 양태)은, 그 고유한 힘으로 할 수 있는 한, 자신의 존재 안에서 지속하려고 한다. … 각 사물이 그 존재 안에 지속하려고 하는 그 노력〔코나투스〕은 사물의 현실적 본질에 불과하다"(E3 P6 & P7). 스피노자가 이성이 "규정하고", "지시하고", "요구하는" 것이 무엇인지 물을 때,[85] 그는 "이성은 모든 사람이 자신을 사랑하거나 자기 이익, 즉 자기에게 실질적으로 쓸모 있는 것을 구하는 것, 그리고 참으로 모든 인간을 더 큰 완전성〔힘〕으로 이끌어 주는 것을 욕구하고, 모든 사람이 할 수 있는 한 자신의 고유한 존재를 보존하도록 노력할 것을 요구한다"(E4 P18S, II/222)고 답한다. 스피노자는 "모든 사람이 자신의 이익을 추구하게 마련이라는 이 원리가 덕과 도덕이 아니라 부도덕함의 기초"(E4 P18S, II/223)라고 믿는 사람들에게 그와 반대되는 설명을 제공한다. "자신을 보존하기 위한 노력은 덕의 최초이자 유일한 토대다"(E4 P22C). "절대적으로 덕으로 행동하는 것은 우리 안에 있는 다른 것이 아니라 자신의 이익을 추구하는 것을 토대로 하여, 이성의 지도를 따라 행위하고, 살고, 우리 존재를 보존하는(이 셋은 같은 것을 의미한다) 것이다"(E4 P24).

나에게 유용한 것으로 보이는 것은 무엇이든 좋은 것이라고

---

84. 언어적이고 역사적인 배경과 관련해서는 H. A. Wolfson, *The Philosophy of Spinoza*, II, pp. 195~206을 보라.
85. 이 따옴표들은 무서운 따옴표로 읽혀야 한다. 우리는 스피노자에게 자연법칙이 신의 명령이라는 것을 기억하고(TTP 25, III/45~46) 자연의 빛에 정초한 자연적 인식이 신이 우리에게 "지시한" 것임(TTP 10~11, III/15~16)을 기억할 때 이 항목들을 가장 잘 이해하게 될 것이다.

부를 것이고, 실제로 나에게 유용하다면 좋을 것이다. 나에게 좋은 것이지만 당신에게 꼭 그런 것은 아니다. 어떤 것이 실제로 나에게 유용하다고 해서 당신에게 좋은 것은 아니다. '좋다'는 말은 결코 단순히 '좋다'는 뜻이 아니라 항상 '나에게 좋다'는 뜻이다. "그렇다면 인간에게 있어서 인간보다 더 유용한 것은 없다"(E4 P18S, II/223)는 이유로 이것이 필연적으로 모두와의 전쟁을 수반하지는 않는다. 경쟁적이고 격렬하게 살기보다는 협조적이고 평화롭게 사는 것이 나에게 이득이 될 수 있다. 그런데 이는 나의 이익에 근거한다. 나와 타인들의 관계에서 유일한 근거가 되는 것은 공동선에 대한 이해, 나에 대한 타인의 정당한 요구에 대한 인정이 아니라 나의 이익이다. 베넷이 "그의 기분에 맞는 한…x를 '좋다'고 할 무지한 사람"의 주관주의와 스피노자의 견해를 구별한 것은 옳다. 이것은 심리적 이기주의와 윤리적 이기주의를 혼동하는 것일 것이다. 그러나 나는 "x에 대한 스피노자의 가치판단이 x가 장기적으로 모든 사람의 이익에…나뿐만 아니라 모두에게 유리한지에 달려있다"라는 주장을 보증하는 것은 찾지 못했다.[86]

이의를 제기하고 답변함으로써 우리는 이것을 더 명확하게 알 수 있다. "그렇다면 인간에게 있어서 인간보다 더 유용한 것은 없다"고 스피노자는 우리에게 말한다. 의심할 여지 없이 다른 인간들은 우리에게 많은 면에서 유용할 수 있다. 전쟁을 위한 총알받

---

86. Bennett, SSE, p. 11.

이로, 농장과 공장의 값싼 노동력으로, 우리의 만족을 위한 성적인 대상으로 등등. 하지만 우리 부모, 목사, 철학자들이 우리에게 가르쳐준 것이든 어떻든 간에, 타자들을 우리의 목적을 위한 수단으로 단순히 이용하려는 우리의 경향에 도전하는 것이야말로 윤리의 과제가 아닌가?

스피노자의 대답은 그리 어렵지 않게 발견할 수 있다. 그는 참된 행복은 권력이나 부, 쾌락을 추구하는 데서 발견되는 것이 아니라고 가르치는 서양의 목적론적/행복론적 윤리학의 주류에 자신이 속해 있다고 우리에게 말할 것이다. 그는 또한 자신이 속한 이 윤리학 전통에서는 나의 이익을 다른 사람의 희생에서 얻는 제로섬 게임의 일부가 되지 않는 것을 덕(여기서는 신에 대한 지적 사랑)으로 삼는다고 말할 것이다.

이것은 참이다. 마찬가지로 참인 것은 스피노자의 치료윤리학에 타인의 행복에 관심을 가지기를 요구하는 내용도, 고아·과부·이방인에 무관심하지 말기를 요구하는 내용도 없다는 점이다. 그들의 고통은 결국 자연적 필연성의 네트워크에 있는 노드nodes에 불과하다. 히브리 예언자들과 유대인인 예수는 이러한 것들에 크나큰 관심을 두었다. 그러나 스피노자는 이 일반 대중의 예언자들이 상상력에 몰두하고 있다는 것을 알게 되고 순수한 이성의 철학적 예언자로 그 예언자들을 대체하려고 한다. 그들이 영원한 상 아래서 세계를 보는 천상의 영역에서는 과부, 고아, 이방인이 시야에서 사라진다. 영원의 고요함 속에서 그들의 목소리는 들리지 않는다. 또한 어떤 신적 목소리도 나 자신을 사랑하는 것처럼 이웃을 사랑하라(레위기 19:18)고 명령하지 않는다.

스피노자에게 유신론에서 범신론으로의 지적 회심이 있듯이, 신의 명령에 순종하든 권력, 부, 그리고 감각적 쾌락을 무질서하게 추구하든 간에 자기 이익의 비이성적 추구에서 자기 이익의 이성적 추구로 이행하는 윤리적 회심도 있다. 그러나 이러한 회심은 자기-초월을 수반하지 않는다. 이 회심은, 권력, 부, 감각적 쾌락에 대한 지나친 추구와 관련해서는, 더 지적으로 자기-중심적으로 되는 일을 수반하고, 신의 명령에 대한 순종에 대해서는, 신을 내가 순종해야 하는 신으로 여기는 미숙한 상상력을 넘어서는 일을 수반한다. 하지만 이 회심을 통해 작성된 덕의 목록이 이 분석에서 어떤 식으로 나오든지 간에, 그것들은 모두 지적으로 그리고 자기-의식적으로 자기중심적인 존재의 형태를 가질 것이다. 이런 맥락에서 신의 내재성은 타인의 방향으로의 자기-초월이라는 탈중심화의 유혹을 배제하는 기능을 수행한다.

3장

헤겔

정신의 존재-신학적 범신론

스피노자처럼 헤겔은 범신론자지만 아주 다른 부류의 범신론자다. 그는 우주론적 초월에 대한 논쟁을 탐구할 수 있는 또 다른 자리를 제공한다. 헤겔에게 세계는 준궁극적으로penultimately 자연의 세계일 뿐이고 궁극적으로ultimately 인간 정신과 이 정신의 역사의 세계라는 점에서 '우주론적'이라는 용어는 더는 적절치 않다. 그러나 범신론과 유신론이라는 두 입장 사이의 논쟁은 신과 유한한 존재자의 세계의 차이에 관한 것이기 때문에, 우리가 이 용어를 유의해서 보라는 의도를 가지고 마음속으로 큰따옴표를 치면서, 그 말 자체는 계속 사용할 수 있다. 해당 논쟁은 신과 세계 사이에 차이가 있는지에 대한 것이 아니라 이것들을 어떻게 해석하는지에 관한 것이다. 스피노자의 경우에서 보았듯이, 범신론은 신과 세계 사이의 차이에 대한 부정이 아니다. 왜냐하면 스피노자는 실체나 능산적 자연을 실체의 양태 또는 소산적 자연으로부터 구별하기 때문이다. 이는 오히려 신의 실재성이 세계에 존재론적으로 독립해서 존재한다는 것, 요컨대 세계 없이 신이 존재할 수 있다는 것을 부정한다. 우리는 헤겔 안에서 이와 유사한 구별과 부정을 발견할 것이다.

헤겔로 돌아가는 것의 또 다른 분명한 장점은 그가 하이데거의 존재-신학의 두 가지 주요 패러다임 중 하나라는 점에 있다. 하이데거는 1949년에 부동의 원동자의 신학으로 자신의 존재론을 완성한 아리스토텔레스와 관련해서 존재-신학이라는 말을 도입했다. 그는 1957년 헤겔의 『대논리학』을 다룬 세미나에서 이 주제로 되돌아갔다. 그는 이 논고에서 존재-신학을, 오직 철학의 용어로 신을 다루는 철학의 담론 속으로 신이 들어가는 것으로 기술했고, 또 파스칼과 키에르케고어의 정신으로 볼 때 이 신이 종교적으로 타락한 것이라고 불만을 표했다.[1] 헤겔이 어떤 의미에서 범신론자인지 본 후에야 우리는 하이데거가 헤겔에 대해 구체적으로 말하는 바를 잘 이해할 수 있을 것이다.

헤겔이 영원히 유신론을 포기한 시기는 아주 정확하게 헤아려질 수 있다. 아이러니하게도, 그는 1795년 튀빙겐대학교 재학 시절 친구 두 명과 서신으로 왕래했다. 그해 초 헤겔에게 보낸 편지에서 알 수 있듯이 셸링과 횔덜린은 피히테의 열성 팬이 되어 있었다. 셸링은 피히테가 1794년 출간한 『전체 지식론의 기초』의 출간 전 원

---

1. 세부적인 내용과 관련해서는 이 책의 1장을 보라.

3장 헤겔

고를 보고, 이에 근거하여 1월 5일 이런 편지글을 썼다.

> 철학은 아직 끝나지 않았다네. 칸트가 그 결과를 제공했지. 그 전제는 여전히 행방이 묘연하지만 말일세. 그리고 누가 전제 없이 결과를 이해할 수 있겠는가? … 칸트가 모든 것을 휩쓸었지만, 군중이 어떻게 이를 알아차릴 수 있겠는가? 사람들은 그것을 눈앞에서 산산이 조각나게 부수어야만 하며, 그렇게 해서 그들은 그것을 손으로 움켜쥐게 되지. 오늘날 어디에서나 볼 수 있는 위대한 칸트주의자들은 서신에 집착해 왔으며 … 소위 자연종교와 실정종교에 대한 오래된 미신이 이미 대부분의 사람들의 마음속에 칸트의 편지와 결부되어 있다네. 그들이 얼마나 빠르게 도덕적 증명에 도달하는지 보는 것은 흥미로운 일이지. 자네가 기계로서의 신에게서 등을 돌리기 전에, 하늘 위에 앉아 있는 인격적인 개별 존재가 솟아나거든! 피히테는 철학을 심지어 지금까지 대부분의 칸트주의자도 어지러워할 정도로 드높일 것인데 … . 이제 나는 스피노자의 방식으로 윤리를 연구하고 있다네. (HL 29)

같은 달 말쯤에 헤겔이 답했다. 그의 유명한 전장의 한복판에서, 헤겔은 이렇게 외친다. "하느님의 나라가 도래하고, 우리의 손이 게으르지 않기를! … 이성과 자유는 우리의 비밀번호로 남아 있고, 보이지 않는 교회가 우리의 규합 지점으로 남아 있다네." 또 그는 이렇게 적고 있다. "내가 완전히 이해하지 못하는 도덕적 증명에 관한 한 가지 표현이 있네. '그들은 조작하는 법을 알고 있어서 개별적, 인격적 존재를 분출시킬 수 있다.' 자네는 우리가 그렇게 멀리 나아가지 못할 것이라고 보나?"(HL 32).

거의 같은 시기에 횔덜린은 마치 셸링의 답변을 예상한 듯 피히테의 강의를 들으면서 예나에 머물던 헤겔에게 편지를 보내 1794년 출간된 『전체 지식론의 기초』와 『학자의 사명에 관한 몇 차례의 강의』에 대한 자신의 열정을 다음과 같이 표현했다.

> 스피노자의 실체와 같은 〔피히테의〕 절대 자아는 모든 실재를 담고 있다네. 그것은 모든 것이고, 그것 바깥에는 아무것도 없는 것이지. 그러므로 이러한 절대 자아를 위한 대상은 없는데, 왜냐하면 그렇지 않으면 모든 실재가 그 안에 없을 것이기 때문이라네. 다만 대상 없는 의식은 상상 불가능하다고 할 수 있네. … 따라서 절대 자아 안에서는 어떤 의식도 상상 불가능한 셈이지. 절대 자아로서의 나는 의식을 가지지 않으니까 말일세. … 그리하여 나는 스피노자를 읽자마자 피히테의 첫 장을 읽으면서 … 내 생각을 써 내려갔어. 피히테가 나를 확증해주었지. (HL 33)[2]

2월 4일 (헤겔에 대한) 대단히 파괴적인 셸링의 응답은 스피노자와

---

2. J. G. Fichte, *Science of Knowledge* [요한 고틀리프 피히테, 『전체 지식론의 기초』], 그리고 *On the Vocation of a Scholar in Fichte* [『학자의 사명에 관한 몇 차례의 강의』]를 보라.

의 연관성을 반복하고 있다.

이제 우리가 도덕적 증명으로 인격적 존재에 접근할 수 없다는 것을 믿고 있느냐고 묻는 자네 물음에 답을 제시하고자 하네. 나는 그 질문에 놀랐다는 것을 고백하네. 레싱과 가까운 사이로부터 이런 물음을 들을지 예상하지 못했네. 그런데 자네는 분명 그 물음이 전적으로 내 마음속에서 결정된 것인지를 알기 위해서만 질문했네. 당신에게 그 물음은 확실히 오래전 결정된 것이지. 우리뿐만 아니라 〔레싱에게도〕 정통주의적 신 개념이 더는 존재하지 않는다네. 내 대답은 우리가 인격적 존재보다 훨씬 더 멀리 간다는 것이야. 나는 그사이 스피노자주의자가 되었어! 곧 알게 될 테니 놀라지 말게. 스피노자에게는 세계, 그 자체로 주체에 대립하는 대상이 모든 것이었네. 내게 그것은 자아라네.… 우리에게는 절대 자아와 다른 초감각적 세계란 없다네. 신은 절대 자아일 뿐이야.… 인격성은 의식의 통일을 통해 일어난다네. 그런데 의식은 대상이 없이는 가능하지 않네. 그런데 신에게는 아무런 대상이 없다네. 만일 어떤 것이 있다면, 절대 자아는 절대적이지 않을 것이기 때문이지. 결과적으로 인격적 신은 존재하지 않는다네. (HL 32~33)[3]

---

3. 셸링의 편지는 헤겔이 곧이어 공감적으로 연구한 글들, 1795~6년의 그의 피히테에 관한 논고 『철학의 원리로서의 자아』, 『독단론과 비판론에 대한 철학적 편지』를 요약하고 있다. 영어판은 *The Unconditional in Human Knowledge*

헤겔이 보낸 후속 편지에서는 그가 두 가지 수식어를 추가하기는 했지만 절대 자아로서의 신에 대한 피히테 철학에 관한 분명한 확신이 있었다. 4월 편지에서 그는 이것이 "소수만 이해하는 철학"으로 남아야 할 것이며, 8월 편지에서는 실체 개념이 절대 자아와의 연관 가운데 사용되지 말아야 한다고 제안하기에 이른다(HL 35, 42~43).

이 두 자격요건 모두 예언을 증명하기 위한 것이었다. 첫 번째 사례에서 절대자이지만 비인격적 자아로서의 신에 관한 피히테의 철학은 그리 난해하지 않았다. 1798년에서 1799년 사이 무신론 논쟁Atheismusstreit이라고 적절하게 불린 소동 속에서, 그는 무신론자로 비난받았고 예나대학교의 교수직을 잃고 말았다.[4] 두 번째 사례에서, 실체 범주는 헤겔이 그 스스로 범신론자라는 것을 강하게 부정하는 데서 중심적인 역할을 하게 되었다.

세계(와 존재론적으로 서로 독립적인) '바깥'의 인격적 존재라는 유신론적 신 개념과 범신론의 물음 사이의 연결고리가 적당히 명확해져야 한다. 셸링의 편지와 횔덜린의 편지 모두에 나오는 다음과 같은 내용을 독자들은 주목하지 않을 수 없을 것이다. 곧, 피

를 보라.
4. 이 주요 사건에 관한 짧은 요약 묘사가 피히테의 다음 책의 편집자 서문에 나온다. *Wissenschaftslehre and Other Writings*. 이 책에는 논쟁을 유발한 1798년의 논고 「신의 세계 통치에 속한 우리 신앙의 기초에 대하여」가 수록되어 있고, 이와 관련된 몇 편의 짧은 글이 실려 있다.

히테의 절대(비인격적, 무의식적) 자아로서의 신에 대한 새로운 철학은 스피노자와 연결되어 있다는 점 말이다. 헤겔의 친구들은 스피노자가 그의 실체 개념을 철저화함으로써 데카르트의 유신론을 극복했던 것처럼, 피히테가 초월적 자아 개념을 철저화함으로써 칸트의 신학을 극복한 것으로 보았다. 우리가 주체를 출발점으로 삼든 대상을 출발점으로 삼든, 운동 방향은 같다. 요컨대, 피히테 : 칸트 = 스피노자 : 데카르트라는 것이다. 헤겔은 그의 친구들의 이 길을 따라가면서, 범신론적 영역으로 들어간다. 곧 그는 자신이 바라는 도덕적, 종교적, 정치적 혁명의 존재론적 근거를 "자신 안에 지적 세계를 품고 있으며 자신 바깥의 신이나 불멸을 추구할 수 없는 모든 영혼들의 절대적 자유"라고 묘사할 것이다.[5]

이와 같은 생각으로 그는 『정신현상학』(1807)에서 인간 양심을 "내면의 목소리를 신적 목소리라고 직접적으로 인식하는 도덕적 천재성"으로 묘사한다. 유신론자 역시 양심의 소리가 신의 목

---

5. 이것은 H. S. Harris, *Hegel's Development*, p. 511에 수록된 1796년 텍스트 "The Earliest System-Programme of German Idealism"에서 가져온 것이다. 나는 헤겔의 수중에 있는 이 원고가 헤겔의 것으로 간주되어야 한다는 반론에 대한 명확한 증거가 나오기 전까지는 푀겔러와 해리스의 주장을 받아들이겠다. Harris, *Hegel's Development*, pp. 249~57. 「기독교의 정신과 그 운명」으로 알려진 논고의 1799~1800년 초고에 있는 범신론적 공식에 관해서는, ETW 253, 259~61, 264~69, 278[582, 588~591, 594~602, 612]을 보라. 동일한 기획의 약간 이른 초고에서 헤겔은 예수의 제자들의 "성변화"를 언급하는데, 곧 "두 실체가 있지는 않기" 때문에 그들이 성자처럼 "실체"가 아니라 "변형한 것"과 같다고 말한다(FS 304). 예나 시기에서 정신현상학으로 이어지는 사유 발전을 개괄하려면, W. Jaeschke, *Reason in Religion*, pp. 171~84를 보라.

소리라고 말할 수 있지만, 양심에 대해 헤겔이 다음과 같이 계속해서 말하는 것처럼 말할 수는 없다. "그것은 자신의 개념 속에 삶의 자발성을 소유한 신적 창조력이다. 또한 이와 마찬가지로 그것은 자기 자신 안에서의 신적 예배다. 왜냐하면 양심의 행위는 자신의 고유한 신성에 대한 관조이기 때문이다. 이러한 고독한 예배는 동시에 본질적으로 **공동체의 신성한 예배**다…." 결과적으로 인간의 신성은 다음과 같이 양심의 자아들의 상호인정 안에서만 현실적이다. "**절대정신**…. 화해의 예^{Yea}, 상호승인의 언설은 이원성으로 확장된 나의 **현존재**인데, 그 속에서 나는 자기동일적으로 유지되고 또 자신의 완전한 포기와 대립 속에서 자기 확신을 지닌다. 그것은 자신을 순수한 지$^{pure\ knowledge}$로 인지하는 자아들 한가운데서 현시되는 신이다"(PS 397, 408~09 [634~35, 650, 652]).[6]

이리하여 헤겔이 다음 장에서 그리스도교를 종교의 최고 형태라고 하면서, "신적 존재의 육화는… 절대 종교의 단순한 내용이며… 신적 본성은 인간적 본성과 똑같은 것이며, 직관된 것은 바로 이 통일성이다"(PS 459~60 [731, 733])라고 말할 때, 그는 인간 본성 자체에 대해 말하고 있는 것이 분명하다.[7] 그의 초기 신학적 저

---

[6]. '개념'(Begriff)에 대해서는 'Notion'이 아니라 'Concept'라는 번역어를 사용한다. 어떤 이의 삶이 그 개념에서 비롯한다는 것은 물론 존재론적 논증의 '대상'이다. 스피노자처럼, 헤겔은 매우 비-안셀무스적 형태로 이 논증을 강력하게 변호한다. SL 86~90, 705~708을 보라. 또 EL ¶¶51A 및 193A를 보라. LPR에서 자주 인용될 때, 이 책 세 권의 색인에서 "존재론적 논증" 및 "증명" 항목을 보라.

술에서 보듯, 예수는 신의 유일무이한 아들이 아니며, 단지 그를 통해 인간의 본질적 신성이 드러날 뿐이다.[8]

분명한 것은, 스피노자의 경우처럼 그것은 일차적으로 자연의 세계가 아니다. 오히려 헤겔이 신성과 더 밀접하게 연관시키려 한 것은 유신론이 허용한 신성 그 이상의 인간 정신의 세계다. 그럼에도 불구하고, 자기 이전의 셸링과 횔덜린처럼, 헤겔은 절대적 주체의 범신론이 스피노자의 절대적 대상의 범신론의 일란성 쌍둥이는 아니지만 이란성 쌍둥이 정도는 된다고 보았다.

그래서 우리는 그가 "사유는 스피노자주의의 관점에서 자신을 자리매김함으로써 시작되어야만 한다. 스피노자의 추종자가 된다는 것은 모든 철학의 필수적인 시작이다"라고 하면서, "당신은 스피노자주의자거나 철학자가 아니거나 둘 중 하나다"(H&S 3 : 257, 283)라고 말한 것을 발견한다.[9] 다시 말해, "여기서 주목해야 할 일반적인 요점은 사유, 또는 정신이 스피노자주의의 관점에 스스로를 자리매김해야 한다는 것이다. 스피노자에 대한 이러한 생각은 참되고 근거가 충분하다는 것을 인정해야 한다"(LHP 154).

---

7. 「그리스도교의 실정성」의 1800년 초고, 곧 ETW 176[398] 참조.
8. 초기 신학적 저술과 관련해서는 위의 각주 5와 7에 인용된 구절을 보라. 『정신현상학』 7장에 대해서는 나의 다음 책 7장을 보라. *History and Truth in Hegel's Phenomenology*, 3rd ed.
9. 홀데인과 심슨은 1840년의 미슐레 판을 번역한다. 이 판본은 1805년부터 1806년까지의 예나 강의의 완성된 원고를 기초로 하는데, 이는 헤겔이 하이델베르크와 베를린에서 진행한 다른 여덟 번의 강의 노트를 포함하고 있다.

만약 개념적 명료성이 스피노자와의 관계를 논하는 데서 헤겔의 유일한 관심사였다면, 그는 우리의 마지막 장에 소개된 구별을 활용했을 것이다. "만일 범신론자가 신이 유한한 모든 것의 더미라고 말하는 사람이라면, 스피노자도 나도 다른 그 누구도 범신론자가 아니다. 그러나 그것이 모든 유한한 것들이 상호 불가분의 관계에 있는 무한한 근원에서 흘러나온다는 견해(신 없는 세계는 없고, 또한 세계 없는 신도 없다)를 의미한다면 스피노자와 나는 (모든 것의 궁극적 하나됨을 표현하는 데 있어서 실체의 범주를 넘어서야 한다고 생각한다는 점에서 나와 그가 다르지만) 범신론자이다. 그리고 인격적 창조주와 구원자의 실재성이 필연적으로 세계와 연결되어 있지 않다고 보는 유신론적 믿음을 부정하는 사람이 무신론자라면, 우리는 무신론자다. 하지만 무신론이 신이라고 부를 만한 것은 아무것도 없다는 견해를 말하는 것이라면, 우리는 무신론자가 아니다."

가끔 헤겔은 이런 접근을 취한다. 예를 들어, 1825~26년 철학사 강의에서 그는 스피노자에게 무신론자의 의미가 있다는 점을 인정한다. "스피노자주의를 무신론이라고들 한다. 이것은 한 가지 측면에서 옳다. 왜냐하면 스피노자는 신을 세계 및 자연과 구별하지 않기 때문이다. 그는 신이 현실태의 전부라고, 다만 신의 관념이 특정한 방식으로, 예를 들어 인간 정신의 존재에서 자신을 해명하는 한에서 현실태의 전부라고 말한다. 그러므로 이것은 무신론이라고 할 수 있으며, 스피노자가 신을 유한한 것으로부터, 세계로부터, 자연으로부터 구별하지 않는 한 그렇게 말해질 수 있다"(LHP 162). 스피노자가 신과 세계를 구별할 수 있지만 분리해 낼 수 없다고 말하는 것이 더 정확할 수 있지만, 요점은 충분히 명확하다. 스피노자주의가 무-신론a-theism이라는 것은 매우 분명한 의미가 있다.

그런데 헤겔은 1827년 종교철학 강의와 그 당시의 다른 저술에서 이 이야기의 다른 측면을 배타적으로 강조할 필요성을 느꼈다. 그 이유는 철학적이기보다는 정치적으로 보일 것이다. 스피노자가 무신론자였다는 혐의는, 그의 생애로 거슬러 올라가서 1785년 야코비에 의해 촉발된 범신론 논쟁Pantheismusstreit에서 비롯한다.[10] 이는 그가 『신학정치론』을 집필하고 『에티카』는 생전에 발표하지 않게 하는 역할을 했다. 더 신선한 기억은 피히테가 관념론적 범신론을 무신론으로 규정했을 때 그의 지위를 잃게 만든 무신론 논쟁이었다. 그리하여 경건주의 신학자 토루크F. A. G. Tholuck는 헤겔 철학을 스피노자주의/범신론/무신론의 또 다른 형태라

---

10. 야코비가 스피노자주의와 무신론을 직접적으로 동일시했고, 레싱이 사망 전 침상에서 스피노자주의자가 되었다고 주장한 이 논쟁의 세부적 내용에 대해서는 다음 문헌을 보라. Beiser, *The Fate of Reason*, 2~4장 [바이저, 『이성의 운명』, 101~267쪽]. 바이저는 다음과 같은 아이러니에 주목한다(pp. 44~45 [104]). "고전적 괴테 시대의 거의 모든 주요한 인물들 — 괴테, 노발리스, 횔덜린, 헤르더, F. 슐레겔, 헤겔, 슐라이어마허, 그리고 셸링 — 이 논쟁에 뒤이어 스피노자 열심당이 되었고… 범신론은 차후 하이네가 표현한 것처럼, '독일의 비공식 종교'가 되었다."

고 여겼고,[11] 헤겔은 이런 논쟁이 또다시 일어날지도 모른다는 두려움을 가지고서 신학대학 재학 시절부터 그에게 있었던 매우 분명한 감각에 대해 너무 노골적으로 말하지 않는 것이 현명하다고 여겼다. 1827년 강의에서 그는 네 가지 반격을 시작한다.

헤겔은 짧은 입문적 고찰 이후, "신이라는 개념"이라는 제목으로 논의를 시작하고 곧장 범신론의 물음으로 돌아간다. "신은 절대적 실체다. 만일 우리가 이 선언을 추상적인 형태 가운데 고수한다면, 그것은 확실히 스피노자주의 내지 범신론이다." 그러나 "우리는 앞으로 나아가며 … 그 지점에서 멈추지 않는다." 추상적 사고에서 구체적인 사고로의 운동으로 이해되는, 곧 덜 충분한 데서 더 충분한 범주로 나아가는 논리학의 운동을 따라, 우리(헤겔주의자)는 신을 "주체성"으로, "정신, 절대정신, 영원하게 단순한 정신, 본질상 그 자신에게 현전하는 것"(LPR 1:370~71)으로 사유하기를 지속한다.[12]

이제 헤겔에게 "신은 절대 실체 … 절대 자궁 내지 무한한 근원

---

11. 토루크에 관해서는 LPR 1:7~8을 보라. 토루크의 비판과 1827년 강의의 관계에 관해서는 P. M. Merklinger, *Philosophy, Theology, and Hegel's Berlin Philosophy of Religion*, 5장을 보라.
12. 스피노자의 범신론을 포함하여 관습적으로 범신론적이라고 불리는 다양한 체계를 기술한 후에 헤겔은 PM ¶573[494]에서 이렇게 말한다. "이 모든 사유 방식과 체계의 결함은 그것들이 실체를 주체로서 그리고 정신으로 규정하는 데까지 진행하지 못한다는 점이다." 강조는 필자. Geist는 'mind'로 번역하기보다는 'spirit'으로 번역한다. EL, ¶50의 언급 및 SL 537 참조.

으로 남는데, 이로부터 모든 것이 생겨나고, 이 속으로 모든 것이 되돌아오고, 이 안에서 모든 것이 존속하게 된다. 그러므로 이 기초적 규정이 실체로서의 신의 정의다." 이 지점에서 멈추는 철학들은 "범신론"이나 "동일성-철학"이나 "더 정확하게는…'실체성의 표상'이라고 불릴 수 있는데, 왜냐하면 〔그것들〕에서 신은 무엇보다도 오직 실체로만 정의되기 때문이다." 그런데 헤겔에게 이것은 절대 주체를 정신으로 정의하기 위한 "출발점"일 뿐이다. "사변철학이 범신론에 해당한다고 말하는 사람들은 대개 이러한 구별을 전혀 모른다. 언제나 그렇듯이, 그들은 가장 중요한 것을 간과한다"(LPR 1:373~75). 바꿔 말하면, 스피노자와 셸링은 범신론자지만 나는 아니라는 것이다.[13]

이어서 헤겔은 스피노자에게도 적용되지 않는 범신론의 세 가지 의미를 명시한다. 이미 스피노자는 자신을 범신론으로부터 세심하게 구별 지어 왔다. 우선, 철학이 범신론으로 비난받을 때, 이

---

13. (1824년) LPR 1:344, n. 163 참조. 동일성 철학에 대한 언급은 셸링의 1801년 『나의 철학 체계의 서술』(*Darstellung meines Systems der Philosophie*)에 대한 것이다. 거기서 헤겔은 맨 처음은 아니지만, 피히테를 스피노자로 동화시키며 더 상위의 동일성 안에서 그들을 통합시키려고 했다. 헤겔의 초기 답변에 대해서는 해리스의 유용한 입문을 담고 있는 『피히테와 셸링 철학 체계의 차이』를 보라. 동일성 철학과의 그의 결정적 불화는 "다른 말로 하자면, 모든 소를 검게 보이게 하는 밤"이라는 "단색의 형식주의"에 관한 불만과 더불어 『정신현상학』 서문에서 발견된다. 그다음 단락에서, 헤겔은 "내가 보기에…관건이 되는 문제는 참된 것을 실체(substance)로만이 아니라 똑같이 주체(subject)로도 파악하고 표현하는 것이다"(PS 9~10[15]).

것은 "모든 것, 전체, 우주, 존재하는 이 모든 것의 복합체, 이 무한하게 많은 개별적인 것들, 바로 이 모든 것이 신이고…'모든 것'은 여기서 개별적인 것들 – 즉자적이고 대자적인 존재를 가지는 보편성이 아니라, 직접적으로 존재하지만 보편성 안에서 존재하지는 않는 그 경험적 현존에서의 개별적인 것들 – 의 이 무한한 다수성을 의미한다"는 뜻으로 받아들여져야 한다. 범신론은 "모든 것, 모든 개별적인 것이 집합적으로, 그 개별성과 우연성 안에서 신이다 – 예를 들어 저 종이나 이 탁자가 신이다"라는 견해일 것이다. 헤겔은 실제로 이런 견해를 가졌던 이는 없었을 것이라고 하면서, "'동양 범신론'이나 '진정한 스피노자주의'" 중 어느 한쪽도 그런 견해를 펼치지 않는다고 주장한다. 오히려 그들에게 신은 모든 유한한 것의 무한한 더미가 아니라 유한한 것들이 하나의 전체로 결합하는 보편적이고 본질적인 실체적 힘이다(LPR 1:375~76).[14]

다음으로 헤겔은 범신론을 무신론과 동일시하는 범신론 관념을 공격한다. 그는 이런 동등화가 종교적 관점에서 "오직 실체나 일자가 참된 현실성의 가치를 가진다. 이 일자와의 대조 속에서, 개별적인 것들은 사라지게 되고 그 어떤 현실성도 개별적인 것들에 귀속되지 않는다"라는 점을 망각한 데서 비롯된다고 주장한다. 따라서 스피노자주의는 "무신론"이라기보다는 "무우주론"acosmism으

---

14. 『정신철학』 ¶573[491]에서 헤겔은 "만일 세계를 있는 그대로, 모든 것으로서, 끝없는 수없이 많은 경험적 존재로 받아들였다면, 그러한 것들을 신이라고 주장하는 범신론을 가정하는 것은 거의 불가능했을 것이다"라고 말한다.

로 기술되어야 한다. 왜냐하면 "스피노자주의에서 이 세계나 이 '모든 것'은 단적으로 존재하지 않기 때문이다." 오직 "〔스피노자주의에서〕 사라진 것은 바로 유한성(세계)의 집합체"라는 사실을 망각함으로써만 신이 거기서 사라지게 되고, 스피노자주의를 무신론이라고 하는 주장이 성립될 수 있다(LPR, 1 : 376~77).[15] 이는 마치 헤겔이 예이츠의 시 「전쟁의 시간 속 명상」을 읽는 것과도 같다.

> 숨을 헐떡이는 고목 아래
> 내가 오래된 회색 돌 위에 앉아 있을 때
> 동맥이 한 번 뛰는 동안,
> 나는 '절대적인 한 존재'가 살아 있고
> 인류는 혼이 빠진 환상이라는 것을 알게 되었다.[16]

여기서 다시 헤겔은 "차이(나 유한성)의 원리를 정당한 것으로 여기지 않은" 스피노자는 "실체를 그 이전의 변증법적 매개 없이 직접적으로 파악하였다. 그렇게 했기 때문에 실체는 보편적인 부정의 힘, 말하자면 특정한 모든 내용을 통틀어 자신 안에 흡수하

---

15. 스피노자에 대한 무우주론 변호는 다음에서도 나타난다. EL, ¶50, H&S 3 : 281~82. 초기 사상가들의 스피노자에 대한 무우주론적 해석의 기원에 대해서는, LPR 1 : 377, n. 27을 보라.
16. W. B. Yeats, *Selected Poems and Two Plays of William Butler Yeats*, p. 94 [윌리엄 버틀러 예이츠, 「전쟁 시기의 한 명상」, 『예이츠 서정시 전집 제3권』, 41쪽].

여 버리고, 적극적인 내용을 산출하지 못하는 어둡고 공허한 심연 같은 것이 되고 말았다"(EL ¶151A[403~04])고 스피노자와 거리를 두게 될 것이다. 이와 같은 불만은 헤겔이 스피노자에 대해 절대자와 관련하는 유한자가 "한낱 소멸되는 것일 뿐 결코 생성되는 것일 수 없으니"(SL 538[II : 310])라고 말할 때 나타난다. 그런데 이 비판은 다음과 같은 근본적 변호와 결합한다. 스피노자의 범신론적 무우주론은 무신론이 아니다(또한 그 어떤 경우에도 나는 스피노자가 아니다).

마지막으로, 스피노자의 범신론에서 "선은 악과 함께 있는 것이고, 선과 악 사이에는 구별이 없고, 따라서 모든 종교는 무효다. … 스피노자주의에서 선과 악의 구별은 본질적 타당성이 없으며, 도덕성은 무효화되고, 또한 그것은 우리가 선하건 악하건 간에 무관심의 문제다"(LPR 1 : 378)라고 주장하는 반대가 있다.[17] 우리는 이전 장에서 니체가 발견한 스피노자가 우리가 맞이해야 할 생각의 전조였고, "의지, 목적론, 도덕적 세계질서, 비이기주의적인 것, 그리고 악을 부정하는" 스피노자였다는 것을 살펴보았다.[18]

헤겔의 맥락에서, 이런 독해는 칭송받아야 하는 것이 아니라 정치적으로 폭발하는 비방이 될 수 있을 뿐이다. 어떤 경우에도 헤겔은 이를 반박하기 위해 애를 쓴다. 통상적으로 그는 이런 비

---

17. 이 반론은 1827년판 『엔치클로페디』 서문에서 논의된다. EL 8~10.
18. 2장 각주 74를 보라.

방이 스피노자에 관한 잘못된 해석에서, 곧 스피노자가 신(실체)을 세계(실체의 양태)로부터 구별해낸 것을 파악하는 데 실패하는 데서 비롯한 이해라고 본다. 기초적인 진리는 이것이다. "신 안에는 악이 존재하지 않는다." 그런데 선악의 구별은 신에게서 발견되지 않지만, 그것은 "신을 세계로부터, 특히 인간 존재자로부터 구별하는 것과 더불어 그 모습을 드러낸다. 신과 인간성의 구별과 관련하여, 스피노자주의에서의 기본적 규정은 인간 존재자가 오직 신만을 그들의 목적으로 삼아야 한다는 것이다…. 이것은 가장 숭고한 도덕이다." 우리가 우리 자신을 "신과 대립하여" 자리매김하는 데서는 "우리는 악하다." 또 우리가 "우리의 본질적 존재를 오로지 신 안에 그리고 신을 향한 우리의 정향 가운데 정립하는" 데서는 "우리는 선하다." 이 구별은 절대적 실체로서의 신 안에서 발견되는 것이 아니라 "인간 존재자에 대해서 존재하는 구별이다. 왜냐하면 구별됨 일반은 인간 실존으로 진입하고, 더 구체적으로 선악의 구별로 진입하기 때문이다"(LPR 1:378~79).

스피노자에 대한 이런 변호가 효과가 있을지는 확실치 않다. 물론 옳고 그름의 구별과 선악의 구별은 『에티카』의 윤리학에서 나타난다. 그러나 우리가 본 바와 같이 옳고 그름은 국가가 법률로 수립한 것에 상대적이며, 선악은 개인에 따라 상대적이다. 그리고 자기보존 노력으로서의 자기 자신에게 유용한 것이 또한 선악이다. 이러한 구별에는 '본질적 타당성'이 없다는 반론이 있었고, 이 점에서 스피노자를 비방하는 자들과 니체를 칭송하는 자들이 혜

겔보다 더 강한 텍스트적 기반 위에 서 있는 것처럼 보이기도 할 것이다. 스피노자에게서 종교와 도덕이 폐지되는 것을 볼 때 스피노자를 비방하는 자들이 염두에 두고 있는 것은 의심할 여지 없이 도덕성을 치료로 환원하는 것이다. 그런데 스피노자보다는 헤겔이 현재 우리의 주제이고, 그가 스피노자와 거리를 두면서도 비도덕주의라는 비난에 맞서 스피노자를 변호하고 싶어 하는 것은 분명하다.

헤겔은 실체와 정신의 구별로 돌아가서 범신론에 대한 그의 논의를 마무리 짓는다. 그는 셸링의 언어를 사용하여 철학이 "동일성-체계"로 지정되었다는 측면에서 철학에 대한 "천박한" 그리고 "피상적인" 반대에 관해 말한다. "실체는 자신과의 동일성이며 정신과도 동일하다는 것은 전적으로 옳다." 여기서 헤겔은 변형된 독해를 첨가한다. "동일성, 또는 자아와의 통일이, 결국, 모든 것이다." 여기서도 그는 자신을 스피노자와 연관시키지만, 이 동일성이 단지 실체로서 추상적으로 사고되는 것이 아니라, 또한 구체적으로 정신으로 사고된다고 주장함으로써 그와 거리를 둔다. "철학 전체는 **통일성**의 정의에 관한 연구 이외의 다른 것이 아니다. … 그러므로 신의 통일성이야말로 항상 통일성이며, 또한 **모든 것이 이 통일성이 정의되는 방식에 매우 엄격히 의존한다**〔강조는 필자〕"(LPR 1:379~80). 가능한 새로운 **범신론 논쟁**에 관한 어떤 불안을 가지기에 훨씬 앞서서, 헤겔은 이 통일성이 정신으로 사고되어야만 한다는 점을 분명히 했다.

이로써 1827년 강의는 "신 개념"에 대한 부분을 마무리 짓게 된다. 돌이켜보면, 우리는 이 강의가 전적으로 범신론/무신론 혐의에 대한 논의에 할애되었음을 알게 된다. 우리는 헤겔의 4중의 주장을 다음과 같이 요약할 수 있다. 그는 스피노자를 범신론자라고 타당하게 부를 수 있는 한 가지 의미를 명시하고, 범신론자로 부를 수 없는 세 가지 의미를 또한 명시한다. (1) 스피노자가 신을 절대자, 즉 유일실체라고 단언한다는 점에서, 그는 범신론자다. 그러나 나는 신을 절대적 실체로 확언하면서 추상적인 범주를 넘어 정신의 구체적인 범주로 나아가기 때문에, 그런 의미에서의 범신론자가 아니다. (2) 스피노자나 당신이 생각할 수 있는 그 누구도 신을 모든 것을 포함하는 유한한 것들의 집합체와 동일시한다는 의미에서의 범신론자는 아니다. (3) 스피노자는 무신론과 등가적 의미를 갖는 범신론자가 아니다. 이전의 범신론에 대한 의미를 그에게 잘못 귀속시킬 때만 신이 그의 체계에서 사라진다고 확언할 수 있다. 오히려 신 안에서 사라지는 것은 세계다. (4) 마지막으로, 스피노자는 비도덕주의와 같은 의미에서의 범신론자가 아니다. 스피노자는 선과 악의 구별이 신에게서는 발견되지 않지만, 그것들이 신의 실체로부터 구별되는 인간 존재에게는 신의 양태로서 타당하다고 본다는 점에서 종교와 도덕의 친구이다.

헤겔은 무신론과 비도덕주의라는 혐의를 가진 스피노자를 변

호하면서 실체(자연철학)와 주체(정신철학)의 구별이라는 측면에서, 그리고 그가 보기에 모든 것이 의존하게 되는 더 추상적인 쟁점, 즉 차이와 통일성의 관계 또는 차이와 동일성의 관계라는 측면에서 스피노자의 ἐν καὶ παν(하나이자 전부)인 신과 정기적으로 거리를 두었다. 이미 1801년의 『차이 저술』*Differenceschrift*에서 우리는 헤겔의 철학 체계 전체를 따라 정의될, 그의 하나와 다수에 대한 선견지명이 드러나는 설명을 발견한다. "절대인 것 그 자체는 동일성과 비-동일성의 동일성이다. 이 절대 안에는 대립과 합일이 함께 담겨 있다"(DFS 156[118], SL 74[I:77] 참조). 그러므로 존재-신학자인 헤겔에 관한 하이데거의 논의가 『동일성과 차이』라는 제목의 책에서 비롯하는 것은 적절하다.

그러나 하이데거는 유한한 존재자들이 어떤 방식에서 신과 같으면서 또 어떤 식으로 신과 다른지를 다루는 스피노자와 헤겔 사이의 논쟁을 판정하는 데는 관심을 두지 않는다. 하이데거는 존재-신학자의 범례로서의 헤겔과 형이상학의 존재-신학적 구성에서 그 형이상학으로부터 한 걸음 뒤로 물러서는 자신 사이의 차이에 관심을 둔다. 존재론으로서의 형이상학은 가장 일반적이고, 보편적이고, 모든 것에 공통적인 것으로 존재자를 이해하려고 한다. 신학으로서의 형이상학은 모든 것 중 최고의 것, 궁극적이고, 유일무이한 "산출하는 근거로 통합하는" 하나의 존재와 관련해서 존재자 전체를 이해하려고 한다(ID 54, 58, 61, 69~70[46, 50, 53, 61~63]). 이러한 것들은 존재 전체의 의미에 핵심인 최고 존재를 정립함으로써 존재-신학에 통합된다.

헤겔은 존재론을 시행한다. 『대논리학』은 결론 장에서, 사유에 대한 문제를 절대적 이념으로 구체화하고, "오직 절대적 이념만이 존재다"(SL 824 [III : 464], ID 43 [35]에서 재인용)라고 주장한다. 여정이 끝날 무렵부터, 헤겔은 우리가 처음부터 그저 존재를 사유하려고 해왔다는 점을 우리에게 상기시켜준다. 하지만 헤겔은 신학도 한다. 「학문은 무엇과 함께 시작되어야 하는가?」라는 도입부의 논고에서, 헤겔은 사변적 사유의 진정한 시작은 사유가 변증법적 운동을 완성했을 때 도달하게 되는 결과일 수 있다는 점을 우리에게 상기시킨다. 헤겔이 "시초가 신과 더불어 이루어진다는 것이야말로, 신이 가지는 논쟁의 여지가 없는 절대적 권리다"(SL 78 [I : 84], ID 53~54 [45]에서 인용)고 말할 수 있는 것도 이런 의미에서이다.[19] 여정의 시작에서 헤겔은 우리가 처음부터 그저 신을 사유하고자 할 것이라는 점을 상기시킨다. 그렇기 때문에 그의 논리의 범주들은 존재에서 출발하여 "신에 관한 형이상학적 정의들"(EL ¶85 [261])로, 또는 "자연과 유한한 정신의 창조에 앞서 이미 그 영원한 본질 속에 존재하는 바 그대로의 신을 서술하는 것"(SL 50 [I : 44], 또 63 [63~65] 참조)으로 기술될 수 있다. 사변적 논리는 존재론으로 시작하고, 신학이 된다. 또 이 둘이 동전의 양면이라는 점을 인식하면서 신과 존재는 분리할 수 없는 것이라는 점이 알려

---

19. * 『대논리학 I, II, III』 임석진 번역본에는 이 부분이 빠져 있다.

지는 존재론적 논증이 다시 논의되고, 재연된다.[20] 따라서 논리는 우리가 자연철학과 정신철학으로 알고 있는 현실철학realphilosophie을 낳기에 이른다.

존재-신학자로서의 헤겔에 관한 이러한 설명 가운데서, 하이데거는 그가 사용하는 이 개념의 범위를 우리에게 다시 일깨워준다. 첫째, 그는 사변적 형이상학의 역사에 존재-신학을 자리매김해내면서 헤겔을 위에서 간략하게 탐구한, 스피노자와 칸트를 종합하면서 셸링과 관련되는 독일 관념론이라는 더 큰 프로젝트와 연결한다(ID 47~48 [39~40]). 이때 그는 자신의 관점에서 근대 기술이 이 전통, "원자력 시대의 형이상학"(ID 51~52 [43])의 너무나도 명백한 상속자라는 점을 우리에게 상기시킨다. 하이데거가 보기에 좋든 나쁘든 간에, 존재-신학은 독일 관념론의 종말에서도 살아남았고, 헤겔 이후의 철학은 형이상학의 극복을 추구하며 반-철학anti-philosophy이 되었다.

하지만 왜 더 나쁠까? 헤겔의 사고가 뭐가 그렇게 위험한가? 그리고 무엇이 그런 생각을 세례자 요한과 과학과 기술의 새 시대의 혼인modern marriage으로 이어지게 하는 것일까? 하이데거가 우리에게 무신론에 대한 물음을 성급하게 던지는 것도 아니다(ID 54~55 [46~47]). 근거로서의 존재를 사유하기 위해 침묵하자는 것도 아니다. 하이데거는 "존재자의 존재가 자신을 캐내면서 자신을 근

---

20. 앞의 각주 6을 보라.

거로 제시하는 그러한 근거로서 자신을 드러낸다"(ID 57 [49], 강조는 필자)라는 헤겔의 개념에 불편함을 느끼지도 않는다. 그러나 그는 존재와 존재자의 관계를 "근거 지음"과 "근거 지어진 것"의 관계로 사유하려고 한다. 실제로 "존재가 근거로서 존재자를 근거 짓고 있을 뿐만 아니라 존재자는 자기 고유의 방식으로 존재를 근거 짓고, 존재를 야기시킨다"(ID 68~69 [61]).

헤겔의 존재-신학의 문제는 그것이 근거 짓는 사유를 고집하는 방식에 있다. 그가 존재 전체의 의미에서 핵심이 되는 최고 존재(이념, 절대정신)를 단적으로 정립한 것은 아니다. 그것은 오히려 이 정립이 속해 있는 기획의 문제다. 오히려 헤겔은 "철학이 자발적으로 그 자신의 본질을 따라 어떻게 해서 신이 철학 속으로 들어오는지를 요구하고 또 규정하는 한에서만"(ID 56 [48]) 신을 자신의 담론 속으로 들어오게 한다. 신을 강제로 철학에 봉사하게 하는 기획은 "자신을 캐내면서 자신을 근거로 제시하는 그러한 근거"를 요구한다. 이런 이유로 형이상학적 신 개념은 "최초의 근거, 프로테 아르케πρώτη ἀρχή … 최종 근거ultima ratio로 귀환하면서 근거를 부여하는 이성에 상응하는 제일 원인prima causa"으로 설명될 것이다. "존재자의 존재는 근본적으로 근거의 의미에서, 오직 자기원인causa sui으로 표상된다"(ID 60 [51~52]).

철학이 신을 담론에 들어오게 하는 조건을 설정하는 어떤 것으로 묘사할 때, 철학에는 오만함의 암시 그 이상의 것이 있으며, 이것은 힘에의 의지를 약동시키는 것으로서 형이상학과 기술 사이의 중요한 연결 고리가 된다. 더 나아가 우리는 하이데거가 이 신이 종교적으로 공허하다고 한 것을 알고 있다. 자기원인은 "철학의 신을 위한 합당한 이름"이다. "인간은 이러한 신에게 기도할 수도 없고 제물을 바칠 수도 없다. 자기원인 앞에서 인간은 경외하는 마음으로 무릎을 꿇을 수도 없고 이 신 안에서 곡을 연주하거나 춤을 출 수도 없다"(ID 72 [65]). 그런데 하이데거의 관점에서 헤겔의 사변철학이 현대 기술에 그렇게 우호적이고 종교에 대해서는 우호적이지 않게 되는 것은 무엇 때문일까? 존재-신학의 공격은 결국 이 문제로 귀결되기 때문이다.

우리는 이 물음에 대한 간단한 답을 알고 있다. 존재론적 차이를 무시하는 것, 존재와 존재자 사이의 차이를 사유하는 데 실패하는 것이 그 답이다. 그러나 하이데거는 그러한 차이를 설명하지 못하는 사람들에게, 존재가 하나의 존재, 심지어는 최고 존재가 아니라는 그의 주장에 얽매이지 않는 방식으로 해당 쟁점을 공식화하는 데 도움을 준다. 근거 짓는 것과 근거 지어진 것 사이의 관계를 사유함에 있어 하이데거에게 중요한 것은 인식론적 쟁점이다. 탈은폐(이해의 가능성)는 은폐와의 변증법적 긴장 상태(신비)에 머물러야만 한다(ID 64~67 [56~60]). 철학의 기획은 현실 전체를 인간의 사유로 이해할 수 있는 것으로 만드는 것인데, 1장에서 본 것처럼, 이는 신을 이러한 목적을 위한 수단으로 다루는 가운데 생겨난, 이 기획 자체의 오만함이며, 하이데거는 바로 여기에 반대한 것이다.

헤겔식 사변은 이 변증법에서 어떻게 벗어날 수 있을까?[21] 헤겔식 사변은 "자기를 인식하는 앎의 완전하게 전개된 확실성이라는 의미에서의 진리를"(ID 49 [41]) 구체화하는 것이 답이라고 공언한다. 논리의 진정한 시작은 그 결과이다. 왜냐하면 논리는 "자신을 사유하는 그런 사유의 변증법적 운동이 완성됨으로써 나타나는 반동"이기 때문이다. 이 운동은 "스스로를 완성하는 충만함"이다(ID 53 [44~45]). 다시 말해, "헤겔은 존재를 그 가장 공허한 공허함 안에서 사유한다. … 동시에, 그는 그 충만하게 완성된 충만함 안에서 존재를 사유하고 … 그 공허함에서 그 완전하게 전개된 충만함으로 나아가는 운동 … 안에서 사유의 문제를 본다"(ID 56~57 [48~49]).[22]

앞서 "오직 절대적 이념만이 존재"라고 한 헤겔의 주장을 하이데거가 인용한 대목이 있었는데, 이 구절에는 "사멸하지 않는 삶이며, 자기를 인식하는 진리이고, 따라서 모든 진리다"는 말이 이어진다(SL 824 [III : 464], 또 ID 43 [35]에서 인용). "모든 진리"라는 구절은 방금 언급한 완전성 모티브를 가리킨다. "자기를 인식하는 진리"라는 구절은 그것에 어울리는 자기-의식의 모티브를 가리킨

---

21. 변증법의 지양으로서의 사변에 관한 설명에 대해서는 EL ¶¶79~82를 보라.
22. 이 구절은 '전체화하는 사유'라는 유행어가 무엇을 의미하는지를 잘 설명한다. 공허함과 충만함의 언어는 충족된 지향과 관련하는 충전성(adequation)에 관한 『논리 연구』에서의 후설의 논의를 반향하고 있다. 이러한 충만함이 암시하는 안정이나 만족은 장-뤽 마리옹이 우상(idols)과 아이콘(icons)을 구별하기 위해 사용하는 것이다. 마리옹의 *God Without Being*을 보라.

다. 그 완성된 충만함으로 생각되는 존재는 "사유의 절대적인 자기-사유"로 밝혀지며, … "헤겔에게 사유의 문제는 자신을 사유하는 사유인 존재다"(ID 43, 45 [35, 37]). 스피노자의 "실체에 관한 관점"은 불완전하다. 왜냐하면 "존재가 아직도 결정적으로는 자기 자신을 사유하는 그런 사유로 생각되고 있지 않기 때문이다." 그러므로 스피노자는 칸트적 관점에서 다시 생각될 필요가 있다(ID 47~48 [39]).

그러나 헤겔에게는 칸트적 관점에서 스피노자를 무효로 돌리지 않는 것이 중요하다. 왜냐하면 칸트는 사유의 범주에 대한 자신의 이론에서 자기의식을 기반으로 삼아 완전성을 주장하기 때문이다.[23] 그런데 그 결과는 인간 지성의 유한성에 관한 이론이다. 헤겔은 이 유한성에 대한 모든 형태의 논박을 철학과 동일시한다(SL 42 [I : 35]).[24] 결정적인 질문은 다음과 같다. 자기의식의 범주적 구조의 목록이 완성되었을 때 (단지 경험의 형이상학이 아닌) 논리학과 형이상학이 합류하는 자기의식은 누구의 의식인가? 이것

---

23. Kant, *Critique of Pure Reason*, A xiii~xiv, xx [칸트, 『순수이성비판 1』, 169~70, 179~74].
24. EL ¶¶37~60 [178~223]에서, 헤겔은 비판 철학을 경험론의 극복이 아니라 그 지속과 성취로 다룬다. 이것은 헤겔에게는 자기에의 현전이라는 관점에서 주체성이나 정신을 정의하는 것만으로는 충분하지 않다는 것을 뜻한다(LPR 1 : 370). 피히테와 셸링의 경우에서 이미 보았던 것처럼, 헤겔의 코기토는 경험론과 비판 철학의 코기토와는 다른 존재론적 지위를 가질 필요가 있다. [위 SL 42는 헤겔이 1831년 11월 7일에 작성한 서문에 해당하는 내용인데 임석진의 번역본에는 수록되지 않았다.]

은 칸트가 어떤 가능한 창조적인 신적 지성과 인간 주체를 심원하게 구별하는 데 천착함으로써 만들어낸 것이다. 그 잘 알려진 결과가 바로 인간의 사유에는 알려지지 않는 사물 자체다.[25] 헤겔에게 이 구별은 지성, 곧 유한성 안에서의 인간 사유와 이성, 곧 무한한 힘 안에서의 인간 사유의 구별로 대체된다. 이러한 헤겔의 방식에서, 이성Vernunft은 지성Verstand보다, 사변은 변증법보다, 개념Begriff은 표상Vorstellung보다 우월하며, 인간 사유는 신적 자기의식이 되고 그 초월적 완성은 '모든 진리'다.

다시 말해 이것이 바로 그가 칸트적/하이데거적인 탈은폐와 은폐를 넘어 사변철학이라고 부르고 하이데거가 존재-신학이라고 부른 것으로 이행할 수 있게 해준 헤겔의 범신론이다. 여기서 현실은 인간 사유가 완전히 이해 가능한 것이다. 헤겔 현상학의 언어로 말하자면, 이는 "신의 본성이 인간 본성과 동일하기" 때문이다. 이 동일화는 "더 이상 자기 자신을 뛰어넘어 나아갈 필요가 없는 지점"에 이른 "완전성"을 목표로 삼는 철학에서 가능하다. 또한 이 동일화는 "일종의 '타자'로서만 존재하는 이질적인 것과 결부된 가상을 탈피하게 되는 지점에, 또 현실이 본질과 동일하게 되고… 의식 자체가 이런 자신의 본질을 파악함으로써 절대지 자체의 본성을 가리킬"(PS 460, 50~51, 56~57 [733, 81, 89]) 지점에 이른

---

25. 칸트의 현상계와 사물 자체에 대한 구별에서 인간 인식자와 신적 인식자 사이의 구별의 본질적 역할에 관해서는 나의 다음 논고를 보라. "In Defense of the Thing in Itself," *Kant-Studien* 59.

철학에서 가능하다.

더 생생하게 헤겔은 마이스터 에크하르트의 말을 인용하며 이렇게 말한다. "신이 나를 보는 눈과 내가 신을 보는 눈은 같은 눈이다. … 신과 영혼의 가까움은 참으로 〔그들 사이에〕 어떠한 차이도 용납하지 않는 가까움이다. 신이 자신을 인식하는 것과 동일한 인식은 모든 독립된 정신의 인식과 결코 다르지 않다. … 만일 신이 존재하지 않는다면 나는 존재하지 않을 것이다. 만일 내가 존재하지 않는다면 신도 존재하지 않을 것이다"(LPR 1:346~48).[26]

여기서 헤겔이 스피노자와 얼마나 가까운지 알 수 있다. 스피노자는 사유가 신의 속성이라고 말한다. 앞 장에서 우리는 이것이 그에게는 자연이 유한한 정신들을 생산한다는 것을 의미하며 유일한 현실적 지성은 유한한 인간 정신들, 신의 실체의 양태라는 것을 보았다. 그러므로 우리가 신을 (지적으로) 사랑해야 하는 동안에 신이 우리를 사랑해주기를 기대해서는 안 된다. 신의 사랑이

---

26. 아이러니하게도, 이 인용은 헤겔이 사변철학이 범신론이라는 주장을 반박하려고 하는 대목에서 나온다. 그는 이처럼 에크하르트가 교회로부터 정죄당한 진술에 관한 것은 정확하게 언급하지 않으면서, 자신의 견해를 뒷받침하는 가톨릭 신학에 기댄다. 처음 두 진술은 다음 문헌에서 찾아볼 수 있다. *Meister Eckhart Teacher and Preacher*, pp. 270, 261. 세 번째 진술은 다음 문헌에서 찾아볼 수 있다. *Meister Eckhart: The Essential Sermons*, p. 203. 〔여기서 헤겔이 인용하는 에크하르트의 말은 다음 번역본들에서 읽을 수 있다. 마이스터 에크하르트, 『독일어 설교 1』, 이부현 옮김, 누멘, 2010, 121쪽 ; 『M. 에크하르트의 중세 고지 독일어 작품집 I』, 이부현 역주, 메타노이아, 2023, 137쪽 ; 장 이뽈리뜨, 『헤겔의 정신현상학 II』, 이종철 옮김, 문예출판사, 1988, 274쪽.〕

단적으로 우리의 사랑이고 둘은 구별되지 않기 때문이다. 신의 실체의 양태인 유한한 정신들은 사유 일반과 특수한 사랑의 유일한 장소다.

이는 헤겔의 견해이기도 하다. 현실적인 인격적 창조자가 아닌, 세계의 창조에 앞서 신이 있다는 것은 논리의 범주다. 신을 창조자로 말하는 것은 "개념에서 현실로의 이행"을 의미하며, 오직 이러한 정립에서, 즉 창조에서만, 거기에 신이 있을 때만, 신은 현실적이다. 신을 현실적 결과를 낳는 현실적 원인으로 생각하는 것은 지성과 결부된 채로 있는 것이며, 이에 신은 신비로 남는다(LPR 3:279~81).

이것은 물론, 헤겔이 스피노자의 실체 철학이 "절대적 인격"(EL ¶151A [403])으로서 신 관념에 미치지 못한다고 불평하는 것, "스피노자의 체계에 대한 적대감의 주요 원인이었던 결점, 곧 인격성의 원리가 없다"(SL 537 [II:308])고 하는 것에는 오해의 소지가 있음을 의미한다. 만약 헤겔이 신을 "절대적 인격"이라고 말한다면, 그것은 그가 세계로부터 존재론적으로 독립된 현실적이고 인격적인 창조자를 긍정하기 때문이 아니다. 오히려 그렇게 말하는 것은 스피노자의 자연법칙처럼, 스스로를 현실화하는 관념이 인간 인격들을 만들어내기 때문이다. 그리고 헤겔은 인류가 사유로서 특정 관점, 즉 헤겔 자신의 관점에 도달했을 때 인간성을 신격화(그리고 물상화)하는 경향이 있다.

에크하르트에게서, 신은 우리가 가진 눈 외에는 볼 눈을 가지고 있지 않다. 스피노자에게서, 신의 속성인 사유는 유한한 인간의 정신에 의해서만 현실적으로 존재한다. 셸링과 횔덜린에게서, 절대 자아는 의식을 결여하고 있는데, 이는 우리가 인격적 신보다 '더 멀리' 나아간다는 것을 의미한다. 절대 자아는 그것이 객관성(자연)만이 아니라 주체성의 근거이기 때문에만 자아로 불린다. 이 전통에서 헤겔은 사유나 지식이나 인격을 가지지 않는 신을 제시한다. 이때 사유·지식·인격은 신의 소재지이지 현실태로서의 우리의 사유·지식·인격에 의해 구성되는 것이 아니다. 헤겔 사후에 쓴 짧은 글에서 하이네는 범신론을 "독일의 숨겨진 종교"로 묘사했다. 왜냐하면 반세기 전 스피노자의 재발견 이후 "인간 안에서 신성은 자기의식에 이르고, 이 자기의식은 인간을 통해 다시 신성을 드러내기" 때문이다.[27]

그러므로 종교적 의식은 신의 자기의식이다. 왜냐하면 "신이 창조하는 것이 신 자신"(LPR 1:381)이기 때문이다. 우리 자신을 넘어서 세계와 정신 바깥에 현실성으로 (유신론적으로) 존재하는 신을 사유하는 것은 지성과 표상, 다수의 유한성, 대중hoi polloi의 상상이다. "종교는 모든 사람을 위한 것이다. 그것은 철학이 아니다. 철학은 모든 사람을 위한 것이 아니다"(LPR 1:180). 사변철학은 소수의 사람만 무한으로 데려갈 수 있다. 이 사변철학에서 이성과

---

27. Heine, *Religion and Philosophy in Germany*, pp. 77~79 [하이네, 『독일의 종교와 철학의 역사에 대하여』, 120~23쪽].

개념으로서의 인간 의식은 그 자체로 자신을 인식하는 신적 자기의식으로 대체된다.[28] 이 인식을 절대 또는 무한이라고 부르는 것이 의도하는 바 가운데 하나는 단순히 다음과 같다. 이 자기의식의 완전성은 그 자신 이외에는 이해할 수 있는 그 어떤 것도 남겨두지 않는다. 탈은폐와 은폐의 변증법은 사변철학의 관점인 신적 자기의식에 도달하지 못했거나 사변철학의 체계가 완성되지 않은 곳에서만 잔존한다.[29]

―◇―

스피노자처럼, 헤겔은 인간의 자기-초월을 제한하는 방식으로 인간의 사고와 행동의 자율적 자기-충족성을 긍정하는 신의 내재성을 우리에게 제시한다. 신은 인식적으로나 윤리적으로 인간을 토템 기둥의 꼭대기에 두는 방식으로 자신을 최고 존재로 정립하게 된다. 그래서 우리는 스피노자에게서처럼 신의 신비와 계시의 개념, 마찬가지로 도덕적인 법칙 제정자로서의 신 개념이 헤겔에게서 완전히 부정되거나 인식 너머에 있는 것으로 재정의될 것이라는 데 놀라지 말아야 한다.

---

28. 『정신현상학』 7장은 아마도 유신론적인 종교적 의식에서 범신론적인 철학적 자기의식으로의 이러한 이행에 관한 가장 간결한 진술을 담고 있는 대목일 것이다. 나의 책 『역사와 진리』 7장 및 나의 다음 논고에서의 분석을 보라. "Hegel's Theory of Religious Knowledge," *Hegel, Freedom, and Modernity*.
29. 체계가 완결되었다고 확신할 수 있는 경우에만 체계에게 절하고 경배하라고 한 요하네스 클리마쿠스의 풍자를 보라. S. Kierkegaard, *Concluding Unscientific Postscript*, 1:13, 106~109.

존재-신학이라는 은폐와 탈은폐의 변증법의 사변적 지양에 반대하면서,[30] 하이데거는 이 가운데 첫 번째 주제, 곧 우리가 1장에서 길게 설명했던 비할 데 없는 신비감에 대한 상실에 주로 관심을 둔다. 헤겔은 인간 사유에서 현실에 대한 충만한 인식의 가능성을 강조했고, 이를 하이델베르크와 베를린에서 열린 그의 교수 취임 강연의 중심 주제로 삼았다. 그는 청중에게 학문과 그들 자신을 믿으라는 충고를 전하면서 전자에 대한 결론을 내린다.

> 진리에 대한 사랑, 정신mind의 힘에 대한 믿음이 철학의 첫 번째 조건입니다. 인간은 정신이기 때문에 스스로 최상의 것에 합당하다고 여겨야 하고, 또 그래야 합니다. 인간은 자신의 정신의 위대함과 힘이 고도로 높다고 생각해도 무리가 없으며, 이러한 믿음으로 인해 그에게 스스로 드러나지sich eröffnete 않을 만큼 어렵고 힘든 일은 없을 것입니다. 처음에는 감춰져 있고 은폐된verborgene und verschlossene 우주의 본질은 지식에 대한 탐색에 저항하는 힘이 없습니다. 그것은 탐구자 앞에, 곧 그의 눈앞에서 그의 향유, 그 부와 깊이를 위해 펼쳐져 있어야 합니다. (H&S 1 : xii)[31]

---

30. 앞의 각주 21을 보라.
31. 나는 번역을 약간 바꾸었지만 Geist를 'mind'로 번역한 대목은 이 문맥에 맞게 그대로 놔두었다. 특히 독일의 루터교 전통을 배경으로 볼 때, 신이 아니라 학문과 그 자신에 대한 신뢰(Vertrauen)와 믿음(Glaube)에 대한 훈계가 담고

헤겔은 겨우 2년 후 베를린에서 이러한 도전의 문구를 약간 수정했다.32 두 문구 모두에서 헤겔은 향유Genusse로서의 우리의 인식에서 현실을 이용할 가능성을 제한하려는 움직임을 거부한다. 헤겔이 감각적 인식의 진리를 설명하기 위해 "실천적 영역"으로 선회하는 『정신현상학』의 한 구절을 상기해보자. 엘레우시스의 사람들의 신비는 먹고 마시는 행위에서 대상에 대해 아무것도 가르치지 않는다는 것이다. "짐승들조차 이 지혜에서 배제되지 않는데… 왜냐하면 짐승들은 감각적 사물들 앞에서 즉자적으로 존재하는 것이라고 해서 멈추어 서 있는 것이 아니라 그것들의 실재성을 회의하고 그것들의 헛됨을 전적으로 확신하면서 곧장 그것들에 다가가서 먹어 치우기 때문이다"(PS 65 [105]).

영양 섭취의 향유로서의 이러한 인식의 이미지는, 맥락상, 단지 감각적 인식에 관한 것이다. 그러나 "인식 자체"에 관해서 말하는 칸트에 대한 헤겔의 많은 비판 중 하나에서, 그는 칸트의 초월적 자아가 "무질서하게 잡다한 것을 삼켜 통일시켜 놓는 도가니와 불"이라는 데 주목한다. 그리고 나서 그는 자신의 해설을 제시한다. "그런데 이제 이것이 모든 의식의 본질을 확실하게 표현하고 있다. 인간이 일반적으로 추구하는 것은 세계에 대한 인식이다. 우리는 세계를 적절히 전유하고, 지배하려고 노력해야 한다. 이는 결

있는 종교적 함축을 간과하고 넘어갈 수가 없다.
32. 앞서 이 책의 1장 각주 40에서 베를린판이 인용되었다.

국 말하자면 세계의 현실성을 관념화하려고 노력하는 것이다"(EL ¶¶42&42A1[189~190]).

폭력의 이미지에서 현전의 이미지로 옮겨가면서, 헤겔은 그의 논리학에서 정신이 "순전히 자주적이며", "또한 그렇게 해서 자유롭다. … 자유는 나 자신이 아닌 타자가 없는 데에만 있는 것이다"라고 우리에게 말한다. 이것은 헤겔이 다음과 같이 말할 수 있게 해준다. "우리는 흔히 절대자가 멀고 먼 피안에 있다고 가정하지만, 절대자는 총체적으로 현전하는 것이다. 따라서 사유하는 자로서의 우리는 절대자가 무엇인지 분명하게 알지 못하나 우리가 사유하는 한 우리는 절대자와 같이 있고 또 절대자를 사용하고 있는 것이다"(EL ¶24A[149~150]). 인간 사유의 범주들, 즉 세계를 창조하기 전의 신은 "총체적으로 현전하는" 절대자다. 철학은 이러한 암시적 현전을 충만한 의식 가운데로 가져오는 것이다. 헤겔이 계속 주장하듯이, 사유함을 사유하는 사유는 자신을 인식하는 것이지 다른 것을 인식하는 것이 아니기 때문이다.

이런 모든 면에서 헤겔은 인간의 이성이 한계에 이르러 그 자체로 완전히 이해할 수 없는 것을 가리켜야 하는 궁극적 신비는 그 어디에도, 어떤 지점에서도, 심지어 신에게서도 발견되지 않는다고 증언한다. 철학은 신적 자기의식이고, "그 자신과 신의 화해"다. 이처럼 철학은 "'모든 이성을 뛰어넘는' 것이 아니라, 이성을 통해서 먼저 알려지고 사고되고, 참인 것으로 인식되는 평화"(LPR

3:347)다.[33]

헤겔 저작 전체에 걸쳐 이 주제를 전달하는 일련의 구절이 등장한다. 거기에는 신에 대한 지식과 관련한 특별한 언급이 담겨 있다. 헤겔이 두 가지 문제를 동시에 다루면서 신의 신비와 신의 계시라는 주제가 불가분의 관계로 얽히게 되었기 때문에 그것은 특히나 여기서 적절한 구절이 된다. 나는 헤겔이 플라톤과 아리스토텔레스의 가르침을 긍정하는 구절들을 언급하고 있다. 여기서 플라톤과 아리스토텔레스의 신들은 질투하거나 시기하는 이들이 아니다. 이 구절과 관련해서 주목할 몇 가지 사안이 있다.[34]

1) 첫째, 필멸하는 인간이 자기 분수를 모를 때, 칸트 이후로 크게 우리를 압박하는 물음, 곧 인간이 신을 알 수 있느냐는 물음을 인간에게 적용함으로써 그 인간의 콧대를 꺾으려 할 것인데, 헤겔은 이런 관념에 명시적인 인식론적 반전을 제공한다. 그는 이러한 인식에서 가능한 유일한 장애물은 신의 질투일 것이라고 주장한다. 그런데 플라톤과 아리스토텔레스는 신의 편에서 세워진 이러한 장애물을 부인했다는 점에서 옳았다는 것이다. 그러므로, 우리는 신을 알 수 있다.

---

33. 인용문 안의 인용은 빌립보서 4장 7절에서 가져온 것이다. 반면에 영어 번역은 주로 바울의 누스(νοῦς)를 '지성'(understanding)으로 번역했는데 헤겔이 시사한 루터의 번역은 이성(Vernunft)이다.
34. PM ¶564; EL ¶140[383~85] 보론을 보라. 또한 LP 193~95, H&S 2:72~73, 134~35, LPR 1:381~82, HIN 243을 보라.

2) 가장 강한 의미에서, 신의 시기가 없다는 것은 우리의 신 인식에서 감춰진 것이 없고, 비밀스러운 것도 없다는 것을 의미한다. 여기에 신적 신비는 없다. 여기서 사용되는 신비의 의미는 형언할 수 없음이라는 것에 정확하게 정반대되는 것, 즉 사변을 통해 인식가능성을 야기한다는 의미뿐이다.[35]

3) 신의 신비의 범주를 부정하는 것은 은폐와 탈은폐를 그저 상호 배타적인 이것이냐/저것이냐로 다룸으로써 존속하게 된다. 이러한 이것이냐/저것이냐는 신이 탈은폐 상태에서도 우리의 이해력을 초과함으로써 은폐된 채로 있을 수 있다는 칸트적/하이데거적 변증법을 배제한다.

4) 그리스도교는 계시 종교로 자신을 나타내기 때문에, 누구보다도 그리스도인들이 자신에게 반대할 수 있다고 헤겔은 주장하는데, 이는 그의 견해로는 신이 충만하게 현시되고 더는 신비적이지 않다는 것을 의미한다.

5) 신의 질투가 없는 상황에서는 "인간의 변덕, 겸손의 위장 탓에, 또는 당신이 무엇이라고 부르건 간에, 인식의 유한성, 인간 이성은 신의 인식과 신의 이성과는 대조되는"(LP 195) 것일 뿐이다. 칸트는 아우구스티누스 및 아퀴나스와 같은 선구자들을 따라 변덕스럽고 위장하는 자로 전락하게 된다.

6) 오히려 신의 본성이 비밀에 싸여 있는 지성과 그 본성이 현

---

35. LPR 1:382, n. 44, 또한 3:280을 보라.

시되는 이성 사이에 고유한 대조 관계가 있다.36

7) 이 요점들은 헤겔의 범신론에서 그 존재론적 토대를 지닌다. 창조는 "신의 자기-현시, 자기-계시"(LPR 1:381)이며, 그러므로 자연 세계와 정신은 "신의 계시"(EL ¶140A[378])다. 그런데 우리가 이를 유신론적으로 받아들이지 않는다는 점을 분명히 하기 위해, 헤겔은 "신이 창조한 것은 신 자신이다"(LPR 1:381)라는 것을 상기하고 자연 세계와 정신이 드러내는 것은 자신의 고유한 "신의 본질"(EL ¶140A[378])이라는 점을 상기시킨다.

8) 인식론적 따름정리는 우리가 이미 마주한 자기-의식의 모티브다. "자연이 자신의 신적 본질을 의식하지 못하는" 한, "이것을 의식하는 것이 유한한 정신의 표면적 과제다"(EL ¶140A[378]). 또한 이 과제를 완성하지 않는 한 정신은 그저 유한한 상태에 머무른다. 그러므로 "신은 오직 그가 자신을 아는 한에서 신이다. 신의 자기인식은 신이 인간 안에서 자신의 자기의식을 가지고 있다는 것이며, 인간이 신에 대한 앎을 가지고 있다는 것이다. 신에 관한 인간의 앎은 신 안에서 인간이 자기를 인식하는 데까지 이어진다"(PM ¶564[475]). 다시 말해, "이는 신을 인식하는 데 한계를 가진

---

36. LPR 3:280~81과 비교해보라. 여기에서 신은 오직 지성에서만 비밀스럽고 신비로운 존재로 남아 있지, 사변에서는 그렇지 않다. 지성의 자유와 사랑에 관한 제한적이고 왜곡된 파악과 참으로 이성적이고 사변적인 파악 사이의 대조는 헤겔의 정치적 사유에서 핵심적이다. 예를 들어 PR ¶¶5~7, 158, 182~3, 그리고 189에서의 언급과 첨언을 보라.

소위 인간 이성이 아니라, 인간 안의 신의 정신인데, 그것은 이전에 도입된 사변적 표현을 사용하는 것으로, 인간의 인식 안에서 자신을 인식하는 신의 자기의식이다"(LP 195).

9) 마지막으로 헤겔은 우리의 종교적 책임에 대한 영지주의적 해석으로 스피노자에게 합류한다. 신을 인식할 가능성은 신을 인식하라는 명령일 뿐만 아니라 궁극적으로 "인간의 최고 의무"가 된다. 신에 대한 지식이 없이는 우리는 "소리 나는 금관 악기와 쨍쨍거리는 심벌즈 소리!"sounding brass and a tinkling cymbal에 불과했을 것이다. 이 말은 루터가 해당 구절을 번역하기 위해 사용한 바로 그 단어들을 완벽하게 번역한 킹 제임스판 성서의 고린토인들에게 보낸 첫째 편지 13장 1절에서 비롯한다. 이는 성 바울이 사랑이 부족한 사람들을 묘사한 것이다. 바로 다음 구절에서 바울이 사랑과 지식을 대조하기 때문에, 헤겔이 지식이 부족한 사람들을 묘사하기 위해 이 단어를 인용한 것은 놀라운 아이러니다. "그리고 만일 내가 … 모든 신비와 모든 지식을 이해하더라도 … 사랑이 없다면, 나는 아무것도 아니다"(NRSV). 바울의 대조는 헤겔에게서 이성적 통찰의 최고 형태가 신에 대한 지적 사랑이라고 한 스피노자의 양자에 대한 동일시로 대체된다. 헤겔이 철학은 신에 대한 경배라고 우리에게 말할 때 그는 이러한 영지주의를 강화하고 있다(LPR 1 : 84, 153).[37] 마찬가지로 중요한 것은 철학을 "지속적인

---

[37]. 예배의식(Gottesdienst)을 'service of God'으로 번역한 것은 잘못이다. 왜냐하

숭배"continual cultus(LPR 1:446)라고 묘사하는 것인데, 왜냐하면 '숭배'는 종교의 실제적인 면, 종교의 신조와 신학의 상관관계를 나타내는 헤겔의 어휘이기 때문이다.

이상의 모든 것에서 신비와 계시라는 쟁점이 얼마나 밀접하게 얽혀 있는지는 분명하다. 신은 지성과 관련해서는 신비적일 수 있지만, 이성과 관련해서는 그렇지 않다. 다른 종교에서는 그렇지 않을 수 있지만, 그리스도교는 그러하다. 왜냐하면 그것은 계시 종교이기 때문이다. 계시는 이성처럼 신비를 제거한다. 이 점에서 예슈케는 『정신현상학』과 관련해서 서술어에 대한 경고를 발령한다. 절대 종교로서의 그리스도교에 대한 장에는 "디 게오펜바르테 렐리기온"die geoffenbarte Religion이 아닌, "디 오펜바레 렐리기온"die offenbare Religion이라는 제목이 달려 있다. 예슈케는 이 둘을 '계시된'revealed, 그리고 '계시하는'revelatory으로 구별할 것을 제안한다. "그리스도교는, 그것이 계시되기 때문이 아니라 그 의식의 대상이 '본질적으로 그리고 직접적으로 자기-의식의 형태를 가지기' 때문에 '계시하는' 것이다."[38]

이 구별의 요점은 충분히 명확하다. 동사 오펜바렌[계시하다] offenbaren과 그 파생어들은, 만약 그것들이 엄격하게 요구하지 않

면 그것은 주일 아침 예배 의식을 알리는 교회 게시판에서 사용되는 단어이기 때문이다. 영지주의적 전통과 헤겔과의 관계에 관해서는 다음 문헌을 보라. C. O'Regan, *The Heterodox Hegel*.

38. Jaeschke, *Reason in Religion*, p. 204.

는다면, 인격적 행위자의 행위를 암시하는 반면, 형용사 오펜바[계시하는]offenbar는 그렇지 않다. 내 코끝에 난 사마귀는 내 처지에서 그것을 탈은폐하는 작용이 필요하지 않게, 그것이 무엇인지를 명백하게 드러낸다[계시된다]ist offenbar. 사실, 그것은 내가 애써 숨겼음에도 불구하고 너무 완연하게 드러난다. 예슈케가 "그것이 계시되기 때문이 아니라"라고 말할 때, 그는 아마도 헤겔이 전통적인 의미에서의 계시 종교 개념을 긍정하지 않고 있음을 상기시키고 있는 것 같다. 신은 우리가 아무런 도움도 받지 않는 우리만의 사유의 힘으로는 발견될 수 없었던 것을 우리가 인식하고 이해할 수 있게 해준다.[39] 이런 의미에서 계시는 기적의 특별한 범주이며, 사물의 자연적 질서의 일부가 아니라 인격적 신으로 말미암는 직접적 행위다.

예슈케가 이것은 헤겔이 염두에 둔 바가 아니라는 점을 우리에게 상기시킨 것은 확실히 옳다. 그러나 헤겔은 용어를 이런 식으로 구별하려는 시도에 놀랄 것이다. 예슈케가 인용하는 바로 그 구절에서, 헤겔은 이렇게 쓴다. "결국 [그리스도교] 종교에서, 신적

---

39. 이러한 감각은 종종 자연신학이 의존하는, 인간 이성을 적절하게 기능하게 할 수 있는 신의 현시, 곧 '일반' 계시와 구별하기 위해 "특별" 계시로 불린다. 특별 계시는 전통적으로 아브라함, 다윗과 맺은 신의 언약, 출애굽, 포로기, 성육신과 속죄와 같은 역사 속에서의 '신의 강대한 사역'만이 아니라 선지자들과 사도들을 통해 이루어진 간접적 언어 행위도 포함한다. 이 언어 행위는 결국 성서 텍스트로 정경화되고, 이를 통해 언급한 사건들이 올바르게 해석된다. 간접적인 신의 언어 행위라는 개념에 관해서는 다음 문헌을 보라. Wolterstorff, *Divine Discourse*.

존재는 계시되어geoffenbart 있다. 신적 본체가 계시되어 있다Offenbarsein는 것은 공개적으로offenbar 그런 본체가 무엇인지 인지된다는 데서 존립한다. 그런데 신적 본체가 인지되는 것은 그것이 정신이라고 인지되면서, 즉 본질적으로 자기의식인 본체라고 인지되면서 이루어진다"(PS 459 [732]).

비슷하게도, 신은 질투하지 않는다고 말하는 구절에서, 헤겔은 현시Manifestieren, 자기현시Sichmanifestieren, 자기계시Sichoffenbaren, 그리고 자기 전승sich mitteilen이라는 말을 따라서, 오펜바[계시하는]offenbar와 게오펜바[계시된]geoffenbar를 서로 치환해서 사용한다. 한 대목에서 헤겔은 이렇게 말한다. "자신을 계시하고sich zu offenbar, 현시하는offenbar zu sein 신의 본성. 신이 자신을 계시하지offenbar 않는다고 말하는 자들은 어떤 일이 있어도 그리스도교〔의 관점〕에서부터 말하지 말라. 왜냐하면 그리스도교는 계시된geoffenbarte 종교로 불리기 때문이다"(LPR 1:381~82).

헤겔은 창조, 삼위일체, 성육신 같은 전통 언어를 사용하는 데서 드러나듯, 계시 종교로서의 그리스도교의 전통 언어를 사용하는 것을 조금도 부끄러워하지 않는다. 각각의 경우에 그는 자신의 사고 체계의 측면에서 설득력 있는 재정의를 시도한다. 이 경우 계시된geoffenbart이라는 것은 계시한offenbar 것으로 환원된다. 그리스도교는 계시된 종교다. 왜냐하면 그리스도교에서 신은 완전히 이해할 수 있을 뿐만 아니라 더는 신비롭지 않다. 물론 그리스도교가 사변철학을 따라 적절하게 해독되었을 때만 그러하다. 스피노자가 일반적이고 전통적인 의미의 예언을 현자의 이성적 통찰이라는 참 예언으로 대체하듯이, 헤겔은 대중적이고 전통적인 의미의 계시를 사변적 체계의 이성적 통찰로 대체한다.

예슈케는 이를 아주 명료하게 표현한다. 그가 보기에 예나 시기의 저술은 "그리스도교는 헤겔이 자신의 철학의 맥락에서 그리스도교의 교리를 해석할 수 있을 때마다 그의 관심을 끈다는 것을 보여준다. 하지만 그리스도교는 헤겔 철학의 근본 원리들이 공식화되는 용어를 이해하기 위한, 또는 그 원리들이 체계 속에서 발전되는 방식을 이해하기 위한 기초를 제공하지는 않는다." 헤겔의 철학이 그리스도교의 성육신 관념을 받아들인 것은 분명 참인데, "다만 방법론적으로 안전한 지식을 얻는 과정에서 그 고유한 항목들의 내용을 재고할 수 있는 한에서만" 받아들인다.[40] 존재-신학의 핵심은 당연히 이와 같다. 신은 철학의 용어와 철학의 기획에 봉사하는 방식으로써만 철학의 담론에 들어갈 수 있다.

―◦―

우리는 이전 장에서 스피노자의 신적 내재성의 철학이 인식론적 함의를 가지는 만큼 윤리적 함의를 가진다는 것을 보았다. 우리가 헤겔과 윤리에 관해 물을 때, 우리는 키에르케고어의 클리마쿠스가 체계가 아직 완성되지 않았을 뿐만 아니라 윤리가 없다고 불평했다는 것을 기억한다. 게다가, 그는 "자주 인용되어 온〔것

---

40. Jaeschke, *Reason in Religion*, pp. 287, 332.

이면서), 또한 그것들이 선과 악의 구별을 철회한다고 말함으로써 공격받아 온 범신론적 체계들"을 언급하면서 이 주제를 제기한다.41 클리마쿠스는 이 점에 관해 헤겔의 스피노자 옹호를 납득하지도 않고 헤겔에게 고유한 문제는 없다고 확신하지도 않는 것 같다. 문제가 있다면, 헤겔 자신의 문제일 것이다. 왜냐하면 스피노자와는 달리 헤겔은 선과 악을 개인의 자기보존 노력으로 상대화시키지 않기 때문이다. 헤겔의 윤리는 치료적 개인주의라기보다는 사회 윤리에 가깝다.

키에르케고어는 이를 완전히 이해하고 있지만, 여기가 그의 비판을 탐구할 자리는 아니다.42 우리는 헤겔의 범신론이 어떻게 범례적 존재-신학으로 해석될 수 있는지를 알기 위해 스피노자와 하이데거라는 이중의 렌즈를 통해 헤겔에게 초점을 맞추고자 한다. 스피노자와 마찬가지로 헤겔에게도 인격적 신은 없으며 우리가 의무를 져야 할 도덕법칙의 실제적 부여자도 없다. 더욱이 헤겔은 우리의 가장 큰 의무가 "정의를 행하는 것, 인자함을 사랑하는 것, 겸손하게 하느님과 함께 걷는 것"(미가 6:8), 또는 "주 (우리의) 하느님을 [우리의] 온 마음을 다해 사랑하는 것"(마태오의 복음서 22:34~40)이라고 생각하지 않는다.43 우리가 이미 보았듯이, 그

---

41. Kierkegaard, *Concluding Unscientific Postscript*, 1:119~22.
42. 나는 다른 곳에서 이 작업을 시행했다. "Abraham and Hegel," *Kierkegaard's Critique of Reason and Society*, 그리고 *Becoming A Self*, 특히 7장을 보라.
43. 두 계명 모두 가장 큰 계명에 관한 질문에 대한 답변으로 주어졌으며, "모든

는 그것이 신을 (지성이 아닌) 이성과 (표상이 아닌) 개념의 형태로 아는 것이라고 생각한다(LP 194). 그러나 스피노자와 마찬가지로 선과 악이 단순히 사라지는 것은 아니다. 오히려 우리는 그것들이 사변철학 안에서 목적론적으로 유보되었다고 말할 수 있다.

우리는 이를 헤겔의 타락 이야기에서 발견한다.[44] 그것은 위반에 관한 것이 아니라 인식에 관한 것이다. 죄에 대해 순결함은 전-인간적pre-human 직접성으로 이해되고, 아직 동물의 수준을 넘지 못한 인류의 자연적 삶으로 이해된다. 그러므로 순결함은 악이며 존재해서는 안 된다. 뱀을 영웅으로 보는 영지주의적 해석에서처럼, 선과 악을 아는 나무를 선택하지 말라는 신의 명령은 순결함에 머물라는 명령이며, 신적인 것으로서의 철학적 인식과 신의 형상으로서의 철학적 인식을 향한 여정에 나서지 말라는 명령이다. 순결함은 악이며 넘어서야만 하는 어떤 것이다. 왜냐하면 그것은 진리에 대한 요구, 인식하는 자로서의 인류의 가장 큰 운명을 달성하지 못했다는 실패를 의미하기 때문이다. 창조와 타락 양자 모두 신으로부터 분리된 유한한 정신을 가정하는 것을 포함하는 한 그것들은 같다. 범신론적 신학의 맥락에서, 인간의 타락은 유한한 정신이 동물의 순결함을 넘어섰지만, 자신의 신적 무한성의 자기의식과 함께 도래하는 화해를 아직 이루지 못한 중간 단계이

율법과 선지자"의 토대로 제시된 유대교 토라의 가르침, 민수기 6장 5절과 레위기 19장 18절에서 인용한 것이다.

44. EL ¶24A3[153~59] 및 LPR 3:272~307을 보라.

다. 헤겔의 악은 살인, 강간, 대량 학살과 인종청소, 아동학대와 배우자 학대, 종교적·인종적 편협함, 배우자를 속이고 소득세를 속이는 것, 위증이나 평범한 거짓말 등에 관한 것이 아니다. 그 악은 무신론자들이든 유신론자들이든 간에, 우리가 아직 우리 고유의 신을 인식하지 못하는 한, 우리 모두에게 속한 것이다. 우리의 구원은 헤겔주의자가 되는 데 있다.

이 지점에서 우리가 비록 키에르케고어는 아닐지라도 다음과 같은 말을 할 수 있을 것이다. "체계에는 윤리가 없다." 그것은 스피노자에게서처럼, 도덕적 덕이 지성적 덕으로 대체되는 치료적 윤리처럼 보이기 시작한다. 하지만 옳고 그름은 어떠한가? 헤겔의 윤리가 사회 윤리라는 이전의 주장은 어떠한가? 다시 말해서, 인륜성Sittlichkeit은 어떠한가?

추상적 권리와 양심의 개인주의에 대항하여, 헤겔은 "나의 위상과 그 의무"my station and its duty의 윤리로서의 인륜성 또는 윤리적 삶을 제시한다.[45] 자유주의적 개인주의의 권리, 특히 재산권과 양심의 권리는 헤겔에 의해 폐지되는 것이 아니라 오히려 폐위된다. 그것들은 더는 절대적인 것으로 여겨지지 않지만 두 가

---

45. 이 구절은 다음 문헌에서 브래들리가 자신의 고유한 헤겔적 윤리를 묘사하기 위해 사용된 바 있다. F. H. Bradley, *Ethical Studies*, 2nd. ed. 브래들리를 따라, 녹스는 PR ¶150에서의 *Pflichten der Verhältnisse*를 "[우리의] 위상의 의무들"로 번역한다. 헤겔의 설명은 PM에 나오고, 더 세부적인 설명은 PR에 나온다. 헤겔의 인식론적 관심과 더 밀접하게 연결되는 PR에서의 인륜성 도입에 관해서는, 나의 다음 글을 보라. *History and Truth*, 5장.

지 방식으로 상대화된다. 첫째, 권리는 의무와 관련이 있다(PR ¶¶142~56[317~330]). 좌와 우를 막론하고 우리의 정치적 담론의 많은 부분을 지배하고 있는 특혜 의식은 헤겔과는 전혀 이질적이다. 둘째로, 권리들과 의무들은 가족, 시민사회, 그리고 국가와 같은 데서 파생되고 인가되는 사회 제도에 내재해 있다. 옳고 그름은 국가의 법률에서 상대적이라고 한 스피노자와 마찬가지로 헤겔에게 나의 권리와 의무는 나의 사회적 질서의 기능이다. 법은 자유주의가 가질 수 있는 권리로부터 유래하는 것이 아니라, 법과 관습으로부터 유래한다.

이것은 물론 헤겔의 윤리가 세속 윤리임을 의미한다. 종교개혁과 더불어, 그는 노동과 시민권의 과실을 누리면서, 수도원의 정결, 청빈, 순명을 결혼보다 더 특권화하기를 거부한다. 전자는 가족, 시민사회, 그리고 국가의 자유다.[46] 하지만 헤겔은 루터나 칼뱅이 아니다. 왜냐하면 인륜성의 윤리는 그의 범신론적 존재론에 내재해 있기 때문이다. 신이 우리의 눈 외에는 볼 눈을 가지고 있지 않은 것처럼, 우리의 자기의식 외에는 자기를 의식할 사유는 없고, 우리의 사랑 이외에 다른 사랑을 가지지 않으며, 우리의 법 외에는 다른 법도 가지지 않는다. (문제가 되는 것이 인식이 아니라 행위일 때) 나의 사람들의 법과 관습은 나의 행위에 대한 가장 높은 규범

---

46. 더 세부적인 분석으로는 나의 다음 글을 보라. "Hegel and the Reformation," *Hegel, Freedom, and Modernity*.

이다. 왜냐하면 다른 더 상위의 법은 존재하지 않기 때문이다. 우리가 집단으로 함께 책임져야 할 신적 율법은 없다.

특정 국민의 법과 관습으로서의 국가보다 더 높은 것 두 가지가 분명히 있기는 하지만, 이는 윤리적 자기-초월과 연관되지 않는다. 절대정신은 객관정신보다 더 높은 것이며, 이는 예술, 종교, 철학이 국가 내에서 우리의 권리와 의무의 삶보다 더 높은 차원의 인간 자아실현을 나타낸다는 것을 의미한다. 하지만 철학은 예술과 종교의 진리다. 이는 반복하건대, 우리의 가장 큰 과제가 우리의 본질적인 신성에 대한 사변적 통찰이라는 것을 의미한다. 나는 "나의 위상과 그 의무"보다 더 높은 어떤 것을 소환했지만, 그것이 역사가 나에게 던져준 인륜성보다 더 높은 도덕성에 관한 것은 아니다.

심지어 우리가 객관정신의 한계 내에 머무른다고 해도, 거기에는 국가보다 더 높은 것, 곧 세계사가 있다. 세계사는 세계법정이다Die Weltgeschichte ist das Weltgericht(PR ¶¶340~41 [592~94]; PM ¶548).[47] 헤겔은 그것의 "권리"가 최고의 "권리"로서, 절대적이라고 주장한다(PR ¶¶30, 33, 340 [126, 132, 592]; LWH 92). 하지만 여기서 옳음에 관해 말하는 것이 말이 되는 일인가? 역사는 확실히 그들이 구체화하는 국가와 윤리적 질서를 전복시키는 힘을 의미한다. 하지만 이를 통해서 역사는 어떤 도덕적 권위를 끌어내거나 전시

---

47. 이 구절은 실러의 시, 「체념」(Resignation)에서 가져온 것이다.

하는가?

헤겔은 "세계사는 단순한 힘의 결정, 즉 맹목적인 운명의 추상적이고 비합리적인 필연성이 아니다"(PR ¶342[594])라는 것을 우리에게 서둘러 확신시켰다. 역사에는 목적론이 있고, 철학은 "이성이 세계를 지배하며, 따라서 세계사는 합리적인 과정"이라는 것을 알고 있다. 철학은 우리에게 "구체적인 선은 실제로 전능하며, 이 절대적인 힘은 현실로 자신을 번역해낸다"고 가르친다. 참된 선, 보편적이고 신적인 이성은 또한 그 자신의 목적을 성취할 힘을 가지고 있다. … 왜냐하면 선함은, 일반적인 이념으로서만이 아니라 유효한 힘으로서, 우리가 신이라고 부르는 것이기 때문이다. … 그 어떤 힘도 선함의 힘이나 신의 힘을 능가할 수 없고 신의 목적이 현실화되는 것을 막을 수 없다. … 세계사는 섭리의 계획일 뿐이다"(LWH 66~67).

그러나 우선, 우리는 이러한 신과 섭리에 관한 이야기를 탈신화화해야만 한다는 것을 알고 있다. 왜냐하면 역사의 인격적 계획자나 감독자는 존재하지 않기 때문이다. 유일한 현실적 정신은 우리 자신의 정신이다. 둘째로, 우리가 헤겔에게 역사에 대한 비인격적인 목적론, 목적 없는 목적성을 부여한다고 해도, 이 역사가 전개하는 "선함"이 도덕과 관련이 있는지는 그리 분명하지 않다. 앨런 우드는 이것을 다음과 같이 명확하게 이해하고 있다.

… 우리는 하나의 윤리적 질서에서 다른 윤리적 질서로의 [역사적]

이행을 윤리적 진보로, 즉 윤리적 지식에서의 성장의 결과로 생각할 수 있다. 그런데 우리가 윤리적 질서를 반드시 이런 방식으로 생각해야만 한다고 말하는 것은 오류다.… 정신의 자유가 윤리의 근간이지만, 정신의 자유에 바탕을 둔 모든 것이 윤리적인 것은 아니며, 영혼의 자유에 바탕을 둔 어떤 것들은 윤리적인 것보다 더 높은 것일 수 있다. 새로운 더 높은 질서는 윤리적 질서를 구체화하고, 영혼의 자유보다 우월한 지식을 구체화하지만, 그것이 우월한 윤리적 지식을 구체화하는 것으로 귀결되지는 않으며… 실제로 정확히 그 반대 결과가 따라 나온다.…〔세계사의 더 높은 권리는〕 국가나 윤리적 질서가 그 합리성 안에서 제한되고 불충분한 것처럼 보이는 바로 그 지점에서 옹호된다. 따라서 세계사의 권리는 윤리적인 것을 뛰어넘는 권리다. 만일 이렇게 말할 수 있다면, 그것은 윤리적인 것 저편에, 선악의 저편에 있는 권리다.[48]

다시 말해, 역사의 목적론은 인간의 사유 안에서 신의 자기-의식, 곧 절대정신을 완전하게 하는 것을 "목표로 삼는다." 하지만 이것은 객관정신의 완전성과는 전혀 관련이 없다. 우드는 정신의 자유를 분석의 중심에 둔다. 우리는 헤겔에게서 "자유는 나 자신이 아닌 타자가 없는 데에만 있는 것이다"(EL ¶24A2[149])라고 한 말을 보았다. 이것이 역사의 목적론이다. 이 목적론은 범신론적

---

48. A. W. Wood, *Hegel's Ethical Thought*, p. 223.

자기-의식을 통해서 성취된다. 이 의식 안에서 헤겔의 존재론과 인식론이 병합한다. 그런데 이는 더 정의로운 법이나 더 많은 사랑의 관습과는 거의 상관이 없다.

설령 그렇다 하더라도, 우리의 인륜성이 "심판받고", 또한 "부족한 것으로 판명나는" 세계사 법정의 판정, 즉 그 전복적 판결은 우리가 사후적으로 알게 되는 평결이 아니다. 그것은 우리가 집단으로 책임지는 어떤 종류의 상위법이나 규범이 아니다. 비록 세계사의 빙산이 우리를 침몰시킬지 모르지만, 우리가 부유하는 한 우주의 왕은 우리다. 인식론에서와 같이 윤리학에서도 자율성이 타자성보다 우위에 있다.

―◇―

이와 더불어 우리는 헤겔의 철학에 대한 하이데거의 존재-신학 비판으로 돌아간다. 그의 견해를 따르자면, 존재-신학의 정점은 근대 과학과 기술이다. 이제 위 질문에 답할 수 있다. 헤겔의 사변적 범신론은 어떻게 근대성의 힘에의 의지, 근대성의 세례 요한이 되는가? 하이데거는 「'신은 죽었다'는 니체의 말」에서 근대 기술을 "봉기", "공격"으로, "힘에의 의지를 그것의 본질을 무조건적으로 강화하기 위해 천연자원의 영역으로서의 대지를 무제한적으로 이용하고 '인적자원'을 실질적으로 활용하기 위한 투쟁"(QT 100~01[375~76])으로 묘사한다. 그는 신의 죽음에 대한 니체의 선언을 인간의 힘에의 의지에 대한 절대적 자기주장을 위한 명석한 길로 본다. 게다가, 그는 니체를 형이상학을 극복하는 자가 아니라 그것을 성취하는 자로 본다. 만일 우리가 하이데거가 말한 바를 듣는다면, 이 주장이 실제로 의미하는 바를 이해할 수 있다. "근대 기술은 도덕적 제약이 없는 힘에의 의지다. 니체는 헤겔적 사변의 의미를 간단히 풀고 있는데, 그런데도 겉으로는 그 반대의 모습을 보였음에도 불구하고, 그는 너무나 단호하게 이 말을 성취해냈다. '오직 신만이 지금 우리를 구원할 수 있다.'"[49]

하이데거가 헤겔을 현대 과학기술을 위한 세례 요한으로 본다면, 그 자신도 이런 신을 위한 세례 요한일 것이다. 회개하라는 그의 외침은 은폐와 탈은폐의 변증법을 위한 존재-신학적 가정을 포기하라는 요구이고, 또한 신비가 더는 절대적이지 않게 하고, 이를 인식가능성이 일어나는 지평이 되게 만들라는 요구다.

아마도 그는 니체를 염두에 두고 있을 것이다. 즉, "다음과 같은 최고 법칙. 아름답기 위해서는 모든 것이 인식 가능해져야만 한다"고 한,[50] 소크라테스에 대항하여 디오니소스를 옹립한 니체 말이다. 이러한 대립은 예술가와 이론적 인간 사이의 대립으로 변환된다. "예술가는 진리가 아무리 드러나고 그렇게 드러난 후에도 여전히 자신의 매혹당한 시선을 숨겨진 것에 고정시킨다면, 이론적 인간은 내던져진 드러남에서 기쁨과 만족을 느끼며, 이때 그의

---

49. 이 마무리 말은 하이데거가 『슈피겔』(*Der Spiegel*)과 진행한 1966년 인터뷰에서 가장 유명한 대목이다. 이 말은 해당 인터뷰의 영어 번역본 제목으로 활용되었다. *Graduate Faculty Philosophy Journal* 6, no. 1 (winter 1977), p. 18.
50. Nietzsche, *The Birth of Tragedy*, Section 12 [니체, 『비극의 탄생』, 164쪽].

최고의 기쁨의 대상은 자신의 수고를 통해 성취되는 행복한 드러남의 과정 자체에 있다…. 분명, 거기에는 소크라테스의 인격 안에서 처음으로 세상 가운데 빛을 본 심원한 망상이 있다. 이 망상은 논리의 실마리를 사용하는 사유가 존재의 가장 깊은 심연을 꿰뚫을 수 있다는… 확고한 신앙이다."[51] 하이데거가 존재-신학의 탄생을 아낙사고라스와 아리스토텔레스에게로 귀속시킨다면, 니체는 소크라테스에게 손바닥을 내민다.

이와 같은 생각으로, 차후에 그는 밤에 이시스 신전에 몰래 들어간 이집트 젊은이들과 거리를 둘 것이다.

또한 그럴듯한 이유에서 숨겨진 것들을 벗겨내고 드러내어 빛 가운데 세워두려 했던 것…을 하지는 않을 것이다. 이 나쁜 취향, 이것은 '어떤 희생을 치르더라도 진리'를 추구하는 이 의지, 진리와 사랑에 빠진 이 젊은이들의 광기는 우리의 기분을 상하게 한다.… 우리는 베일을 벗겨낸 이후에도 진리가 그대로 진리로 남겨지리라는 것을 더는 믿지 않는다.… 오늘 우리는 모든 것을 벌거벗겨 보려

---

51. Nietzsche, *The Birth of Tragedy*, Section 15 [니체, 『비극의 탄생』, 189~191]. 니체는 학문을 예술로 대체할 것을 제안하는 것이 아니라, 학문의 "한계들"에서 발생하는(15, 17~18절) 예술(14절)과 심지어 자연(24절)에 대한 **보충제**로 예술을 이해한다. 데리다의 "위험천만한 대리보충"에 대한 논의는 다음 문헌을 참조하라. J. Derrida, *Of Grammatology*, 2부, 2장 [데리다, 『그라마톨로지』, 355~409쪽]. 이 쟁점에 관한 니체의 비교적 초창기 반성에 대해서는 Nietzsche, "The Philosopher," in *Philosophy and Truth*.

고 하지 않는 것이…세련된 일이라고 여긴다.…아마도 진리는 자신의 바닥을 드러내 보여주지 않는 이유를 가진 여자일 것이다.[52]

이 점에 대한 하이데거와 니체의 명백한 유사성은 다음과 같은 질문으로 이어진다. 탈은폐와 은폐의 변증법은 이러한 (하이데거의 경우에는 방법론적인)[53] 철학의 무신론과 어떤 식으로든 연관된 것인가? 아니면 이 변증법도 종교적으로 동기를 부여받을 수 있는가? 더 구체적으로 말해서, 아우구스티누스와 아퀴나스는 스피노자와 헤겔에게서 발견되는 것보다 – 본질적으로 존재-신학적인 것과는 거리가 먼 – 더 광대한 신의 초월을 뒷받침하는 그들 고유의 탈은폐와 은폐의 변증법을 발전시킬 수 있을까? 이 물음이 다음 장에서 논의될 것이다.

---

52. Nietzsche, *The Gay Science*, 재판 서문 [니체, 『즐거운 학문 외』, 30~31쪽].
53. 이 책 1장, 각주 47을 보라.

2부

인식론적 초월 : 신의 신비

4장
아우구스티누스와 위-디오니시오스 :
존재-신학적 기획과의 단절로서의 부정신학

5장
위-디오니시오스와 아퀴나스 :
그럼에도 불구하고 신을 말하는 법 – 존재의 유비

6장
바르트 :
그럼에도 불구하고 신을 말하는 법 – 신앙의 유비

4장

아우구스티누스와 위-디오니시오스

존재-신학적 기획과의 단절로서의 부정신학

우리는 존재-신학이 신의 초월을 훼손하기 때문에 잘못된 신학이라는 주장, 그리고 존재-신학을 극복하는 것과 신의 타자성의 의미를 갱신하는 것이 동전의 양면이라는 주장을 탐구하고 있다. 우리가 형상적으로 '신'을 말하건, 질료적으로 신을 말하건, 신의 이름 또는 그렇게 명명된 것에 관한 존재-신학의 과제는 현실 전체를 인간 지성으로 이해할 수 있게 만드는 것이다. 존재-신학의 원형적 예시로서, 스피노자의 자연의 범신론과 헤겔의 정신의 범신론은 (일반적인 종교적 용례가 아닌 고유한 철학적 체계 안에 있는) '신'이 명석 판명한 관념이고, 또한 실재에 적합한 관념이기를 의도하며, 이 관념과 관련해서 실재 전체는 인간 사유에서 오롯이 인식 가능한 것이 된다는 이중적 주장을 하고 있다. 인간의 개념적 장치 내에 속한 이 인식론적 내재성은 자연이나 역사의 세계 내에 속한 신의 존재론적 내재성 안에 정초된다. 신의 실재를 파악하거나 반영하기에 적합한 사고 체계의 소유자인 우리는 신과 세계를 우리 인식의 성향대로 소유한다.

이 내재적 신이 존재 전체가 통일되고, 그 자체로 포착되는 중심, 곧 아르케arche나 텔로스telos, 또는 최종 근거ultima ratio라고 말하는 존재론적 주장은 존재-신학적 요구를 충족시키는 데 실패한다는 점에 주목해야 한다. 왜냐하면 모든 현실의 제일 원리인 최고 존재가 있다는 것을 알고 있다고 하더라도, 최고 존재 자체와 이 존재와 나머지 실재의 관계가 그 자체로 완전하게 알려지지 않으면, 제일 원리와 최고 존재의 총체를 인식할 수는 없을 것이기 때문이다. 인식론적 주장과 결합한 존재론적 주장만이 그 일을 완수할 수 있을 것인데, 우리가 본 것처럼 실제로 스피노자와 헤겔에게서 두 주장이 공통적으로 제기된다.

이는 존재-신학적 기획을 중단시키기 위해 모든 실재의 제일 원리인 최고 존재가 있음을 부인할 필요까지는 없다는 것을 의미한다. 신은 형언할 수 없고, 파악할 수 없고, 알려질 수 없으며, 우리의 개념 체계가 신의 실재를 표현하기에는 불충분하고, 또 그 실재를 이해하기에는 너무 연약하고, 그것을 반영하기에는 너무 우둔하다는 생각을 (단지 의례상으로만이 아니라 일관적으로) 견지하는 것이 필요하다. 유신론은 창조자로서 존재론적으로 초월적인 신에게 헌신하지만, 인식론적으로 내재하는 신에게는 헌신하지 않는다. 유신론이 "보다 더 큰 것을 생각할 수 없는 어떤 것"을 "우리가 파악할 수 있는 차원보다 더 큰 것"이라는 의미로 해석할 때, 이는 플라톤[1] 및 아리스토텔레스, 스피노자와 헤겔의 존재-신학적 열망에 저항하는 것이다. 그리고 이 저항을 의례적인 경우에서만이 아니라 일관적으로 시행한다면, 유신론은 자신의 존재-신학적 경향을, 약화해야 할 것으로, 다시 말해 반드시 저항해야 할 유혹으로 인식한다.

따라서 루돌프 오토가 신적인 것을 "전적 타자"로 반성하고자 할 때, "두렵고도 매혹적인 신비"에서 신비에 관한 설명으로 해당 문구를 도입하는 것은 우연이 아니다. 혹은 그가 그리스도교의 우월성이 신의 속성을 뚜렷하게 표현하는 데 사용하는 합리적 개념들에 있다고 하면서, 그런 개념들이 그 자체로 우리에게 "종교에 대한 그릇되고 일방적인 해석"을 남긴다고 주장한 것도 우연은 아니다. "그런데 이제까지 이성적 속성들은 신 관념을 오롯이 설명할 수 없었고, 오히려 그 속성들은 비-이성적이거나 초이성적인 주체를 내포하므로…이런 이성적 속성들이 신적 주체에 대해 서술한다고 하더라도, 그 속성들이 더 깊은 본질 속에서 신적 주체를 인식하는 것도 아니고 그 속성들로 신적 주체가 파악될 수 있는 것도 아니다." 따라서 정통주의가 "교리의 형성에 있어서 그 주체의 비-합리적인 양상에 대해서는 어떤 식으로건 정당하게 대할 수 없었던" 때, 또한 이러한 실패로 인해 "일방적으로 주지주의적이고

---

[1] 나는 플라톤의 전체 작품에서 존재-신학적 경향을 나타내기 위해 '플라톤'을 사용하고, 이 경향에 텍스트 내적으로 저항하는 지점을 나타낼 때는 '소크라테스'를 사용한다.

이성주의적인 해석"으로 신 관념이 주어졌을 때, (존재-신학으로 읽히는) "이성주의의 어머니였던 것이 정통주의다."[2]

아우구스티누스는 이 유혹에 굴복하지 않는다. 이것은 고전적 유신론이 자동적으로 그리고 범례적으로 존재-신학에 적용된다고 가정하는 사람들에게는 놀라운 일이 될 것이다. 다른 모든 플라톤주의자들과 더불어 아우구스티누스가 특별히 빛과 봄을 연결하는 은유들을 내놓는 것을 볼 때, 그의 사유가 존재-신학적 경향에서 완전히 벗어난다고 주장하는 것은 어리석은 일일 것이다. 그런데 그가 그리스도와 성서에 기꺼이 의존하려고 하는 겸손한 그리스도교 신자들의 "고백"과 그런 것들 없이도 잘 살 수 있다고 생각하는 플라톤주의자들의 "가정"을 대조하는 것을 보면 알 수 있듯이, 아우구스티누스는 무비판적 플라톤주의자가 아니다 (C VII, 20[265~67]).

그러나 이 쟁점이 이성과 소위 자연신학을 넘어 특별 계시를 기반으로 삼는 신학으로 이행할 필요를 알려주는 첫 번째 주제가 되는 것은 아니라는 점을 분명히 해야 한다. 왜냐하면 문제는 신학 개념의 원천이 이성인가 계시인가 하는 것이 아니라, 어느 경우든 개념들이 신비를 제거하는 가운데서도 신과 세계를 우리가 완전히 이해할 수 있게 하는 임무를 감당할 수 있느냐는 것이기 때문이다. 그리고 아우구스티누스의 언어 이론은 이 방향으로 향하

---

[2]. Otto, *The Idea of the Holy*, pp. 25, 1~3 [오토, 『성스러움의 의미』, 65, 33~35쪽].

고 있는 것처럼 보인다. 그의 언어 이론은 존재-신학적인 시선을 가지고 있으며, 모든 것을 한꺼번에 빛으로 빨아들이면서 숨겨진 것을 제거하는 존재-신학적 기획을 일컫는 말, 곧 데리다가 현전의 형이상학metaphysics of presence이라고 부른 것의 범례가 되는 것처럼 보인다.

『고백록』 I, 8이 『철학적 탐구』 첫 단락에서의 비트겐슈타인의 언어 이론을 위한 은박지 포장과 같은 것이었듯이, 아우구스티누스가 『삼위일체론』에서 제시한 언어 이론은 데리다가 부인하고 싶어 하는 것, 즉 언어에 대한 의미와 지식의 우위성을 보여주는 교과서적인 사례처럼 읽힌다.[3] 아우구스티누스에게, 내면의 말이나 마음의 말은 자연 언어에 속하는 것이 아니다. 다만 그것은 적합한 대상에 직접적으로 현전한 감각이나 지성에서 파생된다. 인간 언어에 속하는 두 번째 언어, 곧 외부의 언어는 단순히 의사소통의 목적을 위해 임의로 내면의 말로 할당된다.[4] 그리고, 아

---

[3] 특별히 XIII, 4, XIV, 10 및 13. 그리고 XV, 19~20, 22 및 40을 보라. 아퀴나스도 유사한 언어 이론을 보여준다. *Summa Theologiae*, 1,13,1 및 *De Veritate*, 4.1을 보라. 우리가 다음 장에서 보게 될 것처럼, 현전의 형이상학 대신, 우리는 현전과 부재의 변증법을 얻게 된다.

[4] 비트겐슈타인의 사적 언어 개념 비판과의 연결점이 명료해져야 한다. "언어가 기능하는 방식에 관한 원초적 표상"(I, 2), 그리고 "명료하게 보는 것을 불가능하게 만드는 안개 속에 놓인 언어 작용을 둘러싼 낱말의 의미에 관한 일반적 개념"(I, 5)으로서의 아우구스티누스의 명시적 정의 이론을 비판하면서, 비트겐슈타인은 그를 "단지 말을 하지 못할 뿐, 마치 어린아이가 이미 *생각*은 할 수 있는 것처럼" 말하는 자로 보았다. "또한 여기서 '생각한다'라는 것은 '자신에게 이야기한다'와 같은 어떤 것을 의미할 것이다"(I, 32). 이에 관한 더 많은 논의로는 J.

우구스티누스는 그에 대한 데리다의 독해가 세심했음을 우리에게 보증이라도 하듯, 글의 부차적 성격을 강조한다. (우리가 조용히 생각할 때 그대로 남아 있는) 쓰여진 말은 외부에서 말해진 말의 기호다. 오로지 이 문자가 "우리가 사유하고 있는 것들의"(T XV, 10[1219]) 기호다.[5]

여기에서 일상 언어에 대해 현전의 형이상학이 작동하고 있음은 분명하다. 하지만 우리가 보게 될 것처럼, 아우구스티누스는 이러한 토대 위에 신학을 구축하는 것이 아니다. 오히려, 신학적인 이유로 그는 신에 대한 우리의 인식에서 순전한 현전보다는 숨겨진 것을 긍정한다. 심지어 그는 피조물의 현전을 다소 칸트적인 방식으로 우리의 의식에 한정시켜서 피조물에 대한 우리의 지식도 "신의 지식에 비하면 무지에 불과한"(C XI, 4[424]) 것이라고 주장한다.[6] 우리가 주목해야 할 무지는 충만한 인식가능성에 대한 표준

T. Saunders & D. F. Henze, *The Private Language Debate*를 보라.

5. 물론 발화된 말은 우리가 내면의 말로만 생각하고 있는 '사물'을 의미한다. 데리다가 기표(음소나 문자소)와 기의 사이의 관계에 관해 말할 때, 후자는 때로는 의미, 때로는 후설의 이념성, 아우구스티누스의 내면의 말, 그리고 때로는 객관성, 실재성, 사물, 사실, 사건을 뜻한다. 아마도 이것들이 쉽게 상호 교환되는 가능성은 논의 중인 이론들 가운데서는 직접적 실재론의 가정에서 비롯될 것이다. 내면의 말은 외적인 것, 사실, 또는 사건을 추론하는 의식의 대상이 아니다. 오히려 그것은 "우리가 사유하고 있는 것들"을 인식하는 형태이다. 아리스토텔레스적/토마스적 언어로는, 한 사물의 동일한 형태 자체는 추상화된, 내면적인 실재성과 구체화되는 외면적인 실재로서의 이중의 존재를 갖는다.

6. 나는 칸트가 구별해낸 현상과 사물 자체의 차이가 신의 지식과 인간의 지식 사이의 차이에 의존하고, 또한 이 차이를 표현하고 있다는 점을 논증한 바 있다.

적 은유가 아니다.

이제 핵심, 곧 신에 대한 우리의 지식 문제로 논의를 시작하자. 아우구스티누스는 그의 작업 가운데서도 가장 널리 영향을 끼친 저작 중 하나인 『그리스도교 교양』의 첫 부분에서 분명하게 말한다. "향유해야 할 궁극적인 것은 아버지와 아들과 성령, 그리고 같은 삼위일체이시다. 그런데 그분은 형언할 수 없다." 이 삼위일체는

> 그를 향유하는 모든 이에게 공유하는 것이자 하나뿐인 최고의 것이다. 모든 사물의 원인은 아닌 것으로 보이기도 하고, 하나의 사물로 보이기도 하고, 또 동시에 한 원인인 것으로 보이기도 한다. 결국 그분에 대한 초월적인 위대함에 걸맞을 어떤 이름을 찾기란 쉽지 않다. … 내가 신에게 합당한 어떤 것을 말하거나 발화하였는가? 반대로 나는 무엇인가를 말해보고자 했을 뿐임을 느낀다. 내가 어떤 것을 말했다면 그것은 내가 하고 싶은 말이 아니었다. 내가 이를 어떻게 알겠는가? 하느님은 형언할 수 없으므로 나는 이를 알고 있다. … 또한 이로부터 하느님이 형언할 수 없는 분이라고 불리지 않는다는 점이 도출된다. 왜냐하면 이때조차 그분에 관해 뭔가 말해지고, 어떤 것이 표현되기 때문이다. 그리고 우리는 어떤 종류의 설전을 벌이고 있는지 아는 하늘에 연관되어

내가 쓴 다음 논고를 보라. "In Defense of the Thing in Itself." 아우구스티누스는 반실재론자처럼 보일 것이다.

있다. (TC I, 5~6[65, 67])⁷

아우구스티누스가 말하는 신을 파악할 수 없음의 의미는 『고백록』 전체에 걸쳐 울려 퍼지는 다음 물음에서 가장 극적으로 표현된다. "그러면 내가 예배하는 하느님, 당신은 무엇입니까?" (C I, 4[57~58]). 그의 답변이 매우 흥미롭다. "나의 하느님, 당신은 지극히 높고 지극히 선하며, 전능하고 지극히 자비롭고 의로우십니다. 당신은 우리에게서 지극히 숨어계시며 지극히 우리 가운데 현전하시고, 지극히 아름다우시면서 지극히 강하시며, 또한 확고하신 분으로, 우리는 당신을 파악할 수 없습니다.… 왜냐하면 타고난 말솜씨를 가진 이들도 당신을 묘사할 말을 찾을 수 없기 때문입니다."

여기 주목해야 할 것이 세 가지 있다. 첫째, 원래 "무엇"에 관한 물음은 본질에 관해 적절하게 묻는 물음이다. 그런데 아우구스티누스는 자신이 무의식적 자연법칙이나 비인간적인 관념에 관해 묻는 것이 아니라, 최고 존재인 "나의 하느님, 당신"에 관해 묻고 있음

---

7. "한 원인인 것으로 보이기도 한다"는 아우구스티누스의 말에 해설을 달면서, 에드문드 힐은 이렇게 덧붙인다. "일상적인 것에서, 인간의 원인에 대한 감각, 또는 사물에 대한 감각이 있다. 그는 단순히 신의 신비에 적용되었을 때 모든 인간 언어의 총체적 부적절함, 또는 순수하고 단순한 성서가 아닌 적어도 모든 언어의 총체적 부적절함에 주의를 돌리고 있다. 그런데 만일 압박을 가한다면, 그는 그가 전개하려고 하는 성서의 언어도 적절하지 않다는 데 동의했을 것 같지만, 그 언어들은 개편될 수 없다"(TC p. 126, n. 5). 또 T I, 3[109] 참조. 여기서 아우구스티누스는 영혼의 정화라는 미래 목적을 "형언할 수 없는 것을 형언할 수 없는 방식으로 보기 위한" 능력으로 기술한다.

을 알고 있다. 하지만 분명 동시에 그는 오랜 기간 자신과 더불어 있고 대화 속에 존재해 온 인격적 신에 관해 묻고 있다. 그가 묻는 본질은 대화자의 본질이다.[8] 둘째로, 아우구스티누스는 신에 대해 많은 것을 알고 있는 것처럼 보이며, 마치 자신이 던진 물음에 답이라도 제시하는 것처럼 전통적인 속성들의 긴 목록을 제공한다. 하지만 마지막으로, 그는 이렇게 신을 명명하는 바로 그 행위 자체에서, 신이 숨겨져 있고, 파악할 수 없고, 기술할 수 없는 자로 남겨진다고 주장한다.

이 물음이 X권의 중심에 있는데, 여기서 두 번 반복된다. 6장에서 아우구스티누스는 이렇게 묻는다. "그런데 내가 하느님을 사랑할 때 나는 무엇을 사랑하는가?" 몇 가지 부정적인 답변과 그 답변을 기반으로 삼아 몇몇 은유를 제시한 후, 땅, 바다, 살아있는 것들, 바람, 공기, 하늘, 해, 달, 별에게 물음을 던진다. "그것들은 명확하고 크게 답합니다. '하느님은 우리를 지으신 분이십니다.'" 요컨대, 신은 여기서 신의 속성을 통해서가 아니라 창조주로 확인된다. 그런데 아우구스티누스가 자신의 텍스트를 통해 확증한 이 답변은 자신의 물음을 자신의 과제에서 물리치지 못한다. 그래서

---

[8] 봄과 빛의 은유로, 아우구스티누스는 존재-신학적인 현전의 형이상학과 같은 음성을 쉽게 울려 퍼트린다. 하지만 『고백록』에서 봄은 신의 목소리에 의한 지양(aufgehoben)이며, 이와 관련한 나의 논지를 다음 글에서 발전시켰다. "Divine Excess," *The Religious*. J-L. Marion, "L'Interloque," *Who Comes After the Subject* 참조.

그는 바로 다음 장에서 "그런데 내가 하느님을 사랑할 때 나는 무엇을 사랑하는가?"라는 물음으로 시작한다. 그는 히브리어 병행구 양식을 따라 앞의 물음을 또 다른 방식으로 바꿔서 다음과 같이 묻는다. "내 영혼의 꼭대기 위에 계신 분은 누구인가?"

이번에 그 물음은 기억을 향한 여정을 시작하게 하는데, 그 여정 동안 X권의 과제는 명확한 답을 제시함으로써 해당 질문을 아우구스티누스 자신의 의제에서 제거하는 것이 아니라 그 물음과 더 씨름하는 것임이 점점 분명해진다. 그러므로, X권은 시편 22편에서 "주를 찾는 이들은 주를 찬양하리라"라는 구절을 인용하면서 끝맺는다. 심지어 신을 충만하게 찾음으로 말미암아 주교이자 신학자가 된 아우구스티누스에게도 신앙의 삶은 여전히 찾는 삶이다. 신이 누구인지 궁금해하는 이 길에서는 (『고백록』이 지속적으로 예시하는 대로) 찬양과 기도 둘 다 가능하다. 존재-신학적 만족은 가능하지도 않고 필요하지도 않다.

존재-신학 없이도 기도와 찬양의 삶이 가능하다는 바로 그 점 때문에 존재-신학은 필요하지 않다. 파악 능력이 없어도 아우구스티누스는 자신의 신을 사랑할 수 있다. "그런즉 알지 못하지만 믿는 대상이기에 사랑한다"(T VIII, 6[679]). 왜 은폐와 탈은폐라는 변증법에서 벗어날 수 없을까? 아우구스티누스는 두 가지 이유를 제시한다. 하나는 일시적이고, 다른 하나는 영구적일 수 있는데, 전자에 대해서 그는 이렇게 말한다: "제가 아는 것은 이 정도입니다. ··· 지금은 분명히 저희가 거울을 통해 어렴풋이 현전하며 아직은 얼굴

대 얼굴을 보듯이 마주 보지 못하고 있습니다. 그러므로 내가 당신과 멀리 떨어져 있는 한, 나는 당신보다 나를 더 잘 알고 있습니다." 이 조건은 "내가 당신을 얼굴 대 얼굴로 마주하고 나의 어둠이 대낮처럼 되기까지" 이어질 것이다(C X, 5 [353]; T VIII, 6 [677]; XV, 22 [1237] 참조).

두 번째 이유는 창조주와 피조물 사이의 영구적인 존재론적 불일치에 상응하는 것이 인식론적 불일치이며, 앞으로 다가올 삶에서 우리가 "얼굴 대 얼굴로" 신을 볼 때조차 이 불일치가 어떻게 극복될 수 있을지는 분명하지 않다는 것이다. 땅이 있고, 하늘이 있으라고 선포한 다음 "우리가 존재한다. … 왜냐하면 우리는 지음받은 존재이기 때문이다." 아우구스티누스는 이렇게 성찰한다.

> 주님, 아름다우신 당신이 그것들을 지으셨습니다. 왜냐하면 그것들이 또한 아름답기 때문입니다. 당신은 선하십니다. 왜냐하면 그것들이 또한 선하기 때문입니다. 당신은 존재하십니다. 왜냐하면 존재하는 것들이 존재하기 때문입니다. 그런데 그것들은 당신이 아름답고 선한 만큼 그렇게 아름답고 선하지는 않습니다. 당신에 비하면 그것들은 아름답지도 않고 선하지도 않고 존재하지도 않습니다. 우리가 이를 알고, 그래서 당신께 감사드립니다. 그런데 우리의 지식은 당신에 비하면 무지에 불과합니다. (C XI, 4 [424], 강조는 필자)

신은 창조주이기 때문에, "당신의 모든 피조물…"에 대해서 참되다. "피조물이 존재하기 때문에 창조주가 그것들을 아는 것이 아니라 창조주가 그것들을 알기 때문에 그것들이 비로소 존재한다.…창조주는 자신이 알았기 때문에 창조했지, 자신이 창조했기 때문에 아는 것이 아니다.…그러므로 우리의 지식은 이 지식과는 아주 다르다"(T XV, 22 [1239]). 피조물은 신의 지식에 의존하는 반면, 인간의 지식은 창조된 것, 또 당연히 창조되지 않은 신에게 의존한다. 아우구스티누스는 칸트주의자처럼 보일 것이다. 왜냐하면 바로 인간, 수용적 지식과 신적 창조의 지식 사이의 이러한 구별이 현상(인간에게 알려진 세계)과 사물 자체(신에게 알려진 세계)의 구별을 제시하기 때문이다.[9] 그는 우리가 존재에 있어 신과 크게 다르다는 점에서 이렇게 말한다. "우리의 지식은 당신에 비하면 무지에 불과합니다." 그럴 뿐만 아니라 우리의 **모든** 지식이 대상들을 그 무한한 기원, 세계를 통해 참으로 남김없이 알려지는 앎과 관련해서는 무지한 것이기 때문에, 신은 궁극적으로 형언할 수 없으며, 우리의 개념망을 피해버린다. 헤겔이 하듯이 우리의 지적 능력을 너무 높이 평가하는 것도 실로 가능한 일이다. 우리가 우리의 문화적 고향을 만드는 인식가능성은 기껏해야 두 번째에 해당하는 준궁극적인 것, 조금 더 직설적으로 말하자면 궁극적인 것이 되기에 적합한 유의 것이 아니다. 그것은 신비의 바다로 둘러싸인

---

9. 앞의 각주 6을 보라.

대지의terra firma 섬이다.

만일 아우구스티누스가 파악할 수 없는 신에 관해 한 말이 옳다면, 그의 "내가 하느님을 사랑할 때 나는 무엇을 사랑하는가?"라는 물음은 신학자의 과제를 (그리고 모든 믿음의 영혼도 신에 관해 말하는 자인 신학자다) 특별한 방식으로 정의한다. 신학자의 과제는 계속 물음을 던지고, 그 물음에 할 수 있는 한 계속해서 답변하는 것이다. 또한 실제로 찬양과 기도의 동기를 부여할 수 있는 각각의 답변 속에 새로운 물음을 던질 동기를 부여하기에 충분한 일종의 부적합성을 인식하는 것도 신학자의 과제다. 하지만 현재 우리의 과제는 메타-신학적인 것에 더 가깝다. 만일 아우구스티누스가 형언할 수 없는ineffable 신의 타자성을 통해 존재-신학적 요구에 도전하는 것이 옳다면, 신학의 과제는 바로 그 표현할 수 없는 것the Inexpessible을 표현하는 것이 되며, 메타-신학적 물음은 어떻게 하면 신-담론의 가능성과 불가능성을 동시에 가장 잘 이해할 것인지가 된다.

부정신학의 전통은 그 첫 번째 후보자를 명백하게 제시하는데, 이 장의 나머지 부분은 그 후보자에게 할애될 것이다. 이후 이어질 장에서는 신의 인식론적 초월을 표현하는 다른 방식들에 관해 탐구할 것이다. 부정신학은 신에 대한 우리의 이미지와 개념의 적절성을 부정함으로써 신에 대한 인식 불가능성을 긍정한다. 이것은 존재론을 극복하려는 시도이거나, 더 긍정적으로 표현하자면, 탈형이상학적 신학의 가능성을 탐구하려는 시도인데, 이 탈형이상학적 신학이라는 용어는 완전하지는 않지만 세 가지 이점을 가진다. 첫째, 하이데거는 형이상학의 존재-신학적 구성에 대해 말하는데, 여기서 존재-신학에 대한 그의 비판은 형이상학의 극복이라는 그의 기획과 — 비록 이 비판이 형이상학 극복과 동의어인 것은 아니지만 — 밀접하게 연결되어 있다.[10] 둘째, 데리다의 해체구성deconstruction은 하이데거의 이러한 모티브와 밀접하게 연결되어 있으며, 해체구성과 부정신학 사이의 관계에 관한 중요한 논의를 만들어냈다.[11] 해체구성은 종종 현전의 형이상학 비판으로 적절하게 묘사되기 때문에, '탈post형이상학적'이라는 말은 하이데거의 존재-신학 비판만이 아니라 데리다의 비판과도 관련이 있다.

마지막으로 '비-형이상학'과는 대조적으로 '탈형이상학'은 형

---

10. ID 및 WM/1949와 관련해서 OM을 보라.
11. 나는 다음 논고에서 현전의 형이상학에 대한 비판과 존재-신학에 대한 비판 사이의 연관성을 발전시켰다. "Kierkegaard's Climacus," *International Kierkegaard Commentary*. 해체구성과 부정신학에 대한 데리다의 주요 논의는 그의 다음 글에 나온다. "Différance," *Margins of Philosophy* ; "How to Avoid Speaking : Denials," *Derrida and Negative Theology*. 또한 "Sauf le nom," *On the Name*. 프랑스어판의 출간년도는 각기 차례대로 1968, 1987, 1993년이다. 이 주제와 관련해서 도움이 될 만한 논의가 다음 문헌에 나온다. Caputo, *The Prayers and Tears of Jacques Derrida* ; K. Hart, *The Trespass of the Sign*. 또한 앞서 언급한 코워드와 포세이가 편집한 책에 데리다의 논의를 동반한 여러 글이 있다. 카푸토는 "그런데 내가 하느님을 사랑할 때 나는 무엇을 사랑하는가?"라는 아우구스티누스의 물음에 관한 데리다의 전유를 주목하여 데리다와 부정신학의 관계를 논의한다. 그는 이런 데리다의 작업과 관련해서 이렇게 말한다. "데리다의 삶과 작업이 한 편의 확장된 주해 작업이다." *Prayers and Tears*, p. xxii. 또한 pp. 12~13, 25, 37, 61 참조.

이상학에서 벗어날 수 있다는 관점으로 우리를 몰입시키지 않는다. '탈[포스트]'post는 분명 '이후'after를 의미하지만, '전후postwar 유럽'과 '탈post근대 철학'이 단순히 전쟁과 근대성을 뒤로 남겨두고 있다는 것을 의미하지 않고, 그것들이 더는 자기들의 혈통과 깊이 얽혀 있지 않다는 것을 의미하지도 않는 것처럼, 탈형이상학적 신학이 모든 형이상학적 잔재와 유혹을 전적으로 정화한 것으로 이해되지는 말아야 한다.

데리다는 하이데거의 "뒤로 물러섬"step back이 형이상학에서 "빠져나오는" 단계가 될 수 있다고 생각하지 않는다. 어떤 것이 단순히 어떤 의미나 사실로 현전하는 것이 아니듯이, 우리는 형이상학을 안전하고 완전하게 남겨둔 채로는 절대 형이상학을 넘어서지 못한다. 현전의 형이상학을 해체구성하는 것은 현전의 형이상학을 폐지하거나 여기서 도피하는 것이 아니라 그것에 상처를 입히고, 제한하고, 방해하고, 그것을 당혹스럽게 하는 것이다. 내가 이 점에 관하여 데리다와 동의한다는 점을 표현하기 위해 나는 '탈형이상학적'이라는 말을 사용한다. 우리가 보았듯이, 아우구스티누스는 결단코 부정할 수 없는 형이상학적 방식으로 신을 기술하는 동시에, 이 방식이 궁극적으로 적합하다는 점을 부정하고 있다.

우리는 우선, 만일 타당하다면 유신론적 틀 안에서 존재-신학을 극복하기 위한 부정의 전략을 즉각 제거할 수 있는 반론으로 눈을 돌릴 수 있다. 그것은 무지의 구름 안에 있으면 어떤 것이든 다 좋다anything goes는 주장이다. 알려지지 않은 신에게 예배하는 것은 신성의 모든 표상의 문을 여는 일과 같으며, 따라서 그것은 신이 아닌 것에게 예배하기, 곧 우상숭배의 문을 여는 것과도 같다. 자연은 진공상태를 혐오하기 때문에, 예수가 가르쳤던 것처럼, 만일 어떤 사람이 한때 살았던 '텅 비어 있는', '청소된' 옛집에 돌아왔을 때 더러운 영이 다시 그에게로 들어간다면, "그 사람의 나중 형편은 전보다 더욱 나빠지고 만다"(마태오의 복음서 12:43~45). 설상가상으로, 알려지지 않은 신은 종교를 도덕의 적으로 만들 수 있는 실제적인 차원에서 어떤 것이든 다 좋다는 식의 책략, 곧 율법폐기주의로 초대한다.[12] 이러한 반론은 해체구성이 모든 가치, 특별히 참과 선을 니힐리즘적으로 폐기하는 것이라는 가정과 밀접하게 연결되어 있다.

하지만 이는 이중으로 잘못된 주장이다. 첫째, 부정신학이 일종의 회의론이라면, 그것은 일반적인 의미에서의 불가지론이 아니다. 부정신학은 신이 실재적이고, 초본질적인 존재로서, 가장 높은 피조물보다 더 실재적이라는 가정하에 작동한다. 더구나 신은 알 수 없는 존재이며, (그 기원이 이성이건 계시이건) 인간의 감각이나 인간 지성의 개념의 상은 신적 실재에 적합하지 않다는 역설적인 주장을 펼친다. 최고의 것은 우리의 이해력이 포착할 수 있는 것보다 더 높이 있다. 이런 추상적 차원에서도, 무지의 구름은 진공상

---

12. 나는 이 반론이 헤겔과 포이어바흐에게서 그 형식을 가져왔다고 주장한 바 있다. "Faith as the Overcoming of Ontological Xenophobia," *The Otherness of God*.

태에 있는 것이 아니다. 사실, 우리가 곧 보게 되겠지만, 그 구름은 신의 현전으로 아주 충만하다는 것에 반대되는 것일 수도 있다.

둘째 반론은 부정신학의 본거지가 우리가 여기서 일차적으로 관여하고 있는 그리스도교의 형식, 곧 정통주의였다는 점을 알아차리지 못한다.[13] 위-디오니시오스는 삼위일체에 올리는 기도로 『신비신학』을 시작하는데, 이 논고는 다른 세 편의 글, 곧 성서와 그리스도교 전례에 관한 해석을 전달하는 『신의 이름』, 『천상의 위계』, 그리고 『교회의 위계』라는 논고에 둘러싸여 있다.[14] 그는 디모테오에게 그것이 정확히 신의 인식론적 초월 때문이라고 말함으로써 이 가운데 첫 번째 논고의 문을 연다. "존재를 초월하는 감추어진 하느님과 관련해서, 우리는 성스러운 경전에서 계시해주신 것과는 별개로 있는 말이나 개념에 의존하려 해서는 안 된다"(DN 49/585B, 588A[69]). 삼위일체 교리에 더하여, 그는 정기적으로 성육신에 호소한다(DN 61~66/640D~649B[87~94]).

디오니시오스의 저술은 단성론에서 기원한 것일 수 있다. 왜냐

---

13. 물론 유대교, 이슬람교, 힌두교, 불교, 도교에는 부정신학의 중요한 계기들이 있다. 나의 주된 관심사는 그리스도교 맥락에서 유신론을 갱신하는 것이기 때문에, 나는 그리스도교 부정신학에 초점을 맞춘다.
14. 디오니시오스는 자신의 제자인 디모테오에게 "우리는 삼위일체 하느님께 탄원하는 것으로 시작해야 한다"는 것을 상기시키고, 이어서 신학자에게 기도가 얼마나 중요한지를 짤막하게 전하는 담화를 펼친다(DN 680B~ D [97~98]). 그는 『천상의 위계』와 『교회의 위계』를 예수와 성서에 대한 호소로 시작한다 (CH 145/121A [223] 및 EH 195/372A [297]).

하면 그 저술 가운데 6세기 초에 처음으로 언급된 것이 그리스도가 두 본성이 아니라 한 본성만을 가지고 있다는, 칼케돈 정식과는 상반되는 단성론적 견해를 옹호하기 위한 것이었기 때문이다. 거기에 디오니시오스와 주류 교회가 이단으로 정죄한 네스토리우스파, 도나투스파, 단동설 옹호자Monergist 사이의 연결고리가 있다. 그러나 일찍이 스키토폴리스의 요한과 고백자 막시무스가 디오니시오스의 저작에 단 주석들은 그의 전체 저술에 대해 철저히 정통주의적인 독해를 하게 해주었다. 그리고 맨 처음에는 그리스, 동방교회, 그리고 나중에는 서방교회에 핵심이 되었던 것이 바로 이러한 형태에 속한다.[15]

동방교회에서, (그 가운데 어떤 것은 디오니시오스에도 앞서는) 부정론은 카파도키아 교부들, 성 바실리오스, 성 닛사의 그레고리오스, 그리고 성 나지안조스의 그레고리오스만이 아니라 신신학자 성 시므온과 성 그레고리오스 팔라마스의 저술의 핵심이다.[16] 또한 서방에서, 디오니시오스는 12세기 성 빅토리아 학파와

---

15. 다음 책에서 야로슬로프 펠리칸(Jaroslav Pelikan)의 서문을 보라. *Pseudo-Dionysius*, pp. 1213~24. P. Rorem, "The Uplifting Spirituality of Pseudo-Dionysius," *Christian Spirituality*, pp. 145~46을 보라.

16. Lossky, *The Mystical Theology of the Eastern Church*, pp. 33~37 [로스키, 『동방교회의 신비신학』, 46~53쪽]을 보라. 이 전통에서 중요한 후기 작품을 소개하면서 H. A. 하지스는 이렇게 말한다. "영신 수련의 실천은 그것이 건전한 신앙 규칙의 지배를 받지 않을 때는 항상 위험한데 … 만일 그것이 건전한 신앙 규칙의 통제 아래 있지 않으면 가장 열정적인 헌신은 잘못된 쪽으로 나아갈 것이다." L. Scupoli, Nicodemus of the Holy Mountain & Theophan the

13세기 로베르트 그로스테스트, 대 알베르투스, 아퀴나스, 그리고 보나벤투라에게 중요한 원천이 되었다.17

디오니시오스에 대해 정통주의자와 이단 모두가 주장했던 것처럼, 나중에 그는 요하네스 스코투스 에리우게나와 마이스터 에크하르트의 유산이 되었다는 반론이 제기될 수도 있다. 이들의 견해는 신의 초월성을 훼손한다는 이유로 비난받았는데, 다른 한편으로 디오니시오스는 아퀴나스와 보나벤투라가 이어받은 유산이기도 했다. 게다가, 기도로 시작하지만 삼위일체로 시작하지는 않는 유대교와 이슬람교의 부정론의 형태가 있고, 기도보다는 묵상이 더 적절한 힌두교와 불교의 형태도 있다. 이 모든 것은 애초의 반론이었던 부정신학의 성전에는 무엇이든 다 들어갈 수 있음을 보여준다.

정통주의에 동감하건, 이교 전통에 동조하건, 부정론은 자신이 이들 사이의 문제나 삼위일체에 관한 그리스도인·유대인·무슬림 간의 문제를 결정할 수 없었다는 점을 인정해야 한다. 또한 (아마도 에큐메니컬 신조를 따라 정의된 그리스도교 정통주의 내에서의 정교회·로마 가톨릭·개신교 간의 구별과 유사한) 정통 힌두교의 여섯 종파의 차이나 불교 전통에서 소승 불교와 대승 불교의 차이에 대해서도 마찬가지다. 그런데 어떤 방법, 어떤 경전, 어

Recluse, *Unseen Warfare*, pp. 27, 34.

17. 장 르클레크가 쓴 서문을 보라. *Pseudo-Dionysius*, pp. 28~29. 역사적으로 살펴볼 때, 적어도 부정신학이 "무신론과 신비주의가 악수할 수 있는" 종착지가 되어준 적은 없었다. F. Rosenzweig, *The Star of Redemption*, p. 23.

떤 수행법(예를 들면 기도, 명상), 어떤 전통이 어떤 경우에서든 각 교파의 전투적 신도들에게 이러한 차이를 해소하고 다원성을 통일성으로 환원할 중립성을 부여할 수 있겠는가? 부정신학이 논쟁을 넘어 단일한 진리를 확립하기를 열망하는 승리주의적 진리 갈망을 충족시킬 수 없다는 사실이 유대교와 그리스도교 간 해석의 갈등을 종결짓지 못하는 히브리 성서와도 다를 바 없는 지적 무정부 상태를 열어줌을 의미하지는 않는다. '어떤 것이든지 다 좋다'는 식의 반론을 제기하는 사람들은 자신들이 해석과 실체적 문제를 둘러싼 아직 해결되지 않았고 해결의 기미도 보이지 않는 논쟁에 가담하고 있음을 깨닫지 못한다. 그런데 이들은 이러한 사실로부터는 '어떤 것이든지 다 좋다'는 결론을 도출해내지 않는다.

다음과 같은 조언이 대표적이다. "〔무지의 구름 속으로 올라가는 동안 생긴 어떤 생각이라도〕'이 신은 누구인가?'라고 물어야 하는데, 그분은 그대를 만들고 그대를 구원하고 은총으로 그대를 사랑으로 불러주신 신이라고 대답하십시오. '그리고' 그에게 '당신은 심지어 그분에 대해 아무것도 모른다'고 말하십시오."[18] "나는 신에 대해 아무것도 모른다"는 대답은 디오니시오스가 말하는 "참으로 신비한 무지의 어둠"(MT 137/1001A[212])으로의 상승을 의미한다. "당신을 만들고 당신을 구원했으며, 그 은총을 통해 사랑으로 당

---

18. *The Cloud of Unknowing*, 7장 [『무지의 구름』, 78쪽]. 이 조언은 매우 아우구스티누스적이다.

신을 부르신 이가 신"이라는 응답, 이 응답으로부터 상승이 이뤄지고, 신자의 여기의 삶으로의 귀환이 이루어진다는 점에서 그것은 일종의 베이스캠프다. 등산객마다 베이스캠프는 다를 수밖에 없다. 그러나 각 등산객은 텍스트, 해석의 전통, 실천, 공동체 등으로 구성된 하나의 캠프를 가질 것이며, 그런 베이스캠프는 등정에 있어 진정 필수 불가결한 것이 될 것이다. 어떤 베이스캠프가 좋은가에 대한 논쟁은 계속되겠지만, 이 논쟁은 등정 그 자체에는 쓸모가 없을 것으로 예상되는 논리적이고 수사학적인 도구들로 진행될 것이다. 부정신학은 신학적 분쟁을 해결하는 방법이 아니다. 그것은 우리가 서술하는 신의 이름이나 속성이 무엇이건 간에 이러한 것들의 인식론적 지위에 관한 메타-이론이다.

어떤 것이든 다 좋다는 태도의 실제적인 면이 조금 간략하게 다뤄질 수 있겠다. 우리는 단지 부정신학의 전형적인 본거지가 교리적 위상에서만이 아니라 조명과 연합 또는 완성에 앞서 일어나는 정화를 이루는 실천적 규율이라는 것을 알아차리기만 하면 된다.[19] 여기에는 덕의 함양, 기도와 묵상, 독서와 연구, 금식, 수도원 서원, 공동체의 전례의 삶으로의 참여 같은 고행의 실천이 포함된다. 이 세상이 반드시 율법주의적인 것은 아니지만, '신은 알 수 없고, 모든 것이 허용된다'는 슬로건에서 보는 바와 같은 이율배반적

---

19. 이 세 가지 요소의 기원은 디오니시오스이다. CH 154~55/165B~168A[237~39]; 163~68/208A~240D[248~59]; EH 235~39/504A~509A[354~57]; 248~49/536D~537C[369~70]를 보라. 또한 Underhill, *Mysticism*, 2부, 3~5장 참조.

라이선스와는 거리가 먼 것이라는 점만큼은 분명하다.

두 번째 반론은 본질적으로 부정신학 자체의 신학적 제스처에 대해 부정하는 신학 자체의 제스처와 관련한다. 디오니시오스는 존재 전체를 최고 존재와 연관 지어 자리매김한다. 그러므로 그는 계속해서 신이 존재하는 만물의 원인이라고 언급한다. 그런데 신은 순전한 기원이 아니다. "선은 모든 것을 그 자신에 돌아오게 하며, 흩어진 것들을 모읍니다. 왜냐하면 그분은 모든 사물 총체의 거룩한 근원이고 통합하는 분이기 때문입니다. … 그 안에서 '만물이 함께 서며'〔골로사이인들에게 보낸 편지 1:17〕, 유지되고 보존됩니다. 마치 어떤 거대한 저장고에 있는 것처럼요. 만물은 그것들 자신의 목적인 선으로 돌아갑니다. 만물은 선을 욕망합니다"(DN 75/700A~B[108]; 102/825B[153] 참조). 신은 전능자로 불린다. 그 까닭은 이렇다. "그분은 세상을 세우고, 안전하게 합니다. 그분은 세상을 함께 붙드십니다. 그분은 온 우주를 그 자신에게로 총체적으로 묶어냅니다. 그분은 모든 것을 어떤 전능한 뿌리로부터 발생시키고 전능한 창고인 듯한 자신에게로 만물을 돌아오게 하십니다"(DN 119/936D[185]; 79/708A[114]; CH 145/121A[223] 참조). 분명, 최고 존재와의 관계와는 별개로 그 자체로 제대로 이해될 수 있는 존재자들은 없다.

이것은 존재-신학이 아닌가? 아니다. 왜냐하면 존재-신학은 단순히 존재 전체에 통일성을 부여하는 최고 존재가 존재한다는 존재론적 주장에 불과한 것이 아니기 때문이다. 존재-신학은 무엇보다도 이 최고 존재를 통해 우리가 존재 전체를 인간 지성으로 완전히 이해할 수 있게 된다는 인식론적 주장이기도 하다. 또한 명백한 사실을 강조하자면, 이 후자의 주장은 디오니시오스에게는 찾아볼 수 없는 것이다.

우리는 하이데거가 공격 대상으로 삼은 계산적-표상적 사유와 유사한 것을 여기서 찾아볼 수 있지 않은가? 반복되는 주장에서 부정의 방식으로 나오는 말은 우리가 가진 그 어떤 상과 개념도 신적 실재에 적합하지 않다는 것이다. 심지어 '존재'와 같은 고상한 개념조차 최고 존재를 어떻게 할 수 없는데, 이는 우리의 지성이 우리의 감각과 마찬가지로 신 영광에 미치지 못하기 때문이다. 플라톤의 존재 저편epikeina tes ousias을 디오니시오스가 윤색한 것, 곧 존재 저편의 신은 신이 비실재적이기 때문이 아니라 '존재'가 인간의 인식에 엄밀하게 상관된 범주이기 때문에 존재 저편에 존재한다.[20] 디오니시오스는 (인간) 사유와 존재의 동일성을 긍정하는 관념론자지만, 최고 존재로서의 신은 사변신학 안에서

---

20. 반복해서 나오는 존재와 사유 또는 인식의 등가성에 대해서는 DN 49/588A[69]; 50/589B[70~71]; 53/592C~593A[75]; 63/645A[91]; MT 135/997B[210]; 138/1025B[214]. 또한 Letter One, p. 263[389]을 보라. 아퀴나스는 디오니시오스에 반대하여 존재가 선에 앞선다는 논증을 펼칠 때 존재와 인간의 앎의 상관관계에 대해서는 디오니시오스의 주장에 동의한다. "이제 지성에 의해 파악되는 첫 번째 것은 존재자다. 왜냐하면 모든 것은 그것이 현실적으로 있는 한에서만 인식할 수 있기 때문이다. 그러므로, 존재자는 지성의 합당한 대상이고, 이런 의미로 마치 소리가 맨 먼저 청음 가능한 것인 것처럼 존재는 맨 먼저 인식 가능한 것이다." *Summa Theologiae*, I.5.2[275].

충만하게 이해할 수 있다는 헤겔식 결론을 도출하는 대신, 신에 대한 우리의 기술이 경이롭지만 예지계적 타당성은 가지지 않는다는 칸트적 결론을 도출해낸다. '존재'는 너무나도 인간적인 범주다.

여기에는 데리다의 비판에 반하는 현전에 대한 호소가 있지 않은가? 우리는 이를 세심하게 전개해야 한다. 신플라톤주의적 해석보다는 유신론적 해석을 고려할 때, 디오니시오스는 모든 존재가 신에게 충만하게 현전하기 때문에 존재가 하나의 전체로 모인다는 '전체화'에 관한 주장을 하는 것이 당연하다고 본다. 그러나 데리다가 "매우 정당하게 무신론자로 통할 수는 있지만" 해체구성은 무신론에 대한 철학적 정당화가 아니다.[21] 어떤 데리다주의자들은 마치 그런 것이 있는 것처럼 행동하지만, 그런 논증은 어디에 있는가? 그의 유사-초월론적 의미론, 유사-칸트적 분석은 의미가 우리에게 어떻게 작용하는지를 묻는 것인데, 그토록 강한 주장을 펼칠 수 있는 원천은 무엇일까?[22] 우리는 우주에는 분홍색 호박

---

[21] 이 인용문은 다음 문헌에 등장한다. J. Derrida, *Circumfession*, p. 155. 존 카푸토와 케빈 하트 둘 다 해체구성은 무신론이나 사신 신학(death of God theology)과 관련이 없다고 올바르게 반복적으로 주장한다. *Prayers and Tears*, pp. 4~5, 13, 18, 67, 그리고 *Trespass*, pp. x, 26~27, 29~30, 37, 39, 43~47, 64, 74, 94를 보라.

[22] 데리다를 급진적 칸트주의로 해석하는 것은 다음 문헌에 나온다. R. Gasche, *The Tain of the Mirror*; I. Harvey, *Derrida and the Economy of Différance*; C. Norris, *Derrida*. 이에 대한 이견은 R. Rorty, "Is Derrida a transcendental philosopher?", *Essays on Heidegger and Others*을 보라. 로티에 대한 카푸토

이 없고, 존재 전체로 현전하는 신도 없다는 것을 알기 위해서는 많은 것을 알아야 한다.

해체구성은 오히려 의미의 차원이나 사실/사건의 차원에서 우리가 존재 전체 또는 최고 존재로서의 신을 소유할 수 없고, 또는 다른 그 어떤 존재도 우리의 인식에 단순하고 완전하게 현전할 수 없다는 주장이다. 우리는 직접성이나 전체성의 방식으로 현전과 부재의 변증법을 넘어선 충만하고 단순한 현전을 성취할 수 없으며, (부분적으로) 현전하는 어떤 것은 자신을 넘어서 현전하지 않는 것을 가리키는 흔적이다. **형이상학**, 그리고 이 용어를 경멸적으로 사용하는 용례를 지나치게 강하게 강조할 필요는 없지만, 그것이 정확히 '현전이 표상에 절대적으로 앞서 일어난다'는 **인식론적 주장**인 것은 밝혀졌다. 그러므로 형이상학의 특권적 구성요소가 "의식에의 현전"으로 해석될 때, 감각적인 것/가지적인 것의 위계는 형이상학적이다.[23]

의 응답은 다음을 보라. "On Not Circumventing the Quasi-Transcendenta," *Working Through Derrida*. 가셰는 가능성의 조건이자 동시에 불가능성의 조건인 것에 관해 말하기 위해 '유사초월적'이라는 말을 도입한다(pp. 316~17). 우리는 이것이 칸트의 범주를 칸트의 이념과 교차할 때 얻을 수 있는 것이라고 말할 수 있다.

23. 이런 "형이상학적"이라는 말의 정의는 하트의 데리다 독해에서 비롯한다. Hart, *Trespass*, p. 11을 보라. 데리다는 자신의 분석에 입각하여 독자들에게, 현재 현전하지 않는 것은 이전에도 현전하지 않았음을 상기시키기 위해 기호 대신 흔적에 대해 말한다. 마치 기호가 과거의 현전에 대한 기억이었던 것처럼 말이다. 그것은 "순수 현전으로 이루어진 경험은 없다…"고 하는 "'경험' 일반"에 관한 유사초월적 법칙이다. J. Derrida, "Signature Event Context,"

다시 말해, 존재 전체가 어떤 정신에 충만하게 현전함으로써 충만하게 인식 가능해지는 장소가 있다면, 우리는 그런 정신이 아니고, 또 그런 식의 장소를 점유할 수도 없다. 키에르케고어의 클리마쿠스가 실재가 신을 위한 체계이지만 어떤 인간 관찰자를 위한 것이 아니라고 말할 때,[24] 데리다는 후자가 부정적인 주장을 강화했다고 주장할 것이다. 하지만 실재는 신을 위한 체계라는 주장과 관련해서, (데리다 자신과는 구별되는 것으로서) 해체구성 자체는 오로지 미결 상태로만 남아 있을 수 있다. "신이 모든 부정성의 진리일 것이다"라고 주장하는 신학적 해석에 관해서, 데리다는 이렇게 말한다. "이러한 독해는 언제나 가능할 것이다. 누가 그것을 금지할 수 있는가? 무엇의 이름으로?" 단지 해체구성은 다음과 같은 것을 의미한다. "그러므로 허용된 것이 그 자체로 필연적인

Limited Inc, p. 10. 이 때문에 " '지각'이 있었던 적은 없다"(이 무지막지한 인용문은 감각 경험에서 순수 현전을 찾으려는 경험주의자의 시도를 나타낸다). J. Derrida, *Speech and Phenomena and Other Essays on Husserl's Theory of Signs*, p. 103 [데리다, 『목소리와 현상』, 156쪽]. 흔적이라는 주제를 둘러싼 데리다와 레비나스의 관계에 대해서는 R. Bernasconi, "The Trace of Levinas in Derrida," in *Derrida and Différance*을 보라.

24. Kierkegaard, *Concluding Unscientific Postscript to Philosophical Fragments*, I, 118. 존재-신학으로서의 형이상학의 인식론적 본성에 관해서는, "신학으로부터 분리된 존재론은 인식론으로 환원할 수 있다"고 주장한 캐서린 픽스톡의 논의를 보라. C. Pickstock, *After Writing*, p. 62. 또 pp. 63~64, 70, 127 참조. 문맥상 그녀는 존재-신학과는 다르게, 신학을 통해서 신의 인식론적 초월을 보존하는 담론을 분명하게 의도한다. 키에르케고어와 마찬가지로, 소크라테스가 이 점에서 참된 신학의 패러다임이 된다.

것은 절대 아니다…."[25]

현전의 '형이상학'에 대한 인식론적/의미론적 설명은 해체구성이 신의 현실성에 대한 물음을 정립할 수 없고, 그런 일을 시도하지 않는다는 분명한 인식과 결합해 있다. 이는 우리가 다음과 같이 말하는 케빈 하트를 따르지 말아야 함을 의미한다. 그는 현전이 "존재론적이고 인식론적"이라고 말하며, 해체구성을 통해서, "'신'에 결부된 전통 교리의 내용 다수가 비판적 압력을 받게 된다"는 결론을 도출한다. 예를 들어, 그리스도교 신학은 기원의 순수성 — 무로부터의 창조 creatio ex nihilo, 마리아의 무염시태 개념, 예수의 순결함 — 을 교리적으로 강조함으로써, 현전의 형이상학의 한 범례로 간주된다는 것이다.[26]

하지만 해체구성의 의미론은 예수나 마리아 혹은 세계가 어떻게 생겨났는지에 대한 논쟁을 해결하기 위한 어떤 자원을 가지고 있는가? 데리다적 의미에서 이 말을 살펴보면, 우리는 이러한 교리를 긍정할 때가 아니라, 이 교리를 우리의 언어, 텍스트, 해석 등을 위한 은유로 만들어 낼 때, 순수하고 매개되지 않은 기원을 후자에 귀속하면서 형이상학으로 미끄러져 들어간다. 예를 들어 무

---

25. Derrida, "How to Avoid Speaking?" pp. 76~7. 이 가능성, 이러한 허용은 해체구성을 니힐리즘으로 독해할 것을 주장하는 사람들이 "만일 그들이 원한다면, 실제로 그것을 현재 시대의 종말에서 신앙에 관한 — 순교라고 말하는 것이 아닌 — 최후 증언으로 인식할 수 있다"는 것을 의미한다. 해체구성과 신앙(비결정성과 결정) 사이의 연결은 카푸토의 『기도와 눈물』에서 반복되는 주제다.
26. Hart, *Trespass*, pp. 23, 39, 36.

염시태라는 교리가 그 자체로 순결한 잉태를 뜻한다고 주장할 때 그것은 형이상학이 된다. 현전을 존재론적 범주로 확장하는 것은 "데리다는 차이différance에 관한 인식론을 자리매김하고 … 〔또한〕 그는 우리의 지식과 진리 주장의 위상 이외의 다른 어떤 것에 관해서는 주장하지 않는다"고 한 하트 자신의 이해로 인해 훼손된다. "차이는 전체화된 존재론으로 가는 길을 막을 수는 있지만, 우주에 무엇이 있고 그것이 어떤 조건으로 현전으로 도래하는지를 묻는 물음에는 관심이 없다."[27]

그런데 이러한 고려 사항들이 중요하긴 하지만, 이것이 순수한-현전-에-호소하는-것으로서의 부정신학에 대한 반대를 잠재우지는 못한다. 왜 그런지 이해하기 위해서, 우리는 부정신학이 긍정신학과 관련하는 두 가지 방식을 구별할 필요가 있다. 한 가지 관계는 연속적-통시적이며, 다른 관계는 동시적-변증법적이다. 지금 우리가 염두에 두는 것은 전자다. 그것은 정확히 길로서의 부정의 길을, 상승의 여정을 이루는 실천으로 강조한다. 첫 번째 단계는 감각에서 지성으로의 여정이다. 부정의 도움에 힘입어, 성서와 전례의 상징들은 감각적인 문자성을 제거하고 개념적 용어로 해석된다. 두 번째 단계는 감각과 지성을 넘어서 이것들보다 더 나은 것, 곧 인식을 넘어선 신과의 연합으로 나아가는 것이다(DN 53/592C~593A[74~5]; 109/872A~B[165~66]; MT

---

27. 같은 책, p. 94. 그리고 p. 165 참조.

136~37/1000C~1001A[212]).[28]

이 두 단계에서 부정은 일차적으로는 감각, 그다음으로는 지성의 긍정과 관련한다. 부정은 감각과 지성에서 지향된 실재성에 대한 적합성을 끈질기게 부정한다. 그런데 두 번째 단계에서 부정은 "긍정신학을 교정하는 역할"을 넘어 "그 자체가 교정된 것"으로 주장될 수 있는 독자적 역할로 나아간다.[29] 두 번째 '교정'은 다음과 같은 것을 의미하기 위해 따옴표를 두를 필요가 있다. 대응이나 일치로서의 교정이 우리에게 제공되지는 않지만, 여기서 교정 담론이 오해하고 있는 적절한 목적은 우리가 교정의 영역을 뒤로하고서 더 높고 더 나은 것으로 나아갈 때 우리에게 제공될 수 있다. 이 운동을 『무지의 구름』은 "신을 향하는 있는 그대로의 지향"으로 기술한다.[30] 우리의 지향은 신 자신 이외의 다른 어떤 이익에 대한 욕망만이 아니라 일반적으로 우리가 입고 있는 이미지와 개념도 제거되면 완연하게 노출된다. 이 두 번째 벗겨짐에서 부정은 우리에게 우리의 노에마적 보화가 빈곤하다는 사실을 상기시키는 것을 넘어 그것을 기꺼이 포기하려는 노에시스적 자세를 재형성하는 데까지 이른다.

여기서 목표는 더 나은 표상이 아니라 연합, 보통은 알 수 없는

---

28. 이 이중 운동에 관한 훌륭한 설명으로 다음을 보라. Rorem, "The Uplifting Spirituality," pp. 133~40.
29. Hart, *Trespass*, pp. 199~201.
30. *The Cloud of Unknowing*, 7장과 24장 [『무지의 구름』, 78~81, 110~11쪽].

것으로, 어둠으로, 그리고 침묵으로 기술되는 연합이다. 하지만 이 빛은 어둠 속에서 완전히 사라지지 않는다. 감성과 지성을 넘어 우리는 "접근할 수 없는 저 빛의 만질 수 없고 보이지 않는 어둠"(DN 107/869A[163])과 접촉하고 있다. 연합 안에서, 모든 것, 심지어 그 자신으로부터 돌아선 정신은 "눈부신 광선들과 하나가 된다"(DN 109/872A~B[166]). 신비신학의 목표는 "감춰져 있는 침묵의 찬란한 어둠"(MT 135/997A~B[209])이다. 이것이 디오니시오스가 신은 "앎과 무지를 통해 알려지는"(DN 108~109/872A[165])존재라고 말할 수 있는 이유다. 이것이 바로 『무지의 구름』이 "오직 우리의 지성으로는 [신은] 파악 가능한 분이 아닙니다. 우리의 사랑이 아닌…지성으로는 이것[앎과 사랑의 능력]을 지으신 하느님을 언제까지나 알지 못하지만, 두 번째 기능인 사랑으로는…알 수 있습니다"고 서술하는 이유이다.[31] 동방교회의 수도사는 디오니시오스의 "신비신학"을 "관상 이론"으로 해석하고, 연합을 "'필증적인' 또는 논증적인 신학과 구별되는 것인 초자연적인, 말로 설명할 수 없는 직관"으로 본다.[32] 그리고 그레고리오스 팔라마스는 연합을 경험하는 사람

---

31. *The Cloud of Unknowing*, 4장 [『무지의 구름』, 71쪽].
32. 동방교회 수도사의 말은 다음을 보라. *Orthodox Spirituality*, pp. 19, 10 [정교회의 익명의 수도사, 『정교회 영성』, 39, 27쪽]. 다음 책에서 하지스(Hodges)의 서문을 보라. *Unseen Warfare*, "…피조물의 무지는 신에 대한 빛나는 지식이자 동시에 형상이나 양태 없이 존재하는 그분에 대한 무형상적 관조다." 감성과 지성을 넘어서 거기에는 "오직 영혼 자체와 신에 대한 무상의(imageless) 직관적 파악만"(pp. 19. 23)이 있다.

들은 감성과 지성 너머로 나아가고 이들은 "그것들이 보기를 그치고, 무지에 굴복함으로써 초자연적 감성을 부여받아 참된 봄을 인정하게 되며…또 그들이 실제로 보는 데 활용했던 그들의 시지각 기관은 엄밀히 말해서 감성도 지성도 아니다"라고 말한다.[33]

관조·직관·봄의 언어는, 우리가 인간의 인지 능력의 작동을 넘어선다고 해도, 여전히 우리가 인지 능력을 다루고 있음을 말해준다. 무지의 구름 속에서 이루어지는 결합은 일종의 앎이다. 만약 로스키가 이것을 "측정 불가한 현전과 충만"을 가져오는 것으로 묘사한다면,[34] 그는 그저 신의 말씀의 신비에 관해 기록한 디오니시오스의 말을 되울릴 뿐이다.

> 전적으로 감각되지 않고 보이지 않는 것들에 에워싸여 있으면서
>   우리의 보지 못하는 정신에
>   모든 아름다움을 초월하는 보화를 채워줍니다.
>   (MT 135/997B [209~10])

해체구성이 "현전이 그 스스로 누리는 쾌락에 대항하여, 현전

---

[33]. G. Palamas, *The Triads*, p. 35. 그는 탈자적 연합을 경험하는 중에 있는 바울을 빛 가운데 있는 눈으로 묘사한다. p. 38을 보라.

[34]. Lossky, *Mystical Theology*, p. 43 [로스키, 『동방교회의 신비신학』, 63]. 그와 레비나스가 저항하는 "이론적 객관성과 신비적 교감의 공모관계"에 관한 데리다의 불만에 대해서는 J. Derrida, "Violence and Metaphysics," *Writing and Difference*, p. 87 [자크 데리다, 「폭력과 형이상학」, 『글쓰기와 차이』, 142쪽] 참조.

이 그 자신을 스스로 폐쇄하지 않게 하려고" 작동한다면,35 그것은 부정신학과 쉽게 구별될 수 있다. 부정신학이 부정신학 자체에 대해 이야기하는 한 가지 이야기, 우리가 현재 탐구하고 있는 통시적 이야기에 의하면, 시간을 넘어선, 분명 그 자체로 닫혀 있는 현재의 쾌락이 부정의 목적인 것처럼 보인다. 카푸토는 이것을 "존재-신-학의 더 높은 양식화, 존재-신학의 탁월한 방식eminentiore modo, 현전의 형이상학만이 꿈꿀 수 있는 현전의 급습을 전달하는, 초현전 내지 극단에 있는 현전의 신학이라는 형태를 취하는 현전의 철학의 변양"으로 기술할 수 있었다.36 다시 말해, 데리다의 표현처럼 이성주의와 신비주의 사이에는 "어떤 공모관계"가 존재한다.37

이 이야기에서 부정신학은 우회로를 위한 지도다. 이성적 방식

---

35. Caputo, *Prayers and Tears*, p. xx.
36. 같은 책, pp. 7~8. 또한 p. 11 참조. "초실체론으로서의 부정신학은 닻을 내려 바닥 심층을 치면서 순수 현전과 초월적 기의에 안전하게 자리 잡게 되는데, 그 어떤 긍정적 존재-신학만큼이나, 어떤 의미에서는 그 이상으로 그렇게 자리를 잡기에 이른다. … 현전의 형이상학에 대한 해체구성과는 거리가 먼 부정신학은 형이상학의 표상을 순수한 현전의 보화로 장식하고, 훨씬 더 고등한 방식으로 … 표상에 대한 현전의 승리를 가져온다." 카푸토는 그의 다음 초기 저작에서 신비주의를 형이상학에서 "한 걸음 뒤로 물러서는 것"으로 읽어내는 자신의 시도를 비판하는 하트에 이제는 동의하는 것처럼 보인다. J. Caputo, *Heidegger and Aquinas* [존 카푸토, 『마르틴 하이데거와 토마스 아퀴나스』]. Hart, *Trespass*, pp. 68~69, 102를 보라.
37. Derrida, *Of Grammatology*, p. 80 [데리다, 『그라마톨로지』, 235쪽]. 앞의 각주 30을 보라.

의 존재-신학의 뒤를 이어 충만한 현전으로 가는 직접적인 길은 차단된다. 『신비신학』은 우리를 동일한 목표에 데려갈 또 다른 길을 가리킨다. 놀랍게도 그 길과 목표는 헤겔적인 방식으로 매우 긴밀하게 얽혀 있어서 우리가 그 목표에 이르고자 부정의 경로를 따라가다 보면 그 목표가 완전히 동일하지 않다는 것을 발견하게 되지만 말이다. 우리는 여전히 빛에 몰두하고 있지만, 그 빛은 너무 밝아서 우리의 유한한 감성과 지성의 능력을 맹목적인 것이 되게 한다. 그럼에도 불구하고, 여전히 부정신학은 결국 해체구성과 극적으로 상반되는 현전을 요구하게 된다. 이에 순수-현전-에의-호소-로서의-부정-신학에 대한 반대가 여전히 우리 곁에 있다.

하지만 부정의 무지개 끝자락에 있는 황금빛 현전의 단지에는 주목해야 할 세 가지 중요한 사안이 있다. 첫째, 해체구성이 본질적으로 무신론적이지 않음과 같은 이유로 그러한 경험의 가능성에 대해서는 불가지론의 입장에 머물러야 한다. 해체구성은 그러한 현전의 경험이 일반적 경험이나 언어와 얼마나 근본적으로 다른지를 지적할 수 있으며(그렇다고 해도 그것이 이 논점에 대한 신학의 자원을 능가하기는 어렵다), 경험론자와 이성론자들이 우리의 감각적, 지적 능력에 대한 자신들의 설명에 순수한 현전을 몰래 숨겨 넣으려는 시도를 약화시킬 수 있다. 그런데 그러한 '경험' 방식이 이생에서 일시적으로 또는 도래할 어떤 삶에서 영구적으로 가능하다는 점을 부정할 원천은 없다. 우리는 말하자면 근본적으로 재형성되어야 할 것이다. 다만 해체구성은 통시적 디오니시오스주의자들보다 이 점을 더 강조하지는 않을 것이다.

둘째, 자기의 근본적 재구성이 연합에 필수적이라는 것은 신이 영혼의 처분에 달려 있는 것이 아니라 그 반대임을 의미한다. 신의 초월은 인간의 지배보다는 자기-초월을 불러일으킨다. 우리는 이를 여러 가지 방식으로 볼 수 있는데, 그 각각의 방식은 우리의 연합에 대한 이해를 초현전hyperpresence의 모형에서 멀어지게 한다(이와 관련해서 분명 충분한 텍스트적 근거가 있다).

우선 부정의 방식은 "영혼을 자신의 유한한 본성과 상관되는 모든 것 바깥에 세우는"(DN 130/981B[204]) 것이다. 이는 연합이 무엇보다도 지성의 힘을 포괄하는 자신의 힘의 행사로 달성되는 것이 아님을 의미한다. 그것은 오로지 정신의 어떤 작용이나 능력을 넘어서 발견될 수 있다. 연합은 영혼이 수동적이고 의존적인 방식으로 수용하는 은총의 선물이다.[38] 우리가 여기서 총체적 현전을 이야기하고 있다고 해도, 그것은 신을 지배하거나 (인지적으로) 마음대로 다룬다는 의미보다는 오히려 신에게 압도당하고 통제할 수 없는 상태에 빠진다는 의미를 내포한다.

그러나 연합을 총체적 현전의 관점에서 해석할 필요는 없다.

---

38. *The Cloud of Unknowing*, 4, 34장 [『무지의 구름』, 71, 122]. DN 53/592C~D[74]. 그레고리 팔라마스는 파악할 수 없는 신에 대한 봄은 지성의 모든 활동을 넘어선 신의 은총의 선물에서 비롯한다고 말한다. 그는 또한 이 은총을 주는 자를 성령과 동일시한다. *The Triads*, pp. 34~38을 보라.

이는 닛사의 그레고리오스가 어두운 무지의 구름 속으로 모세가 올라가는 것을 해석한 데서 명백해지는 바다. 신을 얼굴 대 얼굴로 직접 보고자 하는 그의 요청은 정확히 거부된다. 이는 신을 향한 그의 욕망이 충족으로 꺼져버리지 않도록, 그러한 여정이 어떤 도착으로 인해 끝나지 않도록 하기 위함이다.[39]

아마도 닛사의 그레고리오스의 이 모티브가 가장 완전하게 발전되는 사례는 그레고리오스 팔라마스일 것이다. 신은 분명 "신에 대한 초자연적 봄"과 관련한다. 왜냐하면 "신은 지식 너머에 있을 뿐만 아니라 무지 너머에 있기" 때문이다. 그런데 이 봄은 "신의 본질을 보는 것이 아니라 신에게 적절하고 유비적인 계시를 따라… 신의 현시를 따라 신을 보는 것이며 … 신은 우리에 대해서 우리 저편의 그 초월, 존재로 인해 알려지지 않은 채로 남아 있다."[40] 팔라마스에 의하면, 성 베네딕도는

> 온 우주가 태양 광선 한 줄기에 담겨 있는 것을 보았다. 비록 그 자신은 이 빛을 그 자체 충만한 수준에서 본 것이 아니라, 그가 받아들일 만한 정도로 볼 수 있었다고 해도 그는 그것을 보았다. 이러한 관조와 이 빛과의 초지성적 연합에 의해, 그는 본성상 그

---

39. Gregory of Nyssa, *The Life of Moses*, pp. 114~16/II, 231~33, 235, 238~39. 다음 문헌에서 장 다니엘루(Jean Danielou)의 논의를 참조하라. *From Glory to Glory*, pp. 26~33.
40. Palamas, *The Triads*, p. 32.

것이 무엇인지를 배우지는 못했지만, 그것이 실질적으로 존재하며, 만물과 다른 초자연적이고 초본질적인 것이라는 점을 배웠다. 그것의 존재는 절대적이고 유일무이하며, 또한 모든 것을 그 차제로 신비롭게 이해한다는 것,… 봄이 그에게 도래할 때, 그 수용자는 그것이 빛이라는 것을 잘 안다. 비록 그가 어렴풋하게만 볼지라도… 그는 항상 더 진보하는 것과 관련되어 있는 것이다.… 이때 그는 자신의 봄이 무한하다는 것을 이해한다. 왜냐하면 그것은 무한의 봄이고 그 광채의 한계는 보지 못하기 때문이다. 그런데 더 나아가 그는 빛을 받아들이기에는 자신의 능력이 얼마나 미약한지 알게 된다.… 신은 전적으로 그 자신 안에 계시지만, 전적으로 그분의 초본질적 힘으로 우리 안에 거하신다. 또한 신은 자신의 본성이 아니라 그 고유한 영광과 광휘로 우리와 소통하신다.[41]

여기서 우리는 신비주의와 이성주의 사이의 복잡성에 대한 흥미로운 반전을 본다. 이 두 그레고리오스가 우리에게 제시하는 것은 이전에 지성(그리고 또 감성)에 기인한 한계에서의 신비적 봄의 연장선에 있다. 창조주의 무한한 실재와 피조물의 유한한 실재 사이의 불일치는, 개념적 지식이 지각적 지식보다 높은 차원에 있는 것처럼, 연합 안에서 일어나는 무시에 의한 앎이 개념적 지식보다 높은 차원의 지식임을 의미한다. 또한 세 번째이자 가장 높은 차

---

41. 같은 책, pp. 38~39.

원의 지식도 그보다 더 낮은 차원의 두 가지 지식처럼 유한한 것으로 남아 있으며, 총체적 현전을 경험하지 못한다. 『무지의 구름』도 이에 동의한다. 구름 속에서 "신에 대한 실질적 지식과 경험"이라는 소망을 품는다고 해서, 이것이 신을 "그가 있는 그대로" 온전히 알게 된다는 말은 아니다. "왜냐하면 그런 일은 신 이외의 누구에게도 불가능하기 때문입니다."[42]

게다가, 이것이 이편의 삶에서의 시간적으로 일시적인 신비로운 황홀경에 대해서만 참인 것은 아니다. 닛사의 그레고리오스에게 분명히 의존하면서, 팔라마스는 "영원히 응시하더라도",[43] 누구도 신의 아름다움을 볼 수 없다고 주장한다. "신의 초본질적 본성은 우리가 말할 수도, 생각할 수도, 관조할 수도 없는 것이다. 왜냐하면 그것은 존재하는 모든 것에서 저 멀리 떨어져 있고, 알 수 없음 그 이상이며 … 모두에게 그리고 영원히 파악할 수 없고 형언할 수 없는 것이기 때문이다."[44] 닛사의 그레고리오스와 팔라마스에게서 거론된 이 주제를 요약하면서, 존 메이엔도르프는 다음과

---

42. *The Cloud of Unknowing*, 14장 [『무지의 구름』, 14장]. 위-디오니시오스는 신만이 신을 할 수 있다고 주장한다. "표현할 수 없는 신, 하나이신 분, 모든 통일성의 원천, 이 초-현존적 존재"에 대해 말하는 것은 "담화, 직관, 이름을 따라서는 이해되지 않는다"고 그는 적고 있다. "모든 존재의 원인은 그러므로 존재를 스스로 초월하며, 바로 그것만이 참으로 존재하는 것에 대한 권위 있는 설명을 줄 수 있다"(DN 50/588B[70]).

43. Palamas, *The Triads*, p. 34.

44. 팔라마스의 이 말은 로스키의 다음 책에서 재인용한 것이다. *Mystical Theology*, p. 37 [로스키, 『동방교회의 신비신학』, 52].

같이 쓰고 있다. "앞으로 다가올 시대에도 신이 드러나야 하는 선한 일에는 끝이 없다. 그래서 영혼은 항상 도상 가운데 있고, 항상 앞으로 나아간다."[45]

절대로 충족되지 않는 갈망, 절대로 해소되지 않는 이 욕망과 관련해서, 디오니시오스는 그 갈망이 "황홀경을 가져오기에 사랑하는 사람은 자기가 아니라 사랑받는 사람에게 속한다"(DN 82/712A[118]; 106/868A[161] 참조)고 말한다. 이것은 우리가 지금까지 우리 자신을 제한해 왔던 인지적인 또는 초인지적인 영역에서 참이다. 연합에 대한 적어도 하나의 해석을 따르자면, 신은 우리의 범위, 소유, 지배, 통제 너머에서 모든 현시를 통해 그리고 그 현시 안에 머무른다. 신은 결코 우리의 인지적 속성이 되지 않는다. 그리고 우리가 어떤 시각이나 통찰력을 가지고 있든지 간에, 우리는 우리 자신의 능력이 아닌 은총의 자유로운 선물로 존재한다.

그러나 연합이나 황홀경에는 자기 자신에게 속하지 않는 경험이라는 또 다른 의미가 있다. 우리는 종종 신비적 열망의 목표가 관조의 범위를 넘어서고, 관상이나 사변보다는 사랑과 소통이 그 목표의 전부임을 듣게 된다.[46] 하트가 "신비적인 경험에 관해서 '아는 것'과 '사랑하는 것' 사이에 엄격한 구분이 있을 수 없다"고 말

---

45. Palamas, *The Triads*, p. 123, n. 45.
46. 한 예로 다음을 보라. Louth, *The Origins of the Christian Mystical Tradition*, pp. 82, 85 [라우스, 『서양 신비사상의 기원』, 133, 137쪽]. 또한 다음을 보라. Lossky, *Mystical Theology*, p. 42 [로스키, 『동방교회의 신비신학』, 62쪽].

한 것은 의심의 여지 없이 옳다.[47] 그러나 적어도 부분적으로는 솔로몬의 노래[구약성서의 아가서]에 대한 끝없는 주해가 우리에게 상기시켜 주듯이, '아는 것'은 항상 그 '성서적' 의미를 지니며 그것은 결코 인지적 차원으로 환원되지 않는다. 그렇다면 연합은 마음의 지각 능력과 개념적 능력보다 더 상위의 '인식' 방식과 관련할 뿐만 아니라 사랑, 아가페, 자애와 같이 적절하게 지정된 우리의 '정서'와 '의지'의 변형과도 관련된다.

디오니시오스는 우리에게 그 여정의 목표가 "신처럼godlike 되는 것"(CH 147/124A[225])이라고 말한다. 그러나 우리는 단순히 신을 빤히 쳐다본다고 해서 신처럼 되는 것이 아니다. 디오니시오스에게 신은 무엇보다도 주는 자, 관대한 자, 은총으로 이해된다. 이 모티브는 『무지의 구름』에서 가장 잘 발전되었다. 신을 사랑하는 것은 단지 신을 얼굴 대 얼굴로 보기를 열망하는 것이 아니다. 신을 사랑한다는 것은 "[자신이] 사랑하는 그분의 의지가 충족되기를" 바라는 것인데, 왜냐하면 "영적 합일"은 "의지의 조화"이기 때문이다.[48] 이는 신만을 향한 '날 것 그대로의 의도'에는 물적 동기가 제거되어 있음을 의미하며, 신 자신에 대한 것은 아니지만 신에

---

47. Hart, *Trespass*, p. 103.
48. *The Cloud of Unknowing*, 24, 47, 그리고 67장 [『무지의 구름』, 110, 143, 176쪽]. *Orthodox Spirituality*, p. 23 [정교회의 익명의 수도사, 『정교회 영성』, 47쪽] 참조. "신과의 연합에 작용하는 중요한 인간적 도구는 지성이나 감정이 아니라 인간의 의지다. 우리의 의지가 신의 의지에 복종하여 일치하지 않으면, 신과의 내밀한 연합이 있을 수 없다."

게서 비롯하는 특혜에 대한 욕망, 곧 이웃에 대한 염려는 간직되어 있음을 의미한다. "왜냐하면 사랑은 오로지 신만을 위하며, 만물보다 그분을 사랑하고, 아울러 우리 자신을 사랑하는 만큼 사람들을 사랑하는 것 외에 아무것도 아니기 때문입니다." 이렇게 이웃 사랑으로부터 신의 사랑을 분리하기를 거부하기 때문에, "완전한 관상가는 인간을 특별한 시선으로 대하지 않습니다. … 그에게는 모든 사람이 다 형제일 뿐 이방인은 아무도 없습니다. 그는 모든 사람을 다 벗으로 여기며 어느 누구도 적으로 간주하지 않습니다. 심지어는 자기를 해치고 마음 아프게 만드는 자들까지도 각별한 참된 친구로 여기며, 자기에게 가장 가까운 친구를 위해 복을 빌어주는 것이나 다름없이 그들을 위해서도 복을 빌어줍니다." 이런 점에서 우리는 "관상을 통해 자애로워지기 마련이고 그래서 높은 데서 내려오며 … 그의 의지는 곧바로 적들을 친구 대하듯이 대하고 이방인들을 친척 대하듯이 대하게 될 것입니다."[49]

신비적 연합이 순수한 현전과 관련해서 인지적으로 이해되는 것이건, 아니면 현전과 부재의 불가분성에 관한 새로운 경험과 관

---

49. *The Cloud of Unknowing*, pp. 24~25 [『무지의 구름』, 110~11쪽]. 덕을 함양하는 것은 빛과 연합에 선행하는 정화의 일부이기 때문에, 관상가가 사랑을 실천해야만 한다는 것은 세 가지 점에서 참이다. 나아가, 이 텍스트들에서 사랑은 연합의 본질적인 요소이자 결과가 된다. *Orthodox Spirituality*, p. 15 [정교회의 익명의 수도사, 『정교회 영성』, 33~34쪽] 참조. 여기서 사막교부의 부동심은 "일종의 느낌의 마비와는 매우 다른 어떤 것이다. … 그것은 신과 인간을 향한 사랑이 뜨겁게 타오르고 지배하기 때문에 인간의 (자기-중심적) 정념이 들어설 여지가 없는 상태다."

련해서 인지적으로 이해되는 것이건 간에, 신의 현전은 특이한 반발 효과를 낸다. 신비는 두려우면서도 또한 매혹적이다. 그것은 마치 위대한 왕과의 알현을 허락받은 군중이, 돌아가서 과부와 이방인, 그리고 고아를 돌보라는 명령으로 인해 왕에게로 가는 길이 가로막히리라는 것을 미리 아는 것과도 같다. 아니면 솔로몬의 노래[아가]에 한 장을 더해 보자면, 연인 사이의 친밀감이 주는 환희는 일시적일 것이다. 그들에게는 머지않아 돌보아야 할 아이가 생길 것이다.

해체구성이 "현전이 그 스스로 누리는 쾌락에 대항하여, 현전이 그 자신을 스스로 폐쇄하지 않게 하려고" 작동한다는 이유로 해체구성을 부정신학과 구별하는 것은 미숙한 짓일 것이다.[50] 통시적 부정신학에 관한 텍스트에서, 연합은 확실히 현전이다. 그런데 연합 자체에 가까운 이런 현전의 경향은 텍스트 자체에서 도전받고, 해체구성된다. 관상적 삶과 관상가의 능동적 삶에는 모두 언제나 '보는' 일 그 이상의 것, 그리고 행함 그 이상의 것이 있다. 해당 논증은 문자학적인 것이나 (유사)초월적인 것이 아니다. 한 가지 예로, 그것은 창조주와 피조물 사이의 틈이 순수 현전에 대한 인식론적 단절에 저항한다고 주장하는, 존재-인식적인onto-epistemic 것이다. 또 다른 예로, 그것은 (우리가 본 것처럼, 적을 포함한) 자기와 이웃 사이의 유대가 자기와 이웃보다 더 높은 이를

---

50. 앞의 각주 35를 보라.

사랑한다는 명목으로 양자의 분열에 저항한다고 주장하는 윤리에 관한 것이다.

우리는 통시적 부정신학이 현전의 형이상학에 대한 해체론적 비판과 상충되며, 그러한 부정신학에서 신비주의는 순수한 현전에의 헌신이 지닌 깊이에서가 아니라 현전에 도달하는 데 필요한 길에서 다르며, 이런 점에서 이성주의와의 공모를 배반한다는 논증을 탐구해 왔다. 첫 번째 (간략한) 응답은, 예를 들어 칸트가 자신이 경험하는 것과는 근본적으로 다른 '경험' 방식의 가능성을 부인할 수 없는 것과 마찬가지로, 해체구성도 신비주의가 주장하는 것의 가능성을 부인할 수 있는 위치에 있지 않다는 것이다. 아마도 우리가 알고 있는 삶의 텍스트성 바깥에서는 순수한 현전과 같은 어떤 것이 가능할지 모른다. 두 번째 (더 긴) 응답은 그리스도교의 부정론이 신과의 연합이라는 관념에 내포된 현전에 대한 주장을 의미 있게 한정하는 몇 가지 방식에 주목하는 것이었다.

세 번째가 마지막 응답이 될 것이다. 왜냐하면 이는 변증법적 부정신학으로 돌아가는 것이기 때문이다. 그런데 연합으로 가는 길인 부정을 벗어나기 전에, 우리는 신의 초월에 대한 설명이 인간의 자기-초월의 여러 차원을 포함한다는 것을 알 수 있을 것이다.

1. 적어도 한 가지 독해에서, 우리의 인식은 이생에서나 도래할 삶에서나 신이 의도하는 신적 실재에는 절대 적합하지 않다. 진리(지배, 소유)는 그 충만한 의미에서 언제나 우리 너머에 있다.

2. 우리가 얻을 수 있는 최고의 것은 우리의 지성이나 의지의

힘에 있지 않다. 우리는 너무나 의존적이다.

3. 신은 우리 마음대로 할 수 없다. 오히려 그 반대이며, 이럴수록 더더욱 우리는 연합이나 완전성을 향해 나아가게 된다. 우리는 우리 자신의 것이 아니라 타인의 것이다.

4. 우리가 관여하는 타자는 신만이 아니라 인간이라는 것이 밝혀졌다. 타자는 하나인 만큼이나 복수이고, 아름다운 만큼이나 추악하며, 자비로운 만큼이나 인색하고, 신비로우면서도 궁색하며, 선하면서도 탐욕스럽고, 또 기타 등등 이런 식으로 나타난다.

우리는 부정의 길 위에서 여행하는 자기를 철저하게 탈중심화된 자기로 기술할 수 있을 것 같다. 일종의 유혹으로 간주되는 어떤 경향성, 곧 자신을 사태의 중심에 두려는 경향성은 강한 저항을 받게 된다. 자기는 근원이 아니며 기원에 설 수도 없다. 그것은 목적이 아니며, 우리가 점령할 수 있는 오메가의 지점도 아니다. 그런 경향의 진리는 충분한 지침이 되지 못하고, 그 힘은 가장 간절하게 얻고자 하는 것을 얻을 만한 충분한 능력도 되지 못한다. 또한 탈중심화된 자기에 이르면, 그것은 가고 싶지 않은 곳으로, 사랑을 필요로 하는 이방인들의 세계, 심지어 적들의 세계로 되돌아가도록 파송된다.

우리는 마침내 세 번째 고찰에 도달했다. 우리는 통시적 방식으로, 부정신학이 여정이라는 점, 그 길의 동기가 사랑이고 그 전체 목적이 인식이 아니라 연합이라는 점을 상기해야 한다. 하트가 말했듯이, 이런 점에서 부정의 길은 "언어와 개념이 신에게 적합하다는 것을 부정함으로써 긍정신학을 반영하는 담론"을 넘어 "영혼이 신과 하나가 되기 위해 신이 아닌 모든 것을 점진적으로 부정하는 종교적 실천 기획"이 되었다.[51]

연합이 때로는 순수하고 총체적인 현전인 것처럼 기술되지만, 다른 때는 우리의 지각적, 개념적 지식을 특징짓는 현전과 부재, 탈은폐와 은폐의 더 높은 불가분성의 차원에서 지속되는 것으로 보인다. 다만 다음 한 가지 점에서 연합은 양면적인 것이 아니다. 연합은 침묵을 의미한다. 존재와 앎의 상관성을 넘어서는 움직임은 단어와 말을 넘어서는 움직임이다(DN 53/592D[74]). 그 목적은 "감춰진 침묵의 찬란한 어둠"(MT 135/997B[209])이다. 탁월한 원인에 대해서는 "말할 수 없다." 왜냐하면 그것은 "모든 긍정과 부정 너머에"(MT 141/1048A~B[220]) 있기 때문이다.[52] 상승의 여정에서, "이제 우리는 지성을 넘어서는 어둠으로 뛰어들면서, 우리는 우리 자신에게 단어만이 부족한 것이 아니라 실제로 할 말이 없고, 무지하다는 것을 발견하게 될 것인데 … 나의 논증은 낮은 데서 초월적인 것으로 올라가고, 논증이 더 올라가면 언어는 더더욱 흔들리고, 논증이 전개되고 정점에 달하면 언어는 완전히 침묵할 것입니

---

51. Hart, *Trespass*, pp. 175~77. 이 책 29쪽에서 하트는 데리다의 비판이 모든 신 담론 사용을 향하고 있는 것이 아니라 적합성을 주장하는 견해를 향하는 것이라고 주장한다.
52. MT 136/1000B[211] 참조. "이제 우리는 단순히 부정이 긍정의 반대라고 결론을 내리기보다는, 만물의 원인이 이보다 더 우선하며 모든 궁핍과 부정, 단언을 넘어선다고 결론 내려야 합니다."

다. 왜냐하면 나의 논증은 묘사할 수 없는 자와 하나가 될 것이기 때문입니다"(MT 139/1033B~C[216~17]).

신비로운 여정이 침묵으로 끝나는 것은 놀랄 일이 아니다. 하지만 이것은 통시적인 방식의 부정신학이 우리가 묻고 있는 물음에 대한 좋은 답은 아니라는 것을 의미한다. 왜냐하면 그것은 물음에 대한 답이 전혀 아니기 때문이다. 우리의 직접적 물음은 우리의 인지 능력과 관련해서 신의 초월을 표현하는 최상의 방식에 관한 것이다. 또 이 물음에 대해 "침묵으로" 표현한다는 것은 정당한 답변이다. 하지만 우리는 이 물음을 또 다른 물음의 한 부분으로 제시했다. 우리는 어떻게 신학을 하는가? 우리는 존재-신학으로 미끄러지지 않으면서 신학을 하는 길을 찾고 있다. 그런데 신학을 한다는 것은 신 담론에 참여하는 것이다. 하이데거와 데리다의 의미에서의 신학이라는 말과 관련해서, 신학의 주제인 신 담론을 탈형이상학적으로 실행할 수 있는 신학을 찾는 일은, 우리가 말을 할 것이며, 어떻게 말하는 것이 최선인지를 물을 것을 전제한다.

부정적으로 말해서, 우리는 신에 대해 말하지 않는 법을 배우고자 한다. 하지만 이 말은 모호하다. 이는 신에 대해 아예 말하지 않는 법을 배운다는 것을 의미할 수 있다. 하지만 그것은 또한 그보다는 다른 방식으로 말하는 법을 배우는 것을 의미할 수도 있다. 그리고 이를 배우는 것이 우리의 더 큰 기획에서 전제하는 두 번째 의도다. 그런데 이러한 물음에 대해서 답이 되는 것은 긍정신학과의 동시성 안에 있는, 변증법적 방식의 부정신학뿐이다. 아우구스티누스가 신의 궁극적 선함, 능력, 자비, 정의를 확증하면서 신은 감춰져 있고, 파악할 수 없고, 기술할 수 없는 이라는 것을 확언했을 때 우리는 이러한 동시성을 마주하게 되었다. 또 우리는 『무지의 구름』에서 나온 조언, 곧 "당신을 만들고 당신을 구원했으며, 그 은총을 통해 사랑으로 당신을 부르신 이"가 신이라고 한 말, 그리고 여기에 더해 "당신은 심지어 그분에 대해 아무것도 모른다"고 한 말에서 그런 동시성과 마주하게 된다. 우리는 "언어와 개념이 신에게 적합하다는 것을 부정함으로써 긍정신학을 반영하는 담론"으로서의 부정신학으로 우리의 주의를 돌려야 한다.[53] 우리의 물음에 대한 기본 대답은 우리가 말하는 모든 것의 부적합성을 완전히 깨닫고 인정할 때 우리가 신에 대해 가장 적절하게 말하게 된다는 것이다. 그러나 이것이 전부가 아니다. 이제 이 이야기는 디오니시오스의 부정의 길에서 아퀴나스의 유비의 길 via analogiae로 우리를 이끌 것인데, 아퀴나스도 디오니시오스의 가장 열렬한 독자 중 하나다. 이것이 다음 장의 주제다.

---

53. 앞의 각주 51을 보라.

5장

위-디오니시오스와 아퀴나스

그럼에도 불구하고 신을 말하는 법 — 존재의 유비

해체구성은 "일반화된 부정론"으로 기술되어 왔다.[1] 이는 우리에게 어떤 것에 대해서도 전혀 말하지 않는 법을 상기시킨다. 즉 언어를, 존재하는 지시체들(차이들)의 사실 바깥에서 활용할 수 있는 초월적 기의로 만드는 방식으로, 의미가 언어에 앞서 있었던 듯이,[2] 기의의 현전이 기표의 사용에 앞서는 듯이 말하지 않는 법을 우리에게 상기시킨다.[3] 부정신학은 언어 자체에 대한 (유사)초

---

1. Caputo, *The Prayers and Tears of Jacques Derrida*, pp. 28, 32, 41, 46, 55.
2. 이 책의 4장에서 진행된 아우구스티누스의 언어 철학에 관한 논의를 보라.
3. 충만하게 규정된 의미는 아직 명시적으로 의식에 현전하지 않은 지시체들로 인해 언어에서 지연되고, 언어적으로 내재된 의미는 하이데거적 의미에서의 탈은폐와 은폐의 결합이다. 만일 언어 게임이 하이데거가 주장한 것처럼 삶의 형식이라면, 의미는 우리의 실천, 암묵적 차원의 기능이기도 하며, 현전과 부재의 변증법은 심지어 더 크게 확장된다. H. L. Dreyfus, "Holism and Hermeneutics," *Review of Metaphysics*, 그리고 다음 글에서 나의 논의를 보라. "Hermeneutics as Epistemology," *Overcoming Onto-theology*.

월적 조건에 대한 반성이라기보다는 신의 초월에 대한 반성이기 때문에, 그것은 특수화된 부정론이다. 부정신학은 신에 대해 말하지 않는 법, 즉 마치 – 신적으로 권위를 부여받은 이미지와 성서적 계시의 개념을 포함하여 – 우리의 지각 능력에서 파생된 이미지나 지적 능력에서 파생된 개념이 신의 실재성에 적합하지 않다는 듯이 신에 대해 말하지 않는 법을 우리에게 알려준다. 신은 우리의 인식 장치를 절대 마음대로 사용하지 않는다.

우리는 신에 대해 말하지 않는 법을 배우는 것이 침묵하는 법을 배우는 일을 의미할 수 있다는 점을 살펴보았다. 부정신학은 신에 대해 진술하는 인간의 모든 언어가 부적합한 것이라는 점을 드러낸다. 이는 언어에 대한 우리의 장악력(또는 우리에 대한 언어의 장악력)을 약화시키기 위한 것이다. 이전 장에서 우리는 위-디오니시오스의 사유의 이러한 차원에 초점을 맞춰 왔다. 그러므로 우리는 무지의 구름의 고요한 어둠 속에 있는 사랑의 연합을 선물로 받고자 준비했다. 우리가 신에 대한 모든 인식 작용의 부적합성을 엿본 다음, 우리는 그 작용을 뒤로 하고 그것들 너머의 더 높고 더 좋은 것으로 나아간다. 이것이 부정신학의 **연속적-통시적** 방식이다.

하지만 모세의 삶은 시내산의 정상에서 이루어지지 않으며, 신비로운 황홀경을 드물게 경험하는 순간을 제외하고는, 그 신앙의 삶은 낮은 고도에서 이루어진다. 말하자면 동굴 속 신앙의 삶에, 언어, 이미지, 그리고 개념에서 전달되는 부정신학의 중요한 차원이 있다. 여기서 부정신학의 과제는 긍정신학의 언어를 버리고 침묵으로 이끄는 것이 아니라, 신을 가장 적절하게 말하는 법을 우리에게 가르치는 것이다. 신을 말하지 않는 법을 배우는 것은 신을 적절하게 말하는 법을 배우는 것을 의미한다. 이러한 동시적-변증법적 방식에서, 부정신학과 긍정신학은 어쩔 수 없이 불가분의 관계에 놓인다. 디오니시오스는 "그의 전통의 많은 상징을 이해하는 변증법적 방식으로서의 긍정과 부정, 유사성과 비유사성을 함께 추구한다. 그가 말하는 '유사하지 않은 유사성'은 긍정되어야 할 유사성이면서 동시에 부정되어야 할 유사성이며…긍정과 부정은 절대 완전히 분리될 수 없다."[4] 이 변증법은 "표현할 수 없는 것들의 은밀함에서는 긍정적 확인이 언제나 적합하지 않고", 또한 "천상의 존재들과 관련하여 가장 저급한 물질로부터 끌어낸 형상들을 언제나 적절하게 사용할 수 있습니다. 결국 물질은 절대적인 아름다움 덕분에 존재하며, 세상의 모든 물질은 이해할 수 있는 아름다움을 반향합니다"(CH 150/141A[231] & 151~52/144B[233], 강조는 필자).

하트는 이 변증법적 방식에서 부정신학을 해체구성과 관련시키고 해체구성이 부정신학인 것은 아니지만, 부정신학이 긍정신학의 해체구성이라는 논지를 전개한다.[5] 이와 유사하게, 카푸토는 부정신학과 관련한 해체구성의 역할이 봄, 심지어 신비적 어둠의

---

[4]. Rorem, "The Uplifting Spirituality of Pseudo-Dionysius," pp. 136~37. 인용된 구절은 CH 148/137D[229]이다.

[5]. Hart, *The Trespass of the Sign*, pp. 193, xi, 186, 198.

"봄"과 구별되는 것으로서의 "신앙 안에 〔해체구성을〕 재정위하는 것"이라고 주장한다. 그것은 "〔이 변증법적 방식의〕 부정신학"이 "침묵의 연합"을 탐색하면서 "작별을 고하고자 하는 문자학적 흐름에 신학을 다시 위탁한다."[6] 그러나 이것은 해체구성에 의한 폭력적인 전유도, 비판자들을 진정시키기 위해 부정신학을 비굴하게 만드는 시도도 아니다. 의심할 여지 없이 디오니시오스는, 자신을 그리스도교 신앙에 들어오게 했다고 전해지는 사도 바울처럼, 희미하게 보기보다 신을 얼굴 대 얼굴로 보는 편이 더 낫다고 생각한다(고린토인들에게 보낸 첫째 편지 13:12). 하지만 신앙의 삶이 침묵의 연합보다는 언어의 산소를 들이쉬는 낮은 고도에서 살아가는 것임을 고려하면서, 그는 신에 대해 말하는 법을 가르치는 것을 신학의 핵심 과제로 간주한다.

디오니시오스(또한 더 나아가 해체구성)는 신에 대해 무엇을 말해야 하는지에 대해서는 특별한 조언을 주지 않는다. 그가 논의하는 긍정신학의 이미지와 개념은 그의 그리스도교 공동체의 성서적·전례적 전통에서 비롯한다. 그는 신의 계시와 신앙의 규칙regula fidei 안에서 공식화된 계시를 모두 전제하면서, 그 이미지와 개념을 주어진 것으로 다룬다. 그의 초점은 "무엇"이 아닌 "어떻게"에 맞추어져 있다.[7] 디오니시오스는 사실상 부정신학에 관한 한, 신

---

6. Caputo, *Prayers and Tears*, pp. 6, 11.
7. 이런 점에서 디오니시오스와 키에르케고어의 요하네스 클리마쿠스 사이에는 흥미로운 연결점이 있다. 클리마쿠스의 주체성으로서의 진리에 관한 유명한 논의

에 대한 모든 성서적·전통적 긍정이 부적절한 것 즉 부적합성을 절대 잃어버리지 않는 한에서 적절하다고 말한다. 언어, 심지어 성서 언어조차도, 절대로 신적 실재를 반영할 수도, 지배할 수도, 파악할 수도, 또는 포괄할 수도 없다. 신 담론에 적절한 '어떻게'는 인식론적 겸손이다. 즉, 그것은 우리가 항상 옳다고 생각하지는 않고, 우리가 옳다고 할 때도 점진적으로 그리고 단편적으로 옳다는 것을 인정하는 데카르트적 겸손이 아니라, 엄밀히 말해서 우리가 옳다고 절대 생각하지 않는 칸트적 겸손이다. 우리의 담론은 적절할 수 있지만, 그것이 지향하는 실재에 대해서는 결코 적절할 수 없다.

우리가 보게 될 것처럼, 이것이 이야기의 전부는 아니다. 그러나 변증법적 방식에서의 부정신학의 이 첫 번째 몸짓은 존재-신학과의 결정적 결별을 이루어낸다. 존재-신학과 마찬가지로, 변증법적 부정신학은 신 담론이 풍부하게 펼쳐지는 시끄러운 지역에 자리 잡고 있다. 그것은 그러한 담론을 폐지하거나abolish 약화시키려abate 하지 않고 단지 그것을 무안하게 만들려고abash 한다. 그런데 그것이 육성해내려고 하는 겸손은 (아우구스티누스라면 교만이라고 할) 일종의 자만심으로 자신을 드러내는 존재-신학으로 인해 비굴함으로 보일 수 있다. 왜냐하면 겸손과 비굴함을 구분하지 못하는 것이 자만심의 본성이기 때문이다.

잠시 비굴한 존재-신학자의 역할을 떠맡아 이렇게 물어보기

는 "무엇"과 "어떻게" 사이의 구별을 중심으로 돌아간다. 1장 각주 51을 보라.

로 하자. 만일 우리가 믿는다는 것만을 고백하는 것이 아니라 우리의 믿음이 아무리 확고하게 유지되어도 그 믿음이 의도하는 실재에 미치지 못하는 것까지도 지속해서 고백해야 한다면, 우리의 말의 요점은 무엇이란 말인가? 만일 우리의 신학적 긍정이 언제나 지워지고 있다면, 그 긍정이 실재 전체를 인식할 수 있는 통일성으로 이끌 수 없다면, 또 그 긍정이 적어도 우리에게 어떤 고정된 진리와 최종적인 진리를 남길 수 있는 순수한 현전의 순간들로부터 일어나지 않는다면, 결국 우리의 신 담론은 무엇을 말하는 것일까?

디오니시오스는 이 물음을 환영한다. 그의 변증법적 방식에서 부정은 그 자체로 덕인 인식론적 겸손을 가르친다. 그러나 이 외에도 방금 제기된 물음에 대한 그의 대답은 부적절한 술어의 적절한 사용, 즉 사랑과 지식의 구분이 의미를 갖는 용례를 가리킨다. 통시적 방식과 관련하여 자기-초월에 대해 말한 내용이 여기에도 적용된다는 것은 의심의 여지가 없다. 우리의 신 담론은 우리가 우리 자신이 아니라 다른 이에게 속해 있다는 것을 가르친다. 이것은 사랑하는 이에 대한 우리의 사랑이 단순히 그이를 보고자 하는 에로틱한 갈망이 아니라는 것을 의미한다. 그 갈망이 경건한 관음증으로 변질되는 사태를 막는 것은 우리의 의지를 신의 뜻에 부합하게 하는 일과 언제나 사랑스럽지만은 않은 이웃을 사랑함으로써 신을 향한 순종을 드러내는 것이다.

하지만 디오니시오스는 '타자'에게 속한다는 것이 의미하는 바의 또 다른 측면을 강조할 것이다. 그것은 곧 찬양이다. 우리의 신 담론이 충만한 인식가능성과 순수 현전을 제공하지 못한다면 과연 어떤 점에서 소용이 있을까? 신 담론은 찬양할 수 있게 해준다. 왜냐하면 "우리는 사유와 존재 저편에 감춰져 있는 분께 예배하기" 때문이다. 우리의 "지혜로운 침묵"은 "찬양의 노래"를 통해 수반된다(DN 50~1/589B[71]). 비록 '선'을 명명하는 것이 부차적이라고 해도, '존재'라는 명명은 "신학에서 참으로 존재하시는 분께 적용됩니다. 여기에서 내가 말하는 목적은 초월적 존재를 드러내는 데 있는 것이 아닙니다. 왜냐하면 이것은 말을 초월하는 것, 알려지지 않고 완전히 감추어진 것이기 … 때문입니다. 나는 존재의 절대적인 원천이 완전한 존재의 영역으로 들어가는 과정을 찬양하려고 합니다"(DN 50~51/589B[143]). 언뜻 보기에 존재-신학적 몸짓으로 보이는 이 찬양은 최고 존재와의 관계로 존재 전체를 들여오는 것과는 정반대의 것이다. 신은 인간 이성이 스스로 요구하고자 하는 충만한 이해를 허용하기 위해 우리의 허락을 받고 무대에 등장하는 자가 아니다. 이것은 우리가 무엇을 가질 수 있는지를 상기시킨다. 이러한 상기와 더불어 신은 우리 인간의 우리 자신에 대한 집착에서 벗어나 다른 이에게 찬양의 선물을 주고자 우리를 불러내기에 이른다.

찬양이라는 논제는 디오니시오스 전집 전체에 울려 퍼지는데, 눈에 잘 들어오지는 않는다. 데리다는 해체구성과 부정신학을 구별하는데, 이는 부정신학이 기도로 시작하기 때문만이 아니라 그 기도가 찬미를 통해 수반되기 때문이다.[8] 라우스는 이렇게 적고 있다. "[디오니시오스의] 이 여러 신학에서 우선 주목할 것은 찬양하는hymnein 방식이다. 이 신학들은 신이 어떤 분인가에 대하여 서술하는 학문이 아니고, 어떻게 신을 찬양할 수 있는가에 관한 것이다. 〔디오니시오스에게〕 신학은 지적이고 학문적인 내용이 주류를 이루는 것이 아니라 … 피조물인 인간이 찬양과 경배로 신의 '사랑'에 응답하는 데 주된 관심을 두었다."9 가장 간결하게, 마리옹은 우리가 "신의 이름 중 그 어느 것도 선을 소거하지 않으며, 또는 신에 대한 파악이나 이해를 제공하지도 못한다"는 것을 깨달을 때, "서술은 찬양에 굴복해야만 한다"고 말한다.10

이것은 부정신학이 그 변증법적 방식에서 존재-신학에 대한 결정적 단절을 시사함을 보여주는 중요한 확증이다. 하이데거는 우리가 본 것처럼, 존재-신학을 비판하면서 이렇게 불만을 토로한다. "자기원인 앞에서 인간은 경외하는 마음으로 무릎을 꿇을 수도 없고 이 신 안에서 곡을 연주하거나 춤을 출 수도 없다"(ID 72[65]).11 디오니시오스는 신을 자기원인으로 기술하는 데 가까워

---

8. Derrida, "How to Avoid Speaking," pp. 81, 108, 111.
9. Louth, *The Origins of the Christian Mystical Tradition*, p. 166 [라우스, 『서양 신비사상의 기원』, 240~41쪽].
10. Marion, *God Without Being*, p. 106. 마찬가지로, 캐서린 픽스톡(Catherine Pickstock)은 "언어의 주된 송영론적(doxological) 특징"을 주장한다. "즉, 언어는 일차적으로 존재하며, 결국 신에 대한 찬양으로서만 의미가 있다." *After Writing*, xiii. 또한 pp. 37~49 참조. 그녀는 부정신학을 직접적으로 논하고 있지는 않지만, 둔스 스코투스의 일의적 언어에 관한 주장은 찬양을 향하는 언어, 전례적 언어에 관한 이해에서 치명적이라고 본다. pp. 62~64 및 121~40을 보라. 절대지에 대한 찬양의 우위성에 관해서는 J-Y. Lacoste, "Liturgy and Kenosis," *Expérience et absolu*, in *The Postmodern God*을 보라.

진다. 그에게 신은 규칙적으로 "모든 현존을 초월하는…모든 현존의 원인"(DN 50/588B[70])으로 기술된다. "존재의 절대적인 신적 원천"(DN 96/816B[143])으로서의 신은 분명 원천을 가지지 않는 원천이자 원인 지어지지 않는 원인이다. 그런데 이러한 기술의 인지적 무능을 인식함에 있어, 이 신학은 (춤은 아니더라도) 찬양의 노래를 발산한다. 적어도 변증법적 길에서 이 신학의 주된 목적은 찬양이다. 문제는 자기원인이라는 개념 자체에 있는 것이 아니라 경배하는 용도보다는 사변적인 용도로 그것을 사용하는 데 있는 것으로 보인다. 우리가 신의 존재가 "이론적 정리"theorem가 아닌 "신비"로 남는 것에 만족할 때,[12] 존재-신학은 송영doxology으로 대체된다.[13]

인식론적 겸손이 자기-초월의 부정적인 형태라면, 찬양은 여기서 그것의 긍정적인 형태, 곧 부정과 반대되는 면이다. 한편으로 우리는 "나는 적합하지 않다"고 하고, 다른 한편으로 "신은 위대하다"고 말한다. 송영적 자기-초월이 자신이 주임이 되고자 하는 자기에게 얼마나 큰 충격을 주는지는 마르셀의 경탄admiration에 대한 설명에서 명확하게 드러난다. 그 설명은 현재로서는 찬양praise이나 흠숭adoration과 상호 교환될 수 있는 것이다. 「속함과 수응」이라는 제목의 논고를 읽어보는 것은 매우 적절하고 유의미하다.

---

11. 1장에서 해당 논의를 보라.
12. *Orthodox Spirituality*, p. 31 [정교회의 익명의 수도사, 『정교회 영성』, 58쪽].
13. 송영으로서의 신학을 하려는 현대적 시도로 G. Wainwright, *Doxology*를 보라.

이 논고는 타자에게 속하고 타자에게 수응하는 것이 무엇을 의미하는지를 탐구한다. 마르셀은 이렇게 적고 있다.

> 경탄의 기능은 우리를 우리 자신과 우리 자신이 가진 생각으로부터 떼어놓는 것임이 분명한데…〔그것은〕 새로운 것이 침투할 수 없는 폐쇄적 또는 밀폐적 체계를 지니지 않은 존재에서만 발생할 수 있다.… 우리는… 어떻게 경탄하기를 거부하는 것과 경탄할 수 없음이 모두 기본적인 수응을 내포하는지를 규정하기 위해 먼저 경탄하기를 거부하는 것을 연구하고 그다음으로 경탄할 수 없음을 연구해야 한다.
>
> 얼마 전 한 극작가는 인터뷰에서 경탄이 그가 온힘으로 저항한 굴욕적인 상태라고 단언했다.… 셸러가 원한감정에 대해 했던 것과 비슷한 분석은 이 의구심의 밑바탕에 자아에 대한 불타는 집착이 있다는 것을 밝혀야 한다. "그러면 그것은 나에 대해 무엇인가, 그 경우에 나는 어떻게 되는가?"…
>
> 단언하자면, 경탄은 굴욕적인 상태이며, 주체를 그 자체로 존재하는 힘으로 다루고 자신을 중심으로 삼는 것과 같은 것이다. 반면에 경탄이 고귀한 상태라고 선언하는 것은 주체의 적절한 기능이 그 자신에게서 벗어나 일차적으로 자신에 대한 선물로 자신을 현실화하는 것이라는 대조적인 역 개념에서 시작하는 것이다….[14]

---

14. Marcel, *Creative Fidelity*, pp. 47~49.

디오니시오스가 "이게 바로 내 생각이야!"라고 말하는 소리가 들려오는 것 같다. 성서와 전례의 언어, 그리고 그와 관련한 철학적 신학에 관한 언어는 신의 실재를 반영하거나 포괄하기에 지독할 정도로 불충분한 것일 수 있다. 하지만 그것이 모든 목적에 부적합한 것은 아니다. 디오니시오스의 눈에 그 언어는 찬양의 동기와 어휘를 모두 제공하기에는 충분한 것이다.

> 와서 흠숭할지라.
> 가장 높은 곳에 계신 하느님께 영광 있으라…
> 당신을 찬양하나이다. 당신을 찬미하나이다.
> 당신을 흠숭하나이다. 당신께 영광을 돌리나이다.
> 주님의 크신 영광에 감사하나이다.[15]

---

15. [원서에 있는 라틴어 원문은 다음과 같다. Venite adoramus. / Gloria in excelsis Deo … / Laudamus te. Benedicimus te. / Adoramus te. Gloriftcamus te. / Gratias agimus tibi propter magnam gloriam tuam.] 첫 행 "와서 흠숭할지라"는 크리스마스 성가에서 "참 반가운 신도여 다 이리 와서"로 반복된다. 다른 행은 라틴 미사의 영광송에서 비롯한 것이다. "가장 높은 곳에 계신 하느님께 영광 있으라…당신을 찬양하나이다. 당신을 찬미하나이다. 당신을 흠숭하나이다. 당신께 영광을 돌리나이다. 주님의 크신 영광에 감사하나이다." 마리옹이 종종 찬양이 서술을 대체한다고 제안하는 반면, 나는 찬양이 언제나 서술을 전제하고, 서술이 없으면 찬양이 무의미해질 것이라고 주장했다. 나의 다음 글을 보라. "Continental Philosophy of Religion," *Oxford Handbook for Philosophy of Religion*, ed. William J. Wainwright, 근간. 장-루이 크레티앙이 기도에 대해 말한 것은 찬양에 대해서도 마찬가지로 사실이다. 기도는 참도 아니고 거짓도 아니라는 아리스토텔레스의 주장에 주목하면서, 그는 다음과 같이 적고 있다. "요구, 탄원, 탄식은 실제로 서술적 명제로서의 진리로 받아들여지지 않는

이런 말하기를 배우는 것은 확실히 일생의 과제가 된다. 그런 자기-초월은 빠르게 성취되지 않는다. "그러면 나는 어떤가?"라는 물음은 진행이 느리고 되돌아가기 쉽다는 의미에서 표면 저 아래에 숨겨진 것이 아니다. 디오니시오스의 견해와 그를 따르는 동서양 그리스도교의 중요한 전통의 견해는 (1) 존재-신학과 현전의 형이상학이 요구하는 종류의 인식은 우리가 찬양하기를 배우는 여정에는 필요하지 않으며 (2) 그러한 인식의 추구와 그 인식을 성취하려는 요구가 그 여정에 도움이 되기는커녕 방해가 된다는 것이다. 이렇게 해서, 모든 그리스도교 사상가 중에서 가장 심원하게 플라톤적이라고 할 수 있는 사상가 가운데 하나로 꼽힐 테르툴리아누스의 다음과 같은 물음을 되새기게 된다. 아테네와 예루살렘이 무슨 상관이 있는가?

―◦―

우리는 이 물음을 아퀴나스와 연관 짓지 않는다. 아우구스티누스와 마찬가지로, 아퀴나스는 모든 존재 의미에서 핵심이 되는 최고 존재의 실재를 긍정하는 고전적 유신론자로서, 종종 존재-신학자로 추정된다. 그러나 아우구스티누스와 마찬가지로 아퀴나스는 존재-신학자가 아니다. 그는 신을 수단으로 삼아 현실

다. 그런데 기도에는 언제나 그 정확성을 규정하는 규범이 있으며, 이 규범은 서술적 진술(logos apophantikos)을 포함한 진리를 작동시킨다. … 요구하는 기도의 단순한 언어적 형식은 진리 물음을 외면하기에는 충분치 않다." "The Wounded Word," *Phenomenology and the "Theological Turn"*, pp. 154~55.

전체를 인간의 사유로 이해할 수 있게 만들려고 하지 않고, 아우구스티누스가 그랬듯이, 신은 신비적 존재로 남아있다고 주장한다. 그러므로, "이는 인간 지성이 신의 본질과 같지 않기 때문에, 곧 이 동일한 신의 본질이 우리 지성을 능가하고 우리에게 알려지지 않았기 때문이다. 그러므로 인간은 자신이 신을 알지 못한다는 것을 알 때 신에 대한 최고점의 인식에 도달한다. 그가 신에 대해 파악한 것이 무엇이건 신이 그것을 초월한다는 사실을 아는 한에서 그렇다"(DP 7.5.14, 강조는 필자).

이와 관련된 대목에서, 아퀴나스는 특히나 존재-신학적 사유의 전체화하는totalizing 16 성격을 문제의 대상으로 삼는 것처럼 보이기도 한다.

> 피조물은 창조자를 적절하게 표상하지 못한다. 결과적으로, 우리는 피조물을 통해서는 신에 대한 완벽한 인식에 도달할 수 없다. 우리의 인식이 불완전한 또 다른 이유는 우리 지성의 연약함imbecillitatem이다. … 이러한 이유로 우리는 그러한 탐구의 완성을 목적으로ad finem 삼는다는 의미에서 신의 속성을 지나치게 면밀

---

16. 이 포스트모던 유행어는 종종 명확한 의미를 내포하지 않은 채로 사용된다. 나는 이 말을 준궁극적(penultimate)이기보다는 궁극적인(ultimate) 것을 주장하는 사유를 의미하는 것으로 사용한다. 왜냐하면 그 말은 '공간적으로' 모든 것이 제자리를 차지하고 모든 것을 제자리에 놓는다는 의미를, 그리고 '시간적으로' 미래에 대한 실질적인 수정을 구상하지 않는다는 것을 의미하기 때문이다.

히 탐구하는 것을 금했다. … 만일 우리가 이렇게 했다면, 우리의 지성이 파악할 수 없는 한 신에 관해서는 아무것도 믿지 못할 것이다. 그러나 우리는 너무 연약하여 신을 완벽하게 이해할 수 없다는 것을 기억하면서, 신의 속성을 겸손하게 탐구하기를 지속하지 못하고 있다. 그 결과 힐라리우스는 이렇게 쓰고 있다. "신의 무한한 길을 경건하게 찾는 사람이 결코 그 탐구의 끝에 도달하지 못한다 해도, 그의 탐구는 언제나 그에게 유익할 것이다." (DV 5.2.11)[17]

아퀴나스에게는 은폐와 탈은폐의 변증법이 있는데, 이는 그가 동시적-변증법적 부정신학의 실천가이기 때문이다. 아퀴나스 이전의 아우구스티누스나 아퀴나스 이후의 『무지의 구름』과 같

---

17. 아퀴나스의 지나치게 섬세한 탐구라는 개념은 "선택적이지 않고", "측정되지 않았으며", "무차별적인", 또한 "무제한적인" 그 인식 추동력 때문에 "과학의 야만적인 효과"에 불만을 터트리는 니체와 놀라운 유사성을 가진다. *Philosophy and Truth*, pp. 5~9. 이 노트가 나온 지 1년이 지난 뒤 니체는 모든 것이 인식 가능해지기를 요구하는 소크라테스의 로고스적 본성의 "비대중"에 항의한다. *The Birth of Tragedy*, pp. 12~13[『비극의 탄생』, 158~77쪽]. 그는 "논리의 실마리를 따라 존재의 가장 깊은 심연을 관통할 수 있다고 생각한 확고한 믿음"을 지닌 소크라테스의 "심원한 망상"에 대해 "진리 자체가 아니라 진리를 찾는 행위에 더 관심을 둔다고 감히 말했던" 레싱을 맞세운다. 15절[191]을 보라. 키에르케고어는 소크라테스적 무지와 아이러니를 참작하여 소크라테스를 레싱과 연관시키면서 후자에게서 비롯하는 동일한 행동을 칭찬하고, "오로지 그만이 절대 완성되지 않는 양식을 가진다"는 말을 덧붙인다. *Concluding Unscientific Postscript*, II부, I장, I절.

이, 그는 신에 대해 이것 또는 저것을 확언하면서도 신의 주어에 부여하는 술어의 인식론적 적합성을 부정한다. 아리스토텔레스의 인식론을 추구했음에도 불구하고, 그는 그리스도교의 신플라톤주의에 깊은 뿌리를 두고 있으며 위-디오니시오스를 흠모한 그의 학생이다. 디오니시오스에 대한 그의 주해가 연속적-통시적 부정신학을 제시하는 『신비신학』이 아니라 디오니시오스가 동시적-변증법적 부정신학을 발전시킨 『신의 이름』과 관련해서 이루어진다는 것은 현재 맥락에서 적지 않은 중요성을 지닌다. 아퀴나스는 "신은 그에게 요구되는 초월성을 보장하고 (동시에) 우리가 '거룩하신 분', '아버지', 또는 '위대하신 알라'라고 말할 때 지시하는 것에 대한 개념을 가질 수 있게 해주고, 이에 대한 변증법적 긴장감이 철학적 신학의 적절한 과제라는 점을 뚜렷하게 표명하면서, … 신은 알려지지 않는 자로 여겨져야만 한다"고 생각하는 전통에 속해 있다.[18]

아퀴나스가 그의 유비 이론에서 이러한 긴장을 분명히 밝힌다는 것은 잘 알려져 있다. 그런데 신의 이름에 대한 그의 설명과 신 담론의 인식론으로 돌아가기 전에, 우리는 피조물에 대한 그의 이해를 살펴볼 필요가 있다. 그리고 이것은 두 가지 이유에서 필요하다. 첫째, 요셉 피퍼는 "(아퀴나스의) 세계관에 관한 거의 모든 기본 생각이 규정되어 있는 근본 관념이 있다. 그것은 창조의 관

---

18. D. B. Burrell, C.S.C., *Knowing the Unknowable God*, p. 2.

념, 또는 더 정확하게는 창조자 자신을 제외하고는 피조물Creatura이 아닌 것이 없다는 것, 더 나아가 이 피조됨이 창조된 것의 내적 구조를 전적으로 충만하게 규정한다는 것이다." 이런 관념이 "성 토마스의 존재 철학의 거의 모든 기본 개념의 내적 구조"를 형성한다.[19] 유비 이론도 이런 일반 규칙에서 예외가 아니다.

그런데 우리에게는 유비의 인식론으로 눈을 돌리기 전에 창조의 존재론을 살펴봐야 하는 똑같이 긴급한 이유가 있다. 우리는 일상적인 장소에서 신의 초월에 대한 탐구를, '우주론적' 초월에 대한 범신론과 유신론 사이의 논쟁에 대한 탐구를 시작했다. 우리는 두 가지 범신론적 체계를 살펴봤고, 그것들이 범례적으로 존재-신학적이라는 점을 발견했으며, 인간의 자기-초월과 관련해서 이 이론의 함의를 탐구해 왔다. 고전 유신론으로 눈을 돌리면, 나는 아우구스티누스의 신의 파악 불가능성 주장이 하이데거(그리고 데리다)가 기술했던 존재-신학적 기획과 분명히 단절하며, 이것은 스피노자와 헤겔에게서는 찾을 수 없는 인식론적 자기-초월과 연관된다고 주장했다. 또한 이와 더불어 디오니시오스의 『신의 이름』의 변증법적 부정신학이 그 이전의 카파도키아 교부들과 아우구스티누스 같은 사상가에게서 일어났으며 이 이후의 아퀴나스 같은 사상가들도 추종하는 전통에서의 인식론적 자기-초월

---

19. J. Pieper, *The Silence of St. Thomas*, pp. 47~8 [요셉 피퍼, 『성 토마스의 침묵』, 49~50쪽].

을 분명하게 표현해낸다고 주장했다. 그러나 나는 고전 유신론과 모든 형태의 범신론을 분리하는 창조론적 존재론에 대한 고찰을 지금까지 미뤄왔다. 이는 아우구스티누스를 통해 매우 수월하게 이루어질 수 있는 고찰이겠지만, 아퀴나스가 자신의 논지를 제시할 때 훨씬 더 체계적이기 때문에, 그리고 신과 세계의 관계에 대한 그의 기본 설명 형식이 일반적으로 유신론적이지만 특별히 토미즘적이는 않다는 점에서, 나는 아퀴나스의 창조에 대한 설명을 (1) 범신론으로부터 유신론을 구별해내는 길로서, 또한 (2) 인식론적이고 윤리적인 문제에 대한 유신론적 사유의 전제로서 제시할 것이다.

데이비드 버렐은 창조를 긍정하는 아퀴나스의 특별한 관심사를 알파라비Alfarabi와 아비첸나Avicenna(이븐-시나Ibn-Sina)와 같은 이슬람 철학자들 사이에서 찾아볼 수 있는 발출론적 사고와 구별하도록 우리의 주의를 환기해낸다.[20] 물론 그가 범신론을 지칭하여 말하는 것은 아니지만, 버렐은 언급한 철학자들이 필연적으로 또는 불가피하게 세계를 신에게서 발출하는 것으로 봄으로써 신의 초월을 타협적으로 사유한다고 본다. 또한 아퀴나스는 존재-신학에 관해 말하지는 않지만, 발출론적 도식이 불행한 인식론적 결과를 가져올 것을 두려워한다. 따라서 아퀴나스가 "우주의

---

20. D. B. Burrell, *Knowing the Unknowable God*와 *Freedom and Creation in Three Traditions*를 보라. 스피노자와 이 두 철학자의 관계에 관해서는 Wolfson, *The Philosophy of Spinoza*를 보라.

전체 질서와 원인〔영혼〕으로 묘사하기를 열망하는"(DV 2.2) 철학적 신학을 하는 이들과 그 자신을 구별할 때, 또는 동시에 다른 말로 해서 한계 없는 지성의 총체적이고 완전한 소유의 장소가 있기를 열망하는 이들과 자신을 구별할 때, 이는 그가 아비첸나를 염두에 두고 하는 구별이다.[21]

때때로 아퀴나스는 그가 얼마나 신플라톤주의적인지를 보여주면서 발출론적 언어를 사용할 것이다. 따라서 『신학대전』 1권 45문 1절은 "제일원리에서부터의 사물의 발출 양태"를 다룬다. 그런데 아퀴나스가 "하느님은 보편적 원인으로부터 모든 존재자의 발출"에 관해 말할 때, 그는 무로부터의 ex nihilo 창조를 긍정하는 데 할애된 한 절에서 "창조라는 이름으로 지시한 이 발출"에 주목한다.[22] 세계는 신적 실체로 창조된 것도 아니고, 미리 주어져 있는 다루기 힘든 질료로 창조된 것도 아니다.

창조를 우리가 발출에 대한 범신론적 해석이라고 부를 있는 것과 구별함에 있어서, 아퀴나스에게 중요한 것은 바로 이것이다.

---

21. 나는 과거와 미래에 대립하는 현재와 부재에 대립하는 현전을 모두 의미하는, 전체화하는 사유의 한 형식으로서의 존재-신학적 사유와 데리다가 현전의 형이상학이라고 부른 것 사이의 연관성을 강조하기 위해 아퀴나스가 신을 확증하면서 참조하는(ST 1.10.1 [토마스 아퀴나스, 『신학대전 1』, 정의채 옮김, 바오로딸, 2002, 423~29쪽]. 이하 본문 속에 『신학대전 1』로 표기한다.) 보에티우스의 『철학의 위안』(5권, 산문 6 [보에티우스, 『철학의 위안』, 이세운 옮김, 필로소픽, 2014, 218~26쪽])에 나오는 영원성에 대한 정의를 다른 말로 바꿔 표현했다.
22. * 토마스 아퀴나스, 『신학대전 제6권: 제44문제~49문제』, 정의채 옮김, 바오로딸, 1999, 83, 87쪽. 이하 본문 속에 『신학대전 제6권』으로 표기한다.

"제일 원리로부터의 사물의 발출"은 필연성이 아닌 자유로운 행위에 의해 발생한다. 그리하여 그는 "우리가 행복을 필연적으로 의욕하는 것처럼, 신은 자신의 선함의 존재를 필연적으로 의욕한다"는 것을 긍정하지만, 신이 이런 식으로 "그 자신 이외의 다른 것들"을 의욕한다는 것은 부정한다. "우리는 그런 것들 없이 목적이 성립될 수 있는 것들에 필연적으로 의존하지 않는데 … 왜냐하면 신의 선함은 완전하고 다른 것들 없이 존재할 수 있기 때문이다. 그리하여 … 신이 자기 이외의 다른 것들을 의욕하는 것이 절대적으로 필연적이지는 않다는 결론이 따라 나온다"(ST 1.19.3. 또한 1.46.1 참조. 강조는 필자).[23]

이것이 고전 유신론과 범신론의 결정적 차이다. 신플라톤주의의 맥락에서, 발출은 태양과 같은 불에서 나오는 열과 빛의 복사로 종종 설명된다.[24] 불은 열과 빛의 원인이며, 그것들은 매우 특정한 의미에서 반드시 그것들의 근원으로부터 일어난다. 열과 빛이 없이는 불이 나올 수 없다. 따라서 플로티노스는 스피노자와 헤겔과 마찬가지로 세계 없이 신을 가질 수 없는 것처럼 다자 없는 일자를 가질 수 없다.

그러나 이는 아퀴나스가 부인하고 싶어 하는 함의일 뿐이다. 창조는 일어날 필요가 없었다. 그것은 산책하는 데 말馬이 필요한

---

23. * 토마스 아퀴나스, 『신학대전 2: 제1부 제13문제~제19문제』, 정의채 옮김, 바오로딸, 1993; 2014, 473, 475쪽. 이하 본문 속에 『신학대전 2』로 표기한다.
24. Plotinus, *Enneads*, IV.8.4 및 V.1.6을 보라.

것처럼 그런 식으로 신에게 필요한 것이 아니다. 세계를 창조하지 않고서도 신은 신이 될 수 있다. 이는 신이 세계 안에 현전하지 않는다는 말이 아니라 신의 존재가 세계의 존재를 필요로 하지 않는다는 것이고, 이런 점에서 신이 세계 '바깥에' 있다. "신의 의지에서 한 피조물과 관련해서 이것 또는 저것을 의욕하는 데 있어 필연성은 없다. 또한 신의 선함은 그 자체로 완전하며, 신은 어떤 피조물도 존재하지 않더라도 존재할 것이기 때문에 창조 전체와 관련한 필연성은 없다"(DV 23.4, 강조는 필자).

우리는 필연적으로 우리의 본질에 속하는 모든 것을 의지를 따라 행할 것이며, 그런 의미에서 우리는 우리의 본성을 따라 그 행위를 자연스럽게 할 것이다. 그래서 아퀴나스는 또한 신이 창조하려는 자연적 경향성이 있다는 것을 부정함으로써 창조의 우연성을 긍정한다. "신이 필연적으로 의욕하는 것이 아닌 것으로서 신 이외의 것 중에서 어떤 것을 의욕하는 것은 자연본성적이지 않다. 그렇다고 비본성적인 것이거나 반본성적인 것은 아니고 의지적인 것이다"(ST 1.19.3.3[『신학대전 2』, 475]).[25]

양립론자는 의지적인 행동의 근거가 되는 것을 원인으로 간주함으로써 창조 속으로 필연성을 도입하려고 할 수 있다. 그런데

---

25. 여기서 아퀴나스가 말하는 의지적인 것을 버렐은 지향적이라고 부른다. Burrell, *Knowing*, pp. 2, 15, 73, 99를 보라. 후자의 용어는 ~에 대한 의식으로서의 의식의 지향성을 의미하고 또한 "그가 의도적으로 그렇게 했다"는 말에서 나타나는 것처럼 행위자의 의도를 의미한다는 점에서 상당히 애매하다.

아퀴나스는 신의 의지가 전혀 원인이 아닐 것이라고 주장한다. 확실히 신은 목적을 가지는, 이성적 행위자이며, 이는 창조에서 신의 의지가 저것을-위한-이것이라는, 수단-목적 구조를 가진다는 것을 의미한다. 그런데 신 안에서는 수단과 목적이 함께 의욕되기 때문에, "신 안에서 목적을 의욕한다는 것이 신의 의욕하는 수단에 대한 원인이 된다는 말은 아니다"(ST 1.19.5 [『신학대전 2』, 491]).

"〔신이〕 피조물에 관해 그것이 무엇이 되기를 원하건 신은 필연성을 따라 의욕하지 않는다"는 것을 확증하는 또 다른 길은 "신이 의욕하거나 피조물에 대해 행한 일로부터는 그 어떤 것도 신에게로 돌아가는 것은 없기 때문에, 신의 행위만이 순수하게 자유롭다"(DV 23.4)는 점에 주목하는 것이다. 이러한 주장에 문제가 없는 것은 아니지만, 그 목적은 분명하다. 이는 신이 필연성의 의미에서의 필요 때문에 욕욕을 따라 행위한다는 것을 부정하는 목적을 가진다. 오히려 "신의 선하심은 완전하며 다른 것들 없이도 존재할 수 있다. 왜냐하면 다른 것들로부터는 신에게 완전함이 돌아갈 수 없기 때문이다"(ST 1.19.3. 또한 1.32.1.3 참조 [『신학대전 2』, 473, 475]).[26]

---

[26]. 이 점에서 버렐은 창조를 "쓸데없는" 행위라고 말한다. *Freedom*, pp. 5, 8, 12를 보라. 칼 바르트를 인용하면서 버렐은 창조를 "자유로운 사랑"(p. 20)의 행위라고 부른다. 이디트 돕스-와인스타인(Idit Dobbs-Weinstein)은 만일 제일원인이 "오직 (그것의) 자연의 영원한 필연성의 결과로, 또한 공존하는 영원한 실재들로부터만" 작동한다면, "또는 신성이 필연적인 자연의 힘들의 범위라면, 신과 변화하는 세계 사이의 관계는 기껏해야 징서를 부여하는 원리와 그 결과 사이의 관계일 것"이라고 썼다. 이것은 "제일원인이 이 세계에 무관심할 것"을 요구한다. 그녀가 아리스토텔레스에 관해 말하고 있기는 하지만, 이는 플로티노스,

버렐은 창조를 필연성으로부터 구별해내려는 아퀴나스의 시도를 설명하면서, 신과 피조물 사이의 "구별"[27]에 큰 중점을 둔다. 그리고 신의 본질과 존재가 동일하며, 존재하는 것은 신의 존재 또는 본질이라는 아퀴나스의 주장 속에 이 구별을 지정해 놓는다(ST 1.3.4; DEE 89~91 [『신학대전 1』, 201~11]). 이것이 신의 순일성simplicity이다. 이는 신이 형상과 질료, 작용과 권능으로 구성된 것이 아닐 뿐만 아니라 본질과 존재로 구성되지 않았기 때문이다. 이와 대조적으로, 모든 피조물의 경우, 그 본질과 존재는 현실화되지 않거나 예화되지 않았을 수도 있는 본질을 구현한다는 점에서 분리되어 있다.

분명히 이러한 구별은 창조된 모든 존재자로부터 신을 구별해내기에 충분하다. 그래서 이 구별이 신의 유일무이함을 보여준다고 한 버렐의 주장은 옳다.[28] 하지만 분명히, 유신론적 창조와 범신론적 발출을 구별하는 것만으로는 충분하지 않다. 우선, 이는 아비첸나와 관련한다. 아비첸나의 발출론은 아퀴나스가 신과 피조물 사이의 구별을 일으키는 자신의 창조론과 구별하려고 하는 것이기도 한데, 버렐은 아비첸나를 필연적 발출로부터 멀어지

스피노자, 또는 헤겔에 대한 말이기도 하다. *Maimonides and St. Thomas on the Limits of Reason*, p. 9를 보라.

27. 버렐이 이런 방식으로 이 용어를 사용할 때, 그는 로버트 소콜로프스키(Robert Sokolowski)를 따르고 있다. *Freedom*, p. 185를 보라.

28. Burrell, *Knowing*, pp. 64~65를 보라.

게 하기 위해서는 이 구별만으로 충분하지 않다고 말했다.[29] 우리는 아마도 스피노자와 헤겔에게서 존재함이 신의 본질이라는 점을 상기함으로써 이를 더 명확하게 이해할 수 있을 것이다. 그들은 각기 이를 명확하게 나타내는 존재론적 논증을 변호한다.[30] 하지만 양자 모두 아퀴나스나 아우구스티누스가 인정할 것으로 보이는 어떤 의미의 창조도 부정한다.

알파라비와 아비첸나의 발출론적 도식과 관련해서 버렐이 시사하는 바와 같이, "이러한 [신플라톤주의적] 일자와 일자로부터 필연적으로 발출하는 모든 것 사이에는 적합한 구별이 있을 수 없다."[31] 그런데 범신론자는 여기 있는 열과 빛을 저기 있는 불과 구별할 수 있는 것처럼, 신과 세계를 분명하게 구별할 수 있으므로 모든 것은 '적합성'에 부합한다. 스피노자는 헤겔이 이념을 이념의 현실태Verwirklichung로부터 구별한 것처럼 실체를 그 양태로부터 구별한다.

신이 창조의 행위 안에서 피조물이 그들 스스로 가지지 못한 존재를 모든 피조물에게 부여한다는 것은 분명 참이며, 신은 각 피조물에게 "내밀하게 현전한다."[32] 하지만 스피노자와 헤겔은 똑

---

29. Burrell, *Knowing*, pp. 19, 22, 76, 94를 보라.
30. 아퀴나스는 존재론적 이유보다는 인식론적 이유로 그 논증을 거부한다. 만약 우리가 신의 본질을 이해할 수 있다면 (하지만 우리는 이해할 수 없는데), 그 논증은 우리에게 타당할 것이다. ST 1.2.1을 보라.
31. Burrell, *Freedom*, p. 13을 보라.
32. Burrell, *Knowing*, pp. 94~95를 보라.

같은 말을 할 것 같다. 능산적 자연으로서의 신은 소산적 자연을 이루는 각각의 유한한 양태에 내밀하게 현전하며, 또한 이념Idea은 그 자신을 현실화하는 자연과 역사의 각 부분에 내밀하게 현전한다. 물론 이 마지막 두 예는 아우구스티누스나 아퀴나스가 신의 섭리를 말할 때 염두에 두고 있는 것과는 거리가 멀다.

신이 필연적 존재라는 생각, 신의 본질이 존재한다는 생각, 존재와 본질이 신 안에서 동일하다는 생각은 유신론자와 범신론자 모두에게 공통된 속성으로 간주된다. 아퀴나스 자신이 하고자 하는 일을 하기 위해서는 어떤 방식으로든 자격이 갖추어져야 한다. 신의 유일무이함을 명시하는 것을 넘어서, 위에서 언급한 바와 같이 신과 세계가 단순히 구별되는 것이 아니라 비대칭적으로 분리될 수 있다는 것이 개념적 도식의 일부가 되어야 할 것이다. 그런데 이는 그저 신 없이 세계가 존재할 수는 없지만, 세계 없이도 신이 존재할 수 있음을 의미할 뿐이다. 아퀴나스가 자신의 주장에서 지적하는 바는 창조는 자유이며 필연적 행위가 아니라는 것이다.

그가 이러한 비대칭성에 대해 말할 때, 그는 간혹 낯선 언어를 사용한다. 그는 피조물은 신과 실재적 관계를 맺지만, 신은 "다만 관념 안에서만"(ST 1.6.2.1. 또한 1.13.7 참조 [『신학대전 1』, 321]) 피조물과 관련된다고 말한다.[33] 그러나 그가 피조 세계에 대해 제시한 예

---

33. M. Westphal, "Temporality and Finitism in Hartshorne's Theism," *The Review of Metaphysics*. 이 논고에서 나는 하트숀이 자신의 "신고전주의적" 유신론에서 정립한 고전 유신론에 대한 중요한 반대가 여기서 아퀴나스가 말한 것

가 그 의미를 명확하게 해준다. 감각적이든 가지적이든 인식은 대상과 실재적인 관계를 맺지만 그 반대는 그렇지 않다. 왜냐하면 인식은 대상에 의존하지만 대상이 인식에 의존하는 것은 아니기 때문이다. 인식과 인식 대상의 관계는 인식에 본질적이거나 내재적이지만, 대상과 대상에 대한 인식의 관계라고 부르는 것은 그 대상에 본질적이거나 내재적이지 않다는 점에서 그것들은 서로 다른 질서에 속한다. 우리가 내적 관계와 외적 관계를 구별할 수 있다면, 아퀴나스는 실재적 관계와 관념적 관계를 구별한다.

이와 유사하게, 그는 피조물이 신과 유사하지만 신은 피조물과 유사하지 않다고 한 디오니시오스의 말에 동의한다. "무엇을 모방하여 만들어진 것에 대해, 모방하면 … 그것과 같다고 말할 수 있다. … 그러나 그 반대는 사실이 아니다. 왜냐하면 인간은 자신의 이미지와 유사하다고 말하는 것이 아니라 그 반대로 말하기 때문이다"(DV 2.11.1).

만일 우리가 오로지 의존성이나 유사성의 문제에 초점을 맞춘다면, 스피노자와 헤겔은 아무리 어색해도 이 용법을 채택할 수 있을 것이다. 왜냐하면 그들의 체계에 신의 유일무이함이 있으므로, 신과 세계 사이에는 특히 의존성의 측면에서, 또 아마도 어떤 유사성의 측면에서 비대칭적인 관계가 존재하기 때문이다.

그런데 아퀴나스의 예는 그의 의도와 명백히 일치하는 방식으

을 오해한 데서 비롯한다고 주장했다.

로 이런 견해를 넘어선다. 그 비대칭은 현존과 관련한다. 피조물의 세계에서 대상은 인식 없이 존재할 수 있고, 인간은 자신의 이미지(초상, 사진) 없이도 존재할 수 있다. 하지만 그 반대는 참이 아니다. 결정적 비대칭은, 인과적으로 그리고 전형적으로 존재하는 것은 파생된 이차적 현실태를 요구하지는 않는다는 것이다. 아퀴나스는 그 둘이 서로 다른 질서에 속해 있고, 그중 하나는 다른 것으로부터 질서를 부여받는다고 말함으로써 이 점을 표현한다. 그러므로 감각과 지성에 고유한 대상은 감각적이고 지성적인 인식과 실재적 관계를 맺지 않으며, 다만 그러한 인식에서 "실재적 관계가 존재한다. 왜냐하면 인식은 사물에 대한 지식이나 감각 지각으로 질서를 부여받기 때문이다. 반면에 사물은 이러한 질서 **바깥**에 존재한다." 이와 유사하게 "신은 창조의 질서 **바깥**에 있고 모든 피조물은 신에 의해 질서를 부여받는 것이지 그 반대는 아니며, 피조물이 실재적으로 신 자신과 관계되는 것은 명백하다. 그러나 신 안에는 피조물에 대한 신의 실재적 관계는 없고 다만 관념상의 관계만 있을 뿐이다"(ST 1.13.7 [『신학대전 2』, 119], 강조는 필자)라는 점 때문에도 그러하다.

신이 세계 "바깥에" 존재한다고 말함으로써 신의 초월을 긍정한다는 것은 바로 이런 의미에서다.[34] 이는 존재론적 비대칭으로

---

34. 주의하라. 우리는 창조의 질서 "바깥에" 존재하는 이 신이 모든 피조물에 "내밀하게 현전한다"는 것을 방금 보았다. 우리는 곧 아퀴나스가 이것을 지식과 사랑만이 아니라 인과적인 측면에서 설명한다는 것도 알게 될 것이다.

서의 신과 세계의 비대칭을 긍정하는 것이다. "하나가 다른 것의 원인으로 서로 관계를 맺고 있는 것이 무엇이건 간에, 원인이 되는 바로 그것은 다른 것 없이 존재를 가질 수 있지만 그 역은 안 된다"(DEE 72[267]). 비대칭을 긍정함으로써 신의 현실태는 세계에 속할 필요가 없게 되며, 유신론은 신과 세계가 단순히 구별 가능한 것이 아니라 분리되는 것이라고 받아들인다. 또한 이를 통해서 유신론 자신을 범신론과 구별한다.

아퀴나스는 신의 독립적인 **현실태**를 강조하는데, 여기서 그가 염두에 두고 있는 것이 알파라비와 아비첸나만이 아니라 스피노자와 헤겔인 것처럼 보이기까지 한다. 우리가 신이 존재 자체ipsum esse라고 말할 때, 우리는 "신은 그것에 의해 어떤 사물이건 형상적으로 존재하게 되는 보편 존재다"라고 생각하지 말아야 한다. "왜냐하면 신의 존재는 거기에 어떤 첨가도 이루어질 수 없는 존재이기 때문이다. 그러므로 이 존재는 자신의 순수성 자체를 통해 **모든 존재와 구별되는 존재다**"(DEE 90[331], 강조는 필자). 만일 헤겔을 따라 세계를 창조하기 전의 신에 대한 설명을 논리학이라고 아퀴나스가 불렀다면, 그것은 이미 그의 현실철학realphilosophie에 속했을 것이다. 우리는 스스로를 현실화하는 관념의 현실태를 얻기 위해 자연철학이나 인간의 정신철학을 기다릴 필요가 없을 것이다.

신이 유한한 것의 존재라고 말하기 어렵듯이 신은 그것들의 본질이라 말하기도 어렵다. 따라서 "신이 만물 안에 있다는 것은 본질의 부분이나 우유accident처럼 있다는 것이 아니라 행위자가 작용하는 데 있는 것같이 존재한다는 것이다"(ST 1.8.1. 또한 DP 3.7 참조[『신학대전 1』, 373, 375]). 사물의 본질로서의 신은 현실화되기 위해 존재를 필요로 할 것이다. 그리고 존재가 신의 본질에 속하고 바깥에서 도래하는 것이 아니라 스스로 일어나는 것이라고 해도, 말하자면 신이 사물의 본질에 불과한데 그 존재가 유한한 사물 안에서만 일어날 본질에 불과하다면, 신의 현실태는 자연 세계와 유한한 정신의 세계에 불과할 것이다. 이는 스피노자와 헤겔에게서 판명된 바이다.

이와 유사하게, 신은 만물의 형상적 원리가 아니다(ST 1.3.8[『신학대전 1』, 237]). 만약 신이 유한한 사물의 형상이었다면, 그것은 단지 외적인 보이는 형태가 아닌 아리스토텔레스의 내적이고, 형태화하는 힘이라는 의미에서, 오직 신만이 현실화된 사물들의 질료와 연결되었을 것이다. 그러므로 아퀴나스가 동시에 마치 세계가 신의 몸체인 것처럼 그렇게 신이 세계-영혼이라는 것을 거부한 것은 놀라운 일이 아니다.[35] 스피노자에게 연장은 사유만큼이나 신의 속성이다. 그렇기에 유한한 정신이 신의 사유인 것처럼 세계를 신의 몸체로 말하는 것도 부자연스럽지는 않을 것이다. 하이네는

---

[35] 아퀴나스는 『신국론』 7권에서 아우구스티누스가 비슷한 부정을 보여준 것을 교차적으로 참조한다. 거기서 아우구스티누스는 "신은 그리스인들이 코스모스라고 부른 세계의 영혼이고, 이 세계 자체는… 그것이 영혼과 몸체로 이루어졌다고 해도 영혼에서 비롯한다"는 견해를 그가 몹시 싫어하는 바로(Varro)의 견해로 돌린다.

스피노자를 셸링의 자연철학과 연관 짓는데, 자연철학은 "스피노자가 사유와 연장이라고 부르는… 정신과 물질 사이에 존재하는 영원한 평행론"을 가르친다. 이러한 범신론에서 신은 "물질이면서 정신이고, 이 둘은 똑같이 신인데, 이런 물질의 신성화를 모욕하는 이는 성령을 거스르는 죄를 범하는 이만큼이나 불경건하다."[36] 헤겔에게도 자연은 관념의 첫 번째 현실화다. 그것은 사물들의 형상적 원리, 범주적 구조로 기능한다.

우리는 스피노자에게서 신이 사유하는 자들을 생산하는 무의식적 힘으로 사고되었고, 헤겔에게는 신이 유한한 인격들을 생성하는 비인격적 힘으로서의 인격이라는 것을 이미 살펴보았다. 아퀴나스는 이러한 생각을 명백하게 부인하며, 그렇게 함으로써 또 다른 방식으로 신의 독립적인 실재성을 강조한다. 그는 릴의 알랭Alain of Lille의 견해, 곧 우리가 신을 선하다고 부를 때 우리는 신이 창조된 세계에서의 선함의 원인이라는 것을 의도한다는 견해를 부정한다. 이 가정에서는 신이 끈적거린다거나 붉다고 부르지 못할 이유가 없을 것이다. 왜냐하면 신은 끈적거림과 붉음의 원인이기도 하기 때문이다. 게다가 그러한 견해는 "신을 말하는 사람들의 의도에 반하는" 것인데, 왜냐하면 이들은 선함을 신에게 실

---

36. Heine, *Religion and Philosophy in Germany*, pp. 73~74 [하이네, 『독일의 종교와 철학의 역사에 대하여』, 113~14쪽]. 하이네는 물질에 대해 그것이 주로 신체를 의미한다고 보며, 유대교와 그리스도교의 '유심론'(spiritualism)에 반대한다는 것을 분명히 한다.

질적으로 귀속시키는 것을 의도하기 때문이다. 그리고 이것이 그러한 완전성을 위해 행해질 수는 있지만, 우리는 피조물로부터만 그것을 알고 있으므로 불완전하게 알고 있으며, 실제 완전성은 더 고차원적인 방식modum altiorem으로 신 안에 이미 존재한다. "그러므로 신이 선함을 일으키기 때문에 신이 선한 것이 아니라 반대로 신이 선하므로 사물 안에 선을 일으키게 된다"(ST 1.13.2. 또한 1.13.6 참조 [『신학대전 2』, 73]).[37] 우리는 그러한 서술의 인식론으로 돌아갈 것이지만, 지금 분명한 것은 신은 독립적으로 실재적인 선함이라는 것이다.

아퀴나스는 이 분석을 신의 지식, 신의 의지, 그리고 의지의 특별한 형식으로서의 신의 사랑으로까지 확장한다. 아퀴나스는 지식과 의지가 신에게 '내재적'이라고 명시적으로 진술한다. 또한 그는 그리고 나서 "외부적 결과로 발출되는 신의 작용 원리로 받아들여지는 신의 능력"(ST 1.14 도입부 [『신학대전 2』, 171])에 대해 적절하게 논의했다. 다시 말해, 우리는 세계 창조 이전의 신에 관해 말하고 있다. 우리는 지식을 단지 우리 지식의 원인으로서의 신에게 귀속하지 않는다. "왜냐하면 신의 본성이 지식을 가지기 때문에, 그

---

37. 뒤의 구절에서 완전성은 탁월한 신 안에 선재한다. 신의 순일성은 존재와 달리 완전성을 소유한 신에게는 장벽이 되지 못한다. 왜냐하면 "신은 모든 사물보다 더 탁월한 방식으로 완전성을 가지며 그 존재 안에서 그 완전성이 하나이기 때문이다." 또한 "신이 자신의 존재 자체 안에 이러한 완전성을 가지고 있기 때문이다"(DEE 91/335).

는 다른 방식이 아닌 지식으로 우리에게 전달된다"(DV 2.1). "신 안에 가장 완전한 지식이 존재한다"(ST 1.14.1 [『신학대전 2』, 175]). 신의 지성은 신의 본질을 이해하며, 이를 통해 어떤 방식으로든 그것을 모방하는 모든 피조물을 이해한다(ST 1.14.2; DV 1.7, 2.11). "신의 지식은 사물의 원인이다"(ST 1.14.8 [『신학대전 2』, 231]). 세계에서 비롯하는 어떤 도움도 필요로 하지 않는 신은 현재 역사하는 인식하는 자다.

의지와 지성은 감각과 욕구처럼 함께 있어야 하므로 "지성이 신 안에 있는 것처럼, 신 안에는 의지가 있다"(ST 1.19.1 [『신학대전 2』, 457]). "신은 그 자신뿐만 아니라 그분 자신 이외의 다른 것들도 원하신다. … 다른 것들이 그 안에 참여해야 한다는 것이 신의 선함에 부합하기 때문에 그러하다"(ST 1.19.2 [『신학대전 2』, 463]). "신은 자신이 선하지 않기를 원할 수 없으며", 따라서 선함을 필연적으로 의욕한다. 그러나 "신의 의지 안에는 피조물에 관한 이러저러한 것을 의욕하기 위한 필연성이 없다. 창조 전체와 관련해서 그 안에는 어떤 필연성도 없다"(DV 23.4). 따라서 "피조물들은 필연성을 통해 신으로부터 일어나는 것이 아니라 의지의 자유로운 행위를 통해서 일어나는 것이다"(DV 23.4.6). 이 의지의 자유는 자유선택liberum arbitrium 같은 것과 동일시되는 자유다. 신은 필연성의 피조물을 의욕하지 않을 것이다. "왜냐하면 신의 선함은 정해진 것들을 필요로 하지 않고, 그 선함의 표현은 여러 가지 다른 방식으로 일어날 수 있기 때문이다. 그러면 신은 우리 안에 있는 것처럼, 이것저것 자유롭게 판단하는 자로 그 자신에게 남는다. 이런 이유로 신

안에서 자유로운 선택이 발견된다고 말해야 한다"(DV 24.3. 또한 ST 1.19.10 참조).38

아퀴나스에게 신은 세계가 창조되기 전에, 현재 역사하는 선함이고, 인식하는 자이자 선택하는 자다. 결국, 신은 현실의 사랑하는 자다.39 "우리는 신 안에 사랑이 있다고 주장해야만 한다…"(ST 1.20.1).40 신의 사랑은 정념이 아니다. 왜냐하면 그것은 신체의 변화에 뿌리를 둔 감각적인 욕구 행위가 아니기 때문이다. 오히려 그것은 지성적 욕구의 행위다(ST 1.20.1.1[『신학대전 3』, 34]). "누구든지 타인을 사랑할" 때, "그는 타자에 대해 좋음을 원한다. 그러므로 그는 타자를 말하자면 자신의 자리에 맞이하고 자신에게 행해진 선함을 자신에게 실행된 것으로 간주한다. 지금까지의 사랑은 구속력이다. … 또 이런 점에서 신의 사랑도 신이 타자들에게

---

38. 아퀴나스가 자유로운 선택이 신의 명백한 속성이라고 했을 때, 데이비드 버렐이 "자유가 선택으로 봉인되는 현대적 가정"에 알레르기 반응을 보이면서 신의 자유를 "매우 우연적인 경우를 제외하고는…선택과 연관시키지 말아야 한다는" 관례를 따라 정의하기를 희망하는 이유를 이해하기란 어렵다. 또 아퀴나스가 신의 자유선택을 긍정하면서 특별히 신의 선함이 "수많은 상이한 방식으로" 창조 안에 현시될 수 있다고 한 데서 알 수 있듯이, 버렐이 신과 창조의 연관을 설정하는 데 그렇게 두려워하는 것은 당혹스러운 일이다. 이 순간 버렐의 신은 토미즘보다는 라이프니츠의 그것에 더 가깝다. *Freedom*, pp. 8, 12, 33~35, 43~48을 보라.

39. 결국 현재의 맥락에서만 그러하다. 아퀴나스는 신의 사랑에 관해 다루는 제20문제 다음에, 신의 정의와 자비를 다루는 제21문제로 넘어간다. 이 세 요소는 전적으로 신의 의지에 속한다.

40. * 토마스 아퀴나스, 『신학대전 3: 제1부 제20문제~제30문제』, 정의채 옮김, 바오로딸, 1994, 32쪽. 이하 본문에서 『신학대전 3』으로 표기한다.

좋음을 원하는 한에서는 구속력이다"(ST 1.20.1.3[『신학대전 3』, 36]).

아우구스티누스의 신처럼, 아퀴나스의 신은 인격적 창조자다. 이 신은 유한한 사물의 세계의 제일원인일 뿐만 아니라 모든 피조물을 알고 사랑하는 현행의 존재다(ST 1.20.2). 인식하는 자이자 사랑하는 자인 창조자의 창조의 자유와 그 인격적 성격은 모든 형태의 발출론적 범신론과 첨예하게 구별된다. 그러한 창조자에게 우리의 실존을 의존한다는 것은 의심의 여지 없이 자율성을 향한 인간의 열망을 근본적으로 약화시키며, 우리는 곧 이 사실이 지닌 인식론적·윤리적 함의를 검토할 것이다. 유신론의 신에 관한 우주론적 초월은 우리로 하여금 우주론적 범주를 넘어서게 한다. 그런데 신은 사랑하는 신이므로, 그 관계는 "순전히 이질적"일 수 없다. 버렐은 고대 히브리 사상에서 언약과 피조물 사이의 긴밀한 연관성에 주의를 환기함으로써 창조가 단지 인과관계에 관한 것이 아니라 무엇보다도 사랑에 관한 것이라는 아퀴나스의 견해와 관련한 성서적 배경을 상기시킨다.[41]

―◦―

나는 이미 아우구스티누스를 다루면서 우리가 신을 남김없이 충분하게 기술할 수는 없다고 주장함으로써 존재-신학적 기획과 결정적으로 단절하는 고전 유신론자에 관한 분명하면서도 결코 주변적이지 않은 사례가 있다고 주장했다. 존재 전체는 우리의 지

---

41. Burrell, *Freedom*, pp. 17~19, 21~22, 56~57을 보라.

성으로 충만하게 이해될 수 있는 것이 아니다. 왜냐하면 존재 전체의 의미에서 핵심인 최고 존재가 우리 지성을 초과하기 때문이다. 우리는 그것이 온전히 신비라고 말할 수 있다. 이 맥락에서 신학은 경배의 삶과의 접촉을 잃지 않으며, 다만 기도와 찬양과 (하이데거가 무관심했던 이웃 사랑과) 긴밀하게 연결된다.

지금까지 아퀴나스가 고전 유신론이 범신론적 발출론과 구별되는 방식을 어떤 식으로 가장 명시적으로 표명했는지를 알아보고자 했고 이제 충분히 논한 것 같다. 이제 나는 신에 관한 우리 지식의 한계에 대해 아퀴나스가 아우구스티누스에게 동의한 대목을 살펴보고자 한다. 물론 아퀴나스가 아리스토텔레스의 용어를 사용하여 설명을 이어가기 때문에 그가 아우구스티누스에게 세부적인 것에 동의하는 것은 아니다. 그러나 그는 아우구스티누스만큼이나 신이 우리의 개념적 이해를 초과한다는 점을 강조하기 때문에 실제적으로는 그에게 동의한다.

그 논증은 매우 직접적이다. 우선, 본질은 가지성의 원리다. "어떤 방식으로든 지성으로 파악되는 것은 본성이라고 불린다. 왜냐하면 사물은 오직 그 정의와 본질을 통해서만 가지적이기 때문이다"(DEE 9[91]).[42] 아퀴나스는 이 가지성의 원리를 나타내기 위해

---

42. DV 1.12를 보라. 여기서 아퀴나스는 이해한다 또는 인식한다는 의미의 인텔리게레(intelligere)라는 말을 분석하여, 이를 인투스 레게레(intus Legere), 곧 "사물 내부에 있는 것을 읽는 것"으로 해석하면서, "지성만이 내면과 사물의 본질을 꿰뚫는다"는 말을 덧붙인다. DV 15.1 참조.

일련의 교환 가능한 용어를 사용한다. 본질essentia, substantia, 정의 definitio, 무엇임quidditas, 어떤 것이 어떤 것이게끔 하는 것quod quid erat esse, 아리스토텔레스의 존재하는 것의 본질τὸ τί ἦν εἶναι, 형상 forma, 본성natura(DEE 5~11).

두 번째로, 우리의 개념적 어휘를 구성하는 본질은 물질적 실체에서 파생된다. 이것은 아리스토텔레스의 지성에 대한 형상의 비물질적 수용을 통한 지식론이다. 감각은 능동 지성이 본질적 형상을 추상하는 감각상을 제공한다. 이것이 인식하는 자가 어떤 면에서는 알려지는 것이 된다는 아리스토텔레스 이론의 의미다. 왜냐하면 사물 안에 있는 동일한 형상 자체는 지성 안에도 존재하기 때문이다.[43] 물론 이 동일성은 수적인 것이 아니라 질적인 것이다. 사과에 영향을 미치는 동일한 붉음은 지성에도 영향을 미친다.

이것이 또한 "인식되는 것은 인식하는 자의 양태를 따라 인식하는 자 안에 존재한다"(ST 1.12.4. 또한 DV 1.2 참조[『신학대전 1』, 531])는 토마스의 원리다. 이러한 이유로 이 세상의 삶 속에서 영혼

---

43. ST 1.16.3[『신학대전 2』, 347]에서 아퀴나스는 『영혼에 관하여』 431b 21로부터 "영혼은 어떤 의미에서 모든 것이다"라는 말을 인용한다. 이를 해설하면서, 아퀴나스는 "한 사람의 영혼이 모든 형상을 수용하는 것처럼 바로 그렇게 이런 식으로 하나는 모든 사물이다"(CDA 3.13.790, p. 391)라고 설명한다. 아퀴나스의 일반적인 인식론에 대한 더 온전한 설명으로는 노먼 크레츠만과 스콧 맥도날드가 함께 썼고 다음 책에 수록한 논고를 보라. *The Cambridge Companion to Aquinas*. 놀랍게도 헤겔적인 어조로 아퀴나스의 아리스토텔레스적 '경험론'을 세부적으로 분석한 칼 라너의 ST 1.84.7 해설을 보라. K. Rahner, *Spirit in the World*.

은 "물체적 질료 안에 존재하는" 반면, 또한 그것이 "자연적으로 인식하는 것은 질료 안에 형상을 갖는 것만을 또는 이런 것을 통해 인식될 수 있는 것들을 인식한다"(ST 1.12.11 [『신학대전 1』, 587]).

그런데 셋째로 "창조된 유사성을 통해서 신을 인식하는 것은 그의 본질을 못 보게 한다." 이것이 "이 세상 삶에서 신의 본질 볼 수 있는 이가 있는가?"라는 물음에 대한 답으로 울려 퍼지기에 이른다(ST 1.12.11 [『신학대전 1』, 587, 581]). 아퀴나스는 "이 세상 삶에서는 우리가 신의 본질과 동일한 형상을 통해 신을 인식할 수 없다"는 것을 계속해서 상기시킨다.[44] 이는 자연 이성으로 얻은 지식만이 아니라 신의 계시의 형식으로, 은총으로 말미암아 주어지는 지식에도 해당하는 것이다. 이 지식은 이성만으로 얻을 수 있는 것 너머로 우리를 이끌지만, 그 안에서 우리는 여전히 "알려지지 않은 분인 신과 연합한다"(ST 1.12.13.1 [『신학대전 1』, 605]). 신은 우리의 인식 장치에 단적으로 들어맞지는 않는데, 이는 "지성을 초월하는 가지성의 초과 때문에 어떤 지성에게는 알 수 없는 것일 수 있다. 이를테면, 가시적인 태양이 박쥐에게는 그 빛의 초과로 인해 보여질 수 없는 것처럼 말이다"(ST 1.12.1).[45]

---

44. J. F. Wippel, "Quidditative Knowledge of God," *Metaphysical Themes in Thomas Aquinas*, p. 217. 위펠은 아퀴나스의 저서에 걸쳐 있는 다음 네 편의 작품에서 유용한 개요를 제공한다. 『보에티우스의 삼위일체론 주해』, 『대이교도 대전』, 『신의 전능 주제 토론집』, 『신학대전』이 그것이다. 그는 『진리론』과 다른 저작을 포함하도록 목록을 쉽게 확장할 수 있었다.

45. 그래서 〈영원하시며, 보이지 않으시는, 홀로 지혜로우신 하느님〉이라는 찬송

그런데 진리는 '사물과 지성의 일치adaequatio'로 정의된다(DV 1.1 ; ST 1.16.1). 아다이콰치오Ad-aequatio는 때때로 단순히 적합성 adequation으로 번역되지만 종종 사물과 지성의 일치나 같음으로 번역된다. 아다이콰치오는 아에콰치오aequatio, 곧 동등하게 함에서 발전한 말이다. 이것은 한편에 있는 것이 다른 편에 있는 것과 정확히 (양에서) 같다는 방정식을 시사하는 수학적 은유다. 이 경우에 그것은 정확히 양적이지 않은 의미로 같음을 시사하는 사물 안에서의 형상과 지성 안에서의 형상이다. 세계의 거울 이미지로서의 지식 개념은 쌍둥이 개념이다.[46] 아퀴나스는 아다이콰치오를 다음과 같은 말과 교환 가능한 것으로 사용한다. 콘베니엔티아 convenientia(일치, 조화), 아시밀라티오assimilatio(동화), 코레스폰덴티아corresopndentia(대응), 콘포르마티오conformatio(배열, 표상). 이것은 진리의 대응설을 확증하는 언어다.

따라서 진리는 일차적으로 판단에서 발견되며, "판단은 그것이 외부 실재에 일치하는adaequatur 때에 참이 된다고 말해진다"(DV 1.3). 아리스토텔레스에 의하면, "진리는 우리가 '어떤 것이 있다고 하거나 있지 않다고 하는 것'을 긍정할 때 생긴다"(DV 1.1).[47]

가는 이렇게 끝난다. "모든 찬미를 바치리, 오 우리로 하여금 보게 하소서 빛의 광채만이 당신을 감춥니다."

46. R. Rorty, *Philosophy and the Mirror of Nature* [리처드 로티, 『철학 그리고 자연의 거울』]을 보라.

47. 아리스토텔레스 인용은 *Metaphysics* IV, 7 (1011b 27) [『형이상학 1』, 171].

그런데 만일 판단의 주어와 술어를 이루는 개념들이 의도하는 실재에 적합하지 않다면, 그것들을 도입하는 판단은 그것들이 의도하는 실재에 적합한 것이 될 수 없다. 개념과 실재가 대응하고 일치하는 데 실패할 것이다. 지성 안의 형상은 외부 실재 안의 형상과 같지 않을 것이다. 이생에서in this life 우리는 신의 본질을 볼 수 없으므로, 이것은 언제나 신에 대한 우리의 서술에서 참일 것이며, 또한 그것은 엄밀하게 말하면 언제나 거짓일 것이다. 왜냐하면 "〔신의 본질을〕 표상하기에 적합한 피조물의 종을 발견하기란 불가능하기"(DV 10.11. 또한 2.1 참조) 때문이다. 결론적으로, "우리의 지성은 이런 식으로 이해하고, 또한 사물은 그 존재함에 있어서는 또 달리 있는 것이다"(ST 1.13.12.3[『신학대전 2』, 169]).

아퀴나스에게서의 창조자와 피조물 관계의 중요성을 고려하면, 이는 유한한 창조된 지성이 신의 본질을 파악할 수 없다고 주장하는 것처럼 여겨질 수도 있다. 그러나 그의 견해에 따르면, 이런 견해는 이단일 것이다. 왜냐하면 그러한 견해는 우리의 최고의 지복, 지복의 봄의 가능성을 부정할 것이기 때문이다(ST 1.12.1, DV 8.1[『신학대전 1』, 507]). 이생에서 우리는 신의 본질을 볼 수 없다. 그것은 도래할 삶에서 바뀔 것이다. 그 전까지는 모세와 바울에게 허락된 것처럼 신의 영광을 일시적으로 맛볼 수 있는 황홀경의 상태만이 유일한 예외가 될 것이다.[48] 후자의 경우에 우리는 "감각

---

48. 황홀경에 대한 더 많은 논의는 ST 2.2.175, DV 13을 보라.

의 활동으로부터 완전히 벗어나야 하고, … 필멸하는 육신으로부터 완전히 분리되어야 하며" 또한 "이생에서는 그러지 못한다"(DV 10.11. 또한 13.1, 13.3, ST 1.12.11 참조).

두 경우 모두 주목할 만한 두 가지 자격요건이 있다. 첫째, 창조된 지성이 신의 본질을 볼 때, 이는 자연적 힘에 의한 것이 아니다. 황홀경에 빠지건 도래할 삶에 거하건 간에, 그것은 자연이 아닌 은총의 작용인 빛의 초자연적 융합, 기적이다(ST 1.12.4-5 및 11. 또 DV 8.3, 10.11, 13.1-2). 둘째로, 그리고 현재 맥락에서 더 중요한 것은 창조된 지성이 신의 본질을 볼 때도 신을 이해하지 못한다는 점이다(ST 1.12.1.3[『신학대전 1』, 505]). 이 경우 "인식되는 것이 인식의 완전한 이해를 초과하는 경우 인식하는 힘은 파악에 미치지 못한다"(DV 8.2). 신을 이해한다는 것은 신을 완벽하고 무한하게 아는 것이다(ST 1.12.7. 또한 DV 8.2 참조[『신학대전 1』, 555]). 그러나 "모든 것을 무한히 명확하게 이해하는 신 외에는 더 완전하게 이해하는 다른 존재를 고안하는 것은 불가능할 정도로 완전한 이해에 이르는 이"(DV 18.1)는 없다.[49]

파악을 정의하는 또 다른 방법은 포섭이라는 공간적 은유를 사용하는 것이다. 그런데 신의 존재는 무한하므로 어떤 유한한 존재에도 포섭될 수 없다(ST 1.12.7.1. 또한 DV 8.2 참조 [『신학대전 1』,

---

49. 앞의 4장에서 논의된 닛사의 그레고리오스와 그레고리오스 팔라마스의 유사한 관점을 비교해보라.

557]). 그런데 포섭할 수 없음을 마치 우리가 신의 전부는 아니더라도 일부는 파악할 수 있다는 식으로, 그렇게 양적으로 생각하지 말아야 한다. "신이 파악될 수 없는 이라고 하는 것은 보여질 수 없는 것이 신에게 있기 때문이 아니라 신이 우리가 볼 수 있는 만큼 완벽하게 자신을 보여주지 않기 때문이다"(ST 1.12.7.2. 또한 DV 8.2 참조[『신학대전 1』, 559]).

이생에서 우리가 신에 대해 생각할 수 있는 개념 중에 신에게 적합한 것은 없다. 도래할 삶에서 축복받은 이들이 신의 본질을 본다 하더라도 그들은 신을 파악하지 못할 것이며 단지 그들의 파악을 초과하는 것을 불완전하게 파악할 뿐일 것이다. 이것은 매우 강한 부정신학인데, 만일 이것이 이 이야기의 전부였다면, 이는 모든 신 담론이 침묵이 뒤따라오는 부정의 길에 속한다는 통시적 부정신학을 나타낼 것이다. 이것은 "우리는 신이 무엇인지는 알 수 없고 그분이 무엇이 아닌지만 알 수 있다"(ST 1.3 도입부[『신학대전 1』, 177])고 한 아퀴나스의 주장의 충만한 의미일 것이다.

그러나 창조된 지성으로는 신을 파악할 수 없다는 강한 주장으로부터, 심지어 초자연적 은총으로 신의 본질을 볼 수 있을 때조차도, 아퀴나스는 신이 "전혀 알려질 수 없다"(ST 1:12.1.3[『신학대전 1』, 509])는 결론을 내리기는 거부한다. 이 거부는 "신은 우리에게 어떻게 인식되는가"라는 제목을 단 제12문제에서 일어나며, 아퀴나스는 자주 신의 술어를 할당하는 것이 적절하다고 가정하고,

그렇게 함으로써 우리가 불완전해도 신에 대한 어떤 종류의 지식을 가진다고 가정한다. 우리가 디오니시오스로부터 배워야 하는 것은 "〔신이〕 전혀 알려질 수 없다는 것이 아니라 모든 인식을 초월한다는 것이다. 다시 말해 신이 파악되지 않는다는 말이다"(ST 1.12.1.3[『신학대전 1』, 510~11]). 아퀴나스는 『신비신학』보다는 『신의 이름들』에 초점을 맞추어서, 자신의 동시적-변증법적 부정신학에서 은폐와 탈은폐 모두를 공정하게 다루려고 한다. 우리는 이제 세 종류의 각기 다른 신학적 서술과 관련하여 신이 무엇이라기보다 무엇이 아닌지를 아는 것을 나타내는 공식이 어떻게 해서 여전히 좋은 공식인지를 알 수 있다. 세 가지 중 어느 것도 신의 본질에 대한 적합한 표현이 아니다.

사례 1 ─ 신은 순일하다God is simple. "우리는 신이 무엇인지는 알 수 없고 그분이 무엇이 아닌지만 알 수 있다"는 진술은 ST 1.3의 도입부에 나온다. 이는 저 유명한 신의 현존 증명의 다섯 가지 길이 제시되는 신의 현존을 다루는 두 번째 문제 직후에 나오며, 그것은 "신에게 맞지 않는 것을 그에게서 제거함으로써 신이 어떻게 있지 않은지를 보여준다"[『신학대전 1』, 129]고 하면서 제3문제와 제4문제를 개괄한다. 도덕적이거나 존재론적인 불완전성이 본질상 "완전성"에 연관되는 것은 신에 관한 서술에서 완전히 부적절한 것이다. 다만 이러한 신의 불완전성을 부정하는 것은 적절한 일이며, 이러한 술어들은 긍정적이기보다는 부정적이다. 따라서 신의 순일성은 신이 복합적이지 않다는 것을 나타낸다. 천사적 지성을 제외한 다른 모든 피조물과 달리, 신은 형상과 질료로 구성되는 자가 아니다. 그리고 심지어 천사들과 달리 신은 가능태와 현실태, 본질과 존재로 구성되지 않는다. 완전성/선함, 무한, 불멸성/영원성, 통일성 등의 술어도 마찬가지로 이러한 부정의 방식으로 사용된다. 이런 술어들은 신에게 부적절하게 보이는 것을 부정하거나 제거함으로써 신이 어떤 자가 아닌지를 아주 직설적으로 알려준다.

그런데 은유와 유비라는 두 가지 다른 서술 방식이 있고, 이것들은 둘 다 전유와 긍정의 방식이다. 이러한 것들이 아퀴나스의 부정신학을 변증법적인 것으로 만든다.

사례 2 – 신은 사자다. 아퀴나스에게 이것은 은유적 서술의 범례적 사례다. "신의 진리와 영적 진리를 물질적인 것과 비교함으로써 내세우는 것은 성서에 적합한데 … (왜냐하면) 감각적인 것을 통해 초감각적인 것, 가지적인 것에 도달하는 것은 인간에게 본성적이기 때문이다"(ST 1.1.9[『신학대전 1』, 115]).[50] 은유적 서술과 관련해서 구별되는 것은 그러한 서술이 본질상 어느 정도 불완전하다는 것을 의미한다. 그러므로 '사자'는 타락하기 쉬운 물질을 의미하고, '분노'는 수동성과 변화를 모두 의미한다(ST 1.13.3.1, 1.20.1.2. 또한 DV 2.1 및 11[『신학대전 1』, 77; 『신학대전 3』, 34~35]). 이런 점에서 사

---

50. 칼뱅에게서도 유사한 논지가 나오는데 이와 관련해서는 다음 글을 보라. F. L. Battles, "God Was Accommodating Himself to Human Capacity," *Readings in Calvin's Theology*.

자와 분노는 일차적으로 피조물에 적용된다(ST 1.13.6). 그런데 사자가 신에게 '적절하게' 적용되지는 않더라도, "유사성을 통해" 신을 서술할 수 있다. "예를 들어 용기나 힘과 같은 사자의 본성을 공유하는 이들에" 대해 서술할 수 있다(ST 1.13.9[『신학대전 2』, 135]).[51] 그러므로 '사자'는 신에게 적절한 은유다. 왜냐하면 신은 강하기 때문이다.

여기에 긍정적인 것과 부정적인 것, 은폐와 탈은폐의 명백한 변증법이 있다. 은유에 따라서 신을 사자로 말하는 것은 신이 사자와 (별로 다를 것이 없다는 뜻이 아니라) 유사하고 또 유사하지 않다는 것을 모두 말하고 있다. 그래서 아퀴나스는 디오니시오스를 언급하면서 이렇게 말한다. "신의 광선은 수많은 거룩한 베일로 감싸이지 않고서는 우리에게 비쳐질 수 없다"(ST 1.1.9[『신학대전 1』, 115]).[52] 빛 비춤과 숨김은 불가분의 관계로 통합되어 있다.

그런데 의문이 생긴다. 신이 강함이라는 측면에서 '사자'와 유사하다면 '신은 강하다'는 말은 어떤가? 이것도 은유적 서술인가? 그리고 피조물이 신과 유사하지만, 그 역은 그렇지 않다는 주장은 어떠한가? 아퀴나스는 자신의 유비적 서술론으로 이 물음에 답하면서, 이를 은유와 첨예하게 구분한다. 그리하여 다음 사례로 이

---

51. 엄밀하게 말하면 당연하게도 신의 본성 가운데 어떤 것을 공유하고 있는 것이 사자다.
52. 이 인용은 『신비신학』이 아닌 『신의 이름들』에 속하는 『천상의 위계』에서 비롯한 말이다.

어진다.

사례 3 – 신은 사랑이다. 아퀴나스는 우리가 신에 대한 긍정적 명제를 형성할 수 있으며(ST 1.13.12 [『신학대전 2』, 165]), 그렇게 하는 데 사용하는 이름이나 술어들이 실질적이고 적절하게 사용된다고 주장한다(ST 1.13.2-3 [『신학대전 2』, 65~83]). 그러나 이 적절한 대안은 은유적이므로, 우리가 '문자적'이라는 말을 '일의적'이라고 가정하지 않는다면, 이 '문자적'이라는 말은 '적절한'proprie으로 번역될 수 있다. 아퀴나스에 의하면, 신에게 실질적이고 적절하게 적용되는 긍정적 술어는 일의적으로 똑같이 사용되는 것이 아니라 유비적으로 사용된다. 그러한 술어 중에서 우리는 '선',[53] '존재', '삶'뿐만 아니라 그가 유신론을 모든 형태의 범신론과 가장 단호하게 구별하는 데 사용한 세 가지, 즉 현실적 '지식', '의지', '사랑'도 있다. 아퀴나스는 우리가 사랑을 신에게 귀속할 때 이를 은유적으로 말하지 않는다는 점을 가장 크게 강조한다(ST 1.20.1.2 [『신학대전 3』, 32]).

이것이 어떻게 작동하는지 알아보려면 유비적 서술과 은유적 서술이 어떻게 다른지 살펴봐야만 한다. 그 기본 의미가 두 가지 서술 모두에서 우리로 하여금 단적인 부정의 길을 넘어서게 하고 긍정의 의미를 가진다는 점을 고려하면서 말이다. 은유적 서술과 달리, 유비적 서술은 본질적인 의미에서 불완전성을 포함

---

53. 왜 신의 이름들의 첫째 그리고 셋째 범주 모두에서 '선함'이 나타나는지는 명백하지 않다.

하거나 함축하지 않는다(ST 1 : 13.4.1, 1.20.1.2 [『신학대전 2』, 87 ; 『신학대전 3』, 35]). 이러한 이유로 전자는 주로 피조물에 적용되는 반면 후자는 주로 신에게 적용된다. 아퀴나스는 이러한 완전성이 신에게 어떻게 앞서 존재하는지 나타내기 위해 종종 비교급 용어인 "더 높은"altior과 "더 탁월한"eminentior이라는 말을 사용한다. 다만 한 가지 경우에, 그는 "탁월하게"excellenter로부터 "더 탁월하게"excellentior, "가장 탁월한"excellentissimus에 이르는 갖은 표현을 사용한다(ST 1.13.2-3, 5. 또한 DE, 91, ST 1.6.2 [『신학대전 2』, 65~83, 89~101]).

이 술어들은 신과의 유사성으로 인해 피조물에게도 부차적으로 적용된다. 그것들은 같은 형태를 가지거나 같은 질서에 속하는 것으로서 유사한 것이 아니다. 그러므로 그 술어들은 신과 피조물에게 일의적으로 적용될 수 없다(ST 1.4.3 [『신학대전 1』, 257]). 그러나 후자는 신의 모범으로부터 "멀리 떨어져 있고 결함이 있음에도 불구하고 어떤 동화의 방식으로"(ST 1.6.4 [『신학대전 1』, 335]) 참여한다. 그것들은 신에게 "미치지 못하는 수준에서"(ST 1.13.5 [『신학대전 1』, 95]) 신과 같다.[54] 왜냐하면 "피조물의 신에 대한 유사성은 불완

---

54. 이 구절에서 아퀴나스는 비례의 유비 아래 신의 이름을 포함한다. 『진리론』에서 두드러졌던 적절한 비례의 유비는 사라져버린다. 이러한 기술적 차이는 현재의 분석에 영향을 미치지 않는다. 이에 관한 구체적인 이해로는 G. P. Klubertanz, S.J., *St. Thomas Aquinas on Analogy*, p. 27을 보라. J. F. Wippel, "Metaphysics," *The Cambridge Companion to Aquinas*, p. 92 참조.

전한 것"이기 때문이다(ST 1.13.5.2[『신학대전 1』, 101]).

신과 피조물 사이의 유사성의 존재론적 관계는 우리가 위에서 보았듯이 비대칭적 관계다. 피조물이 신과 닮은 것이지 그 반대는 아니라고 한 앞의 구절에 주목해야 할 것이다. 아퀴나스는 이제 이 비대칭을 유비로 해석한다. 앞에서 우리는 "인간은 자신의 이미지와 유사하다고 말하는 것이 아니라 그 반대다"(DV 2.11.1)라고 한 것을 이미 보았다. 이제 우리는 다음과 같은 것을 알게 되었다. "'동물'은 참된 동물에 관해서와 그려진 동물에 관해서 서술되는데, 이는 다의적으로 서술되는 것이 아니라 유비적으로 서술된다"(ST 1.13.10.4[『신학대전 2』, 153]). 이런 그려진 것은 비록 거리가 있고, 결함이 있으며, 불완전하지만 그 예시에는 참여한다.

아퀴나스가 마이모니데스와 갈라선 것이 바로 이 대목[『신학대전 2』, 69]인데,[55] 마이모니데스는 신과 피조물 사이에는 "관계가 없고", 그래서 "유사성도 없다"고 단언한다. 따라서 "어떤 식으로든 어떤 의미에서든 신의 속성과 우리 자신과 관련하여 사용된 속성에 공통적인 것은 없다. 그것들은 이름만 같을 뿐, 그것들에게 공통된 것은 아무것도 없다"(I, 56). 마이모니데스는 비-관계성과 비-유사성이 대칭적 관계임을 분명히 한다. 따라서 신의 본질은 "결코 우리의 본질과 같지 않다." 이것은 예를 들어 신의 지식이

---

[55] M. Maimonides, *The Guide for the Perplexed*. 특별히 I, 156~60을 보라. 이후 인용 쪽수는 본문에 삽입한다. 아퀴나스가 마이모니데스를 언급한 내용은 ST 1.13.2, 5; DV 2.1을 참조하라.

"(우리의) 지식과 완전히 다르며 유비를 용납할 수 없음"(III, 20)을 의미한다. 그런데 신은 또한 "자신의 피조물 중 어느 것과도 유사하지 않고 공통점이 없는 존재"(I, 58)다. 이것이 마이모니데스가 존재, 생명, 힘, 지혜, 의지와 같은, 아퀴나스가 유비적이라고 부를 수 있었던 술어를, 신의 눈이나 귀에 대한 언급과 같이 은유적이라고 부를 수 있는 술어와 함께 묶는 이유다. 그것들은 모두 "완전히 동음이의어"(I, 56~57)다.

이 모호함에서 벗어날 수 있는 유일한 방법은 부정적 서술이다. 유일하게 참으로 적절한 형태의 서술로서 부정의 길은 우리에게 "신에 대한 가능한 최고의 지식"(I, 58. 또한 60 참조)을 제공한다. 현자들이 말했듯이 "토라는 인간의 언어로 말한다"는 것은 사실이지만 그러한 언어는 위험하다. 왜냐하면 "당신이 더 완전해지며 모든 추가적인 긍정적 단언과 더불어 당신은 당신의 상상을 따르고 신에 대한 참된 지식에서 멀어지기"(I, 59) 때문이다.

대조적으로, 아퀴나스는 창조와 참여의 존재론과 관련해서 유비적 서술 이론을 구축한다[『신학대전 2』, 149].[56] 그렇게 함으로

---

56. 아퀴나스의 유비 이론은 아리스토텔레스, 특별히 그의 『형이상학』 제4권, 2에 빚을 지고 있다. 그런데 두 가지 중요한 차이가 있다. 첫째, 아리스토텔레스는 유비적인 것과 다의적인 것 사이의 차이를 무너뜨리는 경향이 있다. ST 1,13,10,1을 보라. 조셉 오웬스의 다음 글에서 유비가 다의성의 특별한 사례가 되는 방식을 논의한 부분을 참조하라. J. Owens, *The Doctrine of Being in the Aristotelian Metaphysics*, 3장. 따라서 아리스토텔레스에게 '동물'은 실제 동물과 그 그림에 대해 다의적으로 사용된다. *Categories*, 1a 2~3 [아리스토텔레스, 『범주들·명제에 관하여』, 25쪽]. 둘째, 창조론 덕분에 아퀴나스의 이론은 아리

써 그는 의미화된 것res significata, the thing signified과 의미의 양태modus significandi 사이의 오롯이 결정적인 구별을 불러온다.57 유비적 서술에서 문제가 되는 완전성은 본질상 불완전성과 관련하지 않으며 예시적이고 탁월한 방식으로 신에게 속한다. 따라서 의미화된 것의 측면에서 그것들은 신에게 실질적이고 적절하게 귀속된다. 하지만 우리는 이러한 완전성을 피조물로의 체화를 통해서만 알 수 있다. 의미의 양태와 관련해서, 우리의 개념이나 주장 중 어느 것도 신의 실재에 적합하지 않다. 다만 우리가 이러한 완전성에 대한 이해를 끌어내는 피조물이 아무리 불완전하더라도 창조주와 유사하듯이, 개념은 아무리 불완전하더라도 적절하게 신에게 귀속된다. 또는 다른 말로 하자면 유비적으로 신에게 귀속된다.

피조물은 신과 같지 않으므로 그 개념은 숨겨져 있다. 이것이 전부라면 우리는 마이모니데스가 견지한 것처럼, 부정과 다의성 사이의 단순한 이것이냐/저것이냐는 식의 선택지를 가질 것이다. 그런데 피조물은 신과 같으므로 그 개념이 드러난다. 만일 이것이 전부라면 우리는 마이모니데스가 우선적으로 보호하려고 한 일의성과 신의 초월에 대한 개념을 가질 것이며 실제로 이 초월에 손상이 가해질 것이다. 하지만 위 두 이야기의 변증법이 이 이야기의 전체이므로,

---

스토텔레스 논의의 수평적 본성과 대조적으로 수직적 성격을 가진다. Wippel, "Metaphysics," p. 89. 이 점에서 아퀴나스의 이론은 『형이상학』이나 『범주들』보다 『신의 이름들』에 더 가까워진다.
57. 위펠은 이러한 구별이 '본질에 관한 지식'에서 얼마나 핵심적인지를 보여준다.

우리는 유비를 가지게 된다.

이 모든 것에는 놀랍게도 칸트적인 어떤 것이 있다. 우리는 신에 관해서는 '사물 자체'를 알지 못한다. 우리의 서술은 "[신의] 존재방식을 표현하지 못한다. 왜냐하면 우리의 지성이 이편의 삶에서는 신을 있는 그대로 인식하지 못하기 때문이다. … 우리의 지성은 신을 그 자체로 볼 수 없으므로 다양한 개념을 따라 인식한다"(ST 1.13.1.2, 1.13.12 [『신학대전 2』, 63, 167]). 우리는 홀로 "모든 것을 무한히 명료하게 이해하는"(DV 18.1) 신을 파악할 수 없다.

신의 지식과 인간의 지식 사이의 이러한 대조는 아퀴나스에게 중요한 것이다. 신의 순일성으로 인해서 신의 지식은 우리의 지식과는 다르게 신의 본질에 부가된 어떤 것이 아니다(DV 2.1). 다시 말하지만, 신의 순일성으로 인해 신의 지식은 하나밖에 없지만, 우리의 지식은 많다(DV 1.4-5). 가장 중요한 것은, 타당성으로서의 진리는 오직 신의 지성에서만 발견된다는 것이다. "진리가 적절하게 받아들여진다면, 그것은 신의 지성과 사물의 하나됨aequalitatem을 의미할 것이다. 신의 지성이 아는 첫 번째 것은 그 자신의 본질이며, 이를 통해 다른 모든 것을 알기 때문에, 신 안에 있는 진리는 원리상 신의 지성과 그 본질인 사물 사이의 하나됨을 함축한다. 그리고 이차적 의미에서 진리는 마찬가지로 신의 지성이 피조물과 동등함을 의미한다"(DV 1.7).

그러나 우리가 반복해서 보았듯이, 피조물은 잠시 제쳐두고, 그러한 하나됨은 창조된 지성과 신의 본질 사이에서는 찾을 수 없는 것이다. 엄밀히 말해서, 일의적 서술을 가정하여 우리가 신에 대해 긍정적으로 말하는 모든 것은 거짓이다.

하지만 아퀴나스는 신학적 회의론자가 아니다. 그러므로 아퀴나스가 주로 신의 지성에서 진리를 찾는 동안 또한 그가 인간에게서 이차적으로 진리를 발견한다는 것은 놀라운 일이 아니다(DV 1.4).

그는 긍정 명제가 "신에 대해 참으로 형성될 수 있다"(ST 1.13.12)는 것과 "우리의 지성이 신에 관한 판단을 내리는 것은 잘못이 아니다"(ST 1.13.12.3 [『신학대전 2』, 169])라는 주장을 제시한다. 우리는 우리의 정신에 여러 가지 신의 개념을 가지고 있으며 신은 "하나의 사물이 불완전한 심상 자체에 상응하는 것처럼 이들 각각에 상응한다. 따라서 우리가 한 가지에 대해 여러 가지 지성의 개념을 가지고 있다고 해도, 그것들은 모두 참이다. … 그러나 이 모든 것에는 실재하는 어떤 것이 상응한다"(DV 2.1).

그러므로 우리는 신의 존재에 대한 적절한 신적 지식을 가지고 있으며 신의 본질을 있는 그대로, 참으로 존재하는 바 그대로 알고 있다. 그리고 우리는 그러한 적합성에는 이르지 못하는 인간적 지식을 가지고 있으며, 신의 실재 자체를 존재하는 바 그대로 알지는 못하지만, 그럼에도 객관적으로 '참'이라고 말할 수 있는 이차적인, 엄밀히 말하면 2등급 '지식'을 가지고 있다. 적합성 검사에 합격하지 못했음에도 불구하고, 칸트의 언어가 거의 강제적으로 우리에게 부과된다. 신은 신의 본질에 대한 예지계적noumenal 지식을 가지고 있다. 우리는 오로지 현상계적phenomenal 지식만을 가진다. 우리는 신의 '사물 자체'를 알지 못하고 인간의 지성에 나타나는 방식에서만 신을 알며, 인간 지성은 존재나 진리의 가장 높은 규범이 아니다. 칸트가 이러한 구별을 도출해낸 것이 바로 신적 지식과 인간적 지식 사이의 구별과 관련해서라는 점을 기억하는 것이 중요하다.[58]

참으로 존재하는 바 그대로의 것이라는 사물 자체에 대한 신의 예지계적 지식, 나타나는 것들에 대한 인간의 현상계적 지식 사이의 구별은 칸트에게 그랬던 것처럼, 아퀴나스에게서도 유한한 실재에 대한 우리의 지식에 적용된다는 점이 밝혀졌다. 아리스토텔레스의 인식론은 형상을 지성으로 받아들이는 비물질적 수용을 기반으로 삼아 전개된다. 이런 인식론에서는 물질적 실체의 본질인 가지상intelligible species을 생성하거나 포함하거나 이 상을 통해 어떤 것을 알게 되는 유한한 지성에, 적합성[사물과 지성의 일치]에 아무런 장벽도 없는 것처럼 보인다.

그런데 아리스토텔레스가 공유하지 않는 창조론적 틀에서 작업하는 아퀴나스는 우리 지식의 이차적 성격을 계속해서 강조한다. 피조물에 대한 신의 지식은 제작된 것에 대한 제작자의 지식과도 같은 것이다. 제작자는 선험적이고, 이 관계는 인과적이며,

---

58. 이 책 3장 각주 25를 보라. 나는 미국 마리탱학회에서 처음으로 아퀴나스의 개념을 칸트적으로 설명했었다. "Onto-theo-logical Straw," *Postmodernism and Christian Philosophy*.

제작자가 알려진 것의 척도가 되고, 그것에 대한 제작자의 지식이 없었다면 그것은 존재하지 않았을 것이다. 하지만 피조물에 대한 우리의 지식은 이러한 각 측면에서 신의 지식과는 다르다(ST 1.14.8.3; DV 2.5, 8[『신학대전 2』, 235]). 우리는 이 구별을 형성하는 또 다른 방식을 살펴보았다. 신은 신의 본질을 알면서 그 본질에 미약하게나마 참여하는 다른 모든 피조물을 알고 있다. 신은 그것들의 예시, 원형을 통해 사물을 안다. 신의 본질을 모르기 때문에 우리는 이런 식으로 사물을 알지 못한다. 우리는 그것들이 불완전하게 구체화한 완전성을 알지 못한다. 다시 말하지만, 인간의 '지식'은 이차적이며, 이는 2등급 지식에 해당한다.

요셉 피퍼는 이 놀라운 결과에 특별한 주의를 기울였다. "신 자신만이 아니라 만물에게도 인간이 말할 수 없는 '영원한 이름'이 있다." 아퀴나스 자신의 말에 따르자면, "우리에게는 사물의 본질적 근거가 알려지지 않는다."principia essentialia sunt nobis ignota 59 그 이유도 마찬가지로 놀랍다. 왜냐하면 유한한 것들이 창조되었기 때문이다. 피퍼는 이것이 유한한 존재의 구조와 아퀴나스의 기본 개념 모두를 규정한다고 말하면서, 아퀴나스의 사유에서 창조의 중심성을 강조한다. 이는 우리의 지식과는 대조적으로 신의 지식

---

59. Pieper, *The Silence of St. Thomas*, p. 65 [피퍼, 『성 토마스의 침묵』, 65쪽]. 이 인용은 아퀴나스의 CDA 1.1.15 (p. 11)에서 가져온 것이다. 또한 DV 4.8.1 참조. 여기서 피조물에 관해 말하면서 아퀴나스는 "우리는 본질적〔즉, 특정한〕차이를 알지 못한다…"고 말한다.

이 창조적이기 때문만은 아니다. "사물의 본질은 그것들이 창조적으로 사유한다는 것이다."[60] 이것은 유한한 사물의 본질이 유類와 종種으로 규정될 수 없고 또한 생물학적 도식을 따라 과科도 필요로 한다는 것을 의미한다. 우리는 엄밀히 말하면 이성적인 동물이 아니라 창조된 이성적 동물로 정의된다. 아퀴나스는 아리스토텔레스의 『형이상학』에 대한 그의 주석에서 이를 분명히 하고 있다. 여기에서 그는 인간에 대한 정의를 "필멸하는 이성적 동물"(CMA 7.5.1378, p. 525)로 제시한다. 모든 피조물은 우연으로 생겨났기 때문에 그 존재는 사라질 수 있다. 그들은 본래 필멸자다.

피조성이 유한한 것의 본질에 속한다는 사실에서 역설이 따라 나온다. 이 사실이 우리가 유한한 것들을 이해할 수 있게 만든다. 왜냐하면 신의 본질로의 유한한 것들의 모방적 참여 덕분에 그 자체로 가장 인식하기 쉬운 빛이 비록 희미하더라도 그것들 안에 반영되기 때문이다.[61] 동시에 이것들의 창조됨은 그것들을 파악할 수 없게 만든다. 아퀴나스에게 "사물들의 알려질 수 있음은 유한한 지성으로는 완전히 아우를 수 없는 사물의 본성 자체의 일부다. 왜냐하면 이러한 사물들은 피조물이기 때문이다. 이것은 그 사물들이 알려질 수 있도록 만드는 요소는 반드시 사물들이 파악될 수 없는 이유이기도 해야 한다는 것을 의미한다."[62]

---

60. Pieper, *Silence*, pp. 45~51 [피퍼, 『성 토마스의 침묵』, 47~53쪽].
61. 같은 책, pp. 55~56, 60 [같은 책, 56~58, 61쪽].
62. 같은 책, p. 60 [같은 책, 61쪽].

이것은 마치 우리가 매우 명확하게 알 수 있는 사실이 있지만 또 다른 어떤 것은 우리에게서 벗어나 있는 것과 같은, 어떤 양적 결여가 아니다. 아퀴나스는 사물의 본질에 대한 우리의 파악 작업에 관해 이야기하고 있다. 사물의 진리, 즉 사물을 우리가 알 수 있게 하는 가지성은 "사물과 신의 창조적 정신 사이의 관계"에 놓여 있으며, "… 이 관계 … 자연적 실재와 신의 원형적인 창조적 사고 사이의 관계를 우리가 형식적으로 알 수 없다고 나는 주장한다. … 우리는 모방된 것은 알고 있지만 모방된 것과 원형의 관계는 모른다. … 여기서 우리는 진리와 인식의 불가능성이 얼마나 서로 긴밀하게 연결되어 있는지를 알 수 있다."[63]

피퍼는 이러한 본질과 창조의 연관성을 사르트르와 관련시키지만 그 요점은 적어도 칸트적 이해와 같다. 칸트와 마찬가지로 아퀴나스와 관련해서 볼 때도, 우리는 유한한 사물들이 실제 있는 그대로 존재하는지를 알 수 없다. 왜냐하면 우리는 유한한 사물에 관한 신의 창조적 지식의 위상에 이르지 못하기 때문이다. 신과 세계에 관해 우리는 우리의 인식 대상의 본질을 의미화하기 위해 의도된 언어를 사용한다. 그러나 어느 경우에도 우리는 우리가 의미화하는 바를 참으로 알지는 못한다. 의미의 이 중적 결핍은

---

63. 같은 책, pp. 58~59 [같은 책, 59~60쪽]. 또한 p. 63[63~64쪽] 참조. "우리는 신 안에 있는 원형과 창조된 모사 사이의 이러한 일치를 결코 적절하게 파악할 수 없다. … 보는 자인 우리가 말하자면 '신의 눈으로 사물의 나타남을 바라보는 것은 불가능하다.'"

창조주와 피조물 사이에 고정된 거대한 간극과 관련하여 신의 초월성을 보존하려는 과정에서 아퀴나스가 존재-신학적 기획과 단호하게 절연한다는 것을 의미한다. 그는 존재 전체의 의미에서 핵심인 최고 존재를 정립한다. 그러나 그는 인간 지성으로 충만하게 가지적인 실재 전체를 완전하게 이해할 수 있게 하는 작업 속에 신을 포섭하기보다는, 신을 이러한 지성의 기획에 대한 궁극적 장벽으로 상정한다.

아퀴나스가 자신의 고전적 유신론을 모든 형태의 범신론과 구별하는 작업은 신을 인격적 창조자로 확증하는 데서 이루어진다. 그런데 이 우주론적 초월은 즉시 인식론적 초월이 된다. 해체구성보다 훨씬 앞서서 플라톤의 영혼과 데카르트의 코기토는 이미 의미, 진리, 지식에 관련하는 한에서는 탈중심화되고 만다. 인간의 정신은 진리의 척도가 아니며 우리의 지식은 존재의 척도가 아니다. 아퀴나스는 자신의 유비 이론으로 표현된 동시적-변증법적 부정신학에서 존재 전체의 의미의 열쇠인 최고 존재가 우리에게 신비로 남겨져 있음을 확증한다. 탈은폐 가운데, 신은 은폐된 채로 남아 있다. 우리는 알고 있으면서 알지 못한다.

이 신비주의적 모티브에서 아퀴나스의 '체계'는 스피노자와 헤겔의 존재론적 체계와 결정적으로 다르다. 신적 신비가 의미하는 인식론적 초월이 없다면 스피노자와 헤겔에게서는 인간의 최고 지식을 곧 최고 지식으로 보는 일이 가능해진다. 요구되는 유일한 자기-초월은 낮은 수준의 인간 인식에서 높은 수준의 인간 인식으로 나아가는 것이다. 하지만 아퀴나스는 인식론적 자기-초월을 매우 상이한 방식으로 제시했다. 그에게 신은 인간의 모든 지식을 초월하고 (심지어 내세에서도) 우리의 이해를 초월하는 자로 남아 있다. 그리하여 우리의 앎은, 우리의 사고를 그러한 실재와 일치시키면서 우리 자신을 넘어서고 우리의 개념 속에 포착되고 통합될 수 없는 것에 도달한다. 그리고 우리 너머에 있는 것은 실재의 (신적) 척도가 된다. 존재 전체의 의미에 대한 열쇠인 최고 존재를 상정하는 작업에서, 아퀴나스는 이 최고 존재에 힘입어 존재 전체를 인간 지성이 완전히 이해할 수 있게 만드는 철학적 기획에 직접적으로 타격을 가한다. 아퀴나스의 칸트적 측면은 그를 키에르케고어주의자로도 만든다. 왜냐하면 요하네스 클리마쿠스가 "존재 자체는 신을 위한 체계지만 실존하는 영을 위한 체계일 수는 없다"고 썼을 때, 이는 아퀴나스(또는 아우구스티누스나 다수의 다른 유신론자들)에 대한 각주가 포함된 말일 수 있기 때문이다.[64]

실제로 아퀴나스의 견해는 그 이전의 위-디오니시오스의 견해처럼[65] 신이 "그분 자신에게만 알려진다"(ST 1.1.6[『신학대전 1』, 93])는 것이다. 우리가 신에 대해 가질 수 있는 모든 지식은 신의 자기-인식에 참여함으로써만 가능하며 참여는 결코 동일성이 될 수 없고 언제나 부분적이고 불완전한 것이므로 신의 신비는 회피할

---

64. Kierkegaard, *Concluding Unscientific Postscript*, I, 118. 동일한 요점을 역사와 관련해서 보는 대목으로는 pp. 141, 158을 보라.
65. 4장 각주 42를 보라.

수도, 제거할 수도 없는 것으로 남아 있게 된다.

그러나 바로 이 지점에서 우리는 존재-신학이 설 자리를 찾을 수 없는 인식론적 자기-초월의 다른 양식을 만나는데, 그것이 바로 신의 계시다. 아퀴나스의 설명을 따르자면 신의 자기-인식에 참여하는 것은 자연이나 은총, 이성이나 계시에 의한 것일 수 있다. 우리는 유비 교리가 이성이나 계시에서 파생된 모든 신의 이름이나 서술에 적용된다는 것을 보았다. 계시는 신비의 소멸을 의미하지 않는다. 다만 그것은 인식론적 초월의 두 번째 방식과 존재-신학적 기획의 유신론과의 두 번째 불일치를 의미한다. 왜냐하면 인간 지성은 자신이 이해할 수 없는 것과 관련할 뿐만 아니라 자신의 앎을 능가하는 측량할 수 없는 것에 대한 앎과 관련하기 때문에, 아우구스티누스에게서 보았던 것처럼, "〔신의 지식〕과 비견되는" 우리의 지식은 "무지다"(C XI, 4[424]). 믿음으로 신의 계시를 받을 때 인간 지성은 자신의 파생적 본성을 인정함으로써 자신을 초월한다. 또한 그것은 그 자신의 앎이 아닌 어떤 앎에 의존하고 있음을 받아들임으로써 자신을 초월한다. 신의 은총은 인격적인 선물이며, 계시를 받아들이는 신앙 안에서 참여는 상호인격적 관계를 수립한다. 그러나 창조론에 비추어 볼 때, 이성은 계시만큼이나 신적인 선물이며, 이 둘과 관련하여 경험되는 인식론적 자기-초월은 그저 한계 경험에 불과한 것이 아니라 사랑과의 만남이다.

신 현존 증명의 다섯 가지 길에 몰두하는 가운데, 우리는 종종 『신학대전』이 다섯 가지 길로 시작하지 않고 신의 계시와 "거룩한 가르침" 또는 그 가르침이 쓰여져 있는 "계시 신학"의 필요성에 대한 확증으로 시작한다는 사실을 간과한다. "인간의 구원을 위해, 인간 이성으로 탐구되는 철학의 분야 외에 신의 계시를 따라 이뤄지는 하나의 가르침이 있어야 한다는 것은 필연적인 일이며 … 인간 이성을 초과하는 어떤 진리는 신의 계시를 통해 인간에게 알려져야 한다"(ST 1.1.1 [『신학대전 1』, 65]). 아퀴나스가 신이 오직 신에 의해서 인식됨을 확증하는 것은 바로 이런 맥락에서 이루어진다. 왜냐하면, 철학적 인식에 더하여, 그 가르침은 신을 "신 자신에게만 알려지고 다른 이들에게는 계시되는 한에서"(ST 1.1.6 [『신학대전 1』, 93]) 다루기 때문이다.

한 가지 차원에서 아퀴나스는 자연신학과 그 기반이 되는 존재의 유비 교리에 대한 궁극적 비판자로서 칼 바르트와 대립하게 되는데, 바르트보다 더 격렬한 아퀴나스의 신학적 반대자는 없을 것이다. 그런데 다른 차원에서 보면, 이 둘 사이에는 깊고도 놀라운 일치점이 있다. 바르트는 또한 신이 신에 의해서만 알려진다고 보며, 신비와 계시, 은폐 속의 탈은폐라는 주제가 그의 종교적 인식론의 양대 초점이라고 주장한다. 인식론적 초월과 자기-초월에 관한 최종적 설명을 위해, 우리는 이제 바르트의 사상을 살펴야 한다.

6장

바르트

그럼에도 불구하고 신을 말하는 법 — 신앙의 유비

존재-신학 비판에서 하이데거는 고린토인들에게 보낸 첫째 편지 1장 20절을 인용한다. "하느님께서 이 세상의 지혜가 어리석다는 것을 보여주시지 않았습니까?" 이 지혜는 아리스토텔레스가 제일철학이라고 부른 것, 하이데거가 존재-신학이라고 부른 것과 연결된다. 그런 다음 그는 이렇게 묻는다. "그리스도교 신학은 다시금 이 사도의 말을 따라 어리석음으로서의 철학 개념을 진지하게 받아들이고자 할 것인가?"(WM/1949, 276[144]). 분명한 것은 하이데거가 신학적 독해에 정통하지 않았고 칼 바르트의 『로마서』(초판과 크게 개정된 재판이 1919년과 1922년에 각각 출간되었다) 및 (1932년부터 나오기 시작한) 『교회 교의학』에 대해 알지도 못했다는 것이다. 하이데거가 제기한 논점과 관련해서 바르트보다 바울의 마음에 더 가까이 다가간 신학자를 찾기란 어려울 것이다. 실제로 그는 과학과 역사와 철학과 신학을 한데 묶는 한(!) 세계는 "하느님 옆에 나란히 서는 데" 그치지 않고, "하느님의 자리를 빼앗고 스스로 하느님이 되며", 그렇게 해서 "자연과 문명, 유물론과 관념론, 자본주의와 사회주의, 세속주의와 교회 중심주의, 제국주의와 민주주의"(ER 52[188])가 "신격화되는 세상"으로 귀결되는 데 이를 것이라고 본다.

방금 언급한 두 탁월한 텍스트에서 신의 초월은 인식론적 방식에서 완전히 중추적인 역할을 한다. 나는 초기 바르트와 후기의 바르트를 모두 살피는데, 이는 발전론적인 이유에서 하는 것이 아니다. 오히려 나는 둘 사이의 불연속성보다 연속성을 더 많이 엿보는 사람들의 의견에 동의하기 때문에 그렇게 하려고 한다.[1] 왜냐하면 첫 번째 경우 주요 적수는 자유주의 개신교인 반면, 두 번째 경우는 적어도 로마 가톨릭과의 전투를 벌이고 있어서, 이는 바르트의 사상을 토미즘 사상과 직접적으로 연관시킬 수 있게 해주기 때문이다. 신의 인식론적 초월에 대한 상이한 공식들은 발전적 변화에서 비롯한 것이면서 또 다른 논쟁에서 기인한 것이다. 두 경우 모두 바르트는 자신을 펠라기우스파에 대항하여 신적 은총과 자유를 옹호한 아우구스티누스의 후계자로 본다. 바르트에게 근대성은 인식론적 펠라기우스주의라고 할 수 있다.[2]

---

1. B. L. McCormack, *Karl Barth's Critically Realistic Dialectical Theology*, pp. 134, 244 (이하 CRDT로 표기). 또한 G. C. Berkouwer, *The Triumph of Grace in the Theology of Karl Barth*, p. 10.
2. 이 두 텍스트를 논함에 있어 나는 각 텍스트와 적절하게 연관된 다른 글들에

그가 초창기에 항의한 내용은 슐라이어마허, 리츨, 트뢸취, 그리고 그의 스승인 빌헬름 헤르만에게서 비롯하는, 바르트 본인이 훈련받은 신학 전통에서 본질적인 대목이었던 근대성, 곧 인간 주체를 우리의 신 인식의 근거이자 기초로 놓는 일에 반대하는 것이었다.3 레비나스의 언어를 선취하는 가운데, 우리는 바르트가 그러한 신학은 타자(신)를 동일자(인간)로 환원시키는 것이라고 보았다고 말할 수 있다.4 또는 포이어바흐의 용어로 말하자면 신학은 인간학이 된다. "하느님 자신이 하느님으로 인정되지 않고, 하느님이라고 불리는 것이 실은 인간 자신이다"(ER, 44[175]). 바르트는 "사람들이 큰 목소리로 단순히 인간의 말을 하는 것으로는, 신을 말할 수 없다"(TM 196)고 주장한다.

그는 자유주의 개신교가 종종 다음과 같이 밀접하게 얽혀 있는 두 가지 방식에서 이러한 결함과 관련해서 유죄라고 생각한다. 첫 번째는 슐라이어마허처럼 종교적 경험을 신학의 기초로 삼는 것이고, 두 번째는 (예수에 대한) 역사적 지식을 신에 대한 지식의

기댈 것이다.
3. McCormack, CRDT 130, 182, 207을 보라.
4. 베르까우브르는 바르트가 "근대 개신교 신학 전체가 주관주의적 출발점을 따라 그 성패가 좌우되며, 그 전체 구조의 배경과 기초를 이루는 인간학이 루드비히 포이어바흐의 비판에 대해 본질적으로 무방비 상태라고 확신하는데, 이는 근대 개신교 신학에서 인간은 하느님의 능력과 주권적 은혜보다 더 중심에 자리한 존재이기 때문이다"라고 썼다. *Triumph*, p. 167. ER 122[313~15] 참조. 또 포이어바흐에 대한 명시적 언급은 pp. 236과 316. TC의 "루드비히 포이어바흐" 절과 PT의 "포이어바흐" 절에서 더 확장된 논의를 진행한다.

근거로 삼는 것이다.[5] 우리의 정서적, 인지적 능력은 인간에서 신으로 넘어가는 다리 역할을 한다.[6] 그러나 "종교가 … 세계 안에서 심리학적, 그리고 역사적으로 상상할 수 있는 규모가 되면, 그것은 내적 성품, 진리로부터는 멀어져 우상으로 전락한다"(BQ 68 [66]). 따라서 『로마서』는 바르트가 자유주의 신학(ER 30, 87, 98, 102~103, 150, 153, 277 [148, 251, 270, 277~79, 363, 370, 595])에서 본 역사주의와 심리학주의에 대한 지속적인 논쟁을 전개하는 책이다.[7]

그는 특히 역사주의에 대해 완고하다. 이는 아마도 슐라이어마허의 "절대 의존"[8] 감정이라는 형태의 종교적 경험이, 신학자 바르트에게 특별히 중요한 그리스도교의 내용을 결여하면서, 이미 지적한 바 있는 포이어바흐의 문제만이 아니라 아퀴나스의 신 현존 증명의 다섯 가지 길에서 볼 수 있는 바와 같은 너무나도 일반

---

5. 리츨 신학에 관한 책에서 이 두 번째 요점과 관련하여 바르트를 괴롭게 하는 것이 무엇인지 살짝 엿볼 수 있다. "역사의 활력에 뿌리를 둔 한 체계"라는 제목을 단 한 장에서는 다음과 같은 주제들이 다뤄진다. 그리스도교 신앙과 신학의 근거, 방법론의 문제, 신학을 위한 진리를 인식하고 검증하는 역사적 방식, 역사적 이성의 기능, 그리고 신학 작업에 대한 역사적 규범 등이다. P. Hefner, *Faith and the Vitalities of History*를 보라.

6. 바르트는 "우리가 경건하게 건널 수 있는 매우 필요한 다리로 땅과 하늘을 연결"(TM 196)했다는 슐라이어마허의 위대함을 발견한 사람들에 해당하지 않는다. 우리가 보게 되겠지만, 그는 그러한 다리를 바벨탑으로 간주한다.

7. 맥코맥은 이렇게 쓰고 있다. "바르트가 비판하는 이 두 대상은 따로 공격받기도 하지만 함께 공격받기도 한다. 이것은 바르트가 반대하는 모든 것의 약칭이 되면서, 1920년대를 지나는 과정에서 그 빈도가 증가하여 나타난다"(CRDT 249, 각주 33).

8. F. Schleiermacher, *The Christian Faith*, pp. 5~18.

적인 신을 초래하기 때문이다. 이러한 신에 대한 지식을 얻기 위해서, 역사적 예수에 대한 지식이 알려져야 한다. 따라서 자유주의의 심리학주의와 역사주의의 연결이 일어난다. 어느 경우건 바르트는 "역사적 탐구의 범위를 넘어서 역사 속에서 운행하고 행동하는 신"을 열망한다.9 그는 이렇게 적고 있다.

> 〔그리스도 예수는〕 우리에게 알려진 영역을 수직으로 가르고 들어오며… 부활 안에서 성령의 새 세상이 육신의 옛 세상과 맞닿는다. 그러나 새 세상이 옛 세상과 맞닿는 것은 마치 탄젠트 접선이 원과 스치는 것처럼, 즉 그것과 접촉하지 않으면서도 접점을 이룬다. 새 세상은 옛 세상과 접촉하지 않으면서 옛 세상과 경계를 이루고 새 세상으로 옛 세상과 접촉한다. 이처럼 부활은 주후 30년에 예루살렘 성문 바깥에서 일어난 사건이며, '찾아오고', 발견되었으며, 인식되었다. 그런데 그 일어남이 부활로 말미암아 조건 지어졌기 때문에, 즉 지금까지 그것은 그것의 필연성과 나타남과 계시를 조건으로 삼는 '찾아옴', 발견, 인식이 아니었기 때문에 부활은 전혀 역사상의 사건이 아니다. (ER 30〔146~47〕)

'역사 속에 있지만, 역사에 없는'이라는 이 역설적 공식은 '역사에 있지만, 역사에 속하지 않는'이라는 약간 덜 역설적인 공식

---

9. McCormack, CRDT 146.

과 큰 차이가 없다.[10] 바르트가 자신이 관심을 두는 계시 사건을 두고서, "그것은 역사 속의 유일한 실재적 사건이지만 역사의 실재 사건은 아니다"라고 말할 때, 그는 다음과 같은 의도를 분명히 한다. 즉, 자신이 원하는 바는 아니지만 "역사적 설명으로 인해"(BQ 90[85]) 그 사건의 시간을 초월하는 성격이 탈각될 바에야 차라리 그것을 신화로 취급하는 것이 더 낫다는 것이다. 계시 사건은 오히려 "역사 속에서의 역사의 지양"(ER 103[279])이다. 즉 우리가 신을 아는 데 이르는 계시 사건, 기적이라는 것은 역사적 과정의 산물이 아니므로 그것 자체가 역사적 지식으로는 인식되거나 설명될 수 없다. 역사적 예수, 즉 역사적 탐구로 접근 가능한 예수는 신학적 관점에서 볼 때 인간적인 것과 시간적인 것이 신적인 것 및 영원한 것과 단절되고 고립되는 추상이다. 바르트는 전통주의를 위해서가 아니라 계시 행위에서의 신의 초월을 위해 그러한 추상을 이단으로 규정하는 칼케돈 신경信經[11]과 노선을 같이한다.

─◦─

우리는 자유주의 개신교 신학에 대한 바르트의 비판을 다음과 같이 이해할 때 가장 잘 이해할 수 있다. 그의 비판은 실은 하

---

10. McCormack, CRDT 209, 233, 252를 보라. ER 104[280~81] 참조. 여기서 신의 목소리는 "이 세상으로부터 분리되어" 나온 "세상의 파편"으로 기술된다.
11. 주후 451년 칼케돈 공의회에서 규정한 신경에 의하면, 예수 그리스도 안에 있는 인성과 신성은 "혼합되지 않고, 변화되지 않고, 분리되지 않으며 나뉘지도 않는다."

이데거와는 다른 방식의 존재-신학 비판이다. 심지어 바르트의 비판은 하이데거의 비판보다 수십 년 앞서 나왔고, 비판의 범위 역시 훨씬 넓다. 그가 "이 세상과 인간의 흐름을 있는 그대로 완전히 긍정"하는 "신 아닌 것"No-God에 대해 불평할 때, 이는 너무나도 하이데거의 말과 같지 않은가? "그런 신에게 반항하는 사람의 외침이 그런 신을 정당화하려는 사람의 궤변보다는 진리에 더 가깝다"(ER 40 [164]).[12] 또는 다시 말해서 "우리는 감히 [하느님의] 친구, 후원자, 대변인, 중재자 역할을 하려고 한다. … 또 신과 우리의 관계는 불의하다. 우리는 이 관계에서 은근슬쩍 스스로 주인이 된다. 우리는 하느님이 아니라 우리의 필요에 관심을 두며, 하느님도 자신을 여기에 적응시켜야 한다. 우리의 교만은 모든 것에 더하여 초-세계에 대한 인식과 그 안으로의 진입까지 요구한다. … 인간은 진리, 곧 하느님의 공의를 가둬버리고 포획한다. 그들은 하느님의 공의를 자신들의 척도에 끼워 맞추고 … 이를 통해 그것을 비진리로 변형시켜버린다"(ER 44~45 [174, 176]).[13]

---

12. 이 말은 이미 1장에서 인용한 하이데거의 말이다. "그러므로 어쩌면 철학의 신, 즉 자기원인으로서의 신을 버려야만 하는 신-없는 사유가 신다운 신에 더 가까운 것일지 모른다"(ID 72 [65]).
13. 하이데거의 반복된 물음 "어떻게 해서 신이 철학 속으로 들어오게 되었는가?"(ID 55~71 [47~64]), 즉 존재-신학적으로 구성된 형이상학 안으로 들어오게 되었는가를 묻는 물음에 그는 1장에서 이미 인용했던 대로, "신이 철학 속으로 들어올 수 있는 유일한 경우는 오직, 철학이 자발적으로 자신의 본질을 따라 신이 철학 속으로 들어 들어올 수 있기를 요구하고 또 어떻게 해서 철학 속으로 신이 들어오는지는 규정하는 한에서"라는 답을 제시한다.

이제 바르트는 실증주의자가 아니게 되며, 지금까지 실증주의자가 형이상학적인 것으로 일축할 문제를 회피하고 있는데, 자유주의 심리학과 역사주의에 대한 그의 비판은 초월적인 것을 경험적인 것으로 환원시키는 일종의 포이어바흐적 실증주의에 대한 비판으로 읽힐 수 있다. 그런데 그는 형이상학에 대해 지속적으로 불쾌한 말을 던진다. 그는 그것에 대해 "마치 당연하다는 듯이 물리학의 노선을 따라 발전했다"(BQ 68 [66])고 폄훼한다. 그러면서 그는 마치 이 논증을 설명하듯이, "성서의 **창조관**은 결코 우주생성론으로 확장된 적이 없다. 그것은 우주와 창조자 사이에 거리를 두게 하려고 의도하지, 세계에 대한 **형이상학적 설명**을 하려는 것이 아니다"(BQ 71 [68], 두 번째 강조는 필자).[14] 의심할 바 없이 바르트가 신앙의 신은 "다른 실체들 가운데 있는 형이상학적 실체가 아니며 … 오히려 그분은 만물의 영원하고 순수한 근원이시다"(ER 78 [236])라고 할 때 그는 유사한 것을 염두에 두고 있다. 다시 말해서, 신학이 충분근거율의 지배 아래 놓이도록 내버려두어서는 안 된다. "하느님의 의는 '그럼에도 불구하고'로서, 그분은 바로 이것으로 자신을 우리의 하느님으로 선포하고 우리를 자기 것으로 삼는다. 이 '그럼에도 불구하고'는 모든 인간의 논리적인 '그 결과'라

---

14. BQ 91 [85] 참조. 여기서 바르트는 신에 대한 참된 인식에 대해 말하면서 이렇게 적고 있다. "우리가 아는 대로 현실은 … 새로운 진리에 의해 확증되지도 않고 설명되지도 않는다. 현실은 진리의 빛 안에서 새로운 현실의 옷을 입게 되는 것으로 보인다."

는 것과 모순되며, 그 자체로 파악할 수 없고, 원인이나 근거가 없다. 왜냐하면 바로 그것이 하느님의 '그럼에도 불구하고!'이기 때문이다"(ER 93 [260~61]).[15] 형이상학은 모든 것이, 그 근거 ratio, 이유 reasons와 원인 causes의 순서에 부합해야 한다고 요구하며, 실증주의와 동일한 오만함을 가지고서 내 그물에 걸리지 않는 것은 물고기가 아니라고 말한다!

존재-신학에 대한 바르트의 비판은 하이데거의 비판과 매우 유사하지만, 하이데거가 아낙시만드로스부터 니체에 이르기까지, 특히 아리스토텔레스와 헤겔과 관련된 철학 전통에 초점을 맞추는 반면, 바르트는 당연히 존재-신학의 입장이 신학에 제기하는 위협, 특히 자유주의 개신교 신학에 더 큰 관심을 둔다. 예루살렘은 아테네만큼이나 이 질병에 걸릴 가능성이 크다.

바르트의 존재-신학에 대한 확장된 비판에서 두 가지 강조점이 특히 주목할 만하다. 첫 번째는 방법에 대한 그의 비판으로, 이는 일부 사람들에게는 가다머적으로 들릴 만한 진리와 방법의 대립을 설정한다. 『로마서』에는 인간과 신의 경계를 넘으려는 모든 인간적 시도에 대해 신적 아니요가 두드러지게 강조되고 있다. 이에 바르트가 다음과 같이 하는 말을 듣는 것은 놀라운 일이 아니다. "피조물의 세계에 대한 부정의 길이 아니고서는 창조된 세

---

15. 바르트는 바울이 로마서에서 격렬하게 거부한 두 가지 사상, 즉 "선을 이루기 위해 악을 행하자"(3:8)는 것과 "은혜가 넘치게끔 죄를 계속해서 짓자"(6:1, ER 188~89 [436~38] 참조)는 것을 바로 "그 결과"로 보고 있다.

계의 영원한 의미에 이를 길이 없다. 이것이 역사의 교훈이다"(ER 87[251]). 이것은 부정의 길에 대한 긍정처럼 들린다. 그러면 맥코맥이 말한 대로, 바르트의 목적이 부정의 길via negativa이나 탁월함의 길via eminentiae, 또는 인과성의 길via causalitatis을 통해 우리가 쉽게 활용할 수 있는 모든 개념의 영역 너머에 신을 위치시키는 것이라고 할 수 있을까?16 우리는 바르트가 인과성의 길을 논박하는 것을 보았고, 그가 부정의 길을 분명하게 긍정하는 것도 보았으며, 또 우리가 보게 되겠지만, 신앙의 유비에 대한 그의 후기 이론에서 탁월성의 언어로 표현될 수 있는 것이 많이 등장하는 것도 목도한다. 바르트 자신이 답을 제시한다. "신비주의자의 부정의 길은 다른 모든 '길'과 마찬가지로 막다른 골목이다. 유일한 길은 그 길, 곧 그 길은 그리스도다"(ER 316[665~66]).

바르트는 부정, 탁월성, 심지어 인과성을 부정하기를 원하지 않는다. 그가 부정하고자 하는 것은 우리가 신에 대한 참된 지식을 수립할 방법, 즉 길이라는 개념이다. 따라서 「하느님의 말씀과 사역의 과제」에서 그는 세 가지 신학적 길, 곧 독단적 길, 비판적 길, 변증법적 길을 논의하고 세 번째 길을 최고라고 확언하지만, 이 가운데 그 어떤 것도 신에 대한 우리의 지식을 보장하거나 정초하지 못한다는 점에서 셋을 모두 비판한다. "이러한 [계시의] 사건으로 인도하는 길은 없다. [왜냐하면] 그것을 이해할 수 있는 능력이

---

16. McCormack, CRDT 248.

인간에게는 없기 때문이다. 또 그 길과 능력은 그 자체가 새로운 것이고, 계시와 신앙이 바로 그것이며, 새 사람이 누림과 앎과 앎의 대상이 되기 때문이다"(TM 197). 이것이 바로 신에 대한 증언이 "하느님을 배경으로 어딘가에 남겨두는 것이 아니라 보편적인 학문 방법을 무시하고 전경에 두는"(TM 193) 이유다. 그 분명한 의미는 학문적 방법이 신을 배경으로 두고, 우리 자신을, 우리의 길을, 우리의 능력을, 우리의 힘을 전경에 두는 것을 의미한다. 다시 포이어바흐, 그리고 타자를 동일자로 환원하는 것에 대해 말한 레비나스를 떠올려보자. 이것이 방법에 그 자체로 근거하는 신앙이 어떤 체계에 근거한 신앙만큼이나 불신앙인 이유이다(ER 57 [198]).

이것은 우리를 존재-신학에 대한 바르트의 비판에서 그 두 번째 강조점으로 이끈다. 방법에 대한 이러한 적대감이 어디에서 오느냐고 묻는다면 위에서 인용한 구절을 떠올리기만 하면 된다. "우리는 하느님이 아니라 우리의 필요에 관심을 두며, 하느님도 스스로를 여기에 적응시켜야 한다. 우리의 교만은 모든 것에 더하여 초-세계에 대한 인식과 그 안으로의 진입까지 요구한다"(ER 44 [174]). 이 오만한 요구는 신이 아니더라도 최소한 신에 대한 우리의 접근, 신과 우리의 관계, 신에 대한 우리의 지식을 소유하려는 우리의 욕망에 봉사하기 위한 것이다. 비록 이런 구별이 바르트의 눈에는 별 차이가 없는 것이긴 하지만 말이다. 그러므로 우리는 우리가 소유한 모든 경건에 대한 지속적인 반론을 발견한다(BQ 67~68, 74, 87 [64~66, 71, 82]; ER 67, 75, 81, 87, 100, 158 [215, 228~29,

242, 250~51, 273~74, 378~79]). 신학적 방법은 "인간이 신성을 자기 소유로 가져간" 많은 길들 가운데 하나라는 것이 밝혀졌다. "인간은 그것을 자신의 관리하에 두었다." 여기에서 종교는 "마치 금괴를 소유한 것인 양 고결한 교회 재산을 가지고 행동한다"(BQ 67~68[65~66]). 마르크스의 언어로 하자면 신에 대한 우리의 지식은 결코 상품이 될 수 없고 신은 물신숭배의 대상이 될 수도 없다.

―o―

이러한 최종 비판은 단순히 신학이 아니라 종교에 대한 것이며, 여기서 우리는 존재-신학에 대한 바르트의 비판을 더욱 확장하게 된다. 이는 철학만이 아니라 신학도 존재-신학적 입장을 가질 수 있다는 것만을 말하는 것이 아니다. 우리의 종교적 삶 전체가 소유하려는 욕망일 수 있으며, 우리의 (경건한 것일 수도 있지만, 반드시 그런 것은 아닌) 의제에 봉사하도록 신을 마음대로 사용할 수도 있다.

철학이 인간의 가장 높은 가능성이라고 생각한 헤겔과 달리 바르트는 종교가 그 영광을 소유하고 있다고 생각한다. "인간의 능력 가운데 가장 순수하고, 가장 강력하고, 가장 예리하게 침투하고, 적응력이 가장 뛰어나게 나타나는 것이 종교"다. 종교는 "하느님의 계시를 받아들이고, 그 감동을 간직할 수 있는 인간의 능력"(ER 183 [425])이기 때문이다. 종교는 인간 진보의 마지막 단계다. 종교의 "가장 순결하고 고결하며 끈질긴 성취" 안에서, "인류는 인간 가능성의 최정점에 실제로 도달한다는 것이 분명하다"(ER

185[428]).

"그런데", 바르트가 말하길, "그렇게 해서 종교는 인간의 성취로 남겨진다"(ER 185[428]). 이처럼 종교는 단적으로 "제한될"(ER 229[512]) 뿐만 아니라 "정신적으로나 도덕적으로 옛 세계에 해당한다. 그것은 죄와 사망의 그늘에 있다"(ER 184[426]). 종교는 "죄의 땅에서 최정상에"(ER 242[534]) 있다.

바르트는 개혁파 신학자이며 여기서 가장 진지하게 전적 타락 Total Depravaty 교리를 받아들이고 있다. 이것은 단지 모든 사람이 죄인이라는 것을 의미하지는 않는다. 성서 자체가 직집적으로 그렇게 말하고 있으며, 신학에서는 이를 인용할 필요조차 없다. 또한 그것은 모든 이(또는 어떤 이)가 악할 수 있는 만큼 악함을 의미하는 것도 아니다. 그 교리는 죄의 범위에 대한 진술, 즉 인간 인격의 어느 부분도 타락으로 인해 몰락한 바를 피할 수 없음을 의미한다. 불순종을 통해 우리의 지성과 감정, 그리고 의지가 왜곡되었다는 것이다. 바르트는 이 개념을 인간의 능력보다는 인간의 활동에 적용한다. 이에 그는 초기 논고를 통해 신의 의로움을 가리키는 양심의 부름에 응답하여 그 의로움을 "우리만의 것"으로 만들고자 하는 방식을 이야기하며, 신의 의로움을 인간의 가능성으로 만들기 위해 노력하는 세 가지 길을 열거한다. 그 길이란 도덕성, 정치, 그리고 종교다(RG 14~21[237~44]). 바르트는 "종교에 대한 동경은 우리의 성적 욕망과 지적 욕망, 그리고 다른 욕망과 같은 질서에 속한다"(ER 213[481])고 말한다.[17] 육체적 쾌락에 대한 욕망도, 지식에 대한 욕망도, 신과 교류하고자 하는 욕망도 그 자체로는 악하지 않다. 그러나 이 모든 욕망이 죄로 인해 타락했다.

따라서 바르트의 종교에 대한 묘사는 그다지 중요하지 않다. 그것은 바벨탑(ER 61 [205] 및 RG 전반), 교만(ER 37, 47, 136 [159, 180, 335]), 연막(ER 230 [512]), 망상(ER 136, 236 [335, 523]) 및 마약(ER 236 [523])이다. 이 마지막 두 서술은 프로이트와 마르크스를 암시하는데, 리쾨르는 마르크스, 니체, 프로이트에다 바르트의 이름을 혐의의 해석학hermeneutics of suspicion의 위대한 대가의 이름으로 추가해야 할 것도 같다.[18] 바르트는 이렇게 적고 있다. "우리가 감히 믿는다고 말하는 순간, 우리는 항상 혐의 아래 머무른다"(ER 149~50 [362]).[19]

키에르케고어가 그리스도교를 공격한 것을 상기시키며, 바르

---

17. 235 [520~21] 및 CP 286의 다음과 같은 말을 참조하다. "주님의 경험에서 바알의 경험으로 가는 길은 짧다. 종교적인 것과 성적인 것은 매우 유사하다."
18. Ricoeur, *Freud and Philosophy*, p. 32 [리쾨르, 『해석에 대하여』, 77쪽].
19. 혐의 비판의 정당성을 인정하면서도, 바르트는 그 불신에도 도전한다. "하느님은 [종교]를 교만으로, 인간을 망상으로 대하신다. 그러나 우리는 정반대의 오해로 치닫지 않도록 주의해야 한다. 종교가 모호하고 안전성이 부족하다면 종교에 반대한다고 치켜세우는 모든 것도 마찬가지다. 반종교적 부정은 종교의 긍정에 비해서도 아무런 이점이 없다. 성전을 파괴하는 것은 그것을 짓는 것보다 더 낫지 않다. … 종교적 활동은 물론이고 반-종교적 활동도 그 활동들 너머에 있는 것에 주목하지 않는 한, 그리고 믿음, 소망, 사랑이나 반-그리스도의 열정적이고 디오니시오스적 몸짓으로 자신들의 활동을 정당화하려고 하는 한, 그런 활동들은 순전한 망상에 불과할 뿐이다. 긍정을 통해서건 부정을 통해서건 스스로를 정당화하려는 모든 것은 모두 심판 선고 아래 있다"(ER 136 [335~36]).

트는 "종교는 인간의 문화가 안전하게 의존하는 확실한 근거가 아니다. 그것은 문화와 그 짝인 야만이 근본적으로 의문시되는 장소다"(ER 258[560])라고 쓰고 있다. 다시 말해, 종교는 그 부정성 안에서 긍정적 기능을 할 수 있다. 바르트가 종교사에서 가장 높은 지점에 있다고 여기는 예언적 종교 형태에서, 종교는 인간의 모든 노력을 신의 요구에 어긋나게 하고 그 노력에서 어떤 결핍을 발견한다. "종교 안에서 인간은 눈에 보이지 않게 죄에 길든다는 것을 그들 스스로 알고 있다"(ER 244[537]). 그러나 죄의 현전 가운데 인간의 활동으로서 종교는 무력하다는 것을 인식하기에 이른다.

> 어떤 종교도 인간의 행동이 신과 분리된 행동이라는 사실을 바꿀 수 없다. 종교가 할 수 있는 모든 것은 인간 행동의 완전한 신 없음을 드러내는 것이다. … 종교는 인간의 세속성을 극복하지 못하며 갱신도 하지 못한다. 심지어 초기 그리스도교라는 종교나 이사야의 종교나 종교개혁자의 종교도 이 한계를 스스로 없앨 수 없다. … 만일 종교의 꼭대기에서 기껏해야 종교만이 나온다면 이는 슬픈 일이다! 종교는 우리를 모든 감옥 중 가장 깊은 곳으로 몰아넣는다. 종교는 우리를 자유롭게 할 수 없다. (ER 276[594])

종교는 해결할 수 없는 문제를 지적함으로써 자기 너머를 제대로 가리킨다. 종교가 "자신을 지속해서 제거할" 때만이 종교는 존재할 권리가 있다. 신이 인간의 조건을 따라 인간의 경험에 들어가며 "마치 금괴를 소유한 것인 양 고결한 교회 재산을 가지고 행동"(BQ 67 [65])하는 존재-신학적 자세에서, 종교는 인간의 죄악이 취하는 형태 중 하나에 불과하다. 종교가 자기 너머의 것을 가리키지 않을 때, 그것은 "목재나 석재로 만들 수 있는 거대한 피라미드 무덤처럼"(ER 129 [325]) 존재한다.[20]

이후의 『교회 교의학』에서 보이듯이 이 종교와 저 종교가 대조되는 것이 아니라 인간 활동으로서의 모든 종교와 신의 활동으로서의 계시가 대조된다.[21] 『로마서』에서 이미 확립된 계시 교리의 그리스도 중심적 성격에도 불구하고, 바르트는 종교 비판에 그리스도교를 포함해야 함을 강조하였다. 모든 종교, 심지어 "가장 끔찍한 종류의 무지한 미신적 경배"조차도 계시의 인상을 지니고 있으며, 또한 그것은 "알려지지 않은 신에 대한 간증"(ER 95 [265])일 수 있다. 이것이 모든 종교가 동등하다는 것을 의미하지는 않는다. 종교들 사이에는 차이점이 있는데, 우리는 이미 그가 히브리 예언

---

20. 종교가 단순히 자신을 넘어서는 것이 아니라 "자신을 지속해서 제거한다"는 개념은 데리다의 해체구성론을 불러일으킨다. 데리다와 『로마서』의 바르트 사이의 관계에 대한 분석은 다음 문헌을 보라. W. Lowe, *Theology and Difference. Barth, Derrida and the Language of Theology*에서 그레이엄 워드(G. Ward)는 데리다를 초기 바르트와 대화시키면서도 주로 후기 바르트와 대화하게 한다. 이러한 종류의 병렬을 옹호하는 것과 관련해서는 다음 문헌을 보라. G. Green, "The Hermeneutics of Difference," *Postmodern Philosophy and Christian Thought*. 그 심대한 차이에도 불구하고, 바르트와 데리다의 근본적인 일치점은 의미와 (한층 더 강력한 이유로) 진리가 인간 지성의 고정된, 최종적이고 안정적인 소유물이 아니라고 생각하는 데 있다.

21. CD I/2, §17 [350~447], "종교의 지양으로서의 하느님 계시"를 보라.

자들의 종교에 부여한 높은 지위를 보았다. 종교에 대해 말하면서 바르트는 이렇게 적고 있다. "사다리의 각기 다른 가로 발판에 서게 한다고 하더라도, 모든 인간을 하나의 사다리에 올려놓는 것이 옳다고 결론을 내릴 수는 없는가? 그 각각의 가로 발판이란 기껏해야 완전히 다른 차원에 있는 성취에 대한 비유가 아닐까? 의심할 나위 없이 그렇다. 하지만 그럼에도 불구하고, 우리는 주님께서 어떤 인간적 성취에 다른 성취에서는 결여된 성숙함을 허락하신다고 말하지 말아야 하지 않겠는가? … "(ER 265 [572~73]). 어떤 종교는 다른 종교보다 낫지만, 최종 분석에서 그것은 인간 활동의 똑같은 사다리에서 다른 사다리 계단에 있을 뿐이며, 그 사다리는 천국에 도달하지 못한다. 그런 시늉을 하면 그것은 그저 바벨탑이 될 뿐이다.

우리에게 익숙한 말로 갈무리되는 구약성서 아모스의 구절을 보자. "오직 정의를 물같이, 공의를 마르지 않는 강같이 흐르게 할지어다"라고 마무리되는 이 구절은 "너희의 순례절이 싫어 나는 얼굴을 돌린다. 축제 때마다 바치는 분향제 냄새가 역겹구나 … "(5:21~4)라는 통렬한 비난으로 시작한다. 이는 가나안의 이방 종교인들이 아닌 선지자가 야훼의 언약 백성에게 한 말이다. 1913년 초 설교에서 바르트는 자기 시대 스위스에서 이 심판의 말이 그리스도인들과 그들의 그리스도교에 건네지고 있음을 분명히 했다.[22] 『로마서』 초판과 재판 사이에 행한 강연에서 그는 동일한 요점을 제시한다. "성서의 공격은 종교들과는 달리 신 없는 세계를 향하지 않고, 바알의 보호 아래 경배하건 여호와의 보호 아래 경배하건 종교적 세계를 향한다"(BQ 70 [68]). 『로마서』 재판과 동시에 행한 강연에서 그는 "인간은 인간으로서 궁핍할 뿐만 아니라 스스로를 구원할 희망이 없다는 사실, 소위 종교 전체, 특히 그리스도교가 이 궁핍을 공유하고 있다는 사실"(TM 195~96)을 강조했다.

마지막으로, 그는 『로마서』에서 "복음은 종교들이나 철학들의 갈등에 관여할 것을 요구하지 않는다.…알려진 세계의 한계를 알려지지 않은 세계를 통해 알려주면서, 복음은 알려진 세상 안에서 비교적 덜 알려진 약간 더 높은 현존 형식을 찾아내어 사람들이 거기에 도달할 수 있게 하려는 모든 시도와 경쟁하지 않는다." 이것이 아마도 종교와 철학이 존재-신학적 양식 안에서 시행하는 바일 것이다. 하지만 복음은, 종교적이고 철학적인 "다른 진리 가운데 있는 하나의 진리가 아니다." 그것은 "오히려 모든 진리에 대해 물음표를 제시한다"(ER 35 [155]). 바르트는 우리가 요점을 놓치지 않도록 하기 위해 이렇게 썼다. "이러한 심판의 불가피성이 모든 종교에 영향을 미친다. 종교의 현실이 시간적이고 구체적인 것의 현실이니 말이다. 올바르고 신실하고 참된 종교도, 심지어 아브라함과 예언자들의 종교도 마찬가지다. 로마서의 종교도 그렇다. 로마서를 해설하는 일을 떠맡은 이들의 종교도 마찬가지다"(ER 136 [334]).

---

22. McCormack, CRDT 98~99를 보라.

바르트가 자유주의 개신교와 결별하는 것은 인간 주체성을 신이 인간의 삶에 들어올 수 있는 가능성의 조건으로 삼으려는 시도로서, 존재-신학 비판의 형식을 취한다. 바르트는 이러한 비판을 철학을 넘어서 그리스도교 신학으로, 특히 자유주의의 심리학주의와 역사주의에 대해, 그리고 신학을 넘어 종교 일반, 곧 심지어 그 자신이 속한 종교를 포함한 모든 종교로 확장한다. 적어도 1916년부터 그는 끈질기게 이러한 주장을 전개했다.

> 양심과 종교와 그리스도교의 경보 울림에서 우리를 구제해주는 더 분명한 수단은 없는 것처럼 보인다. 종교는 사업, 정치, 그리고 사적인 삶과 사회적 삶의 골칫거리 외에도, 매일의 잿빛 바다 속에 영원히 푸른 섬과 같은 그리스도로 피할 수 있도록, 헌신의 엄숙한 시간을 기념할 기회를 우리에게 준다. 우리가 어디서나 느낄 수 있는 불의로부터의 놀라운 안전감과 안정감이 우리에게 밀려 들어온다. 자본주의, 매춘, 주거 문제, 알코올 중독, 탈세, 군국주의 가운데 있는 우리 유럽에서 교회의 설교와 교회의 도덕, 그리고 '종교적 삶'이 방해받지 않는 길을 간다는 데 우리 스스로 위안을 얻을 수 있다면, 그것은 멋진 가상이다. 우린 그리스도인이야! 우리나라는 그리스도교 국가야! 놀라운 가상, 그저 가상, 기만이다. … 우리의 종교적 의는 우리의 교만과 절망의 산물이고, 악마가 다른 어떤 산물보다 더 크게 비웃을 바벨탑이 아닌가? (RG 19~20 [241~42])

맥코맥은 바르트가 이 글이 나오기 한 해 전에 친구 투르나이젠에게 제기한 질문에서 그가 훈련을 받은 자유주의와 결정적으로 단절한 것을 알아보았다. "'우리'가 하느님 나라를 '대표한다'는 것이 자명한 것인가?"[23]

―◦―

바르트의 신학은 변증법적인 방법을 채택해서가 아니라 주제가 변증법적이기 때문에 변증법적이라고 불리는 것이 적절하다.[24] 그리고 그것은 시간과 영원의 긴장, 더 구체적으로 말하면 인간과 신 사이의 긴장이 어떤 개념적 투명성으로도 해결되지 않는 한, 사변[25]보다는 변증법적인 것으로 남겨지는 것이다. 여기서 분명 다

---

23. McCormack, CRDT 124. 또 CP 276~77 참조. "… 씨앗이 말이고 영역이 세계인데, 그러면 말이란 무엇인가? 우리 중 누가 그걸 가지고 있나?" 또한 BQ 85[80~81]를 참조하라. "십자가를 걸림돌이자 어리석음으로 여기는 사람들과 너무 성급하게 맞서지 말자. 왜냐하면 우리 모두 실은 그들에게 해당하기 때문이다. … 수백만의 고난 때문에, 우리 모두에게 소리치는 수많은 이들이 흘린 피 때문에, 하느님에 대한 경외 때문에, 너무 확신하지는 말자! 그런 확신은 잘난 척의 동의어일 뿐이다."

24. 그레이엄 워드는 이렇게 쓰고 있다. 바르트에게 "변증법이란 타자와 자기 또는 타자와 동일자의 관계다. 그것은 그저 글쓰기 양식이 아니다(그럼에도 이 관계는 역설과 모순을 따라 스스로 던지는 물음을 수립하는 양식으로 나타날 것이다). 이는 단순히 신학적 방법이 아니다(그럼에도 변증법적 관계를 변증법적인 방식으로 검토해야 하고 이리한 방식은 탐구 방법, 주제를 다루는 방법이어야 한다). 변증법이란 그리스도교인의 존재 조건이며, 신과의 관계-안에서-거리의 조건이다. … 변증법은 바르트에게 신학적 추론의 결과였다. 그 추론에서 대화의 타자는 타자로 남게 되며, 또한 이 타자의 초월적 말건넴은 인간과 주체의 측면에서 사유와 말함을 위한 조건이 되었다." *Barth*, p. 96.

25. 헤겔이 다음 책에서 어떻게 변증법을 오로지 준궁극적인 것으로 제시하는지

소 시대에 맞지 않는 것으로도 불리는 것, 곧 그의 "존재-신학"[26] 비판은 모든 인간적인 것에 대한 신의 아니요를 의미한다. 이것이 우리와 신의 관계의 가능성의 조건이 되는 한에서 말이다. 그 가능성을 위한 유일한 진정한 조건인 신의 '예'를 위한 길을 열어주는 것이 이 '아니요'의 기능이다. 베르까우브르의 『칼 바르트의 신학에서 은총의 승리』는 주로 그의 후기 신학을 다룬다. 그러나 그 승리는 이미 『로마서』 시기에도 시대의 중심적인 모티프였다.

우리는 바르트가 모든 차원에서 종교를 포함하여 인간 문화 전체에 신의 아니요를 확장하는 대목을 살펴보았다. 다만 인식론적 문제에 대한 초점은 거의 영지주의적인 것이었다. 맥코맥은 바르트의 자유주의 신학과의 결별기를 이렇게 기술한다. "이제부터 하느님에 대한 지식은 칼 바르트의 신학 – 하느님 나라의 모든 참된 표상의 선험 – 에서 **핵심적인 물음이 될 것이다.**"[27] 우리는 철학과 신학이 형이상학이나 심리학, 또는 역사를 하느님에 대한 지식의 길로 삼을 때, 그것들이 망상과 우상 숭배에 불과하다고 주장하는 것을 보았다. 신의 '아니요'가 그의 글에서 크고 선명하게 울려 퍼진다. 그렇다면 '예'는 어떤가? 바르트는 로마서를 아이러니에 입각한 회의론으로 읽지 않으며,[28] 바울을 심연의 신비주의를 가리

를 보라. *The Encyclopedia Logic*, §§ 79~82 [『헤겔의 논리학』, 245~59쪽].

26. 존재-신학을 현대적인 용법 가운데 도입한 하이데거의 비판에는 여전히 계속 길어 나올 것이 남아 있다.

27. McCormack, CRDT 125.

키는 이로 읽지도 않는다.[29]

신에 대한 참된 지식의 가능성의 조건은 인간의 능력도 인간의 성취도 아닌 오직 신의 은총일 뿐이라는 사실에 놀라지 말아야 한다. 오직 은총 Sola gratia. 또한 우리는 그의 설명이 스피노자와 헤겔의 범신론적 관념론에서 체계적으로 배제된 두 가지 특징, 즉 계시와 신비에 정확히 초점을 맞추고 있다는 사실에 놀라지 말아야 한다.

인간의 능력이 신(또는 그 밖의 어떤 비-망상적이고 비-우상적인 관계)에 대한 참된 지식의 가능성의 조건이 아니라면 인간의 관점에서 그러한 지식은 불가능하며, 바르트는 이러한 불가능성을 지치지 않고 강조한다(BQ 91 [85]; TM 197; ER 59, 62, 123, 138[203, 207, 316, 339]). 우리는 신에 대해 말할 수 없다. "오직 하느님 자신만이 하느님을 말할 수 있다"(TM 198, 214). 또한 우리가 사용할 수 있는 어떤 방법도 신이 말하는 바를 실현시킬 수 없다(TM 211).

---

28. 맥코맥은 바르트의 신학이 회의론적 아이러니의 형식을 지닌다는 스티븐 웹(Stephen Webb)의 독해를 거부한다. CRDT 245 n. 17을 보라. 또한 S. Webb, *Re-Figuring Theology*를 보라.

29. TM 203~206을 보라. 여기서 바르트의 비판적 신학 방법은 그 자체로 심연, 어둠, 그리고 아니요 이외에는 아무것도 남기지 않는다. "하느님이 직접 인간이 되셔서 우리의 공허함에 그분의 **충만**이 들어가시고, 그분의 예가 우리의 아니요로 들어오실 때, ⋯ 오로지 하느님만이 말해질 수 있다." CP 294 참조. "기원으로 돌아간다는 것은 우리가 기원의 기원, 즉 하느님에게로 돌아간다면 무화로 돌아가는 것이 아니다. 반대로, 오직 하느님 안에서 우리는 긍정적 위치에 들어설 수 있다."

우리의 모든 신-담론은 "바깥의 하느님으로부터"von Gott aus(ER 37[159]) 전개되어야 한다. 다시 말해 신에 대한 우리의 지식은 계시의 선물에 달려 있을 것이다.

그러나 이런 맥락에서 계시는 인간 지성에 대한 신적인 것의 투명성을 의미하는 것이 아니라 오로지 기적으로 불릴 수 있는 은총을 스스로 현시하는 신의 행위를 의미할 것이다. 이편에서 저편으로 갈 길은 없다. 그러나 "거기서부터 여기에 이르는 길이 아직 있을 것이다. 그리고 이 '반드시'와 이 '아직'과 더불어 우리는 하느님 계시의 기적을 고백한다"(CP, 287). "하느님을 말하는 자는 기적을 말하는 자이다"(ER 120[311]). "인간이 신과 소통한다거나, 적어도 기적 없이 신과 언약 관계를 맺는 것이 가능하다고 하는 것은 망상"(ER 50[184])이다. 바르트는 불가능성 모티프의 따름정리인 이 논지를 쉼 없이 내세운다(BQ 91[85], TM 62, ER 35, 102, 115~126, 153[156, 278~79, 301~20, 370]).

불가능성 모티프의 배경에 칸트의 우뚝 솟은 모습이 맴돈다. 바르트는 로마서에 대한 주해를 시작하려고 할 때 칸트를 밀도 있게 연구했으며, 폴 나토르프와 특히 자기 스승 빌헬름 헤르만의 신학에서 중요한 역할을 하는 헤르만 코헨의 마르부르크 신칸트주의에 익숙해졌다.[30] 『로마서』 재판 서문에서 그는 초판의 변화

---

30. McCormack, CRDT 67, 75, 129~30, 136, 216을 보라. 마르부르크 신칸트주의와 바르트의 관계에 대해서는 S. Fischer, *Revelatory Positivism*을 보라.

에 영향을 준 사람 중에 칸트를 열거한다.31 그리고 그 텍스트에서 칸트에 대한 언급은 비록 매우 늦은 시기에 나온 것이지만 바르트는 칸트에 대해 호의적이다(ER 367, 386, 432, 468 [759, 789, 874, 933]). 그는 칸트의 학생으로서 이렇게 쓰고 있다. "대상에 대한 우리의 사유와 분리된 [우리의 지식의] 대상은 없다. 우리가 빠르게 움직이는 앞선 지식으로 그것들을 인식할 수 있을 때를 제외하고는 대상은 어떤 명석한 특징도 가지지 않는다. 그러므로 신이 세계 내 대상이라면, 우리는 이전의 어떤 우월한 지식에서 비롯한 것이 아닌 ─ 예를 들면, 신은 제멋대로이고 폭압적이라는 진술 ─ 신에 대한 어떤 진술도 할 수 없다."(ER 82 [243]). 요컨대 선험은 경험의 가능성을 위한 조건이며, 이것이 칸트적 맥락에서의 인식이 된다. 그러나 지금까지 살펴본 바와 같이, 바르트는 신에 관해서는 우리가 그러한 능력이나 조건을 가지고 있지 않다고 주장한다.

여기서 결정적인 것은 이러한 '능력 없음'의 포괄적 성격이다. 왜냐하면, 오직 신만이 신에 대해 말할 수 있다는 것과 기적으로서의 계시가 우리의 신에 대한 인식을 위한 유일한 가능 근거라는 것은 『순수이성비판』에서 직접 도출되는 것이 아니기 때문이다. 우리가 이론이성으로는 이 조건이나 능력을 형이상학에서도 가

---

31. "우선 가장 중요한 것은 바울 자체에 대한 지속적 연구다.… 두 번째로 인간 오버베크다.… 세 번째로는 플라톤과 칸트 사상에 대한 더 면밀한 이해다. 나는 또한 키에르케고어와 도스토예프스키의 저술에서 배운 것에 더욱 많은 관심을 기울였다"(ER 3~4 [89~90]).

진다는 것을 부정했던 칸트는 신을 실천이성에서 발견할 수 있고, 요청할 수 있다고 생각했다. 헤겔은 그것이 그 옛날 지성의 형이상학에서는 발견될 수 없고 이성의 새로운 사변적 사유에서 발견될 수 있다는 데 동의했다. 슐라이어마허는 이 두 전략, 이론이성이나 실천이성을 통해 신을 찾으려는 시도를 모두 거부하면서 직접적 직관과 감정에서 그 조건을 찾음으로써 자유주의 개신교 신학의 기초를 다졌다.[32] 우리는 후기 자유주의가 특별히 그리스도교적인 어떤 것을 얻기 위해 역사적 예수에 대한 지식을 이 심리학적 토대에 접목하려고 시도했다는 것을 보아 왔다.[33] 바르트는 이러한 모든 움직임을 거부하는데, 이는 그가 그러한 움직임이 신에 대한 인간의 인식 능력을 잘못 찾아냈다고 생각하기 때문이 아니라 그러한 움직임을 찾아낼 수 있는 능력이 있다는 것 자체를 부정하기 때문이다. 우리는 바르트가 칸트의 형이상학 해체 이후에 어떻게 신에 대한 인식이 가능한지를 묻는 전통에 속해 있다고 그를 읽을 수 있다. 그러나 그의 대답, 즉 은총의 기적적인 선물로서의 신의 계시는 심지어 확장된 방식으로 칸트적 회의론 그 이상의 어떤 것이 바르트 자신에게 작동함을 보여준다. 바르트가 신에 대한 참된 지식을 긍정하는 예는 그가 그 근거로서 인간 능력을 부정하는 독특한 아니요와 상관관계를 맺는다. "〔모든〕 다른 지식에

---

32. Schleiermacher, *On Religion*, 둘째 강연 [슐라이어마허, 『종교론』, 45~118쪽].
33. 이러한 움직임, 혹은 적어도 이 움직임에 대한 필요성은 슐라이어마허 자신의 조직신학이 나타나 있는 『그리스도교 신앙』에서 이미 드러난다.

대한 반정립으로서의 신에 대한 지식!"(BQ 55[55]).

바르트를 관념론 및 자유주의와 분리시키는 이 독특한 아니요가 무엇인지 묻는다면, 그 답은 분명하다. 바로 종교개혁자들에게 매우 근본적이었던 바울의 개념, 곧 죄의 인식 작용에 미치는 효과가 바로 아니요에 해당한다. 우리의 의지만이 아니라 우리의 지성은 우리의 타락으로 부패했다. 혐의 추궁의 위대한 대가 중 한 사람인 바르트는 순전한 유한성보다는 잘못으로 인해 생겨난 우리의 인식론적 곤경을 발견한다. 하지만 때로는 그렇게 보이지 않는다. 자신에게 체계가 있다면 그 체계는 "키에르케고어가 시간과 영원의 '무한한 질적 구별'이라고 부른 것에 대한 인정으로 제한된다. … '하느님은 하늘에 계시고 너는 땅에 있음이다'"(ER 10[102])라고 바르트가 말할 때, 그 체계는 지성 안에서의 유한성을 만들어냈던 것처럼 보이기도 한다.[34] 이는 그가 "창조주와 피조물 사이의 무한한 거리"(TM 205)를 언급할 때 더욱 분명해지는 것처럼 보인다.[35] 그런데 후자의 경우에 그는 예와 아니요의 변증법에 대해 계속 말하는데, 예는 "하느님의 형상을 한 인간의 창조"를 가리키고, 아니요는 "우리가 아는 그 사람은 타락한 인간이며,

---

34. 그러나 아마도 그는 요하네스 클리마쿠스가 회상과 대조되는 계시의 기적을 "전적으로 다른 자"로서의 신 관념과 연결하는 『철학적 조각들』의 논증을 기억해내는 것 같다. 그다음 그는 신을 우리와 "전적으로 다른 자"로 만드는 것이 창조가 아니라 죄라고 주장한다. Kierkegaard, PF 9~48[18~96].
35. RC 251 참조. 여기서 그는 창조주와 피조물의 관계를 "반정립"으로 표현한다.

그 비참함이 그 영광보다 더 나음을 알고 있다"(TM 207)는 사실을 가리킨다. 그리고 전자의 경우 그는 계시를 두 평면의 교차점으로 묘사한다. 그것은 "하느님과의 결합에서 떨어져 버린 하느님의 창조 세계, 그리고 구원을 필요로 하는 '육신'의 세계"와 "성부, 최초 피조물, 그리고 최종 구원의 세계"(ER 29[143~44])의 교차다. 계시가 필요한 것은 창조 세계 자체가 아니라 타락한 창조 세계다.

바르트는 타락하지 않은 창조에 대해 몇 가지 중요한 말을 했다. (1) 창조는 "근원적 은총"(CP 300)이다. 창조를 긍정하는 것은 형이상학, 윤리학, 심리학, 그리고 역사의 경계를 벗어나는 것이다. 왜냐하면 '은총'은 인간 지식의 어떤 양태의 범주가 아니기 때문이다. (2) 창조는 "하느님과의 원초적 결합"이자 "그와의 직접적인 관계"(ER 244[537])다. 바르트는 이러한 결합이 신에 대한 "직접성"(CP 290)과 신의 예와 아니요의 논지와는 정립과 반정립의 분리 이전에 있는 "근원적original 종합"이라고 기술한다(CP 299, 312). (3) 이 근원적 조화는 우리가 알고 있는 역사의 한 순간이 아니며, 우리가 본 것처럼 바르트에게서는 역사적 현상으로 설명할 수도, 알 수도 없는 것을 의미한다. 그것은 레비나스가 "돌이킬 수 없는, … 표상할 수 없는, 기억될 수 없는, 전-역사적인 것"이라고 부르는 과거[36] 및 크레티앙이 우리의 시간적 기준틀 바깥의 과거를 나타내는 "망

---

36. E. Levinas, *Otherwise Than Being or Beyond Essence*, p. 38 [에마뉘엘 레비나스, 『존재와 달리 또는 존재성을 넘어』, 88쪽].

각할 수 없는 것"[37]이라고 부르는 것에 속한다. 타락은 "모든 인간 역사의 피할 수 없는 규정성"(ER 181 [421])이자 "우리가 아는 대로 인간이 타락한 인간이 되는 것이다"(TM 207).

(4) 이 과거는 종말론적으로 중요한 의미를 지닌다. 비록 잃어버리긴 했지만 다시 또 얻어야 하는 것이라는 점에서, 신학이 근원적이고 **최종적인** 종합을 사유할 때 그것은 앞뒤를 모두 내다본다(CP 290, 299, 312, 또한 ER 277 [595~96] 참조). 은총을 드러내는 신은 "원래의 창조이자 최종 구원"(ER 29 [144])이다. (5) 하지만 이 과거는 현재적으로도 중요한 의미를 지닌다. 비록 우리는 그것을 경험해 본 적이 없지만, 우리는 그것을 잊을 수 없지만, 그것에 대한 회상에 사로잡힌다(BQ 55 [55]; ER 243~44 [534~37]).[38] 이것은 각 인격 안에 신의 불꽃이 있다는 생각(CP 331)과 우리가 이미 발견하지 않았더라면 우리가 구하지도 않았다는 관념(BQ 55 [55])의 진리다. 그래서 우리는 창조된 세상과 우리 자신에게는 예라고 말하고, 타락한 세상과 우리 자신에게는 아니요라고 말한다. (6) 마지막으로, 그 둘은 대칭적이지 않다. "우리는 예보다 더 깊숙한 아니요 안에서 산다. … 삶에 대한 참된 지각은 모든 추상에 적대적이다. 예

---

37. J-L. Chrétien, *The Unforgettable and the Unhoped For*, 특히 3장. 망각할 수 없는 것은 바로 기억될 수 없기에 망각할 수 없는 것이다.
38. 이러한 회상은 분명히 경험적 기억도 아니고, 참된 인식의 근거가 될 수 있는 플라톤의 상기도 아니다. 그것은 레비나스가 흔적이라고 부르는 것에 더 가깝다. E. Levinas, "The Trace of the Other," *Deconstruction in Context*, pp. 345~59.

라고 답할 수도 있지만, 예를 벗어나야 여전히 더 크고 긴급한 아니요라고 말할 수 있으며 … 예는 아니요가 된다"(CP 311~13). 그러므로 우리는 "창조에서의 하느님의 영광"을 말할 수 있지만, 우리가 "하느님이 피조물 안에서 우리에게 감추어놓으신 것을 직접적으로 강조하는 데로 넘어가는"(TM 207) 경우에만 그럴 수 있다.

다시 말해, 타락 전 상태에서, 신에 대한 지식은 자연스럽고 직접적이었다/이었을 것이다. 창조의 본래 은총은 신에 대한 인식 불가능성을 극복하는 기적으로서 이후에 찾아올 계시의 은총의 필요성을 없애 주었을 것이다. 계시의 필요성은 원초적 직접성의 상실에서 비롯된다. 결속이 깨져서 그것을 우리의 작용으로는 복구할 수 없다. 우리에게는 더는 신을 알 수 있는 조건이나 능력이 없고, 신과 교제하기 위해 타락을 건널 다리를 만들 수 있는 길이나 방법도 없다. 아리스토텔레스적 표현을 활용하자면, 우리는 뛰쳐나가기에는 너무 깊은 구멍으로 뛰어들었다.we have jumped into a hole too deep to jump out of. 39 우리는 부모만 고칠 수 있는 장난감을 망가뜨린 아이와 같다. 바르트의 관점에서, 또 종교개혁자들을 따르자면, 이것은 우리의 인식론적 상황에서도 참이지만 윤리적/실존적 상황에서도 마찬가지다. 신에 대한 지식은 용서와 화해만큼이나 매 순간 신의 은총에 좌우될 것이다. 은총의 가능성을 위한 조건

---

39. 나는 전치사 하나로 한 문장을 끝내지 말라는 가르침을 받았지만, 선생님들은 전치사 둘로 문장을 끝맺는 것에 대해서는 아무런 말씀도 하지 않으셨다.

은 인간의 작용이 아니라 신의 능력이 되어야 할 것이다.

미묘하지만 중요한 뉘앙스를 담아 바르트는 신의 자기-현시를 이중의 행위로 제시한다. 이 이중 행위는 신의 행위와 우리의 행위가 아니라 신의 두 행위를 뜻한다. 그는 계시가 그리스도교 사건에만 국한되지 않는다고 주장한다. 우리가 살펴본 것처럼, "가장 끔찍한 종류의 무지한 미신적 경배"조차도 "계시의 인상"을 지니고 있으며, 또한 그것은 "알려지지 않은 신에 대한 간증"(ER 95[265])이 될 수 있다. 그러나 그는 또한 신의 명확하고 결정적인 자기-계시는 예수 그리스도 안에서 일어나며, 바르트가 계시에 대한 설명을 상술하는 것은 역사가 아닌 그리스도 사건과 관련해서라고 주장한다. 성서, 곧 그가 보기에 성서 전체는 "그리스도 안에서 하느님이 세상과 자신을 화해시키고 있었다"(고린토인들에게 보낸 둘째 편지 5:19)는 것을 증언하며, 이런 점에서 성서가 계시에서 결정적 역할을 한다. 그는 성서의 원리, 오직 성서가 자신이 속한 분파인 개신교 개혁파에 전적인 근본 토대라고 주장한다.

어떤 사람이 말을 해야만 하기에 하느님과 세상과 사람에 관하여 말하는 데로 나아갈 수 있게 되는 것은 성서가 그에게 말하게 함으로 말미암아 — 성서 자체는 어떤 특정한 전통에 의해 해석된 것이 아니라, 성서 전체이며, 선입견에 부합하게 취사선택된 부분이 아니다. 또 성서는 성서와 혼동될 수도 있는 과거나 현재의 경건한 사람들의 말이 아니다. 또 성서는 성서를 지탱하는 성령의 유의미한 말씀이 없으면 성립되지 않는다 — 성서가 인간에게 말한 이후에 비로소 인간은 스스로 아무 말도 할 수 없거나 어리석게만 말할 수 있는 것들에 관해 두려움과 떨림으로 말하게 될 뿐이다. 이를 우리가 처음부터 판단할 수 있다면, 그것이 곧 개혁파 교리다. (RC 241)

여기서 주목해야 할 중요한 점은 성서에 대한 호소가 "성서를 지탱하는 유의미한 성서의 말씀이 없으면" 그것은 성서가 "아니"라는 말이다. 바르트는 1922년 그의 칼뱅 강의에서 "칼뱅은 성서의 영감에 대해 말한 적이 없고, 가장 주관적인 성격의 대항-원리도 옹호한 적이 없다. 나는 여기서 성서에서만이 아니라 성서에 대한 믿음의 독자나 청자에게서 … 들리게 되는 진리의 목소리, '성서의 내적 증언'testimonium spiritus sancti internum을 생각하고 있다."[40] 이에 따라 바르트는 성서와 성령이라는 이중원리로 개혁파 신학을 정의했다. "우리의 영에 말씀하시는 성서에의 열림과 성령에 영원히 호소하는 것을 제외하고서는 개혁파 교리와 같은 것은 없다." 이로부터 바르트는 비판과 재공식화를 넘어서는 신조의 공식

---

40. McCormack, CRDT 307에서 재인용. J. Calvin, *Institutes of the Christian Religion*, 1권 7장 [존 칼빈, 『기독교 강요 1』, 232~46쪽]을 보라. 이 장의 제목 일부는 "성서는 성령의 증언을 따라 확증되어야만 한다"로 읽힌다. 이 장의 5절에서 칼뱅은 다음과 같이 기록한다. "[성서가] 그 고유한 위엄으로 말미암아 그 자체로 공경심을 불러온다고 해도, 성서가 마침내 우리에게 심대한 영향을 미치는 것은 우리의 마음이 성령의 인침을 받았을 때이다"[『기독교 강요 1』, 244].

화란 있을 수 없다는 결론을 내린다(RC 229~30). 개혁파 신조들Reformed creeds에서 "**진리는 하느님이다** — 이는 하느님께서 성서와 성령 안에서 자기 말을 하는 것처럼, 하느님에 대한 그들의 **생각이 아니라 홀로 한 분이신 하느님이자 하느님 그 자신이다**"(RC 235). 성서는 신의 말씀이라는 주장은 신학적 공리로 소환되었지만, 수학적 공리와는 다르다. "그것은 성령의 내적 증언testimonium spiritus sancti internum, 저자이자 독자인 인간의 영이 공통적으로 경배하는 하느님의 영에 대한 순종을 표현한다. 이 진술의 진리는 하느님으로부터 전개되고 하느님에 의해 보증된 주권 행위의 현실성과 일치하거나 멀어진다"(RC 244). 우리가 주의를 기울이지 않았을 때를 대비해 바르트는 한 번 더 말한다. "개혁파 교리는 그 교리 자체가 되기 위해서, 하느님의 말씀이 성서와 성령 안에서 인식되는 자유로운 바람이 필요하다"(RC 247).

이 모든 것의 요점은 다음과 같다. 객관적으로 말해서, 계시는 신이 진리를 우리 앞에 둠을 의미하는데, 이는 우리에게는 그렇게 할 능력이, 곧 우리 자신을 진리 앞에 놓을 능력이 없기 때문이다. 이것은 그리스도 사건과 그에 대한 성서의 증거에서 일어난다. 성서의 말씀은 우리에게 육신이 된 말씀, 즉 보이지 않는 것이 보이게 되고, 알 수 없는 것이 알게 되고, 불가능한 것이 가능하게 되는 기적을 가리킨다. 그러나 우리에게는 기적을 그렇게 파악할 수 있는 능력이 없다(ER 120[311]). 다시 말해 우리에게는 진리를 발견할 역량이 없을 뿐만 아니라, 첫 번째 신의 행위로 인해 우리 앞에 기적이 벌어진다고 하더라도 신의 두 번째 작용인 조명, 성령의 내적 증언과는 별개로 기적을 진리로 인식할 역량이 없다. 계시는 이러한 이중의 기적이다. 객관적으로 신은 우리가 스스로 발견할 수 없는 진리를 보여주고, 또 주관적으로 신은 그것이 진리라는 것을 보게 한다. 우리의 이중적인 무능을 극복하게 하는 이중 행위 안에서, 신은 우리가 가진 신에 대한 유일무이한 참된 지식을 우리에게 부여한다.

―◦―

존재-신학에 대한 비판과 관련해서, 만일 기적으로서의 계시 개념이 신, 더 확실하게는 최고 존재로부터 얼마간의 도움을 받아, 존재 전체가 인간 지성에 충만할 정도로 투명하게 알려지게 되는 것을 의미한다면, 이는 참으로 아이러니한 일일 것이다. 신은 인간의 요구, 또는 아마도 루시퍼적 열망을 충족시키기 위해, 우리가 모든 것을 신이 보는 그대로, 영원한 상 아래서 보아야 한다는 인간적 담론에 진입했을 것이다. 후설의 현상학을 바탕으로 해서 하이데거는 모든 인간 경험 속에 불가분하게 얽혀 있는 탈은폐와 은폐를 발견한다. 존재-신학 비판의 맥락에서, 그는 이것이 신 이해에 관한 한층 더 중요한 사실임을 발견한다(ID 64~67[56~60]). 1장에서 우리는 신비의 상실이, 하이데거의 관점에서 볼 때 존재-신학의 치명적 결함 중 하나라는 것을 보았다.

방금 언급한 아이러니는 바르트의 신학에서는 찾아볼 수 없는데, 이 점에서 그는 스피노자와 헤겔에 맞서 하이데거의 편에 서기 때문이다. 계시에서조차도 신은 바르트에게 심원한 신비로 남는다. 바르트는 우리가 이미 살펴본 두 가지 이유에서 부정의 길의 전통에 호소하여 이 점을 제시하지는 않는다. 첫째, 길이라는 개념은 너무 쉽게 다음과 같은 것을 시사한다. 우리가 도입한 방법이 문제시되는 사태에 우리가 접근할 수 있는 가능성을 위한 조건이다. 둘째, 부정은 너무 쉽게 그 자체로 남겨지게 된다. 그것은 우리에게 신앙이 아니라 심연의 회의론, 곧 빛이 비추지 않는 영혼의 어두운 밤을 남긴다. 그런데 바르트는 다른 이들이 이 논제를 표현하기 위해 사용한 언어를 도입한다. 루터와 더불어 바르트는 신을 숨어 계시는 하느님$^{deus\ absconditus}$이라고 말한다(ER 42[171]). 키에르케고어와 더불어 그는 시간과 영원 사이, 인류와 신 사이의 "무한한 질적 구별"을 말한다. 그리고 루돌프 오토와 관련해서 그는 전적 타자$^{totaliter\ aliter}$이자 두려운 신비$^{mysterium\ tremendum}$인 신을 말한다(BQ 74~76, 92[71~73, 86]).

계시에서 보이지 않는 것은 보이는 것이 되는데, 이는 분명 "다른 보이는 것들 가운데 있는 보이는 것"이 아니라 "보이지 않지만 보이는 것"(ER 92[259])이다. 우리는 계시 안에서 우리에게 주어진 "하느님 인식에 미치지 못하는" 자들인데, 왜냐하면 신의 진리는 "파악할 수 없기" 때문이다(BQ 52, 69[53, 66]). 이것은 하느님만이 아니라 세계로 확대되며, "하느님과의 관계 속에서 세계를 파악하고자 하는 우리의 욕망은 처벌받아야 할 〔존재-신학적으로 구성된〕 종교의 교만으로부터 일어나거나 탄생과 죽음 저편에

6장 바르트 345

놓인 진리에 대한 최종적 파악, 곧 하느님으로부터 일어나는 통찰에서 일어나야 한다"(ER 37 [159]). 그런데 이러한 후자의 통찰은 오직 신앙 안에서만 일어나며, 신앙은 "'보이지 않는 것 그 자체로 향한다. 실제로 신앙을 위한 기회가 있으려면 믿음의 대상이 되는 모든 것이 숨겨져 있어야 한다.' … 신앙은 하느님을 인식할 수 없음에 대한 경외다. 신앙은 하느님과 인간, 하느님과 세계 사이의 질적 구별을 자각하면서 하느님을 사랑하는 것이다"(ER 39 [161~62]).[41] 주관적으로 말하면, 신앙 안에서 우리는 알지 못하는 자임을 안다(ER 45, 48 [177, 182]). 객관적으로 말하면, 신앙 안에서 "우리는 알려지지 않은 신에 대한 지식"(ER 48 [182])을 가진다. 이것은 그러한 지식에서는 스피노자와 헤겔이 그랬던 것처럼 신이 알려지지 않은 자가 되기를 멈춘다는 것을 의미하지 않는다. 이는 오히려 "하느님이 알려지지 않은 하느님으로 인식된다"(ER 77 [236])는 것을 의미한다.

바르트는 초월적 근거, 아마도 신에 관한 파악 불가능성과 형언할 수 없음을 긍정하는 것, 즉, "유한이 무한을 담아내지 못한

---

[41]. 작은따옴표는 루터를 인용한 인용구를 나타낸다. 이보다 더 앞의 페이지를 보면 이와 유사하게 구성된, 분명 요하네스 클리마쿠스를 염두에 둔 키에르케고어에 대한 인용이 있다. "'영은 매개자 없는 직접성의 부정이다. 그리스도께서 참 하느님이시라면, 그리스도는 알려지지 않는 분이어야 하는데, 왜냐하면 직접적으로 알려짐이란 바로 우상의 특징이기 때문이다'"(ER 38 [161]). 이런 이유로 "그리스도, 메시아인 예수는 … 역설로만 이해될 수 있다"(ER 29 [145~46]).

다"finitum non est capax infiniti(RC 231)는 동방 그리스도 교회와 서방 그리스도 교회의 그 초월적 근거를 모르지 않았다. 그런데 이 준칙은 계시된 신deus revelatus이 숨은 신deus absconditus으로 머무른다는 주장의 주요 근거로 제시되지는 않는다. 인간 유한성이 계시를 필요로 하는 것이 아니듯이, 신을 현현 안에 감추고, 탈은폐 가운데 은폐하게 하는 것이 인간 유한성인 것은 아니다. 이미 밝혀진 바와 같이, 바르트가 이해한 대로, 신의 자기-현시를 세계에 매개하는 것이 계시 자체의 본성이다. 그 계시가 불타는 덤불이건 나사렛 예수건, 투명하지 않은 반투명 렌즈에 반영되거나 우리가 어둡고 희미하게, 수수께끼 같은 거울에 반영되건 간에 말이다(고린토인들에게 보낸 첫째 편지 13:12).[42]

바르트가 후설 현상학의 전통에서 작업하는 것은 아니지만, 그의 논점은 후설 현상학의 타자에 대한 논의를 참조함으로써 가장 잘 이해될 수 있다. 사르트르는 시선에 대한 그의 유명한 분석에서,[43] 후설이 주장한 대로,[44] 우리가 타인을 대상이 아닌 주체로 알아보는 것은 대상을 지각하고 어떻게든 타자를 주체로 해석함

---

42. 『개정판 영어 성서』(*Revised English Bible*)는 "거울 속에 헷갈리게 반영되어 있다"(puzzling reflections in a mirror)고 밀힌다. 바울이 염두에 두는 거울은 아마도 우리가 거울로 사용하는 얇은 유리보다는 광택이 나는 금속 재질의 거울일 것이다.
43. J-P. Sartre, *Being and Nothingness*, 3부, 1장. [장 폴 사르트르, 『존재와 무』.]
44. E. Husserl, *Cartesian Meditations*, 제5성찰 [에드문트 후설·오이겐 핑크, 『데카르트적 성찰』, 169~253쪽].

으로써 이루어지는 것이 아니라고 주장한다. 오히려 타자가 나를 바라보고 있다는 것을 알아차리게 될 때 비로소 타자의 주체성이 우리에게 주어지게 된다. 후설의 언어로 말하자면, 이것은 지향성인데 전도된 지향성이거나 뒤집힌 지향성이라고 불릴 수 있다. 이는 내가 타자를 알아차리는 일은 나의 초월적 자아의 지평 내에서 어떤 지향적 대상(노에마)을 향하는 나의 지향적 작용(노에시스)이 정초하는 것이 아니기 때문이다. 나의 알아차림의 근거가 되는 지향성은 나에게서 나오는 것이 아니라 타자로부터 나를 향해 온다. 내가 타자의 주체성을 인식하게 되는 것은 타자의 시선의 대상으로서다. 이런 이유로 사르트르의 분석에 기초해 나를 문제시하고 윤리적 책임을 요구하는 시선이자 목소리인 얼굴을 분석한 레비나스는 "완전히 다른 유형의 지향성"에 관심을 둔 현상학자다.[45] 여기서 지향성은 나 자신과 하나의 타자에 대한 나의 앎이 타자에 그 근거를 두는 형태의 지향성이다. 이 인간 타자에 대해 영광과 계시의 언어를 말함으로써, 레비나스는 신에 대해 말하지는 않지

---

45. TI, 23[11]. 또한 126, 29[182, 20] 참조. 여기서 레비나스는 "모든 초월적 지향이 노에시스-노에마 구조를 가지지는 않는다"는 점을 논증한다. 타자의 현전은, 그것이 "객관화하는 인식의 구성하는"(67[86~87]) 한 계시다. 『존재와 달리』에서 레비나스는 그 가능성의 조건이 나 자신과 나의 지평 바깥에 있는 "경험"을 나타내기 위해 통각의 초월적 통일에 대립하는 논쟁점을 계속 제시한다(pp. 141, 148, 151~52, 163~64, 171[304, 321, 327~28, 352~55, 369쪽]). 유사한 논쟁점이 등장하는 「신과 철학」 참조). 그는 전도된 코나투스에 대해 말하면서 이 생각을 더 구체화한다(pp. 70, 75[155, 164쪽]). 그는 단지 인지 능력 일부가 아니라 나의 존재 전체의 욕망을 쟁점화한다.

만, 신학적 색조를 자신의 논의에 도입한다. 데리다가 현상학적으로 신을 "보이지 않으면서 보는 무한한 타자"로 식별할 때, 그는 다소 덜 완곡해진다.[46]

『로마서』 초판에서, 바르트는 우리의 신 인식에서, "우리가 볼 뿐만 아니라 보게 되고, 이해할 뿐만 아니라 이해되기까지 하며, 파악할 뿐만 아니라 파악되기까지 한다"고 쓰고 있다.[47] 이듬해 한 논고에서 그는 우리가 인식하기 전에 인식된다고 말했는데(BQ 95~96[88~89]), 개정판 『로마서』에서는 우리가 인식하는 것이 아니라 오히려 우리가 인식되는 것이라고 말했다(ER 61, 206[206, 469]). 신에 대한 우리의 인식에 내장된 우리 자신의 죄성에 대한 인식에 대해 말하면서, 바르트는 먼저 우리가 이런 인식가능성을 위한 조건이라는 점을 부인함으로써 명시적으로 칸트적 태도를 보인 다음, 그 조건을 다음과 같이 판별한다. "한 시선이 우리에게 고정되었다"(ER 272[586]).

바르트 이후의 레비나스처럼,[48] 그는 이 시선에 대하여 협소한 인식론적 설명이 아닌 실존론적 해명을 제시한다. 그는 우리의 물음이 "곧장 방향을 바꾸는 방식"과 우리를 문제시하는 방식에 대

---

46. J. Derrida, *The Gift of Death*, p. 2. 또한 pp. 25, 27, 31, 40, 56, 91 참조. 이 구절 가운데 몇몇 대목에서 데리다는 얀 파토치카(Jan Patočka)의 작업을 직접적으로 끌어온다.
47. McCormack, CRDT 158에서 재인용.
48. 위의 각주 45를 보라.

해 말한다(BQ 51 [51]). 그는 "그들 자신에게 속한 자가 아닌" 자로 "부름" 받은 자들에게 건네진 "요구"에 대해 말한다(ER 31 [150]). 그는 우리가 신을 선택한 것이 아니라 신이 우리를 선택했다고 말한다(ER 59 [203]). 또한 성서적 신앙의 패러다임과 관련해서, 그는 이렇게 말한다. "아브라함이 하느님을 소유하는 것이 아니라 하느님이 아브라함을 소유하신다"(ER 123 [316]).

이는, 존재론적으로 말하자면 "유한이 무한을 담아내지 못한다"라는 말로 일컬어질 수 있다. 그런데 (1) 서양에서 플라톤으로부터 전승된 봄의 은유를 취하되, 이를 뒤집어서 봄의 근거를 보여지는 것에 두는 인식을 말하고, (2) 보이는 시선을 넘어 우리가 문제시되고, 부름을 받고, 선택받으며, 명령을 받게 되는 목소리로 우리를 나아가게 하며, (3) 어떤 상황에서도 신에 대한 인간의 참된 지식 안에서 신의 은총의 승리를 위해 전념하는 인식론에서, 신이 주도한 탈은폐에서조차도 신이 은폐된 자로 남는 데는 더 깊은 이유가 있다. 플라톤의 상기라는 관점에서 이해되건, 데카르트의 명석 판명한 관념, 흄의 인상, 칸트의 통각의 초월적 통일, 헤겔의 사변적 이념, 또는 후설의 충족된 지향과 같이 플라톤에 대한 수많은 각주의 관점에서 이해되건 간에, 신은 '대상들'이 우리의 지향적 시선에 투명하게 표현되는 방식으로 우리에게 주어지지는 않는다. 우리는 이 모든 방식에서 우리에 대한 신의 주어짐의 가능성을 위한 조건이며, 이런 이유로 헤겔이 분명하게 확증한 대로, 신비를 투명성으로 대체함으로써 계시를 인간 이성으로 환원할, 적어도 이론상의 가능성이 우리 안에 있다. 바르트의 계시에 대한 설명에서는 신만이 신에 대한 우리의 인식의 가능성인데, 이는 우리를 바라보며 말하는 주체로서의 신은 오로지 숨은^{absconditus} 자로만 계시되기^{revelatus} 때문이다. 이 맥락에서 신의 신비를 해소하려고 하는 것은 신을 모독하고 신의 음성을 침묵시키는 것이다. 이러한 모든 기획에 저항하는 신은 철학의 용어(적어도 서양 철학의 주요 흐름에 속하는 용어)로 인간의 담론에 들어가는 것을 거부하지만, 사실상 인간의 기도와 예배, 노래와 (아마도 심지어) 춤에 자신을 내어주는 자다.

『로마서』의 초기 바르트로부터『교회 교의학』의 '중기' 또는 '성숙기' 바르트에 관한 물음을 취할 때,[49] 우리는 매우 친숙한 영역에 있는 우리 자신을 발견하게 된다. 서문에서 그는 이 프로테스탄트주의에는 – 분명 삼위일체와 동정녀 탄생과 더불어 – 전체적인 제3의 차원이 결여되어 있으며, 특히 근대 프로테스탄트주의에서 끊임없이 점증하는 야만, 지루함, 그리고 무의미함"에 대해 불만을 토로한다(CD I/1, xi[10~11]). 이 구절을 특히 흥미롭게 하는 것은 "하느님 말씀의 교리"라는 제목을 단 그의 조직신학 서론에서, 그가 자신의 기적과 신비로서의 신학적 인식론을 간결하게 보여주

---

49. 재판『로마서』(1922)와『교회 교의학』(1932)의 첫째 권 전반부 사이에 일어난 바르트의 발전에 관한 세부적인 설명으로는 McCormack, CRDT를 보라.

는 동정녀 탄생 교리를 변호한다는 점이다. 이는 "크리스마스의 기적"이라는 제목이 붙은 2장 15절 3항에 등장한다.

> 계시의 객관적 실재성 안에서의 하느님의 계시는 말씀의 성육신이며,… 그 안에서 참되고 영원하신 하느님은 동시에 우리와 같은 참 인간이시다. [이것은] 신비일 뿐만 아니라 최고의 신비다. 다시 말해 그것은 우리 인식의 대상이며, 우리의 경험과 사유의 내용을 생성하는 방식을 발견한다. 또 그것은 우리의 관조와 범주를 통해 파악되기 위해 그 자체로 주어진다.[50] 그러나 그것은 우리의 관조와 지각에서 가능한 것의 범위 너머, 우리의 경험과 사유의 경계 너머에 있다. 계시는 새로움Novum으로 우리에게 도래하는데, 그 계시가 우리에 대해 하나의 대상이 될 때, 우리는 그것을 우리의 다른 일련의 대상들에 편입하거나 대상과 비교하거나 대상의 맥락으로부터 연역하거나 대상과의 유비로 간주할 수 없다. 그것은 어떤 다른 이전의 자료와 접점을 가지지 않은 자료로 우리에게 도래한다.[51] 또 그것은 우리의 힘이 아닌 그 고유한 힘으로 말미암아 우리의 인식 대상이 된다.[52] 계시 인식의 행위는 우리가

---

50. 예를 들자면 니케아 공의회의 정식과 칼케돈 공의회의 정식에서 말이다.
51. 다시 말해, 이 에피파니로서의 '현상'은 충분근거율에 대한 존중을 전혀 보여주지 않는다. 1장에서 하이데거의 비판을 보라.
52. 이전과 마찬가지로 계시의 내용은 "유한이 무한을 담아내지 못한다"는 점 때문이 아니라 우리는 이러한 인식이나 경험을 위한 조건이라는 점에서 신비적이라는 데 주목하자. 전자는 후자의 특수한 사례가 될 뿐이며, 나중에 짧게 살피

사실상 완전하게 성취할 수 없는 종류의 것으로 분류된다. 또 우리가 어떻게 그것에 대한 인식을 성취할 수 있는지는 알지 못한다는 점에서 우리는 그것을 이해할 수 없다. 우리는 그 가능성을 오직 대상으로부터 이해할 수 있는데, 이것은 우리가 그것을 우리의 가능성으로서가 아니라, 오직 우리에게 도래하는, 부여되는, 선사되는 가능성으로 이해함을 뜻한다. 이러한 인식에 우리는 주인이 아니라 지배당하는 자가 된다. (CD I/2, 172 [221])

그런데 계시이자 화해인 성육신 사건에 대한 이러한 인식 속에서, 우리는 그 사건이 "상상할 수 없는" 일이며, "실질적으로 타자"인 어떤 것에 대해 말하고 있음을 인식한다. 또한 우리는 우리의 경험과 사유가 "전적으로 우리 외부 또는 우리 위에 있는 어떤 것에 의해서 여기서 경계가 설정되고 규정되고 지배된다"는 것을 인식한다. "이 경우 인식은 승인을 의미한다. 그리고 이 지식의 발화 또는 표현을 고백이라고 한다"(CD I/2, 173 [222~23]).[53]

그러한 계시는 은총이자 심판이다(CD I/2, 187~88 [240~41]). 계시는 우리가 우리 스스로 줄 수 없는 것인 선물이기 때문에 은총이다. 그것은 이 사실에 대한 주의를 환기하기 때문에, 즉 우리가

겠지만, 현재의 맥락에서 작동하는 사례는 아니다.
53. 아우구스티누스는 상기에 의존하는 플라톤주의자들의 '가정'과 계시를 인식하는 신자의 '고백'을 대조해서 설명한 것을 참조하라. 앞의 *Confessions*, 4장 VII, 20 [265~67]에서 인용.

이런 인식을 위한 능력[54]을 갖추고 있지 못하므로 심판이다. 그런데 여기서 심판은 무엇을 의미하는가? 이 심판은 논리적인 주장으로서의 판단의 의미를 갖는가 아니면 법적인 평결의 의미를 갖는가? 분명 이는 후자를 의미한다. 이 심판은

> 창조자로서의 하느님과 피조물로서의 인간 사이의 차이가 아니다. 피조물로서의 인간은 — 우리가 이 추상성 안의 인간에 대하여 잠시 논의하고자 한다면 — 하느님을 향한 능력을 가질 수도 있다. … 그런데 계시에 이르고 계시 안에서 그리고 계시를 통해 하느님과 화해하게 된 인간은 낙원에 있는 인간이 아니다. 그는 물론 하느님의 피조물이기를 그치지 않는다. 그러나 인간은 자신의 순수한 피조성 그리고 그와 더불어 하느님을 향한 저 가능성을 상실하였는데, 이는 그가 피조물로서, 더 나아가 자신의 피조성의 총체성 안에서 자신의 창조자에게 불순종하게 되었기 때문이다. 그는 자신의 불순종 안에 존재하고 하느님은 계시 안에서 바로 이 불순종하는 인간에 관여한다. (CD I/2, 188[242])

말씀이 육신이 되는 이중의 기적을 통해 (객관적으로) 신을 알 수 있고, 예수 안에 있는 신을, 예수에 대한 인간의 말 속에서 신의

---

54. 바르트는 영어에서 '능력'(capacity)으로 번역되는 말에 대해 독일어 Fähigkeit와 Möglichkeit를 모두 사용하는데, 이는 가능성 또는 오히려 불가능성이 형식적·논리적 가능성이 아니라 능력의 문제임을 잘 보여준다.

말씀을 인식할 수 있게 된 것이 죄인인 우리가 받을 수 있는 유일한 능력이다.[55]

마태오와 루가가 입증한 예수의 동정녀 탄생과 그가 행한 모든 일 사이에는 무슨 상관성이 있는가? 간단히 말해서, 이 기적은 신앙과 그 대상이 우리에게 주어진 이중 기적의 기호다. 이렇게 그것은 "계시의 그리스도론적 현실성을 이 현실성의 신비, 그것의 파악 불가능성으로서의 신비, 하느님께서 홀로 하느님 자신을 통하여 행동하셨으며 하느님이 오직 하느님 자신을 통해 인식될 수 있다는 사실인 그 신비의 성격으로 지칭해내지는 못한다"(CD I/2, 177[227]). 따라서 이 기호는 결코 설명이 아니다. 브루너에게는 이 교리를 거부하는 편이 정당할 것이다. 만일 이 교리가 실제로 설명할 수 없는 수수께끼를 생물학적으로 설명하려는 시도라고 생각한다면 말이다(CD I/2, 183~84[235~36]). 기호와 기의 사이의 연관성은 "인과적인 것이 아니다." 또 그리스도의 죄 없음을 필요조건으로 증명하거나 설명하기 위해 기능하지도 않는다(CD I/2, 189~90[242~43]). 그것은 각각 증명과 설명에서 보이듯이 인식론적 방식이나 존재론적 방식으로 충분근거율과 관련해서 존재-신학

---

55. 이 인간의 말은 일차적으로는 성서의 말이고, 이차적으로는 거기서 파생된 설교다. 따라서 계시는 동심원으로 생각할 수 있는 '세 가지 형태'를 가지고 있다. 가장 바깥쪽 원인 설교는 두 번째 원인 성서의 선포에서 파생되며, 이는 다시 가장 안쪽 원인 말씀이 육신이 되는 사건을 증언한다. CD I/1, §4 참조. 안에서 바깥으로 작동하는, "하느님의 직접적인 말씀은 오직 이러한 이중적 중재를 통해서만 우리와 만난다"(136[166]).

적으로 사유되는 것이 아니다.

그렇다면, 동정녀 탄생은 어떻게 기능하는가? 만일 그것이 어떤 것을 설명하는 것이 아니라, 그것이 가리키는 것의 파악 불가능함에 관한 기호라면? 그 기호를 기의에 어떻게 전유해내는가? 바르트에게 인간 아버지의 제거는 죄와 성 사이의 어떤 추정된 연결고리에 관한 것이 아니라 죄와 남성 행위자 사이의 연결고리에 관한 것이다. 바르트는 적어도 가부장적 맥락에서 인간사에 스며든 상징적 질서나 무의식을 언급하면서 남성의 성sexuality을 인간 주권과 연관시킨다.[56] 그런데 "지배하는 인간man은 하느님의 사역에의 참여자로 고려되지 않는다. 왜냐하면 그러한 인간은 불순종의 인간이기 때문이다. 만일 하느님의 은총을 마주해야 한다면, 그러한 인간은 버려져야 한다. 바로 이러한 인간이 불순종의 지위 안에서 가장 앞서 있는 인간이다. 만일 여기서 하느님의 성육신의 기호로서 반대 기호를 일으켜 세우려 할 때, 제거되어야 하는 인간이 바로 그러한 인간이다. 이 기호에서 은총의 모순이 그 남성을 향하고 있는데, 왜냐하면 그 남성이 인간의 천재성", 즉 탁월한 인간 능력의 "세계사에서 중요한 의미를 지니고 있기 때문이다"(CD I/2, 194[248~49]). 이런 점에서 동정녀로부터 나심natus ex virgine은 "[하느님이] 인간 본성에 부여하신 창조적 전능함의 파악 불가능

---

56. 그는 이것의 가장 극적인 표현 중 하나인 군사 정복과 겁탈 간의 너무나 흔하게 설정되는 연관성에 대해서는 언급하지 않았다.

한 행위"의 기호이며, "인간 자신으로부터 얻을 수 없고, 스스로 고안할 수 없는 그분 자신을 위한 능력"(CD I/2, 201 [257])이다.

바르트는 "신비는 기적에 의존하지 않는다"고 결론짓는다. 다시 말해, 동정녀 탄생의 기적으로 인해 성육신이 신비로운 것이 아니다. "기적은 신비에 의존하며", 그 신비에서 기적이 드러난다(CD I/2, 202 [259]). 성육신은 자연 본성의 영역이 아니라 행위자의 영역에서 신비롭다. 그것은 그 실체도 지식도 인간의 능력 바깥에 있다. 이처럼 성육신은 두 가지 면에서 모두 일차적 기적이다. 동정녀 탄생은 일차적 기적을 가리키는 기호 역할을 하는 이차적 기적이다. 우리가 키에르케고어의 『철학적 조각들』에서 본 것처럼, 이러한 기적에 대한 인정으로서의 신앙이 "극복"이어야만 한다면, 이것은 "지배하는 인간"이 어떤 상기론을 채택하기를 선호할 것이기 때문이며, 이를 따라 우리는 이미 우리 안에 영원성에 관한 진리와 그 자체로 진리를 인식할 능력을 가지게 된다(CD I/2, 181 [232]).

―◦―

"신 인식"이라는 제목이 붙은 『교회 교의학』 5장에서 바르트는 그의 성숙한 신학적 인식론에 대한 충분한 설명을 우리에게 제시한다. 그는 5장의 설명이 신학적 인식론이라는 점을 반복해서 강조한다. 이는 그것이 신에 대한 우리의 인식에 관한 것일 뿐만 아니라, 특히 철학적 사변이나 분석에 입각한 것이 아니라 계시에 정초된 인식론이기 때문이다. 그의 초기 저술에서 바르트는 종종 플라톤과 칸트를 그가 로마서에서 발견한 것과 비슷한 시간과 영원성의 변증법을 표현하는 이로 언급했으며, 1927년[57] 조직신학을 작성하려는 자신의 첫 번째 시도에서는 실존주의를 넌지시 암시했다. 그는 이러한 철학적 언급들을 성서 계시를 기반으로 말해졌던 것과 유사한 예시적 유비로 다루는데, 이것이 (우리가 보게 될 것처럼) 자신이 곧장 거리를 두고자 하는 아퀴나스나 슐라이어마허 같은 신학자처럼 자신을 보이게 하지 않을지 염려하게 된다. 그렇지만 그는 자신의 신학적 체계를 위한 철학적 토대를 세우려 하고 있었다. 그래서 『교회 교의학』 도입부에서 그는 "나는 이 책의 둘째 권에서 모든 것을 잘라냈다. 여기서 잘라낸 모든 것이란 첫째 권에서 실존철학의 방식으로 근거, 지지, 심지어 단순한 정당화를 부여할 수 있는 것처럼 보일 수 있는 것들 전부를 말한다"(CD I/1. ix[9])고 쓰고 있다. 또 그는 계속해서 그의 설명이 철학적 체계로부터 끌어낸 것이 아님을 상기시킨다(CD II/1, 5~6, 183~86, 206, 221~22[13~14, 194~197, 219, 234~36] 참조).

5장을 통해 우리는 우리에게 친숙한 영역에 있음을 알게 된다. 그 장에서 신학적 물음은 신이 인식 가능하냐가 아니라 어떻게 인식 가능하며 어디까지 인식 가능하냐이다(CD II/1, 5[13]). 이 물음들 중 첫 번째 물음인 '어떻게'에 대한 답변에서 단호한 답변이 되는 것은 말씀과 성령의 이중 기적으로서의 계시다. 우리는 신에 대한 지식을 가질 능력이 없으며, 그런 지식이 일어날 때는 우리

---

57. Barth, *Die christliche Dogmatik im Entwurf*.

의 힘과 "무관하게 그것에 반하여" 발생한다(CD II/1, 199, 213[212, 226]). 계시는 순종, 그리고 신뢰, 감사와 경외로서의 신앙 안에서 받아들일 수 있는 "자유로운 사랑"(CD II/1, 206[219])으로서의 은총의 신적 주도권을 의미한다. 신은 이 인식의 소재나 내용만이 아니라 주체다. 실제로 우리 자신의 주체성은 구성하는 자라기보다는 구성되는 자이고, 인식의 생산자가 아니라 인식의 산물이다(CD II/1, 21, 25[30, 35]).[58] 아는 것과 알려지는 것 모두 우리의 지평 안에 들어오지 않으며, 우리의 마음대로 할 수도 없고, 우리의 통제, 지배 또는 소유의 대상이 될 수도 없다.

---

58. 여기서 우리는 전도된 지향성의 모티브와 마주한다. 이 모티브에서 '초월적' 자아는 우리의 인식 근거가 되지 못하며, 오히려 전도된 지향성(reverse intentionality)이라는 독특한 인식 방식 안에 자아가 정초된다. 조금 더 나아가 보자면 바르트는 이렇게 쓰고 있다. "신의 현실적 계시는 인간이 선택할 수 없는 가능성이다. 이 가능성을 통해서 인간은 자신을 다른 가능성의 영역 안에서, 그리고 다른 가능성들의 방법을 따라 합의에 이를 공간과 시간을 가지지 않은 채 그저 선택되는 자로 간주해야만 한다"(CD II/1, 139[149]). 이웃의 현전을 "근접성"의 비-타협적인 요구로서 요청하며, 근접성이 "떠맡음, 극단적으로 긴급한 떠맡음이다"라고 한 레비나스를 참조하자. "그것은 의무이고, 모든 약속에 시대착오적으로 앞선다. 선험보다 더 '오래된' 앞섬"이고 강박 또는 심지어 박해와도 같은 것이다. "의식의 이러한 전도는 분명 수동성이다. 그런데 이것은 〔인식하는 자의 개념적 자발성과 협력하여 인식을 야기해내는 칸트적 의미의 수용성과 같은〕 모든 수동성 이면의 수동성이고, 지향성의 용어와는 전혀 다른 용어로 정의되는 수동성이나. … 물론 의식의 지향성이 오로지 자발적인 지향만을 가리키는 것은 아니다. 그렇지만 지향성은 그 주도적이고 기동적인 틀을 버리지 않는다. 주어진 것은 사유를 통해 받아들여지는데, 이 사유는 주어진 것에서 자신의 기획을 인식하거나 주어진 것에 기획을 부여하며, 그렇게 하여 이 주어진 것을 지배한다." *Otherwise Than Being*, p. 101 [『존재와 달리 또는 존재성을 넘어』, 217, 219쪽].

두 번째 물음 – 어디까지? – 에 대한 답변으로, 바르트는 신비의 모티브를 계속 발전시킨다. 계시에서조차도 신은 우리에게 신비로 남아 있다. "이는 그분 자신이 우리에게 명석하고 확실한 분이 되시기 때문이다"(CD II/1, 38 [51]). 다시 말해, 신을 파악할 수 없음은 계시 내용의 일부다(그리고 신학이 철학에서 어떤 것을 배울 필요가 있는 것은 아니다). 실제로, "우리의 신 인식은 신의 감춤에 대한 인식에서 진지하게 시작된다. … 우리가 그분의 계시의 은총에 대해 그분에게 감사하는 첫 번째 예배 사역은 그분을 숨어 있는 분으로 인식하고 고백하는 것이다"(CD II/1, 183, 197 [193, 210]). 신은 우리의 인지적 이해력을 초과한다. 이는 (1) 그렇지 않다면 신은 계시된 이가 아닐 것이고, (2) 신은 오직 신으로부터만, 즉 계시로 말미암아 인식 가능하며, (3) 계시가 기호 역할을 하는 피조계 질서의 일부를 통해서, 무엇보다도 나사렛 예수를 통해서 매개되는 지식이기 때문이다. 이러한 기호는 신이 자기-현시를 매개하는 옷 또는 작품이다. 그것들은 우리가 보는 수수께끼의 거울이고, 침침하거나 어둡다(CD II/1, 52~54 [63~64]). 신은 "우리를 위해 [기호들을] 통해서 자신을 보이게 하면서, 그 자신을 있는 그대로 존재하는 자로 자신을 스스로 아는 자로 보이지 않게 남아 있는 자이다"(CD II/1, 55 [64]). 그 안에 베일로 쌓여 있는 것과 드러난 것 사이의 떼려야 뗄 수 없는 혼합을 인식하지 않고서 이 기호를 인식하는 것은 곧 우상을 인식하는 것이다(CD II/1, 55 [65]).[59]

이러한 익숙한 주제들 가운데 우리는 새로운 주제들, 적어도 몇 가지 새로운 공식과 제도와 강조점을 접하게 된다. 따라서 27절의 초록 또는 요약문은 다음과 같다.

신은 신에 의해서만 인식된다. 그러므로 우리는 신앙 안에서 그의 계시에 응답하고자 시도하는 관점들views과 개념들concepts[60]을 통해서는 그를 인식하지 못한다. 그런데 또한 우리는 그의 허용을 통해서 그리고 그의 명령에 순종함을 통해서 이 시도를 감행하지 않으면 그를 인식하지 못한다. 이 시도의 성공, 곧 우리 인간의 신 인식의 진실성은 우리의 직관과 파악이 신의 진리에 참여하도록 신 자신에게서 비롯하는 은총을 따라 받아들여지고 규정되는 데 달려 있다. (CD II/1, 179 [189])

우리는 신에 대한 우리의 인식이 우리 바깥에 근거를 두고 있다는 것, 곧 그것이 신으로부터von Gott aus 나오며, 신은 우리 인식의 행위자이자 주체라는 점을 익히 들어왔다. 또 우리는 이에 대한 부정적 전제, 즉 우리가 인식을 인식할 능력을 결여하고 있다

---

59. 이 점에서 바르트와 장-뤽 마리옹 사이에는 깊은 유사성이 있다. 마리옹은 이와 관련해서 아이콘을 우상과 구별해냈다. *God Without Being*, 특히 1~3장. 또한 *Idol and Distance*.
60. Anschauungen과 Begriffe를 관점들(views)과 개념들(concepts)로 번역하는 것은 바르트의 어휘가 함축하는 칸트적 성격을 감춘다. 그래서 앞으로는 '관점들'을 '직관들'(intuitions)로 바꿀 것이다. 칸트에게 직관(감성, 수용성)과 개념(지성, 자발성)은 결부되어 경험적 인식을 낳는다. 바르트는 자신의 신학이 칸트에게 의거하고 있다는 점을 근거로 삼지 않고서, 칸트의 용어로 우리의 일상적인 인식을 기술한다. 칸트와 더불어, 또 신학적인 이유로, 바르트는 우리가 피조물을 인식하는 인식 수단을 통해서는 신을 알 수 없다고 주장한다.

는 것도 익히 들은 바 있다. 이제 우리는 긍정적 전제를 듣게 되는데, 흥미롭게도 우리는 이를 이미 위-디오니시오스와 아퀴나스에게서 들었다. "신은 신으로 말미암아, 오로지 신으로 말미암아 인식된다"(CD II/1, 179[190]).[61] 그리고 우리는 그 결과, 계시 안에서 우리에게 주어진 신 인식이 신의 자기-인식에의 '참여'라는 점을 듣게 된다. "하느님께서는 우리가 이 사건에 참여하지 않고서 자신을 알려고 하기를 원하지 않으신다"(CD II/1, 204[217], 또한 49, 51, 57, 59[58, 61, 67, 69]참조). 여기서 우리는 바르트의 실재론을 마주한다. 이 실재론은 두 가지 구성요소를 갖는다. 첫째, 우리가 인식하는 것은 '저 바깥'이다. 그리고 그것은 우리가 그것에 대해 생각할 수 있느냐의 문제와는 무관하게 존재하는 것이다. 둘째, 우리는 우리 자신으로부터 발출하는 신기루, 투사, 또는 구성이 아닌 우리의 '대상'에 대한 참된 지식을 가진다.[62]

---

61. 앞의 4장 각주 42와 5장 각주 65을 보라. 『로마서』 초판 각주에서 바르트는 신에 대한 사랑이 필연적으로 현전할 수도 있고 그렇지 않을 수도 있는 느낌으로 도래하는 것이 아니라 "신이 직접적으로 그 자신을 인식하는 다시 획득된 신 인식으로" 우리에게 도래한다고 말한다. 맥코맥의 CRDT 159쪽 각주에서 재인용. 1929년에 실재론과 관념론의 상대적 강점과 약점을 평가하면서, 그는 "실재와 진리의 통일성이 하느님의 말씀 안에서 그리고 오직 그 안에서만 일어난다"(FI 58[305])고 쓰고 있다. 또 1931년에는 이렇게 쓴 바 있다. "엄밀하게 말해서 하느님 개념을 가진 이는 오직 하느님 자신뿐이다"(A 29[36]). 토마스 머튼(T. Merton)은 아퀴나스를 생각하고 있을지도 모르지만, "신은 자신의 지식과 자신의 사랑을 자유롭게 나눠 준 사람들에게만 알려지고 사랑받으시는 분이다"라고 할 때의 그는 바르트와 매우 가깝다. *New Seeds of Contemplation*, p. 40.
62. 나는 이 용례가 맥코맥이 바르트의 신학을 실재론적이라고 부른 의미와 일치

바르트는 신학적 방법에 대한 그의 초기 논고에서, 본인이 비판하기도 했었던 "객관성을 위한 취미"(TM 201)를 위한 교의학적 방법에 찬사를 보냈다. 우리가 보았듯이, 자유주의 개신교에 대한 초기 바르트의 비판은 포이어바흐가 신학을 인간학으로 환원하기에 앞서 인간 주체를 우리의 신 인식의 근거로 삼음으로써 신학 자체를 무방비 상태로 방치했다는 주장을 담고 있다. 포이어바흐의 환원은, 신에 관한 것처럼 보이지만 실제로는 우리 자신에 관한 체계적으로 오해를 불러일으키는 표현들로 구성되어 있다. 헌싱거는 『교회 교의학』의 '객관주의'가 그러한 환원에 저항하려는 시도를 계속하고 있다고 적절하게 지적한다.[63] 그러므로 우리는 다음과 같은 것을 읽게 된다. 말씀이 육신이 되는 신의 계시는 "궁극적 객관성"과 관련하게 되며, 이 객관성 안에서 신은 "주체인 인간에 대한 대상의 관계 속으로 들어가고", 또한 "그의 지각, 직관, 개념 Wahrnehmung, Anschauen, Begreifen의 대상"이 된다(CD II/1, 12, 9, 3[20,

---

한다고 믿는다. 그것은 헌싱거가 『교회 교의학』의 중심 모티브를 명명하기 위해 사용한 '실재론'에 해당하지는 않는다. 왜냐하면 헌싱거에게 그 의미는 바르트의 유비 이론을 포함하는 것이기 때문이다. 나는 그 이론을 개념적으로 구별한다. 여기서 사용되는 '실재론'은 헌싱거의 '객관주의'에 가깝다. 이 모티브에 대한 그의 예비적 정의가 위에서 언급한 두 부분 중 하나만을 포함하지만, 그가 이어서 내놓는 설명은 두 부분을 모두 포함한다. "신앙고백의 대상이 되는 신에 대한 인식은 논리적으로 말하자면 환원할 수 없는 객관적인 것으로 나타났다. 이 인식은 역사 속에서의 신의 자기-계시가 신앙으로 하여금 영원 속에 있는 신 자신의 고유한 자기-인식에 참여하게 해준다는 데 근거를 두고 있다." G. Hunsinger, *How to Read Karl Barth*, pp. 4~5, 36을 보라.

63. Hunsinger, *How to Read*, p. 35.

18, 11]. 또한 179, 181 [190, 191~92] 참조). 바르트는 신이 다른 대상들과 같은 대상이 아니며, 실제로 주체일 뿐만 아니라 우리 자신의 주체성의 주체라고 주장한다.[64] 또한 계시 안에서 신이 우리의 인식 대상이 된다는 점을 거침없이 반복해서 말한다. 이것은 객관적이고 주관적인, 우리가 이미 살펴본 계시의 이중 기적이다. "그분의 말씀에서 [신은] 주체인 인간 앞에 대상으로 도래한다. 또한 성령을 통해 그분은 인간 주체가 그분 자신에게 다가갈 수 있게 하시고, 그분 자신을 대상으로 생각하고 또 생각할 수 있게 하신다." 그 결과는 "인식하는 자와 인식되는 것 사이의 구별을 무시하지" 않는 "객관적 인식"이다(CD II/1, 10 [18]). 만일 이 구별이 없어진다면, 신이 우리에게 계시 안에서 말하는 것이나 기도로 신에게 말하는 것은 무의미할 것이다(CD II/1, 13~14 [21~23]).[65]

그런데 바르트의 실재론은 단지 객관적 지식에 관한 것만은 아니다. 그것은 객관적 지식에 관한 것이기도 하다. 계시에 대한 응답으로서의 신앙은, 플라톤의 선분의 비유로 볼 때 순전한 억견이나 믿음에 해당하는 것이 아니다. 그것은 지식이다(CD II/1, 13 [21~22]).[66] 회의론이나 순전한 부정신학과는 대조적으로, 바르

---

64. 헌싱거는 이를 "인격주의" 모티브로 지칭한다. *How to Read*, pp. 5, 40~42.
65. 바르트는 정기적으로 신학은 기도로 시작한다고 말하는데, 때로는 아마도 기도로 신학을 행하는 아우구스티누스와 안셀무스의 사유를 염두에 두었을 것이다. 스피노자에게서 또는 신에 대한 우리의 최상의 인식에 대한 헤겔의 설명에서는 이런 것이 발견되지 않을 것이다.
66. 이것은 『로마서』에서 이미 참이지만, 아마도 동일한 강조점이 있지는 않을 것

트는 계시에서 신의 은총에 의한 우리 인식의 "충만"Vollzug, "진실성"Wahrhaftigheit, 그리고 "성취"Gelingen에 대해 계속해서 말한다. 이 지식에서 우리는 기만당하지 않는다. 왜냐하면 이 지식은 참이면서 진실되고wahrhaftig, 옳고, 타당하고, 신뢰할 만하며, 적법하고 옳으며, 유효하고, 신뢰할 수 있고, 합법적이며, 현실적wirklich이기 때문이다(CD II/1, 202~27 [214~41]). 이 지식은 그 "일치"Entsprechung 때문에 "충만하게 참"이며, 이는 또한 인식하는 자와 인식되는 자 사이의 "긍정적 친교"와 "실재적 결합"Gemeinschaft 때문에 그런 것이다(CD II/1, 16, 224 [25, 237]).

바르트는 계시 안에 감추어진 신에 관해 말한 것을 전부 잊어버렸는가? 아니, 그렇지 않다. 이제 우리는 그가 이러한 대단히 적극적인 주장을 철회하지 않고 이 주장을 어떻게 적합한 것으로 만드는지 알아보아야 한다. 우리가 시행한 바와 같이, 바르트가 우리의 직관과 개념만이 아니라 우리의 말과 관련해서 우리의 인식에 대해 말하고 있음에 주목할 필요가 있다. 그는 종종 이 세 가지를 전부 연결한다(CD II/1, 213, 224, 227~28 [226, 237, 240~42]). 바르

이다. 그레이엄 워드가 『로마서』에 대해 "순전한 불가지론"이라고 말한 것은 잘못이다. 1931년 안셀무스에 관한 책을 낸 이후에 비로소 바르트에게서 신학적 실재론이 발견된다고 한 것도 옳지 않다. Barth, *Anselm*, pp. 92, 94 [142~43, 144~46쪽]을 보라. 1929년 토마스의 실재론에 대한 비판에서, 바르트는 『교회교의학』에서처럼 신학이 현재 논의되고 있는 의미에서 실재론적이어야만 한다고 강조한다. 그는 심지어 신을 "탁월한 실재"(the preeminent reality), "실재하는 존재자"(ens realissimum)라고 부른다(FI 35~37 [266~68]).

트는 자신의 조직신학을 시작하면서, 교의학을 "하느님에 관하여 교회가 고유한 방식의 언어로 진술한 내용에 관한 그리스도교 교회의 학문적 검토"(CD I/1, 1 [27])로 정의한다. 또 그는 자신의 독자들과 자신에게 진리의 물음이 언어의 물음이라는 것을 상기시킨다(CD II/1, 195, 205 [207, 218]). 이것은 모든 지식이 언어적으로 내재하게 됨을 뜻하는 언어학적 전회를 그가 오롯이 받아들였음을 뜻하지 않는다. 아우구스티누스와 플라톤으로 거슬러 올라가는 고전적 구별을 바탕으로 그는 직관과 개념에 해당하는 우리의 사고를 말의 영역에 속하는 우리의 발화와 구별한다. 전자는 우리가 우리 자신에게 말하는 것이면서 그에 따른 책임을 수반하는 반면, 후자는 우리가 타자에게 말하는 것이면서 그에 따른 책임을 수반한다(CD II/1, 211 [224]). 언어는 단지 언어 없이 이미 성취된 지식을 전달하는 수단일 뿐이라는 이런 식의 관념은 현대 철학에서 널리 논쟁을 일으키는 주제다. 그러나 현재의 맥락에서 그 논쟁은 그다지 중요하지 않다. 왜냐하면 바르트의 신학적 인식에 관한 분석에서, 그는 사유와 언어의 구별을 무시하고, 우리의 직관, 개념, 그리고 말을 계시가 일어나는 장소로서 한데 묶기 때문이다.

바르트는 그가 그토록 강력하게 주장해 온 대로 인식이 곧 참여에 의한 인식이라는 점을 망각하지 않았다. 신은 "그가 먼저 자신 안에서 그분 자신이시고 이에 근거해서 두 번째로는 (다른 자로서가 아니라 다른 방식에서) 우리에 대해 그분 자신이시다"(CD II/1, 227 [241]). 그래서 바르트는 상당히 구체적인 "유보"(FI 40 [274])

를 수립한 실재론자다. 그가 강조해온 객관성은 이차적인 것이다. 가장 근원적인 객관성은 신 자신의 직접적 자기 인식이다. 우리의 객관성은 "신 자신과는 다른 대상의 기호와 베일 아래"(CD II/1, 16[25]) 매개되는 이차적 객관성인데, 왜냐하면 "신을 직접적으로 볼 수 있는 이는 또 다른 신일 것"(CD II/1, 19[27])이기 때문이다. 우리는 신이 신 자신을 아는 것과 같이 신을 알 수는 없으므로(CD II/1, 59, 202[68, 215]), 우리의 인식은 근사치적이고, 부적합하며, 부적절하다(CD II/1, 202, 205, 217, 224[215, 218, 229, 237]). 하지만 적어도 그것은 "가능한 참인 것으로서" 참이다(CD II/1, 209[222]). 부적합하기[불일치하기]에 참이라는 안셀무스에 관한 바르트 저작에서의 공식이(A 29[35]), 『교회 교의학』 5장에서 되울려 퍼진다.

―◇―

하지만 우리는 그런 일치(사물과 지성의 일치)와 관련하는 진리에 대한 고전적 정의의 관점에서 볼 때 너무나도 역설적인 이 공식을 어떻게 이해할 수 있을까? 그레이엄 워드는 바르트의 신학에 "환원 불가능한 불완전성"이 있다고 주장한다.

> 5장에서 ― 비록 바르트가 신학적으로 우리를 위해 구성했던 모든 것을 의심해야만 한다고 하더라도 ― 언어의 역설에 대한 해결책은 나오지 않는다. 언어에 있어서 말씀에 대한 일관적 설명은 존재하지 않는다. 신의 소통의 논리를 풀려고 시도하면서, 바르트는 그 논리가 그를 넘어서는 것이고 그가 그 논리의 경제를 재구

성할 수 없음을 자각한다. … 그리스도론만으로는 바르트의 언어 신학의 역설적 토대를 위한 종합을 제공할 수 없다. 말씀의 신학으로서의 그리스도론은 그 자체로 일관된 언어의 신학을 요구한다. … 만일 거기에 신 인식이 없다면, 구원의 경제가 이루어지려면, 신학적 실재론을 위한 어떤 근거를 찾아야만 한다.67

나는 바르트의 응답이 다음과 같이 5중적일 것으로 생각한다. 첫째, 신 인식을 자리매김하기 위해서 설명을 제시하거나 근거를 찾을 필요는 없다. 먹는 일이 생물학을 요구하는 것과 같이 신앙이 신학을 요구하지는 않는다. 어떤 믿음은 그 자체로 기초적이고 다른 믿음의 증거나 설명의 지지를 필요로 하지는 않는다.68

둘째, 신앙에는 신학이 필요하지 않지만, 신학은 교회가 믿고 선언하는 바를 성서를 기반으로 삼아 일관성 있게 설명하려는 시도다. 이 방법론적인 정합론이 『교회 교의학』의 기본 모티브 중 하

---

67. Ward, *Barth*, pp. 30~32. 워드는 바르트가 필요로 하는 것을 데리다가 제공할 수 있다고 생각한다. 워드의 분석에 대한 비판에도 불구하고, 나는 그가 변증법적 신학자들과 해체구성론자들을 위해 두 사상가를 한데 모을 수 있다고 생각한다. 나는 개럿 그린이 맥코맥에 대한 비판에 맞서 워드를 옹호한 것에 공감한다. Green, "Hermeneutics," pp. 91~108을 보라.
68. 바르트와 앨빈 플랜팅가 및 니콜라스 월터스토프가 발전시킨 "개혁과 인식론" 사이에는 중요한 일치점이 있다. 플랜팅가와 월터스토프가 편집한 다음 책에 수록된 그들의 논고를 보라. *Faith and Rationality*. 또한 플랜팅가의 *Warranted Christian Belief*를 보라. 세 사람 모두 플라톤이 『티마이오스』(201d)에서 제안한, 지식이 정당화된 참된 믿음이라는 설명을 거부한다.

나이며, 헌싱거가 부르는 바에 의하면, 이것이 아마도 오해의 소지를 불러오는 바르트의 "합리론"rationalism이다.69

셋째, 신학에 헌신하는 우리 언어의 신에 관한 설명이 일반 언어 이론에 속할 필요는 없다. 때때로 워드는 바르트의 신학이 필요로 하는 것이 마치 데리다가 제공할 수 있는 것과 같은 좋은 언어철학인 것처럼 말한다. 그런데 바르트의 설명에서, 신학은 어떤 철학 이론에 의존하게 될 때 신학이기를 멈춘다. 다른 경우에 워드는 이를 그가 다음과 같이 쓴 바 그대로 이해하는 것처럼 보인다. "그래서 이 시점에 우리는 말씀이 어떻게 인간의 말과 생각을 지배하는지에 대한 통찰력을 얻지 못했다. 우리는 단지 그렇게 한다고 들었을 뿐이다. 거기에 인간의 **인식, 추론 또는 상상**에 대한 설명은 없다. 그럼에도 불구하고 신의 이름을 분석하는 데서부터 **더욱 일반적인 언어 신학으로 전환한 결과인 하나의 설명이 나오는 것은 필연적인 일이다.**"70 그러나 바르트의 신학은 일반적인 언어 신학조차 필요로 하지 않는다. 그는 사유와 언어가 구별되고 분리될 수 있는 것처럼 말하고, 또한 일상적인, 비-신학적인 인식에 대한 칸트적 분석을 도입한다. 그는 조금 더 급진적인 언어학적 전회를 시도하거나, 아마도 일상적 인식에 대한 아리스토텔레스적/토마스적 설명을 제시해야 할 것 같지만, 이러한 논쟁은 바르트 신학의

---

69. Hunsinger, *How to Read*, pp. 5, 49~64를 보라.
70. Ward, *Barth*, p. 21, 강조는 필자.

본질적인 그 어떤 것과도 관련이 없을 것이다. 바르트의 신학은 그러한 일상적 인식과 언어 같은 것이, 그것들의 본성을 보여주는 것이 무엇이든 간에, 신 인식에 대한 자연적 능력을 나타내지는 못한다는 신학적 주장만을 요구할 뿐이다.

넷째, "신적 의사소통" 신학의 "재구성"이 무엇이든 줄 수 있고 또 줄 의무가 있다 하더라도, 그것은 "5장에서 언어의 역설의 해결책"이나 "바르트의 언어 신학의 역설적 토대를 위한 종합"과는 무관할 것이다. 이 과제는 해결책이나 종합 없이 역설을 유지하는 것이다. 그러한 책임을 받아들이는 것은 신학을 철학에만 의존하게 만드는 것이 아니라 하늘이 우리를 돕도록 만들고, 헤겔 철학에 의존하게 만드는 것이다.[71]

마지막으로, 신앙의 유비로서의 유비 이론은 신학적으로 필연적이고 충분한 설명이다. 그것은 이 신학의 다른 주제, 신에 대한 우리의 인식과 언어와 관련해서도 일관적이다. "설명이 없다"는 혐의는 바르트 신학을 비일관적인 것으로 만들고 싶어 하는 부적절한 설명에 대한 기대인 것으로 드러났다.

그래서 우리는 바르트의 유비 신학에 의지한다.[72] 바르트가 참

---

71. 데리다의 언어철학이 바르트의 신학을 조명하지만, 그것이 여기서 말하는 "해결책"이나 "종합"을 제공할 것 같지는 않다.
72. 초기 논고에서, 바르트는 "이 시대의 우리의 일은, 비록 유비적이긴 하지만, 또한 신의 사역과도 분리되어 있다"(CP 312)고 쓰고 있다. 문제의 저작들은 정치적인 글이어서 유비에 대한 설명은 없다. 차후에야 비로소 바르트는 인식론적 맥락에서 유비 이론을 제시할 것이다.

여의 언어를 말하기 시작하면 그 언어의 모든 부적합성에도 불구하고, 계시에서 파생된 신의 말이 신에 대한 "참되고도 적절한 지시"를 할 수 있다는 관념을 표현하고자 유비의 언어를 사용하는 것은 불가피한 일이다.[73] 그 기본적인 진술은 토마스 아퀴나스의 독자들에게는 직접적이면서도 친숙하다. "신의 계시의 진실성에 대한 참여"를 긍정하고서, 바르트는 "우리가 신을 기술하기에 부적합한 인간의 말을 신에게 적용하는 경우 그 진실성은 어디에서 찾아야 하는가?"(CD II/1, 224 [237~38])라고 묻는다. "우리가 같은 말을 한편으로 피조물에게 적용하고, 다른 한편으로 신의 계시와 신에게 적용할 때, 그 내용과 의미의 단순한 일의성Gleichheit, univocity"에서는 그런 진실성을 찾지 못한다. 이런 것은 "하느님의 숨으심에 대한 부정"을 의미할 것이고, 신의 계시가 더는 베일에 가려진 모습을 드러내는 것으로 이해되지 않을 것이다. 그것은 "하느님이 하느님 되기를 그만두고 단지 피조물이 되거나, 아니면 인간이 자신의 능력으로 신이 되는 것"을 의미할 것이다. 또 우리는 "내용과 의미의 다의성Ungleichheit, equivocity을 두려워해서는 안 된다." 왜냐하면 이는 "우리가 하느님을 알지 못한다는 것"을 의미하기 때문이다. "우리가 그분을 안다면, 우리는 주어진 방법으로 그분을 아는

---

73. Hunsinger, *How to Read*, p. 43. Berkouwer, *Triumph*, p. 182 참조. 이런 언어의 사용은 문제의 기간 동안 바르트가 로마 가톨릭을 자유주의 개신교보다 더 근본적인 신학적 반대자로 보기에 이른다는 사실에 비추어 볼 때 더욱 불가피하다. McCormack, CRDT, 376~91, Berkouwer, *Triumph*, 7장을 보라.

것이고, 그렇지 않으면 우리는 그분을 전혀 알지 못한다." 이 딜레마는 유비 "개념에 의존하는 것 외에는 다른 선택의 여지를 주지 않는다." 유비와 관련해서 "자연신학에서 유비 개념을 사용하는 데서 오는 부담"에도 불구하고, 그것은 "피할 수 없는" 것이 된다 (CD II/1, 224 [238~39]).

이 후자의 경고는 바르트와 아퀴나스 및 제1차 바티칸 공의회에서 발견되는 로마 가톨릭 신학 사이의 근본적 논쟁을 예고한다. 가톨릭 전통과 관련해서, 바르트는 참여와 유비를 모두 긍정할 용의는 있지만, "어떤 종류의 참여인가?"(CD II/1, 215 [229])라고 묻고, 유비 개념에 내장된 "(그) 상응과 일치의 기원과 구성에 대하여"(CD II/1, 225 [239]) 탐문하는 권리를 행사한다.[74]

아퀴나스에게서 발견된 유비의 원리와 관련해서(위 5장 참조), 두 가지 차이가 발생하는데, 둘 다 중요하지만 동등하게 중요하지는 않다. 덜 중요한 것은 유비적 서술 범위의 차이다. 앞서 우리는 유비적 서술이 문자적이라는 것을 보았다. 왜냐하면 그 서술은 원래 신 안에 내재하며 피조물에게는 파생적으로만 내재하는 신의 완전성에 대한 긍정이기 때문이다. 물질성이나 수동성과 같이 본질적으로 어떤 "불완전성"을 암시하는 항목은 신에게 은유적으로만 적용될 수 있다. 이러한 차이는 바르트에게서 사라진다. 그

---

74. 베르까우브르는 바르트의 관심사가 "모든 종류의 유비를 부정하는 것이 아니라 신과 인간 사이에 존재하는 유비의 **본질**을 올바르게 이해하는 것"이라고 쓰고 있다. Berkouwer, *Triumph*, p. 193.

는 "신인동형론"을 너무 경계하지 말라고 경고한다. 왜냐하면 "영적인, 곧 추상적인 개념들은 구체적인 지각을 지시하는 개념들과 마찬가지로 신인동형론적이고," 또한 동시에 그 개념들이 "신에 관한 인간의 언어"에 속하기 때문이다(CD II/1, 222[235], 강조는 필자).

이를 표현하는 또 다른 방식은 "만일 그런 언어들이 그에게 적용되려면, 우리의 직관, 개념, 말이 그 적절하고 근원적인 의미와 용례에서 멀어져야 한다"는 점을 부정하는 것이다. "아니, 그는 이미 근원적으로 적절하게 이미 자기에게 해당하는 어떤 것을 취한다.…우리의 말은 우리에게 적합한 것이 아니라 그분에게 적합한 것이다. 또 직관, 개념, 말을 그에게 적절한 것으로 처리하면서, 그는 그것들을 그 자신의 재량에 놓는다.…직관, 개념, 말을 사용한다고 하는 것은 부적절하게, 순전히 그림과 같은 상으로 사용하는 것이 아니라 그분에게 적절한 방식으로 사용함을 뜻한다"(CD II/1, 228~29[241~43]) 이렇게 말하고 나서, 바르트는 자신이 염두에 두고 있는 아버지, 아들, 주권, 인내, 사랑, 팔, 그리고 입과 같은 술어들의 예를 제시한다(CD II/1, 229~30[243~44]).[75]

---

[75]. '아버지'와 '아들'과 같은 용어에 대해 언급하면서, 바르트는 이렇게 적고 있다. "이 인간적 결속은 원상이 아니다. 그런 원상이 아닌 다른 결속은 상징의 상일 것이다. 원상, 곧 참된 아버지 되심과 참된 자녀 됨은 신이 그분 자신과 우리 사이에 창조하신 관계들 안에 존재한다. 우리 가운데 존재하는 모든 것은 그런 원형적 자녀 됨의 상이다. 우리가 우리 아버지를 신이라고 부를 때, 우리는 상징론에 빠지는 것이 아니라 반대로 우리는 이 두 단어, '아버지'와 '아들'의 충만한 현실성 안에 있게 된다"(P 46[75~76]). 여기서 아퀴나스의 문자적이지만 유비적 술어와 은유적 술어 사이의 구별은 무너지고 모든 적절한 술어는 제일

훨씬 더 근본적인 것은 자연신학에 대한 언급을 따라 제시된 차이, 가톨릭에서 말하는 존재의 유비와 바르트의 신앙의 유비 사이의 대조에서 표현되는 자연과 은총의 관계에 대한 차이다.[76] 아퀴나스는 『신학대전』 도입부에서 성서 계시에 호소하지 않는 인간 이성으로 우리가 신의 존재와 본성에 관해 알 수 있는 한에서, 믿는다는 것이 무엇인지를 제시한다(ST 1.2~11). 그런 다음, 우리가 신의 본질을 직접 파악함으로써 신을 알 수 있다는 것을 부인한 후, 아퀴나스는 적절한 신 담론의 본질을 탐구하면서 자신의 유비 이론을 제시한다(ST 1.12~13). 이런 식으로 아퀴나스의 유비 이론은 그의 자연신학과 연결된다. 실재론자로서 아퀴나스는 인식론보다 존재론을 우선시한다. 따라서 이 인식의 가능성과 이 인식을 표현하는 유비적 서술의 근거는 창조주와 인간 피조물 사이의 존재론적 유비, 즉 신의 존재와 우리의 존재 사이의 유사성과 차이에 있다.

신앙 안에서 받아들인 계시의 "특별한 도움"과 "기적"으로서의 은총에서 비롯하는 신 인식 이외의 또 다른 신 인식이 있을 수

범주에 들어가는 것으로 보인다. 그것은 의미된 것(res significata)과 관련해서는 문자적이며 의미의 양태(modus significandi)와 관련해서는 유비적이다.

76. 바르트가 이해하듯이 전자의 용어는 15세기에 유래한 것이지만(McCormack, CRDT 각주를 보라), 이는 아퀴나스에게서도 쉽게 찾아볼 수 있다는 것을 의미한다. 바르트가 가톨릭과의 거리를 나타내기 위해 사용하는 후자의 용어는 아이러니하게도 그가 가톨릭 신학자 고틀립 쇤겐(Gottlieb Söhngen)에게서 빌린 것이다. (CD II/1, 81~82[90~91]를 보라).

있다는 개념에 대해 바르트가 가장 무거운 총을 겨누는 것은 놀랄 일이 아니다(CD II/1, 84 [93], 또 81, 231 [90, 245] 참조).77 이것이 바로 바르트가 신앙의 유비, 또는 어떤 경우에는 은총의 유비에 대해 말하는 이유다(CD II/1, 243 [258]). 그에게 있어서 유비 담론에서 정립되는 대응이나 일치는 은총과 별개의 "자연 본성"이나 "기예"를 따라 지각되는 두 존재자나 존재 방식 사이에서 일어나는 것이 아니다(FI 29 [256]). 그것은 오히려 두 가지 행위, 즉 계시의 은혜로운 신적 행위와 동일한 은총에 의해 가능해진,78 신앙의 인간 행위 사이에 존재한다(McCormack, CRDT 16을 보라).

반대로, 존재의 유비는 우리가 신에게 갈 다리를 놓을 수 있다고 가정한다. 아마도 우리는 "주lord와 주권lordship에 대한 우리의 생각을 무한과 절대로 확장하는 것"만을 필요로 할 것이며, 이로써 결국에 "우리는 신에게 이를 것이다"(CD II/1, 75 [84]). 또는 우리는 신만이 신을 알기 때문에 "신은 모든 삼단논법을 파괴한다"는 사실을 잊고서(A 29 [37]), "주어진 것으로부터"(FI 33 [263]), 또는 "일반적 진리로부터" 신을 "추론"할 수 있다(A55 [81]).79

---

77. 아마도 이것이 바르트가 토마스적 가톨릭과 자유주의 개신교 사이에 깊은 연관성이 있다고 보는 이유일 것이다. FI 41 [277]; CD II/1, 232, 243 [246, 261]; McCormack, CRDT 418 및 Berkouwer, *Triumph*, 167~68을 보라.
78. 헌싱거는 바르트에게 "자연은 은혜 자체의 행위 자체에서(in actu) 기적적으로 부여되고 유지되는 은혜를 제외하고는 은혜를 받을 능력이 없다"고 쓰고 있다. *How to Read*, p. 98.
79. 또는 인과적 형태의 충분근거율 같은 일반적 진리의 도움에 힘입어 안다.

그러나 이러한 가정들은 또한 우리가 "현실의 주님을 통해 현실에 관해 우리에게 말해진 것에 … 주의를 기울이지" 않거나 그것을 "듣지" 않으면 신을 알 수 있다고 가정한다(FI 29[256]). 그 가정들은 또한 "선택은 하지 않지만 선택되어야 할 어떤 것이 있다는 식으로" 계시를 다룬다(CD II/1, 139[149]). 은총이 인간의 고유한 능력을 나타내는 지향성을 뒷받침한다는 것을 의미하는 전도된 지향성을 무시함으로써, 그러한 가정들은 이신칭의[80] 교리를 믿음의 정당화에 적용하지 못하고, 인식을 신의 선물이 아닌 인간의 일로 만든다(CD II/1, 239[254]). 바르트가 그러한 신학은 "신을 가리키는 것인가 우리 자신을 가리키는 것"인가 하는 물음을 던졌을 때(CD II/1, 76[84~85]), 우리는 얼굴을 찡그리는 포이어바흐를 볼 수 있다. 다시 말해, "존재의 유비"의 제일 운동자는 "실질적으로 신인가 아니면, 그것은 주권·화해·구원과 분리되어 있으므로 신의 통일성이 피조물처럼 상실되어버린 추상에 불과한가? 최종적으로 분석하자면, 그러한 추상은 우상인 것이 아닌가?"(CD II/1, 76~84[84~94]).

바르트의 유비 이론에 관한 두 가지 간단한 결론이 있다. 첫째, 논쟁은 단순히 자연신학의 가능성에 관한 것처럼 보이지만 문제는 그렇게 간단하지 않다. 아퀴나스가 자연신학으로 논의를 시

---

80. * 이신칭의(justification by faith)란 그리스도교 신학에서 사용되는 용어로, 죄인인 인간이 오직 믿음으로 의로움에 이른다는 의미를 담고 있다.

작하는 반면, 그는 그리스도교 신학의 많은 중요한 부분이 계시에 의존하고 있다고 보며, 그것이 무능한 인간 이성의 범위를 벗어나 있다고 주장한다는 점은 익히 알려진 바다. 바르트가 "마치 인간 존재자가 그 자체로 계시가 무엇이고 무엇이 아닌지를 확인할 수 있는 능력을 갖추고 있는 것처럼, 마치 그들이 마음대로 그리스도를 인식하고 이해할 수 있는 규준을 가지고 있는 것처럼 보이는… 지지할 수 없는 인간 본성 개념"에 대해 말할 때, 그는 다른 이들 가운데서 아퀴나스를 염두에 두고 있는 것처럼 보인다. 이런 개념은 "〔비록 우리에게 계시 사건 안에서 제시된다고 하더라도〕 우리가 진리와 현실을 구별할 수 있는 기준은 없고, 단지 이런 식의 기준은 계시 자체 안에서 계시 자체와 더불어 인간에게 주어져야만 한다"고 하는 그의 관점과 구별되는 것으로 보인다. "왜냐하면 말씀이 전해지는 것만이 아니라 그것을 수용하는 것도 언제나 하느님의 거저 주시는 은혜에 달린 문제이기 때문이다"(FI 42, 48, 58 [277, 288, 306~07]). 더욱이 계시를 받아들일 수 있는 능력이 "'자연적인' 어떤 것"이 아니고, 또 "인간 실존 자체와 더불어 주어진… 인간의 고유한 능력"이 아니라면, 신의 선물인 이 선물은 단번에 주어지는 것이 아니며, "내재하는 은총"gratia inhaerens 으로서의 "인간 존재와 차후에 연결되는 것"이다. "왜냐하면 은총은 하느님이 말씀으로 우리에게 도래하는 사건이며, 신이 단독으로 통제하는 것이며 엄밀하게는 순간적인 사건이기 때문이다"(FI 39~40 [273~74], 강조는 필자).

적어도 여기에 내포된 비판은 그가 계시에 대해 말할 때조차도, 아퀴나스가 말씀과 성령의 이중 기적 대신에 말씀과만 연결되어 있음을 지적한다. 그 말씀은 은총의 기적이지만 성령으로 말미암는 것이 아니라 계시를 인식하는 고유한 인간 능력으로서의 인간 본성과 결부되어 있다. 그 결과는 인식론적 반펠라기우스주의 semipelagianism다. 여기서의 "전적 타자"는 "'전적 타자'가 전혀 아니며" 단지 "우리의 거울 이미지일 뿐"이다(FI 55~56[302]).

1929년에 나온 다른 논고에서도 바르트는 비슷한 논증을 제시한다. 신의 계시에 대한 성서의 증언은 "우리 마음대로 이미 만들어지고 존재하는 어떠한 자료datum도, 견해의 합도 아니다…." 이것이 바로 "창조주인 신의 말씀을 들음이…인간의 사역이 아니라 신의 사역이고 성령의 사역인" 이유다. "우리의 영이 신의 말씀을 산출할 수 없는 것처럼, 또한 우리의 영은 신의 말씀을 받아들일 수 없으며…어떤 도움 없이는 신의 말씀을 들을 수 없다"(HG 23~25). 다시금, 이 성령인 신의 사역은 단번에 끝나는 것이 아니다. "우리가 창조자의 말씀을 받을 수 있도록 **끊임없이** 우리의 귀를 여는 것은 순전하고 단순한 성령의 역사다.…그러나 신의 계시에 대한 성서의 선포가 우리에게 살아 계신 신의 목소리가 되어가고 있음이 틀림없는 것처럼, 신은 그분께서 선지자들과 사도들의 입으로 말씀하신 것을 우리에게 **끊임없이** 말씀하시고 계시기 때문에, 우리 존재의 외적이고 내적인 제약들도 우리에게 신의 말씀을 통하여 신의 명령, 의무, 약속의 성격을 항상 **획득**하고 있음이 분명하다"(HG 22~24, 강조는 필자). 여기에 내포된 비판은 아퀴나스가 말씀을 성령에 충분히 연결하지 못함으로써 계시를 인식하는 자연적 또는 내재적 능력이라는 형태를 가지고서 그의 계시 이론에 유비를 확산시킨다는 점이다. 이와는 대조적으로 바르트의 견해는 계시의 선물은 신적 행위이긴 하지만, 그렇다고 해서 신이나 신에 대한 지식을 우리 마음대로 할 수 있는 소유물로 주는 것은 아니라는 것이다.[81]

두 번째이자 마지막 요점은 이미 정해졌다. 계시의 선물은 신의 행위이지만, 그것이 우리에게 신이나 신 인식을 자유롭게 주는 것은 아니다. 이런 논점은 은총의 사건의 순간적 성격과 지속적인 갱신의 필요성에 중점을 두고 있다. 이런 의미에서 바르트의 신학은 존재보다 되어감becoming을 특권화한다.[82] 신의 행위를 사랑의 신실함으로 새롭게 하는 순간의 사건으로 보는 신의 행위의 존재론은 때때로 바르트의 "실현론"actualism이라고 불린다.[83] 인식의 자율성을 향하는 존재-신학적 욕망의 관점에서 볼 때 이보다 존재-신학에 더 불편한 것은 없을 것이다. 아퀴나스가 말한 것처럼 처음부터 신의 은총의 행위에 의존하는 것, 그마저도 충분히 나쁘다. 그런데 존재의 전체 의미의 열쇠이자 특별히 나 자신의

---

81. 위의 각주 78을 보라.
82. Green, "Hermeneutics," p. 95.
83. 헌싱거에 따르면 그것은 『교회 교의학』의 여섯 가지 기본 모티브 중 하나이다. *How to Read*, pp. 4, 30~32 및 Berkouwer, *Triumph*, pp. 184, 190, 192를 보라.

존재 의미의 열쇠인 최고 존재를 알기 위해 내가 존재하는 것이라면 — 이는 존재-신학에서는 도무지 참을 수 없는 일이다 —, 나는 이 의존성에서 결코 자유로울 수 없다는 것을 알게 될 것이다.

결코? 이는 분명 과장이다. 신앙이 신을 봄 그 자체가 될 때, 그리고 우리가 신을 얼굴 대 얼굴로 대면할 때 도래하는 삶은 과연 어떨까? 바르트는 이렇게 답한다.

> 하지만 하느님으로서의 하느님은 심지어 그때도 그 자신 안에 있을 것이며, 여전히 우리로부터 자신을 감출 것이다. 하느님을 얼굴 대 얼굴로 마주하는 앎에서도 여전히, 이 앎을 우리에게 허용하는 이해할 수 없는 그의 은총의 기적적 선물이 있을 것이다.··· 또한 은총을 감싸고 있던 시간성과 우리의 타락의 베일로부터 자유롭게 된 그 영원한 은총에서조차도 여전히 은총은 하느님의 은총일 것이며 우리의 자연 본성은 아닐 것이다. (CD II/1, 209[222])

3부

윤리적 초월과 종교적 초월 : 신의 명령

7장
레비나스 :
존재-신학을 넘어 이웃 사랑으로

8장
키에르케고어 :
존재-신학을 넘어 신에 대한 사랑으로

7장

레비나스

존재-신학을 넘어 이웃 사랑으로

우리는 바르트가 인식론적 범주인 죄와 은총에 대해 아퀴나스와 그의 존재의 유비보다 더 급진적인 설명을 제시했다는 일종의 신학적 "잡기!" 놀이를 아주 쉽게 상상해볼 수 있다. 이에 대해 아퀴나스는 바르트가 성서의 원리를 강조했음에도 불구하고, 출애굽기 3장 14절에 비추어 신의 첫 번째 이름으로서의 존재에 대한 언급, 로마인들에게 보낸 편지 1장 20절에 비추어 자연 신학에 대한 언급과 관련해서 자신이 성서적 사유에 더 가깝다고 답한다고 해보자. 바르트는 길고 박식한 답을 다시 제시할 것이고, 이는 천사 박사doctor angelicus로부터 다시 똑같이 길고 박식한 답을 유발해낼 것이다. 이차 바티칸 공의회의 교회일치적ecumenical 분위기 속에서도 이 논쟁이 쉽게 멈춰지지는 않을 것이다.

하지만 이 중요하고 적법한 논쟁을 아예 중단하지는 않더라도, 적어도 두 사람의 놀랍고도 현격한 일치를 알아볼 수 있을 때까지 당분간 이 논의를 피하도록 하자. 그들의 (또 놀라운) 공통 조상이라 할 만한 위-디오니시오스와 더불어, 바르트와 아퀴나스는 신만이 신을 안다고 보며, 이에 상응하여 우리가 참된 신학적 선물을 우리 자신에게 열어 보이기 위해서는 존재-신학적 기획에 대해 아니라고 말해야 한다는 점을 긍정한다. 다시 말해, 우리는 이 계시 안에 감추어져 있는 신비한 신으로 말미암아 우리에게 지식이 부여되어야만 구원과 치유의 신을 인식할 수 있다. 자연과 은총의 관계에 대한 논쟁은 신의 인식론적 초월을 긍정함과 동시에 자율성과 충전성의 이상을 단념하고 감사과 기쁨으로 선물을 겸손하게 받아들인 인간의 자기-초월을 요구하며, 이는 바로 이런 요구를 제기하는 은총에 동의하는 맥락에서 일어난다. 이에 바르트는 이렇게 쓰고 있다. 이 지식은 "우리에게 초월적이기를 중단하지 않고, 우리가 그것에 대해 내재하게 되며, 따라서 계시에 대한 순종이 우리의 자유로운 의지가 됨을 의미한다. 단, 이는 신이 자신의 자기 계시에서 우리에게조차 초월적이기 때문이다. 신의 계시를 인정하는 주체성은 우리 자신 위로 우리를 고양함을 의미한다"(CD II/1, 219 [232], 강조는 필자). 바르트와 아퀴나스 모두 이 "내재하게 됨"을 참여의 측면에서 신 자신의 자기-인식으로 해석하는데, 이때 참여란 객관적 초월과 주관적 자기-초월을 모두 잘 나타내는 용어다.

그런데 이제 우리의 주의를 앎에서 행위로 돌릴 때가 왔다.[1] 고

---

1. 이론(theory)에서 실천(practice)까지라고 말하지는 말자. 왜냐하면 우리가 지

대적 형식이나 근대적 형식의 계몽주의적 기획의 자율성과 충전성의 이상에 대립하는 인식론적 초월은 계시와 신비의 이중적 이질성을 나타냈다. 그런데 자율성의 이상은 결코 인지적 영역으로 제한되지 않았으며, 참된 초월이 믿음의 이질성만이 아니라 행동의 이질성을 일으키지 못하면, 이는 정녕 놀라운 일이 될 것이다. 이것이 바로 바르트의 견해다. 그는 이렇게 쓴 바 있다. "소위 윤리를 나는 신의 명령의 교리로 이해하며, 그것을 교의학의 필수적 부분 이외의 다른 부분으로 다루거나, 그것을 포함하지 않는 교의학을 제시하는 것은 옳지 않다고 생각한다"(CD I/1, xiv). 다시 한번, 아퀴나스는 전적이지는 않더라도 이에 상당한 동의를 표할 것이다. 만일 우리가 그 옛날 신 현존 증명의 다섯 가지 길을 발췌한 선집을 본다면, 사람들은 불가피하게 모든 경우 신학적인 의무론적·목적론적 윤리, 곧 『신학대전』에 포함된 법과 덕에 관한 논고도 함께 발견하게 된다. 바르트를 불편하게 만들 자연-은총 도식이 여전히 존재하겠지만, 다시 한번 더 근본적인 일치가 나타난다.

금까지 이야기한 앎은 첫 번째 사례가 되는 이론이 아니기 때문이다. 반성적이고, 심지어 학술적인 신학, 그 활동은 언제나 아직은 신 담론에 대한 조직적이고 비판적인 반성을 만들어내지 못한 공동체의 '신학'(신 담론)에서 파생한 부차적인 것이다. '실천'(practice)도 문제시되는 행위에 대해 적합한 용어가 되지는 못한다. 이 말을 사용할 수는 있겠지만, 그것은 수단-목적이라는 도구적이고 기술적인 의미의 실용적인(practical) 것이나 특정 사회와 문화의 관행이라는 의미의 행습(practice)을 암시하기 쉽다. 그런데 문제시되는 행위는 아리스토텔레스적 의미의 프락시스(praxis)로서, 외적인 목적에 대한 수단이 아니라 그 자체로 자신을 위해 행해지는 활동을 뜻한다.

우리의 최고 의무는 신에게 순종하는 것이고 우리의 최고선은 신과의 사랑의 연합이다. 이 연합은 언제나 우리가 아닌 신의 편에서 비롯하고 이 사랑은 우리 자신이 아닌 신에게 그 기원을 둔다.

그러므로 우리는 아퀴나스나 바르트와 (또는 아우구스티누스와) 함께 쉽게 앞으로 나아갈 수 있지만, 여기서 나는 레비나스로 돌아선다. 한편으로 이것은 매우 자연스럽다. 초월은 무한이 모든 전체성을 초과하고 존재와 다르게 또는 본질 저편에 있다고 한 그의 사유의 핵심 주제이기 때문이다. 사유와 행위가 전체성, 존재, 그리고 본질이라는 범주의 지배를 받을 때,[2] 타자는 동일자로 환원되고 초월은 상실되고 만다.

그런데, 다른 한편으로, 이러한 움직임에 대한 분명한 반대 견해가 있다. 레비나스가 관심을 두는 초월은 인간인 타인^{Autrui}, 과부, 고아, 그리고 이방인, 곧 내가 보는 얼굴을 가진 이웃이지 내가 보게 될 얼굴 없는 신이 아니다. 레비나스의 글에는 신-담론이 풍부하지만, 그 담론의 부차적 역할과는 별개로, 그는 무신론자일 것이다. 레비나스는 무한, 계시, 높음, 그리고 영광을 신학적 입지를 벗어나 인간인 타인을 기술하는 데로 옮겨 적으며, 그가 세계와 세계에 거주하는 인간들과 구별되는 창조자, 율법의 제작자, 그리고 구원자인 인격적 신을 긍정하는지도 그리 분명치가 않다. 종

---

[2] 본문에 언급된 것들이 존재-신학의 기획에서 낯선 것이 아니라는 사실에 주목해야 할 것이다.

종 '신'은 나를 정의로 소환하며, 심지어 후기 저술에서는 사랑으로 소환하며 문제시하는 나의 이웃의 심원한 차원을 알려주는 이름처럼 들리기도 한다.

이런 점에서, 레비나스에게는 신의 초월에 관한 논의가 맨 먼저 고찰되어야 할 주제가 아닌 것처럼 보인다. 나는 이웃과의 윤리적 관계에서의 초월의 구조에 관한 그의 분석을 검토하기 위해 레비나스에게서 신의 의미라는 난해한 물음은 제쳐두고자 한다.[3] 두 가지 이유가 이 점을 설득력 있는 움직임으로 만든다. 첫째, 타자의 초월에 대한 그의 설명이 완전히 독특한 것은 아니지만, 동일자, 즉 나 자신의 자기-초월과 타자의 초월을 연결하는 방식에서는 매우 독특하고 강력하다. 둘째, 그는 우리에게 자기의 동기에 대해 이렇게 말한다. 그 동기에 있어

이 장들에 내포된 윤리적 가치들이 근본적인 것으로 나타날 수 있다고 해도 선한 사적 행위, 공적 방침, 그리고 국가 간 평화의 구조와 규칙이 설정되어 있을 어떤 규범을 처음부터 발전시키려

---

3. 나는 다른 데서 레비나스의 신에 대한 관점을 논의한 바 있다. 다음 문헌들을 보라. "Levinas's Teleological Suspension of the Religious," *Ethics as First Philosophy*; "The Transparent Shadow," *Kierkegaard in Post/Modernity*; "Commanded Love and Divine Transcendence," *The Face of the Other and the Trace of God*; "The Trauma of Transcendence as Heteronomous Intersubjectivity," *Intersubjectivité et théologie philosophique*; "Transcendence, Heteronomy, and the Birth of the Responsible Self," *Calvin O. Schrag and the Task of Philosophy after Postmodernity*.

는 목적을 위해 윤리로 되돌아갈 필요는 없다. 여기서 주요 의도는…존재에 내재하고 서구의 철학 전통에서 가장 중요한 지식의 합리성과 관련해서 윤리를 보고자 하는 것이다"(EN xi[7], 강조는 필자).

서양 철학 전통에서는, 레비나스가 이해하는 바와 같이, 초월의 제거, 또는 그가 전형적으로 플라톤의 『소피스트』에서 도출해 낸 언어로 표현하듯이, 동일자로 타자를 환원하는 일과 관련되는 것은 무엇보다도 지식의 합리성이다. 이것은 레비나스가 윤리적 초월을 위해 인식론적 초월의 회복에 관심을 둔다는 것을 의미한다. 그는 인식론적 초월을 윤리적 초월의 전제로 보며, 그렇게 해서 후자가 전자의 텔로스가 된다. 그는 정의와 사랑과 평화를 위한 공간을 만들기 위해 지식을 부정하는 일이 필요하다는 점을 발견할 것이다. 그의 지식에 대한 비판은 칸트의 초월적 감성론과 분석론과는 다른 것이 될 것이다. 레비나스는 특히 후설과 하이데거가 발전시킨 현상학이 어떻게 우리가 지식을 가질 수 있는지를 충분히 보여주었다고 믿는다. 그의 비판은 칸트의 초월적 변증론처럼, 인식의 한계를 명확히 드러냄으로써 지식을 상대화시키고, 우리가 이해하고 파악할 수 있는 능력을 넘어서는 것과 우리에게 자기-초월을 요구하는 것을 명확히 식별히도록 설계되었다.

이 비판의 핵심 대상은 레비나스의 스승인 후설로서, 레비나스는 그의 사유를 프랑스로 도입한 인물이다. 레비나스는 후설을 철학적 지평에서 가장 뜨겁고 새로운 것으로 보는 데 그치지 않고, "철학의 특징적 전통 중 하나가 인도한 결론"(BI 100~101)으로 본다.[4] 이것은 학문과 관련해서 유럽 문명을 정의하는 전통이며, 따라서 고대[5]와 계몽주의로 이해되는 근대 사이의 연결이다. 이러한 전통에 대한 비판이 유명론과 경험론의 회의론과는 매우 다르다는 점에서, 레비나스는 '탈근대' 사상가다.

세 편의 논고 제목은 레비나스의 후설 비판의 지도를 제공한다.[6] 「지향성을 넘어서」는 후설 현상학의 핵심 개념을 지칭하고, 이로써 레비나스가 행하는 비판의 핵심적 목적도 지시하고 있다. 「제일철학으로서의 윤리학」[7]은 지향성을 넘어선다는 것이 무엇인지, 해당 문제에 있어 지향성에 앞서는 것이 무엇인지를 우리에게 말해준다. 전통적으로 우리는 인식론에 도달하기 위해 윤리학을 넘어서는데, 윤리학에 도달하기 위해 인식론을 넘어서지는 않았

---

4. 이 조금은 더 미묘한 규정이 마치 서양철학이 하나의 단일한 목소리로 말해지는 것처럼 보이는 "서구의 철학 전통"이라는 위 인용문의 포괄적 언급보다 레비나스의 관점을 더 잘 표현한다고 나는 생각한다.
5. 특히 플라톤과 아리스토텔레스를 말한다. IOF 2[14]를 보라.
6. 여기서는 『논리 연구』와 『이념들 I』을 주로 기반으로 삼아서 후설을 이해하는 레비나스를 본다. TIHP(1930)와 WEH(1940)라는 초기 작업 후에도 이런 접근은 실질적으로 변하지 않는다. 후설을 다루는 전문 학자들이 우리에게 재빠르게 상기해 주듯이, 후설의 글 전체를 보면 다른 사유의 차원이 발견될 수 있겠으나, 이는 레비나스의 관심사가 아니다. 레비나스의 이중적 과제는 이 "고전적" 후설 텍스트에서 발견되는 인식의 존재론을 해명하는 것이며, 이 후설 텍스트 안에서 발견되는 서구 전통의 주요 흐름을 설득력 있게 재구성하는 것이다. 물론 레비나스 사유의 이 두 계기가 얼마나 정확하고 명료한지는 따로 논의되어야 할 것이다.
7. LR에 수록됨.

다. 이 둘은 가장 민주적인 접속사 '그리고'로 나란히 연결된다. 이 "너머"와 "제일"은 현 상태에 대한 도전을 분명하게 시사한다. 마지막으로, 「존재론은 기초적인 것인가?」는 두 번째 요점을 부정적으로 제시한다. 윤리학이 제일철학이지 존재론은 그렇지 않으며, 이는 존재론이 지혜가 추구되는 제일의 장소일 수 없기 때문이다. 그런데 왜 존재론인가? 한 예로 왜 『전체성과 무한』의 초반부에서 레비나스는 평화의 종말론과 전쟁의 존재론을 대조하는가(TI 22[9], 그리고 42~44[41~46] 참조)?[8] 인식론을 말해야 하지 않았을까? 인식론은 인간 지식의 본질과 한계에 대한 반성이며, 이런 한계에 대한 설명으로 지식의 본질에 대한 현상학적 이론을 보완하려고 하지는 않았는가?[9]

레비나스는 그런 것을 원하지 않았다. 레비나스에게 인식론은 그저 존재론이다. 이는 후설 현상학의 영역 존재론에 관한 관심에서 비롯한 것이 아니고, 하이데거가 분명하게 보여주었고 레비나스가 확증한 것처럼 현상학이 "존재의 '의미'에 대한 학문"으로서,

---

8. 우리가 윤리학과 인식론의 대조를 기대하는 자리에서 레비나스는 인식론과 긴밀하게 연결된 존재론과 윤리학과 긴밀하게 연결된 형이상학 사이를 대조한다. 이 대조는 전체성/무한, 동일자/타자, 그리고 초월/내재를 포함한, 레비나스에게서의 많은 다른 것들과 상응한다.
9. 이는 진정 위험한 보충이다. 왜냐하면 그것은 레비나스가 후설이 완성했다고 보는 전통에 대한 직접적 도전이기 때문이다. 위험한 대리보충의 논리에 대해서는 다음 문헌을 보라. Derrida, *Of Grammatology*, 2부 2장 [데리다, 『그라마톨로지』, 355~409쪽]. 또 D. Cornell, *The Philosophy of the Limit*. 이 책에서 코넬은 데리다와 레비나스를 시간 개념을 통해서 연결한다.

"존재의 속성"을 연구하는 학문과 구별되기 때문이다(TIHP xxxii, 131 [18, 231]).

더 구체적으로, 다른 인식론적 반성처럼, 현상학은 인식 주체와 대상의 존재론이다. 인식론에서 심리학주의는 자연주의적 존재론을 전제하고 표현하고 있으며, 그 존재론은 "오로지 자연과의 의미에 대한 그릇된 해석"에 불과하다(TIHP 9 [38]). 절대적 존재가 되기 위해서는 자연적 본성이 필요하고 그것에 대한 우리의 경험은 부차적이고 주관적이어야 한다(TIHP [40]). 현상학은 그런 관계를 전복하는 한 가지 다른 존재론을 제시한다(TIHP 12~13, 93 [41~45, 173]). 후설의 존재론은 "절대적 현존을 구체적인 의식의 삶… 초재적 존재자의 현전에서의 삶으로 귀속시키는 것으로 나타난다. 이에 의식이 모든 존재의 기원이라는… 사실이 도출될 것이다"(TIHP 24 [65~66]).[10] 이는 "무와 상관적"이다(WEH 74. 또 TIHP 25, 28, 91 [65, 70, 169] 참조). 우리는 앞으로 이것이 레비나스에게 매우 중요한 요점이라는 것을 알게 될 것이다. 또 이는 자유의 모티브의 핵심이 된다.

지향성으로서 의식은 "모든 것을 조건 짓는 원초적 사건이다"(DEH 135).[11] 현상학의 과제는 (1) 절대적 현존으로서의 인식 주

---

10. 칸트의 관념론 논박의 뒤를 이어, 후설은 "외부 세계 문제"를 거절한다.
11. 신이 사물에 다른 (그리고 어쩌면 우월한) 접근을 할 수 있다고 제안하는 것은 "지향성을 의식의 삶의 어떤 특성으로 환원하는 것에 해당하며, 또는 지향성을 초월의 이념 자체를 그 자체로 가능하게 하는 초월의 최초 사건으로 해

체는 그 주체가 인식하는 세계에 관여하거나 세계의 일부가 되거나 세계에 의해 구성된다는 생각(WEH 71~72 ; DEH 106 ; TIHP 146[254])과 (2) 그 주체가 이미 형성되어 있는 대상을 다룬다는 생각(WEH 72, 74, 79, 106)에서 우리를 벗어나게 해주는 것이다. 이미 형성된 대상은 그 자체로 완전한 것으로 정의될 수 있으며, 이런 대상과 인간 지성의 관계는 우연적이고 외부적이다. 그런데 후설에게 존재자에 대한 접근에서는 "그것"과 "어떻게"가 존재 자체에 속해 있다(DEH 95, 97, 135, TIHP 32[77]).[12] 존재는 그 정의상 (물론 인간 사유 자체를 포함하여) 파악되어야 할 인간 사유에 자신을 주는 것이다.

신을 완전히 제쳐둠에도 불구하고,[13] 후설의 현상학은 존재-신학적 동작을 취한다. 존재 전체에서 핵심은 최고 존재이고, 이 최고 존재에 비추어 존재 전체를 인간 지성으로 이해할 수 있게 하는 것이 그 이론의 과제다.[14]

석하지 않는 것과 같다"(DEH 136). 또한 WEH 83 참조하라. 여기서 후설에게 "사유는 절대적 자율성이다. … 모나드는 신 자체를 그 스스로에게 책임 있는 사유를 위한 의미로 구성되도록 초대한다."

12. 후설에 대한 구체적 언급 없이, 레비나스는 이런 사유로 『존재와 달리』의 3, 4, 5장을 연다. 존재를 사유하는 것이 "존재의 나타남이 존재의 운동 자체에 속해 있고, 존재의 현상성은 존재사건적이라는 것과 존재는 의식 없이 실행될 수 없다"(OBBE 131[285], 또 61, 99, 134[136~37, 213~14, 290] 참조)는 것을 의미하므로 우리는 존재와 달리 사유해야만 한다.
13. 앞의 각주를 보라.
14. 이런 존재-신학의 이중 정립에 대해서는 나의 다음 책의 제목을 붙인 맨 첫 번째 논고를 보라. *Overcoming Onto-theology*.

이 최고 존재는 지향성으로서의 인간 의식이다. 그런데 지향성이란 무엇인가? 후설이 이 용어를 사용할 때, 이 말은 중세와 브렌타노라는 전사prehistory를 가지지만, 그것이 그런 전사와 동일한 것은 아니며, 그것으로 환원되지도 않는다. 지향성의 기초 개념은 의식이 언제나 ~에 대한 의식이라는 것이다. 지향성은 언제나 어떤 것에 관한 비-인과적 관계 속에 놓인다. 이것이 지향성의 '대상'을 향한 의식이다. 이 "대한", "관한", "향한"이라는 것이 의식을 지향성으로 정의한다. 따라서 이것은 선한 의도를 가지고서 울타리를 고치거나 지옥으로 가는 길을 닦겠다는 의지적 의미의 지향보다 더 넓은 개념이다.

(여기서 우리가 관심을 두고 있는) 지향성에 대한 레비나스의 후설 이해는 의미부여Sinngebung, 표상representation, 그리고 충전성adequation이라는 세 가지 개념을 중심으로 전개된다. 이 세 주제에 대한 레비나스의 설명은 후설의 현상학을 철저한 자유론으로 제시한다. 앞으로 살펴보겠지만, 이 자유의 이면이 내재성이기 때문에, 후설의 이론은 내재성이 초월보다 우위에 있는 것처럼 자유가 책임보다 우위에 있다고 보는 이론이다.

지향성은 Sinngebung, 곧 의미부여 또는 의미수여다. "주체성에 전적으로 이질적인" 것은 있을 수 없는데, "주체성 안에 나타나는 지향적 통일과는 다른 의미를 내포할 수 있는"(DEH 69) 초월은 없을 것이기 때문이다.[15] 이런 의미에서 의식은 의식 대상의 기원이다. 여기서 레비나스가 이해하는 후설의 견해는 다음과 같다.

자연을 포함한 모든 존재의 기원은 의식의 삶의 고유한 의미를 통해 규정되는 것이지 그 역은 아니라는 점을 보여주는 일과 존재 개념의 의미 자체로 내려가서 더 깊은 심연을 파고들어 가는 일이 필수적인 과제가 된다(TIHP 18[54]).

우리는…〔의식의 현존이〕 어떻게 지향적인 것으로 나타나는지를 보여줄 것이다. 이로써 의식이 모든 존재의 기원이며 후자는 전자의 고유한 의미를 통해 규정된다는 점이 도출될 것이다. (TIHP 25~26[66])

지각은 우리에게 존재를 준다. 존재는 지각 작용에 대해 반성함을 통해 존재하며, 이 작용과 관련해서 존재라는 개념 자체의 기원이 찾아진다. (TIHP 71[137])

자기-명증성의 빛은… 우리를 존재 기원으로 정립하는 존재와 묶어주는 유일한 끈이다. (WEH 61)

〔현상학의〕 소명은 오히려 대상이 구성되는 지향에 대상을 다시 부과함으로써 대상의 의미를 파악하고, 그리하여 정신에서, 자

---

15. 레비나스는 두 번째 구절에 인용 부호를 달았는데, 이는 아마 후설의 말이었을 것으로 추정되지만 인용문헌 서지사항은 표기된 바 없다.

기-명증성 가운데 대상을 그 기원에서부터 파악하는 데 있다. (WEH 71)

이 마지막 구절은 대상의 기원으로서의 의식과 대상을 구성하는 의식, 이 두 개념의 가상적 동의성virtual synonymity을 보여준다. 따라서

후설은 모든 대상에 관한 연구를 그것이 정립되고 그것을 구성하는 의미에 관한 기술로 되돌린다. (WEH 69)

〔자아는〕 구성되는 것이 아니라 구성하는 것이다. (WEH 76)

〔학문은〕 자기-명증성을 단념할 수 없다. 왜냐하면 학문은 근원적으로 인간이 자신의 현존을 자유롭게 구성하려는 인간의 관심에서 일어나기 때문이다. (WEH 79)

후설에 의하면, 데카르트의 『성찰』은 모나드의 투명성 안에서 그 완전성을 찾으며, 모나드 안에서 모든 현실의 의미가 구성된다. (WEH 83)

우리는 이런 기원과 구성에 대한 담론을 인과적 의미로 받아들이지 말아야 한다. 의식은 신이 그렇게 있으라고 말하는 그런

의미에서 세계를 창조하는 것이 아니다. 또는 신이 그렇게 있으라고 말하는 그런 의미에서의 자기원인도 아니다. 후설에게, "저항적이고 이질적인 대상은 정신에서 튀어나오는 것처럼 보인다. 왜냐하면 그것은 정신을 따라 이해되기 때문이다"(WEH 74). 조금 다르게 말하자면, "존재는 우리의 직관적 삶에 상관하는 것일 따름이다"(TIHP 92[171]). 사유와 존재 사이에 미리 수립된 조화는 분석적인데, 왜냐하면 존재가 단지 이해될 수 있도록 자신을 사유에게 주기 때문이다. 여기에는 수동성의 차원이 있다. 하지만 지향적 의식은 "그것이 수용하는 것의 기원이기도 하다. 그것은 언제나 능동적이다"(WEH 61). 이것은 의미부여가 "세계에 선행하기"(WEH 73) 때문이다. 분명, 세계는 주어진다. 하지만 세계는 우리가 그것을 받아들이는 방식대로만 주어질 수 있을 뿐이다. 주어지는 것은 특정한 방식으로 수용된 것이다. "모든 주어진 것, 심지어 땅, 신체, 사물까지도 의미부여의 작업 계기들이다"(DEH 102).

의미부여로서, 지향성은 마치 어떻게든 의미가 부여되어야 하는 기성 세계가 눈앞에 있다는 듯이 세계에 의미를 부여하는 활동이 아니라 세계가 우리에게 주어질 수 있게 하는 활동이다. 대부분 경우에 이것은 순전히 인지적인 활동인 것처럼 보이지만, 또한 여기에는 의지적인 요소가 있다. "그러므로 지향성은 영혼, 자발성, 의욕하기, 그리고 어떤 점에서는 그 자체로 부여된 의미, 어떤 점에서는 의욕된 것이다. 즉, 존재자나 존재의 존재가 인식에서 자신을 드러내는 방식은 의식이 이 드러남을 그 자신의 결의를 통해

'의욕하는' 방식과 일치한다.…따라서 인지적 지향은 자유로운 행위다. 영혼은 '촉발된다.' 다만 이는 수동적으로 촉발되는 것이 아니라 자신의 지향을 따라 주어진 것에 책임을 짐으로써 다시 자신을 붙잡는 데 불과하다"(BI 101). 레비나스는 이 공식을 초기 논고에서 "자아는 의식의 자유 자체이며, 자신이 담고 있는 지시이며, 이와 관련해서 자기-명증성〔'대상'의 의식으로의 직관적 현전〕은 단지 표현일 뿐이다"(WEH 76)라고 썼을 때, 이미 그 논지를 선취한 바 있다.

지향성은 또한 표상이다.[16] 이것은 외부 대상에 대한 정신적 모사를 의미하는 것이 아니라 의식을 넘어서 있는 대상(울타리 옆 나무, 숫자 2, 신, 또는 다른 그 무엇)을 그 자체로 현전하게 (그 자체 대상으로 현전하게) 하는 작용의 본성 자체를 의미한다. '표상하기'에 대한 두 가지 가상의 동의어는 '주제화'와 '객관화'다. 레비나스는 일차적으로 후설의 견해를 해명하면서 이들 동의어 중 객관화에 의존한다. 표상은 객관화하는 작용이다. 우선 이것이 의도하는 바는 표상이 의식의 작용이지 수동성이 아니라는 것이다. 이처럼 그것은 의미부여와 내밀하게 결부될 것이다. 의미부여와 표상은 두 가지로 기술되는 동일한 작용을 의미한다.

---

16. 후설에 관한 세부적 연구는 현전화, 곧 현재 (대체로) 충만하게 일어나는 작용과 어떤 과거가 다시 현재가 되는 재-현전화를 구별해야만 할 것이다. 그런데, 작금의 목적과 관련해서, 이 구별은 모호하다. 왜냐하면 두 경우에 연관된 것이 의식으로의 대상의 특정한 현전이기 때문이다. 다양한 현전 방식들의 차이는 부차적이고, '표상'은 지각, 기억, 그리고 상상으로 동일하게 지칭된다.

둘째, 우리는 객관화의 본질에 관해 물어야 한다. 물론 그것은 어떤 것이 의식되는 작용, 의식이 어떤 것을 '향해', '대해', 또는 '관하여' 있는 것이 되는 작용이다. 그런데 후설은 이를 더욱 구체화한다. 곧 객관화하는 작용은 동일화하는 작용이다.

> 후설에게 의미의 사실은 동일화의 현상, 대상이 구성되는 과정을 따라 특징지어진다. 다양성을 가로지는 동일성의 동일성은 모든 사유의 근본 사건을 나타낸다. 후설에게 사유하는 것은 동일화하는 것이다.… 의식의 지향성은 정신적 삶의 다양성을 통해 하나의 이념적 동일성이 발견될 수 있는 사실이다. 이때 다양성은 이념적 동일성의 종합을 실현하는 것에 불과하다.
> 대상, 객관화하는 작용을 정립하는 작용은 동일화의 종합이다. 이 종합을 통해서 모든 정신적 삶은 표상에 참여한다…. 후설은 종합을 따라 표상 개념 자체를 규정한다. 그러므로 표상은 행위나 느낌에 대립하는 개념이 아니다. 그것은 행위나 느낌에 앞선다. (WEH 59~60)

레비나스는 종종 후설의 표상 이론이 이론적 의식의 우위성을 가정하는 주지주의로 "오염되어" 있다고 본다(이를테면, TIHP 53, 61~63, 94, 128, 132~34[110~11, 122~26, 176, 226, 232~35]). 또 「존재론이 기초적인 것인가?」에서 레비나스는 이 오염을 극복한 일과 관련해서는 하이데거를 찬미한다. 그는 후설이 모든 "작용은 표상들이거나 표상들에 정초해 있다"(TIHP 57[115])고 한 브렌타노의 주장을 따른 대목을 인용한다.17 레비나스는 "기쁨, 의지 등의 대상이 기쁨을 주고, 의욕하게 하는 일 등에 앞서 표상되어야만 한다는 사실은 브렌타노나 후설에게서 정서적이거나 의지적인 작용에 고유한 지향성의 부정을 함축하지 않는다"(TIHP 57[116])는 점을 인정한다. 하지만 그는 이 "앞서"라는 것에 대해 염려한다. 하이데거와 더불어 레비나스는 우리가 먼저 어떤 가치-중립적 방식으로 사물을 접한 다음, 외부적이고 주관적인 방식으로 그 사물에 정서적이거나 실천적인 가치를 부여한다는 것을 부인하려고 한다.18 후설의 관점에서 이런 식의 "앞서"라는 것이 있는지는 명확하지 않다. 가치 지향이 표상을 전제하거나 표상에 "정초해 있다"고 말하는 것이 내가 배고플 때도 사과를 사과로 확인하지 않고서는 사과를 욕망할 수 없음을 의미할 필요까지는 없다. 어떤 경우건, 주지주의의 오염에 대한 우려가 레비나스의 표상에 관한 우려의 핵심은 아니다.

우리는 다음 설명에서 문제의 핵심에 더 가까워진다. "그렇다면 사유는 무의미한 것, 비이성적인 것과의 관계로 들어갈 수 없다. 후설의 관념론은 모든 대상, 동일화 작용의 축이 정신에 스며

---

17. 이것은 다음 문헌에서 재인용한 것이다. E. Husserl, *Logical Investigations*, II, 556 [에드문트 후설, 『논리 연구 2-1』, 448쪽].
18. M. Heidegger, *Being and Time*, pp. 96, 101, 121~22, 132, 141 [마르틴 하이데거, 『존재와 시간』, 1998, 100, 105, 126~27, 141, 150쪽]을 보라.

들 수 있다는 확언이다. 또는 반대로, 정신은 이해하지 않고서는 아무것도 마주할 수 없다. 존재는 결코 정신에 충격을 줄 수 없다. 왜냐하면 존재는 언제나 정신에게 의미를 지니기 때문이다. 이 충격 자체가 이해의 한 방식이다"(WEH 68).

파악할 수 없는 것은 아예 없는가? 충격은 없는가? 그런데 우리가 위에서 접했던 정신에 이질적인 것은 없다는 주장과 더불어, 이러한 주장들을 노골적으로 반증하는 경험이 있지 않은가(DEH 69, 79)? 레비나스의 후설을 그저 확인하기에 앞서, 우리는 후설의 "동일화의 종합"[19]으로서의 대상이 "주관적이거나 상호주관적인 삶의 진화를 통해 확증되거나 교차되거나 교정되는 이념적 동일성"(DEH 137)이라는 데 주목해야만 한다. 만일 나의 지향적 기대가 확증될 필요는 없지만 교정되거나 심지어 제거될 필요가 있다면, 결국 그때의 경험은 충격적일 수 있는 것처럼 보일 수 있다. 어떤 경우건, 주의 깊은 독자들은 충격을 부인한 직후 레비나스가 "충격 자체는 이해의 한 방식"이라고 말한 후설을 겨냥하고 있음을 알아차렸을 것이다. 그러므로 충격인 것도 있고 충격 아닌 것도 있다. 그런데 어떻게 레비나스는 표상을 "동일자가 타자에 의해 규정되지는 않으면서 동일자에 의해 타자가 규정되는 것"(TI 170 [252])

---

[19] 이 동일화는 심지어 "여전히 전적으로 선술어적인 감각적 경험의 차원"에서 발생한다. 객관화하는 동일화로서의 표상이 반드시 판단은 아니며, 그런 것은 오로지 특별한 사례일 뿐이라는 점에 주의하라. TIHP 89[166] 및 WEH 63을 보라.

으로 정의할 수 있었는가?

이 모든 것을 정리하기 위해 우리는 후설의 지향성 이론의 세 번째 차원으로, 그의 충전성에 대한 설명으로 (현재 목적을 위해) 눈을 돌려야 한다.[20] 진리에 관한 고전적 정의, 곧 '사물과 지성의 일치'는 공통감각의 핵심에, 그리고 진리의 본질에 관한 대응 또는 일치 이론의 핵심에 놓여 있는 것이다. 아리스토텔레스-토마스의 형식에서 이 정의는 능동 지성에서 비롯하는 비물질적 수용력을 통해서 마음속으로 형상을 비물질적으로 수용하는 것을 가리킨다. 후설에게, 이 전통은 이미 대상이 성립되어 있다고 보는 실재론을 너무 깊이 나타내고 있다. 그런데 후설은 일치adaequatio라는 말에 함축된 동등성이라는 수학적 개념으로 그것을 대체해버린다. 어떤 것은 어떤 것과 동등하거나 (수적으로) 동일하다. 아리스토텔레스와 아퀴나스에게 인식은 사물 안의 형상이 지성 안의 형상과 정확히 같아질 때 일어난다.[21]

참된 지식은 완전한 충전성을 요구한다. "'대상은 실제 "현전하거나" "주어지며", 또 그것은 지향한 대로 현전한다.' 또 어떤 부분적 지향도 명시적으로 남아 있지 않으며 여전히 충족을 결여하고 있다. 그러므로 여기서 진정한 사물과 지성의 일치가 나타난다"(TIHP

---

20. 레비나스는 특히 『논리 연구』 여섯 번째 연구 1~5장에서의 설명을 따른다.
21. 그러므로, 우리가 보아온 바와 같이, 신은 아퀴나스에게 파악할 수 없는 자로 남는다. 왜냐하면 인간 지성은, 사후적 삶에서, 신을 직접적으로 '보는' 때조차도, 신의 본질을 파악하거나 담아낼 수 없기 때문이다.

74[141~42]).[22] 이런 충전성 개념은 표상과 의미부여라는 개념과 긴밀하게 연결되어 있다. 후설의 초월적 관념론에서,

> 대상, 표상의 나타남은 언제나 의식에 비례한다. 그것은 자아와 비-자아, 동일자와 타자의 충전성이다. 일단 표상되면, 타자는 동일자와 같은 것이 된다. … 데카르트는 자아가 그 자체로 모든 사물을 설명할 수 있음을 확증할 때 이 본질적 같음을 표현한다. … 의식은 언제나 의미의 원천으로 남을 것이다. 왜냐하면 대상을 특징짓는 의미에서, 존재의 낯섦이나 존재의 이질성은 의식의 척도를 받아들이기 때문이다. … 의식의 한계를 초과하는 것은 의식에게 결코 아무것도 아니다. (DEH 127)

이 익숙한 전통에 의하면,[23] 만일 내가 고양이가 매트 위에 있다고 말하고, 고양이가 실제로 매트 위에 있다면, 나의 언명은 참이다. 나의 언명과 (또는 우리의 철학적 임무에 의존하는, 나의 문

---

22. 본문 인용은 후설의 다음 책에서 가져온 것이다. Husserl, *Logical Investigations*, II, 762 [후설, 『논리 연구 2-2』, 150쪽]. 모든 지향은 "추구되어야 하는 자기-명증성이며", 이런 이유로 "존재의 현전은 충족의 질서에 속하는 무언가를 표시한다. 존재는 그 자체로 의식에 현전하며, 간접적인 방식으로 그것을 지향하고 있었던 사유를, 또한 보지 않고서 '단지 사유하고' 있었던 그 사유를 확증한다. 진리는 사물과 지성의 일치다"(WEH 61~3).
23. 나는 이 전통을 해명함에 있어 타르스키(Tarski)의 논의를 받아들인다. "The Semantic Conception of Truth," *Readings in Philosophical Analysis*.

장이나 그것을 표현하는 명제와) 그 언명이 짚은 사실 (또는 사건) 사이에는 일치 또는 대응이 있다. 그런데 후설에게 이것은 기껏해야 부분적인 충전성이며, 또는 엄밀하게 말해서 한편에 있는 것이 곧 다른 편에 있는 그것은 아니므로 전혀 충전적이지 않다. 의미화하는 지향이나 공허한 지향은 직관적 충족을 의도하는데, 그것들은 직관적 현전을 따라 채워지고, 충족되거나 확증되기 전에 의미를 가진다(TIHP 66~67 [129~30]).[24] 나는 옆방에 냉장고가 있다고 믿을 수 있고 그 안에 맥주가 있기를 소망할 수 있는데, 심지어 내가 아직 이 방에 있고 냉장고와 맥주를 볼 수 없을 때도 그럴 수 있다. 상식적으로 나의 믿음과 소망은 내가 방에 들어가서 냉장고와 맥주를 볼 때 확증된다(또는 하이데거가 선호하는 표현으로 하자면 내가 맥주를 얻고자 냉장고를 사용하고 나의 갈증을 만족시키고자 맥주를 사용할 때 확증된다).

냉장고와 맥주 둘 다 내 시각에 (또 촉각에) '몸소' 현전하기 때문에 여기서 내 근원 지향에 대한 다소간의 충전 또는 직관적 충족이 일어난다. 하지만 그것들이 내가 지향한 대로 있는 것은 아니다. 시각이 연관되는 한에서의 표준적 예로서, 나는 각각의 전체를 사실상 무한한 관점, 측면, 양상, 또는 후설이 압샤퉁엔Abschat-

---

[24] 확실성, 진리, 그리고 인식을 총체적 현전과 긴밀하게 연결함으로써 후설은 데리다가 "현전의 형이상학"으로 의도하는 패러다임에 해당하게 된다. TIHP 83, 88[156, 165], 그리고 EN 160[236~37]을 보라. 데리다의 비판은 다음 책을 보라. *Speech and Phenomena* [『목소리와 현상』].

tungen이라고 부르는 음영으로부터 접근할 수 있는 삼차원 대상으로 지향한다. 앞을 보는 동안 나는 내가 볼 수 없는 측면, 뒷면, 아랫면, 그리고 윗면을 가능한 모든 단면과 함께 그것을 지향한다. 그러나 그중 극히 일부만이 어떤 주어진 시점에 지각적 직관에 주어진다.

내가 결코 충만한 의미로 알 수 없다는 것이 물리적 대상의 특징이다. 왜냐하면 충전성은 절대 완성되지 않기 때문이다. 충만한 현전은 절대로 성취되지 않고 나의 믿음은 "결코 총체적으로는 정당화되지 않으며", 나는 그런 믿음에 대한 확실성을 가질 수도 없다(DEH 27 ; WEH 82 ; TIHP 23 [62]).[25] 나는 건물 앞에서 건물 전체가 아니라 단지 영화 세트장 정면을 발견하고서 그 건물을 지향할 수 있다. 일상적 경험의 이 명백한 사실을 인식하는 것은 회의론자가 되는 것이 아니라(TIHP 22 [61]), 오류론자가 되는 것이다. 이것이 냉장고에 대한 나의 지향이 "주관적 또는 상호주관적 삶의 진화를 통해서 확증되거나 교차되고, 교정되는 이념적 동일성"(DEH 137)을 뜻하는 이유다. 냉장고에 대한 나의 지향은 내가 그것을 확인하러 갔을 때 확증될 수 있지만, 내가 모르는 누군가가 그것을 방에서 치웠다는 사실을 발견하면서 그 지향은 지워질 수도 있고, 냉장고가 아직 거기 있는데 그 안에 맥주가 없다는 것을 발견하면

---

25. 적어도 플라톤으로 거슬러 올라가는 특정한 철학적 이성주의의 특징인 지식과 확실성 사이의 연결은 후설에게 깨지지 않고 여전히 존속한다.

7장 레비나스 403

교정될 수도 있다. 또는 조금 다르게 말하자면, 직관이 기대에 반하여 나타날 때는 "좌절"이나 "불화"가 일어날 수 있고 – 방은 여전히 거기 있지만 냉장고가 없거나 냉장고는 여전히 거기 있지만 맥주가 없는 – 부분적 확증만이 남을 뿐이다.[26]

그래서 우리는 우리의 기대가 "좌절"되고 "교차"되거나 "교정"되어야 할 때 놀람이나 "충격"을 경험할 수 있다. "충격 자체가 이해 방식이다." 따라서 우리는 경험에서 배우고 우리의 지향을 적응시킨다. 물리적 대상들에 대한 우리의 "인식"은 그 대상들을 다루는 일상적 지각에서나 학문에서나, 적어도 플라톤 이후 철학이 열망한 인식의 엄밀한 기준을 충족시키지 못한다. 우리가 대상에 대해 얻는 "진리"는 언제나 잠정적이며, 우리가 도달한 충전성은 언제나 기대와 근사치에 머무른다. 이러한 대상은 초재transcendent이며, 이것이 초월transcendence의 전체 의미다. 왜냐하면 대상들이 "몸소"in person 현전할 때조차, 그것들은 충족하는 직관에서 주어질 것을 언제나 초과한다.

그러면 우리는 어떻게 이 주장을 이해해야 할까? "존재는 절대 마음에 충격을 줄 수 없다. 왜냐하면 존재는 언제나 마음에 대해

---

26. 레비나스는 『논리 연구』의 후설의 말을 인용한다. Husserl, *Logical Investigations*, II, p. 702 [후설, 『논리 연구 2-2』, 69쪽], "어떤 지향은 단지 그것이 더 포괄적인 지향의 한 부분이 되고, 이 더 포괄적인 지향의 보충적 부분만 충족되는 경우, 불일치의 형식 아래서 좌절하게 된다"(TIHP 74 [142]). 이것이 바로 후설이 회의론자가 아니라 오류론자인 이유다. 인식의 실패는 인식의 성공을 전제한다. 집의 외관은 그것이 집이 아니라고 해도 물리적 대상이다.

서 의미를 지니기 때문이다." 아마도 우리는 이미 우리 앞에 두 가지 단서를 가진다. "**표상되었을 때 동일자는 타자와 같아진다**"(강조는 필자). 표상 작용이나 의미부여 작용에서, 나는 대상을 내가 생각하는 바 그대로 받아들인다. 비록 내가 완전히 현실화할 수는 없지만, 나는 하나의 동등성을 가정한다. 그런데 (1) 나는 (지금까지의) 경험이 더는 이 동등성을 위반하지 않도록 항상 나의 표상을 조정할 수 있다. 모든 "충격"은 원리상 제거될 수 있다. 게다가 (2) 나는 이런 식의 대상을 바로 이런 식의 대상으로, 곧 (시간적으로) 나를 놀라게 할 수 있는 종류의 대상으로 지향한다. 그 대상들이 나를 놀라게 할 때, 그것들은 그 존재에 관해서는 아니더라도 자기들의 본질에 관한 나의 기대를 확증한다. 이런 이유로 "충격 자체가 이해 방식이다."

우리의 또 다른 단서는 다음과 같은 것이다. "존재의 낯섦이나 이질성은 의식의 척도에 달려 있다. … 의식의 한계를 초과하는 것은 의식에 대하여 절대적으로 무다." 이것은 지속적인 과정이고 교차와 교정에 종속된다. 그런데 모든 지향 작용은 초재하는 대상의 이질성을 의식의 척도 아래 포섭하고, 그것을 의미부여 작용이 받아들인 것과 동일시한다. 이 작용은 개정될 수 있다. 우리는 이 작용을 말하기 위해 철학자를 필요로 하지는 않는다. 이 특수한 식별 작용이나 의미부여 작용의 한계를 초과하는 것은 의식과 관련해서는 아무것도 아니다. 대상의 존재는 원리상 그것을 정의하는 의식을 초과하는 것과 같은 것일 수 없다. 대상의 존재는 전적으로 접근 가능한 것이다. 또한 그것은 의식의 척도로 대상의 이질성을 환원하는 것, 결코 완성되지는 않더라도 항상 계속될 수 있는 환원 이외의 다른 의미를 갖지 않는다.

만일 충전성, 확실성, 진리와 인식이 근사치적으로 얻을 수 있는 것일 뿐 감각지각에서나 감각지각을 기반으로 삼은 학문에서는 달성될 수 없는 것이라면, 우리가 다른 곳을 볼 수 있고 또 다른 곳을 보아야만 한다고 후설은 생각한다. 현상학으로서의 철학은 세계가 아니라 의식을 그 대상으로 삼는다(DEH 10). 후설은 이러한 지향을 "나는 지각한다. 나는 기억한다. 나는 상상한다. 나는 판단한다. 나는 욕망한다. 나는 원한다"와 같이 표현되는 체험 Erlebnisse이라고 부르고 체험이 주어짐으로써 일어난 반성은 물리적 대상들에 대한 지각과 극적으로 다르다고 주장한다. 반성, 또는 후설이 내재적 지각이라고 부르는 것에서, "드러나는 것과 그저 암시되는 것 사이에는 이중성이 없다. 체험은 음영지어지지 않는다.Ein Erlebnis schattet sich nicht ab."[27] 다시 말해서 체험은 한꺼번에 주어지는 것이다. 이렇게 해서 충만한 충전성이 일어난다. "반성에 대한 내재적 지각은…그 대상을 충만하게 점유하고 있다. 거기에는 선취와 주어진 것이 완전히 겹쳐 있다. 따라서 세계의 자기-명증성은 불완전하다. 곧 세계와 근본적으로 구별되어 자신을 발견

---

27. 레비나스는 후설의 다음 책에서 그의 말을 인용한다. *Ideas Pertaining to a Pure Phenomenology and to a Phenomenological Philosophy*, §34, p. 68 및 §42, p. 90 [에드문트 후설, 『순수 현상학과 현상학적 철학의 이념들 1』, 130, 151쪽].

하는 의식의 자기-명증성, 결과적으로 오직 초월적일 수 있는 의식이 우리에게 드러내는 자기-명증성만이 확실하다"(WEH 73. 또 74 참조). 다음 세 가지 주장에 주목하자. (1) 반성 안에서 총체적 충전성이 일어난다(TIHP 135 [237] 참조). (2) 그것은 오로지 여기서만 일어난다(DEH 55, 82).[28] (3) 확실성과 총체적 충전성이 합쳐진 이 인식의 대상은 세계에 속해 있는 경험적 의식이 아니라 세계의 기원인 초월적 의식이다.

후설이 이해한 것처럼, 의식의 대상이 의식을 구성하는 부분이라는 버클리의 관념론을 일관되게 거부하면서,[29] 그는 칸트의 관념론 논박과 노선을 같이한다(TIHP 125, 131 [222, 230]). 여기서 후설은 세계 내 대상들의 초재를 긍정하는데, 그것의 패러다임은 봄의 물리적 대상이다. 또한 후설은 이러한 대상의 초재를 의식의 '대상'이 충만하게 충전적인 직관 속에서 주어지는 의식의 고유한 작용인 반성의 내재성과 대조한다. 동시에 그는 이 구별을 더 일반적인 내재성을 위해 무시해버리는 경향이 있다. 레비나스가 이해한 후설의 현상학을 따르자면, 인식은 "내재성이 늘 초월을 이기는 탈은폐의 놀이다. 이는 한 번 존재가 심지어 부분적으로, 심

---

28. 이것은 충전적 자기-명증성이 수학에서 일어난다는 주장과 쉽게 조화를 이루지 못한다. 여기서 "대상은 보여진 대상으로 전적으로 점철되어 있고, 기호적 지향은 전적으로 현실화된다"(DEH 27). 하지만 이 문제는 우리가 여기서 관심을 두는 문제와는 별개의 지엽적 문제다.

29. 이 거부는 특별히 『후설 현상학에서의 직관 이론』에서 반복되는 모티브다.

지어 신비 속에서 탈은폐되면, 그것은 내재적인 것이 되기 때문이다"(EN 56[94]). 그 자체로 존재하는 것은 의식의 실질적 부분이 됨으로써 의식에 내재하는 것이 아니라 그것이 인간의 의식에서 직관적으로 현전하는 것 이외에는 다른 존재 근거를 가지지 않기 때문에 의식에 내재한다. 존재한다는 것은 부분적이건 전체적이건, 충전성에 입각해서 지각될 수 있고 존재할 수 있다는 것이다. 이런 의식 안에서의 "존재로의 극단적 접근 가능성" 안에서는 [현상에 대해] 놀람이 "잠잠해지고 만다"(BI 102). 그래서 레비나스는 이렇게 말할 수 있었다.

> 참으로, 사유는 자신에게서 나와 존재를 향해 나아가며, 이렇게 함으로써 자신의 고유한 영역chez elle에 끊임없이 머물고자 한다. … 사유는 존재 안에서 … 언제나 존재의 고유한 한계 안에서 스스로 만족하고 … 이렇게 표상된 내용은 언제나 자신과 동일하며, 따라서 내재적이다. … 존재는 사유에 내재하고 사유는 인식 안에서 자신을 초월하지 못한다. 인식이 감각적이건, 개념적이건, 심지어 순전히 상징적이건 간에, 그 어떤 관계에도 영향을 받지 않는다고 주장하는 초월적이거나 절대적인 것은 실제로 직접적으로 그 초월적이거나 절대적인 성격을 상실하지 않고서는 초월적 의미를 가질 수 없다. 인식에의 현전이라는 사실 자체는 초월과 절대성의 상실을 의미한다. 최종 분석에서, 현전은 모든 초월을 배제한다. (BI 105~06)[30]

우리는 레비나스가 후설을 서양 철학의 한 가지 지배적 전통의 정점으로 읽고 있다는 사실을 절대 잊지 말아야 한다. 적어도 플라톤 이후 이 전통은 인식을 보편적인 것 아래서 개별적인 것을 집합시키는 일로 이해했다. 후설에게 이 보편은 각 지향적 작용이 일어나는 지평이다(IOF 5[20]). 표상은 그 대상을 (개정 가능한) 기대 지평 안에 위치시킴으로써 식별해낸다. 곧 "내 그물로 잡지 못하는 물고기는 물고기가 아니다."[31] 레비나스는 후설만이 아니라 헤겔과 하이데거도 암시하는 강한 언어를 사용하여 인식을 또한 포착함으로 기술한다. 인식은 "인식되는 대상을 극복함"이다. 그것은 대상을 나의 "소유"와 "소비"를 위해 이용할 수 있게 해준다. 이해의 지평은 "개별적인 것을 친숙한 토대 위에서 파악하려고 하는 나의 자유, 힘과 소유물의 장"이다. 파악은 "존재가 이미 그 안에 동화되고 마는… 힘의 실행"이다. 이성은 힘과 지배력, "올가미에 걸려들게 하는 사냥꾼의 책략"이 된다. 이해는 "사물에 대한 투쟁이자 폭력"이다. 사물을 명명(식별)함에 있어, 파악은 "사라지지 않는… 폭력"이며, "존재자들은 나의 힘이 미치는 범위 안에 존재한다. 부분적 부정, 곧 폭력은 한 존재의 독립성을 이렇게 부인한다. 그것은

---

30. 내재성의 이 두 가지 의미에 대한 훌륭한 논의로 다음을 보라. J-L. Marion, *Being Given*, pp. 23~27.
31. 나의 스승, 존 스미스가 이 경구를 즐겨 사용했다. 나는 이 경구의 기원은 알지 못하는데, 그것은 대개 실증주의와 환원적 경험론과 관련된 형태들을 설명하기 위해 사용되었다.

내게 속해 있다." 그것은 나의 "소유"와 "향유"를 위해 존재한다.[32]

이것이 레비나스가 사유를 초월로, 곧 "내재성 안에서의 초월"(BI 112)로 기술하는 이유다. "대상의 초월은 정확히 그 대상이 지향하는 사유의 내적 의미와의 일치 안에서 존재하는 것이다.… 대상의 외재성은 대상 구성의 내면성에 부여된 절대적 존중에서 비롯한다"(WEH 86). 레비나스가 이해한 대로, 후설 현상학에서 "주체성의 승리"[33]는 초월에 대한 내재성의 승리다.

의식은 구성되는 것이 아니라 다만 우리가 이미 주목했던 방식으로 의식의 세계와 의식 자신을 구성하기 때문에 자유롭다(WEH 71~76, 79, 84~85 ; DEH 133~34). 사유는 "전적으로 그 자신에게 책임이 있는 자신의 지배자이며, 결과적으로는 자유롭다"(WEH 81). "헤겔이 '자유로 칭송하는'" 인식의 문화에서 … "문화는 사물과 인간을 정복한다. 이것이 존재의 의미이다. 후설의 저작에서와 마찬가지로, 인간 의식은 지향성을 통해 자신을 벗어나지만, 그것이 동등하게 여기고 만족하는 사유 대상cogitatum의 범

---

32. IOF 7~9 [23~27]를 보라. 『전체성과 무한』에서 나의 만족이 목적이고 그 외 다른 모든 것은 그 목적의 수단이 되는 세계-내-존재의 존재 방식인 향유에 대한 분석과 비교해 보라. 그것은 타자를 동일자로, 대상을 주체로 환원하는 근본 방식이다. 또한 EN 139, 219 [213, 317~18]. 흡수로의 인식에 대해서는 DEH 121~126 ; 소유로서의 인식에 대해서는 TIHP 69 [135], BI 102 ; 포착으로서의 인식에 대해서는, BI 103 ; EN 126, 139, 219 [192, 213, 318].

33. 이것은 1958년 포덤대학교 출판부서 출판했고, 그후 1965년 하퍼 앤 로우 출판사에서 『현상학 : 그 발생과 전망』이라는 제목으로 출간된 퀜틴 라우어(Quentin Lauer)의 후설에 관한 책의 제목이기도 하다.

위 내에 머문다. 이 문화는 충전성에 대한 사유로서, 인간의 자유가 보장되고, 그의 동일성이 확인되며, 주체는 자신의 동일성 안에서 지속되는 한편 타자는 주체를 도전하거나 동요시킬 수 없는 그런 것이다"(EN 181[266]).

―⬦―

레비나스는 인식에 대한 이런 설명을 부정하는 데 그리 큰 관심을 두지 않으며,[34] 인식을 상대화하고, 이해에 "앞서는" 것, "파악으로 환원할 수 없는" 관계에 종속되고 그 관계에서 파생하는 것에 더 관심을 둔다(IOF 5[19]. 또 TI 82~101[110~140] 참조). 그 이유는 단순하다. 그는, 이성론자, 경험론자 또는 실용주의자를 막론하고 인식의 존재론에서 출발하면 타자에 대한 또 타자를 위한 무조건적이고 무한한 책임의 윤리로 가는 길은 트이지 않는다고 주장한다. 윤리학이 제일철학이 아닌 한,[35] '윤리학'으로 포장된 것은 치명적인 타협을 겪고 부패하고 말 것이다. 그의 불만은 후설이 세계와의 또는 세계-내-행동관계의 특정한 존재 양식들을 잘못 기술한 데 있지 않고, 그 양식들을 "거의 새로운 종교"(DEH 37)로 기술한 데 있다. 후설과 후설이 정점에 서게 된 그 전통은 현전과 자기-현

---

34. 레비나스는 망각의 관점에서 후설 현상학을 해체하는 작업을 전개한다. 이때 망각되는 것은 지향 작용이 발생하는 지평에 의해 조건 지어지는 방식이다. 다만 지평은 지향 작용의 기원이 되지는 않는다. 감성과 역사가 그러한 두 가지 지평이다. 그런데 이러한 내재적 비판은 윤리를 옹호하는 비판에 비하면 부차적인 것이다.
35. 다음 글을 보라. "Ethics as First Philosophy" in LR.

전을 따라 이해되는 인식을 인간의 정신, 특히 인간의 과제 중 최고의 소명으로 다룬다 (WEH 74, 79; BI 101, 107, 112).

이 지점에서 레비나스는 『사랑의 역사』의 저자 키에르케고어처럼 우리가 우리 자신을 사랑하는 것처럼 우리 이웃을 사랑하라는 신의 명령을 발동하는 것 같다. 결국, 레비나스에게 너무나도 소중한, 고아, 과부, 그리고 이방인으로서의 이웃에 관한 이 명령과 명령의 구체화는 히브리 성서에서 찾을 수 있는 것이다. 더 나아가 탈무드 주해의 형태를 지닌 그의 "유대교" 저작은 레비나스 자신을 특수한 종교 전통에 위치시킨다. 그런데 우리 시대의 담론에 레비나스가 준 (거대하면서도 여전히 증폭하고 있는) 충격은 그의 "그리스적" 저작에서 압도적으로 도출된다. 그 저술은 레비나스가 자신을 서구 철학 전통에 자리매김하게 해준다. 레비나스의 비판은 내재적 비판, 말하자면 해체구성이다. 이는 규범적인 것으로서의 어떤 종교 텍스트나 전통에 대한 호소에서 일어나지 않는다.

레비나스는 엄밀한 학문에 관한 후설의 탐구에서, 그리고 그 모든 역사적 선구자들에게서 영원에 대한 향수를 보고, 이 향수에 대한 반응인 순수한 사유와 절대지에 대한 탐구 그 이상의 것은 있을 수 없는지를 묻고 있다(DEH 134). 그는 이렇게 묻는다. "나의 의미부여에 앞선"(TI 51 [58]) 의미 양상은 없는가?[36] 정신의 눈에 현전하는 존재하는 것의 로고스, 존재하는 것의 존재 근거를

---

36. TI 207, 293[307, 440]; GCM xi, xiii; BI 106, 111 참조.

찾아내는 존재론보다 더 근본적인 새로운 합리성은 없는가, "아니면 우리는 가장 오래된 것을 말해야 하는가?"(EN 72[116]).[37] 동일자를 타자에게 열어주는 대안적 일깨움이 로고스를 "문제 삼거나 당혹스럽게"(EN 181[266]) 할 수 있는가?

우리가 로고스 중심적 전통이라고 부르는 것에 대한 비판이 철학을 포기하라는 요구가 아니라면, 해당 전통의 현상학적 표현에 대한 비판도 현상학을 포기하라는 요구는 아니다. 왜냐하면 그것은 후설의 형식에 묶여 있는 것이 아니기 때문이다(DEH 91; EN 81[128]).[38] 레비나스는 초월을 뚜렷하게 표명하고 싶어 하는데, 후설은 이 초월에 관해 아무것도 알지 못하거나 딱히 무엇을 알려고 하지도 않는다. 그런데 이 "저편"은 "전체성과 역사, 경험 내부에 반영되어"(TI 23[10]) 있으며, 이로써 레비나스는 자신의 고유한 현상학을 요청한다. 그는 "그 모든 것에도 불구하고, 내가 시행하는 것은 현상학이다"(GCM 87)라고 주장한다.[39] 이것은 유의미한 또 하나의 사유 방식의 가능성과 또 다른 한 가지 합리성의

---

37. EN 62, 83, 164, 228[103, 130, 242, 336]; TI 88, 204~205, 252[120, 302~304, 379~380] 참조.
38. 하이데거적인 형식도 아니다. 레비나스는 하이데거가 후설의 이론적 의식의 우위성에 도전한 일을 높이 평가하지만, 여전히 그가 세계-내-존재를 탈은폐로 이해하는 한, 그는 후설의 지향성을 더 구체적인 형태로 제시할 뿐이다. IOF 및 TI 28, 45~47, 67[18, 47~51, 86]을 보라.
39. 서문과 TI 28~29[18~21] 참조. 리처드 코헨이 레비나스는 "현상학적 운동에 그 자신의 방식대로 충실하다"(DEH xi)고 할 때 이는 올바른 말을 하는 것이다.

가능성이 구체적으로는 현상학적 용어로 표현될 수 있다는 것을 의미한다.

지향성 개념이 후설 현상학에 대한 레비나스의 해명과 비판에서 핵심적이기 때문에, 그의 또 다른 현상학에 관한 탐구는 "전혀 다른 유형의 지향성"(TI 23[11])에 대한 탐구다. 이 탐구는 표상과 충전성의 문제가 아니고(EN 127[195]),[40] 또는 봄과 지향함의 문제도 아닌(GCM xiii. 또 TI 174[258] 참조), 비-객관화하는 지향성의 문제일 것이다(DEH 128). 이는 나의 활동에 앞서는 것이 무엇이 있었는지를 깨닫게 해줄 것이고(GCM xiii),[41] "맥락 없는 의미작용"(TI 23[11])의 장소가 될 것이며, 또 그것은 나의 기대 지평의 지배를 받지도 않을 것이다. 그렇다면 레비나스 자신이 때때로 하는 것처럼(TI 109[152~53]), "이해로 환원할 수 없고" 또 이해에 "앞서는"(IOF 5[19]) 윤리적 관계는 지향성과는 전혀 다른 것이라고 말해야 하지 않을까? 이는 내가 주의를 기울일 수 있는 대상, 또는 다르게 말한다면 내 주의를 끌 수 있는 어떤 것 – 또는 어떤 이로 판명될 것 – 에 관한 의식이나 자각으로서 그것이 '경험 내에서' 발생한다는 단순한 이유 때문이다. 이 경우, 우리가 보게 될 것처럼 지향적 화살은 나에게서 대상을 향해 발사되는 것이 아니라 '대상'에서부터 나를 향하는 것이다. 나는 도전을 받고, 소환되고, 문제

---

40. TI 27[16] 참조. 여기서 충전성은 비-충전성에 의해 극복된다.
41. 위의 의미에 대한 언급은 "나의 의미부여에 앞서는"이라는 말을 참조하라.

시된다. 따라서 우리는 "전도되는 것이 구성의 운동 그 자체인"(TI 129[186~87]) 객관화하는 지향성의 "전도"(TI 67[87])에 대해 말할 수 있다. 이 전도된 지향성이 윤리적 초월의 핵심이다. 소유의 지향성과는 대조적으로, 그것은 "탈취"(GCM xiv) 중 하나가 될 것이다.

같은 이유로, 레비나스는 깨어남이라고 부를 수 있는 또 다른 현상학적 환원에 대해서 말한다. 이 환원에서 "직관적 이성 … 인식의 충전성 안에 있는 이성으로서의 주체"는 자신이 "문제시된다는 것"을 발견할 것이다(EN 83~5[131~34]). 모든 것이 전도되고, 동일자가 타자에 의해 문제시될 때, 나의 의미부여 작용과 동일화 작용이 더는 이 상황을 정의하지 못할 때, 왜 우리가 환원에 대해 계속 말해야 하는가? 이는 처음에는 경험적 사실에서 본질적 경험 구조로 이행한 기술적 분석이 이제 의미가 (또한 현상학적으로 말하자면 세계가) 발생하는 극점으로 이행하기 때문이다. 이것은 타자의 초월이 나의 경험 가능성의 조건이 되는 초월적 영역이다.

잘 알려진 대로, 레비나스에게는 윤리적 관계 안에 진정한 초월이 있다. 이 초월은 "경험 속에서" 나타나며, 이때 경험은 나를 문제시하고 나에게 책임을 요구하는 타인autrui 42에 대한 것이다.

---

42. 『전체성과 무한』 번역에서, 알폰소 링기스는 autrui를 인격적 타자성을 의미하는 대문자 'Other'로, 더 포괄적인 의미인 autre를 소문자 'other'로 번역한다. 어떤 번역자는 이 점에서 링기스를 따르지만 다른 이들은 그렇게 하지 않고, (영어) 문맥을 따라 번역하거나 더 나은 방식으로는 프랑스어 텍스트를 따라 번역어를 결정한다. 나는 후자의 방식을 따르겠지만 링기스의 번역을 대체하지는 않을 것이다. [한국어판은 autrui를 타인으로 autre를 타자로 옮긴다.]

『전체성과 무한』 및 이와 연관된 논고에서, 이러한 나를 부르는 타인의 소환은 특별히 타자의 얼굴에서 발산된다. 『전체성과 무한』을 읽고 나서 미술 갤러리나 서적에 있는 초상화를 이전과 똑같은 방식으로 볼 수 있는 이는 없다. 나는 레비나스의 "이해로 환원할 수 없는"(IOF 7 [24]) 초월에 대한 설명을 타자의 얼굴에 관한 두 가지 정립과 관련해서 설명하고자 한다.

우선 얼굴은 "자신을 표현하고" 또 그런 점에서 "그 자체"καθ' αὐτό다.[43] 이 정립은 우리가 이미 경험한 다른 두 가지 정립에 대한 설명으로 받아들일 수 있다. 초월이 경험되는 전도된 지향성은 "나의 의미부여에 앞서는 의미"(TI 51 [58]. 또 207, 293 [307, 440] 참조)와 연관된다. 이 나타남에서 나의 행위성에 앞서는 행위성이 있으며, 타자는 "이 현시 자체를 이끄는 것으로"(TI 65 [83]) 현전한다. 이 장면을 촬영함에 있어, 이 교향곡을 연주함에 있어, 타자는 내가 따라야만 하는 지도 감독이다. 또는 우리가 본 바와 같이, 의미부여는 동일화로서의 표상의 이면이므로, 타자의 얼굴은 자신을 그 자체로 식별해낸다. 내가 동반할 어떤 분류 작업에 앞서서, 타자는 자신을 스스로 명명한다.[44]

---

43. 이 그리스어는 라틴어로는 그 자체로, 그 자체를 통해서, 또는 그 자체로부터를 의미하는 per se로 번역된다. 따라서 그 자체라는 말은 엄밀함, 곧 우리가 '자신을 표현하는'으로 읽어야 한다는 엄밀함을 환기한다. 하이데거에게 이것은 현상학의 본질 자체다. 그것은 "자신을 보여주고 있는 그것을, 그것이 자신을 자기 자체로부터 보여주고 있듯이 그렇게 그 자체에서부터 보이게 함"(BT 58 [57])을 의미한다.

그 자체καθ' αὐτὸ에서 비롯하는 전도된 지향성이 "맥락 없는 의미 작용"(TI 23[11])이라는 개념을 해명한다. 이것은 "선험 없는 인식"(TI 61~2[76])을 가리키는데, 후설의 맥락에서 선험은 지평이기 때문에, 그것 자체는 나의 모든 지평의 효력을 유보한다.[45] 탈은폐가 우리 지평의 기능으로 작용하는 곳에서, 탈은폐된 존재는 "우리와 관련해 있는 것이지 그 자체와 관련해 있는 것이 아니다. … 그 자체의 현현은 존재가 우리에게 스스로 말하는 데서 성립하며, 또한 우리가 존재에 대해 취할 모든 입장에서 독립한 채로 스스로를 표현하는 데서 성립한다"(TI 64~5[81~3]. 또한 74[97] 참조).

칸트에 대한 흥미로운 비틀기로서, 레비나스는 "〔나의 또는 우리의〕 주관적 지평에 근거하여 탈은폐하는 것은 이미 예지계를 상실한 것이며" 또 "반사광"에 의존하지 않는 그 자체만이 "사물 자체"(TI 67[86])를 우리에게 주는 것이 분명하다고 말한다. 다시 말해, 우리의 지평, 우리의 빛, 우리의 선험은 형식이고, 제시된 내용

---

44. 다른 사상가들의 중립적 중립성에 대해 그토록 신랄하게 불만을 토로하는 레비나스가 얼굴이 '자신을' 표현한다고 말하는 것은 언뜻 이상해 보이며, 갑자기 자신의 이름을 말하는 것으로 바꾸는 것도 언어학적으로 어색하다. 하지만 이 말의 한 가지 이점은 타자(autre)가 이런 식으로 자신을 줄 수 있는 것이 무엇을 의미하는지에 대한 물음을 끊임없이 제기한다는 것이며, 이에 대한 답은 언제나, 오직 타인, 인격적인 것, 인간 타자다. IOF 6[22]을 보라.

45. 후설보다 더 철저한 환원을 추구한 마리옹은 ― 의식의 가능한 대상의 영역을 정의하는 ― 구성하는 자아와 지향성의 지평으로 대표되는 주어짐에 대한 제한을 제거하고자 한다. 이것은 레비나스의 (1) "나의 의미부여에 앞서는" 의미 (2) "맥락 없는" 의미의 개념과 유사하다. J-L. Marion, *Reduction and Givenness*, 2장 및 204쪽 참조.

은 바로 그 형식에 들어맞아야 하며, 그 결과인 '인식'은 단지 현상일 뿐이다. 우리는 타자가 제한 없이 자신을 현전하고 확인하도록 우리의 기대 지평을 관통하여 그 자체$^{καθ' αὐτό}$를 표현해내는 경우에만 예지계, 곧 사물 자체[46]를 관통한다.[47] 레비나스가 "직접적인 것은 얼굴 대 얼굴이다"(TI 52 [59])라고 말할 때,[48] 그는 거북이가 껍질을 동반하는 것처럼, 우리가 언제나 우리의 지평을 동반한다는 것을 부인하지는 않는다. 다만 레비나스는 여기서 그 지평을 단절하고 무력화하며 지평의 매개 없이 자신을 표현하는 얼굴의 능력을 지적하고 있을 뿐이다. 나의 의미부여와 지평의 매개 없이 타자가 현전하는 그때만 비로소 타자는 몸소$^{in\ person}$ 현전한다. 여기서 의미작용은 "자신을 기호로 현시하는 것과 같지 않다. 오히려

---

46. 여기서 후설의 저 유명한 '사태 자체'는 칸트의 '사물 자체'가 된다.
47. 장-뤽 마리옹은 이것이 모든 현상에 대해서 참이므로, 주어짐 자체에 대해서도 참이라고 우리에게 말한다. "현상은 표상의 거울을 꿰뚫는 경우에만 … 그렇게 나타날 수 있다. 따라서 나타남은 나타나는 것이 그 정면에 강제로 진입하도록 요구함으로써 인식의 선험적 조건이라는 제국의 규칙을 … 스스로 제거해야만 하며 … 나타남은 그 틀을 관통하고 … 나타남의 운동은 심연을 가지지 못한 의식의 표면을 파열하는 데 이른다. … 주어진 것은 폭발시키기 때문에 노출된다." *Being Given*, p. 69. 또한 pp. 60, 117, 123, 132, 150~53, 159, 173~74 참조. 레비나스는 모든 현상이 이러한 독립성을 가지려 할지라도 타자의 얼굴만이 그렇게 할 수 있다고 답할 것 같다.
48. OBBE 90~91 [195~200] 및 LP 119 참조. "이웃은 바로 우리가 그에게 하나의 의미를 귀속시키기 전에 **직접적으로** 의미를 갖는 것이다. 그런데 의미를 가지는 것은 오직 하나의 타자로서만, 우리가 의미를 부여하기 전에 의미를 가지는 자로서만 있을 수 있다. … 직접성이란 결여가 아니라 초과, 접근의 '과잉'으로 인해 의식의 차원을 넘어서 버리는 이웃의 강박적 근접성을 의미한다."

그것은 자신을 표현하는 것, 다시 말해 자신을 인격으로 현시하는 것과 같다"(TI 262[396~97], 또 181~82[269~70] 참조).[49]

레비나스는 이를 직접적 계시라고 부른다. 지평의 탈은폐 개념과 연결하면서, 레비나스는 "절대적 경험은 탈은폐가 아니라 계시다. … 계시는 객관화하는 인식〔의〕 진정한 전도를 구성한다"(TI 65~67[83~87], 또 62, 73[77, 96] 참조)고 쓰고 있다. 비록 이 계시가 이웃의 자기-현전화이고, 일차적으로 신의 현전화는 아니지만, 계시는 디오니시오스, 아퀴나스, 그리고 바르트에게서 계시를 검토했을 때 본 것과 익숙한 구조를 가진다.

이것은 레비나스가 '교사'와 배우는 자의 산파술적 관계, 즉 절대 실제로 가르칠 수는 없지만 배우는 자가 이미 알고 있는 것을 상기하는 방식으로만 배울 수 있다고 하는 소크라테스의 상기 개념 및 그에 뒤따르는 개념을 그 자체καθ' αὐτό와 대조할 때 특히 더 명확해진다. 소크라테스적 관념은 이런 것이다. "내 안에 있는 것이 아니라면 타인으로부터 어떤 것도 받아들이지 마라. 마치 바깥에서 내게 온 것을 태곳적부터 소유하고 있었던 것처럼 하여 아무것도 받아들이지 말거나 자유하라." 레비나스는 이를 "동

---

49. 제프리 코스키(J. Kosky)는 "우리가 드러내기도 전에 자신을 표현하는 것처럼, 얼굴의 표현은 그 자체로 고유한 의미를 담고 있으며 … 그 자체로(kath auto) 현전하는 얼굴에서, 세계의 의미 바깥에서 그리고 세계의 의미 맥락에 앞서서 나타나는 그 얼굴에서, 얼굴은 자신 외에는 다른 어떤 신호도 주지 않는다. … 얼굴은 타인이 자신을 현전하는 … 계시하는 자와 계시되는 것이 일치하는 기표다." *Levinas and the Philosophy of Religion*, pp. 20~21.

일자의 우위성"이나 "동일자의 자기-충족성"(TI 43~44[44~45])이라고 부른다. 반대로 타자에게 그 자체 καθ' αὐτό가 표현됨은 "나의 능력을 넘어서 타인으로부터 받아들임은 정확히 무한의 관념을 갖는다는 것을 뜻한다. 그런데 이것은 또한 가르침을 받는다는 것을 뜻한다. … 가르침은 산파술로 환원될 수 없다. 그것은 외부에서 오는 것이며 내가 담고 있는 것보다 더 많은 것을 가져다준다"(TI 51[57]).[50] 따라서, "외재성으로의, 절대적 타자, 무한에게로의 영혼의 전환[초월]은 영혼의 동일성 자체로부터 연역할 수 없다. 왜냐하면 그것은 영혼에 상응하는 것이 아니기 때문이다"(TI 61[76]). 가르침은 "높음", "초월", "스승의 얼굴"인 "외재성의 무한"으로부터 우리에게 도래한다. 그런데, "타인의 타자성은 정복하는 것이 아니라 가르치는 스승성 속에서 현시된다. 가르침은 지배라 불리는 유의 일종이 아니고, 전체성 가운데서 행해지는 헤게모니가 아니다. 그것은 전체성이라는 폐쇄된 원을 폭파시키는 무한의 현전이다"(TI 171[253~54]).[51]

---

50. TI 171, 180, 204[253, 267~68, 302] 참조. 타자는 내가 담아낼 수 있는 나의 역량을 초과한다는 의미에서 바로 무한이다. 노먼 위어즈바(N. Wirzba)는 레비나스의 가르침이라는 주제에 관한 두 편의 섬세한 논고를 쓴 바 있다. "From maieutics to metanoia," *Man and World* 28. 또 "Teaching as propaedeutic to religion," *International Journal for Philosophy of Religion* 39.
51. "그런데 그 관계는 폭력 없이, 이 절대적 타자성과의 평화 속에서 유지된다. 타자의 '저항'은 나에게 폭력을 행사하지 않고, 부정적으로 작용하지도 않는다. 타자의 저항은 긍정적 구조, 다시 말해 윤리적 구조를 지닌다. 타자와 맺는 모든 다른 관계들 속에 전제된 타자의 최초 계시는 타자의 부정적 저항 속에서

세부적인 내용은 다르지만, 레비나스는 우리가 이미 다룬 바 있는 후설적 의미에서의 표상을 플라톤의 상기와 명시적으로 연결시킨다(TI 126~27[180~82]).

계시는 상기와는 극적으로 다르다. 그런데 그 계시는 신비를 포함한다. 이웃의 얼굴은 "이해로 환원할 수 없는"(IOF 7[24]) 타자성을 나타낸다. "타인의 현전이 지닌 파악할 수 없음이라는 본성"(TI 195)은 부분적으로 계시 안에서 나의 인식 기계와는 무관하게 그 자체가 현전한다는 사실에서 유래하는데, 이는 부분적으로는 심지어 계시 안에서 그 자체가 "이해를 범람하고"(IOF 6[21]) 신비에 머물기 때문이다. 타인의 현전은 "사유의 지향과 모순되는 것은 어떤 것도 나오지 않고, 감추기 위해 숨겨진 데서 나오는 것도 없는"[52] 인식 안에서의 존재의 현전과는 매우 다르다. "여기서 어둠 속에서 또는 과거나 미래의 존재에 대한 불응이라는, 신비 속에서 기획되고 설정된 매복의 가능성은 전혀 없다"(BI 103~104). 이 어둠과 신비에 대해서 우리는 그것을 "내 안의 현전에서 스스로 침잠해 있는"(BI 113, 강조는 필자) 것이라고 말할 수도 있고, 자신을 현전하는 형태와 동일하게 자신을 유지하지 않음으로써 자신

타자를 포착하는 데서는 성립하지 않으며, 계략을 통해 타자를 꾀어내는 데서도 성립하지 않는다. 나는 얼굴 없는 신과 싸우지 않고, 타자의 표현과 계시에 응답한다"(TI 197[291]).

52. 위에서 언급한 바와 같이, 이 숨겨진 자리까지 가는 데 시간이 걸릴 수 있다는 사실이 레비나스에게 그 장소의 성격을 바꾸지는 않는다. 원리상 숨겨진 것은 아무것도 없다.

을 숨기는 것이라고 말할 수도 있다(TI 192[282]).

그러나 이보다 더 자주 레비나스는 "유한 안에서의 무한의 범람"(BI 113)에 대해, 또 사유가 "담아"낼 수 있는 것 너머의 "과잉"(GCM xiii)에 대해 말할 것이다.[53] 그러므로 우리는 "아우를 수 없는 것"(BI 113), "담아낼 수 없는 것"(EN 90[140]), "견딜 수 없는 눈부심"(EN 200[327]),[54] "놀라움의 트라우마"(TI 73[91])를 다룬다.[55]

여기서 다시 우리는 스피노자와 헤겔에게서는 뚜렷하게 부재하고 인식론적 초월의 신학자들, 곧 아우구스티누스, 디오니시오스, 아퀴나스와 바르트에게서는 밀접하게 얽혀 있는 두 가지 주제, 신비와 계시의 융합을 마주한다. 우리는 레비나스의 첫째 논지를 따라 얼굴인 타자가 어떻게 직접적으로, 몸소 그 자체 καθ' αὑτό 자신을 현전할 수 있고, 이 계시 안에서 수용자가 담아낼 수 있는 바를 범람함으로써 자신을 억제하고 숨기는 일이 또 어떻게 일어나는지 물을 수 있다. 그 답은 두 번째 논지에서 발견된다. 그 자신을 현시하는 것이 계시라고 우리에게 말한 다음에 레비나스는 또 이렇게 말한다. "얼굴이 말한다. 얼굴의 현시는 이미 대화다. … 이 현

---

53. 『전체성과 무한』에서 범람의 은유에 관해서는 TI, 25, 28, 49, 195[14, 19, 54, 288].
54. 견딜 수 없는 눈부심은 마리옹의 포화된 현상의 중요한 특색이다. "The Saturated Phenomenon," *Phenomenology and the "Theological Turn."*
55. 트라우마의 언어는 『존재와 달리 또는 존재성을 넘어』에서 끊임없이 두드러지는 것이다. 각주 3에 인용된 나의 다음 논고를 보라. "The Trauma of Transcendence as Heteronomous Intersubjectivity." 또한 다음 논고를 보라. R. Bernet, "The Traumatized Subject," *Research in Phenomenology*, XXX.

전이 … 말해진다"(TI 66[84]), 얼굴은 외관이 아니다. 얼굴이 자신을 계시하므로, "그 계시는 말이다"(TI 193[284]).

윤리적 타자성으로서의 레비나스의 초월철학은 가장 근본적으로 언어철학이다. 레비나스가 동일자로 타자를 환원하는 것, 곧 존재론이라고 부르는 인식에 대한 지배적 은유인 봄은 목소리의 지배를 받는다.[56] 이 맥락에서 그는 종종 대화에 관해 이야기할 것이며, 이는 특정한 상호성을 암시한다. 그런데 담화나 대화로서의 언어는 단순한 정보 교환, 협상, 사회적 오락이 아니다. 그것은 레비나스의 타자성에 대한 설명에서 핵심이자 장애물이기도 한 비대칭성을 구체화한다. 이는 역사 저편에서 들려오지만, 경험 속에서 들려오는 그 목소리가 "자신들의 재판에서 답변하도록 소환되는" 그 자신을 발견하도록 "그 존재들이 책임으로 충만하기를 요구하기"(TI 23[10~11]) 때문이다. 나는 나의 본성적 에고이즘을 포기할 수 없지만 "자신이 대화 속에 있다는 그 사실 자체는, 이러한 에고이즘에 대한 하나의 권리를 타인에게서 인식하는 것으로 나타난다"(TI 40[38]).[57] 윤리는 단순히 "타인의 현전으로 나의 자발성을 문제시하는 부름"(TI 43[43])이다.[58] 이 에고이즘, 곧 『존재

---

56. 레비나스가 주장하기를, 절대적 타자성은 엄밀하게 말해서 보이지 않는 것이다. TI 33~35[26~30]를 보라. 또 65, 74~75[82, 98~100] 참조.
57. 여기에는 나의 권리에 대한 언급에 현격히 부재한다. 그것은 윤리적 관계에 관한 것이 아니다.
58. TI 171~72 및 75~76[253~56, 99~101] 참조. TI 75~76[100]에서 레비나스는 이렇게 적고 있다. "타인의 현전은 세계에 대한 나의 즐거운 소유를 의문시하는

와 달리』에서는 존재보존욕구conatus essendi라고 부를 이 자발성을, 그는 "동일자에 상응하는 것이면서 오직 타인의 부름에 의해서만 절대적 타자를 향하게 되는 원초적 영역"(TI 61 [87], 강조는 필자)이라고 부른다.59

내가 소환되고, 문제시되고, 심지어 비난을 받게 되는 이 대화 속에 상호성이 있다면, 이는 대화가 "타자성과 맺는 비알레르기적 관계"(TI 47)일 수 있기 때문이다. 타인을 맞아들임은 나의 자유를 문제시하는 것이다"(TI 85 [116]). 계시 관념과 이 맞아들임을 연결하는 한 구절에서 레비나스는 이렇게 쓴다.

> 대화 속에서 타인에게 접근하는 것은 그의 표현을 기꺼이 맞아들이는 것이다. 이 표현 안에서 타인은 사유가 그 표현에서 간취해 낸 관념에 [담기지 않아] 매순간 흘러넘치고 만다. 그러므로 이것은 나의 능력을 넘어서 타인으로부터 받아들임이다. … 그런데 이것은 또 가르침을 받는다는 것을 의미한다. 타인과의 관계, 또는 대화는 비-알레르기적 관계, 윤리적 관계이며, 맞아들임인 한에서 이 대화는 가르침이다. (TI 51 [57])

레비나스는 이 가르침이 "산파술로 환원할 수 없는" 것이라고

것과 같다."
59. 우리는 이미 다음 문장을 마주한 바 있다. "계시는 객관화하는 인식[의] 진정한 전도를 구성한다."

주장함으로써 논의를 이어간다. 그는 이런 상황의 인식론적 측면이 그 텔로스인 윤리적 관계를 무색하게 하지 않을지를 염려하는 듯, 다음과 같은 말을 덧붙인다. "결국, 무한의 관념을 범람하는 무한은 우리 속에 있는 자발적 자유를 문제 삼는다. 무한은 자유에 명령하고, 자유를 심판하며, 자유를 무한의 진리로 이끈다"(TI, 51[58]).[60]

이 진리는 이성의 진리가 아니다. 이성, 적어도 존재론을 야기하고, 후설의 지향성 이론에서 심원하게 요약된 전통을 야기하는 이성, 곧 "일인칭으로 말하는 이성은 타자에게 말을 건네지 않고, 독백을 수행한다"(TI 72[95]).[61] 이는 주체-대상 관계만을 인식하고 타자를 대상으로 환원하기 때문에 독백이다. '대상'은 여기서 무생물적인 어떤 것이라는 의미에서의 '사물'을 뜻하지 않는다. 이성은 타자가 인격이라는 것을 알지만, 타자를 그 자신의 지평과 그 지평 안에서 일어나는 의미부여를 통해 '그것'으로 만듦으로써 이 인격을 훼손한다. "타자로서의 타자가 타인이다. '그를 존재하게 하기' 위해서는 대화의 관계가 요구된다. 순수한 '탈은폐'는 타자로서의 타인을 하나의 주제〔지향적 대상〕로 내세우는데, 이러한 탈은폐는 그를 존재하게 할 만큼 충분히 그를 존중하지 않는다. 우리는 대화 속

---

60. 적절하게도, 다음 단락에서 레비나스는 "나의 의미부여에 앞선 의미"라는 개념을 도입한다.
61. 여기서 레비나스는 대화적 이성의 가능성에 관한 물음을 제기하는 가다머, 하버마스, 그리고 로티에 합류한다.

에서의 이 얼굴 대 얼굴의 접근을 정의라고 부른다. 만일 진리가 존재가 자신의 고유한 빛을 비추는 절대적 경험 속에서 출현하는 것이라면, 그 진리는 오직 진실한 대화 속에서만 또는 정의 속에서만 생산된다"(TI 71 [92]).[62] 이것이 바로 『전체성과 무한』의 1부 C절, "진리와 정의"에서 레비나스가 "진리는 정의를 전제한다"(TI 90 [123])고 하며, "스스로 수치스러워할 수 있는 자유가 진리를 발견한다"(TI 83 [113])고 한 이유다.

정의에 대한 이러한 언급은 구체적인 경제적 의미를 지닌다. 레비나스는 얼굴을 가진 타자가 이웃일 뿐만 아니라 고아, 과부, 그리고 이방인이라는 점을 계속해서 식별해낸다. 그는 얼굴의 헐벗음을 강조하며 이 개념의 의미 중 일부가 매우 문자적이라는 점도 확인시켜준다. "그 얼굴의 벌거벗음은 추위를 타며 그 벌거벗음을 수치스러워하는 몸의 벌거벗음으로 연장된다. 이 세계에서의 존재 그 자체$^{καθ'}$ ^{αὐτό}는 비참함이다. … 애원하고 요구하는 것, 요구하기 때문에만 애원할 수 있는, 모든 것을 빼앗긴 이 시선 … 이 시선은 바로 얼굴로서의 얼굴의 에피파니다. 얼굴의 벌거벗음은 궁핍이다. 타인을 알아보는 것, 그것은 배고픔을 알아보는 것이다"(TI 75 [100]).

이 궁핍에 대한 적절한 응답은 주는 것이다. 레비나스는 관계

---

62. 나는 위에서 논의한 바와 같이 다른 모든 '지식'은 단지 현상적이고 윤리적인 관계만이 사태 자체와 접촉하게 한다는 의미를 강조하고자 오직에 강조 표시를 더했다.

의 비대칭성을 강조하지만, 공감이 주는 자의 우월성을 표현한다고 한, 니체가 비판하는 그런 의미에서 비대칭성을 강조하는 것이 아니다. "알아보는 것은 주는 것이다. 그러나 이 줌은 스승에게, 주인에게, 높이의 차원에서 '당신'Thou으로 접근하는 이에게 주는 것이다." 다만 이때 레비나스는 경제적 쟁점으로 되돌아온다. 요구되는 관대함은 "양도할 수 없는 소유권의 폐지"(TI 75[100])인 선물이다.

우리는 이 구절에서 또 다른 중요한 요점을 간과하지 말아야 한다. 레비나스가 "얼굴이 말한다"고 할 때, 그는 이를 그저 말이 입에서 나온다는 것을 뜻하지 않는다. 여기서 "애원하고 요구하는" 것은 시선 자체다.[63] 시선은 그 고유한 목소리를 가진다. 아니, 시선은 그 고유한 목소리를 가진다고 하는 편이 더 낫겠다. 시선은 어떤 말도 발화하지 않으면서 언어 행위를 수행한다.[64] 이런 일이 어떻게 가능한가? 이는 시선이 더욱 문자적인 언어 행위와 같은 이중 구조를 가지기 때문이다. 첫째, 그것은 의미의 화살이 나에게서 나오기보다 나를 향해 오는 전도된 지향성을 나타내며, 둘째, 그렇게 건네진 말에서 나는 정의의 관점에서 의문시된 나의 자유, 피고석에 앉게 된 나 자신을 발견한다.

---

63. TI 262[397] 참조. "모든 신체는 얼굴처럼 표현할 수 있다. 이를테면 손이나 어깨의 구부러짐이 그렇다."
64. 시편 19편 1~4절 참조. 하늘은 하느님의 영광을 말하고…/말도 없고 이야기도 없으며/목소리조차 들리지 않지만,/그 소리 온누리에 퍼져 나가고/그 말은 세상 끝까지 번져 나가네.[여기서는 가톨릭에서 사용하는 전례 시편을 참조했다.]

나는 이와 관련해서 사르트르가 포크너의 『8월의 빛』을 인용한 구절이 여기서 레비나스가 의도한 바를 가장 잘 보여주고 있다고 생각한다.

> 그러나 바닥 위의 그 남자는 움직이지 않았다. 그는 거기에 눈을 뜬 채로 누워 있었다. 의식만 있고 다른 모든 것은 나가버린 눈이었다.… 한참 동안 그는 평온한 눈빛으로 이해할 수 없는 눈빛으로, 견딜 수 없는 눈빛으로 사람들을 올려다보고 있었다. 이윽고 그의 얼굴도 육체도 모든 것이 무너져 내리는 듯 보였다. 그리고 그의 엉덩이와 허리 부근의 찢어진 옷 사이로 괴어 있던 검은 피가 숨을 내쉬듯 쏟아져 나왔다. 그 피는 솟아오르는 로켓의 불똥처럼… 뿜어져 나왔고, 이 사나이는 로켓의 그 검은 불꽃 위에서 사람들의 기억 속으로 영원토록 솟구쳐 오르는 것 같았다. 그들은 이때를 결코 잊지 못할 것이다. 아무리 평화로운 골짜기에서 살게 된다 해도, 조용하고 평온한 냇가에서 노년을 보낸다 해도, 어린아이들의 얼굴을 볼 때마다 거울을 보듯 그 얼굴에서 옛 재앙과 새로운 희망이 비치고 있음을 볼 것이다. 그 기억은 늘 거기에 있을 것이다. 생각에 잠기듯 조용히, 한결같이, 퇴색하지도 않고 특별히 위협하지도 않겠지만, 저 홀로 고요히, 저 홀로 승리했다는 듯이 그곳에 있을 것이다.[65]

---

65. Sartre, *Being and Nothingness*, p. 406 (Washington Square Press 무선판에

그런데 이런 요구는 무엇을 말하는가? 달리 말하면 얼굴이 말하는 것은 무엇인가? 레비나스는 윤리적 관계의 초월에 관심을 두지만, 이 요구를 도덕적 관례나 윤리적 규범 체계로 설명하는 일에는 관심을 두지 않는다. 따라서 그는 얼굴이 말하는 것에 대해 알지 못한다. 하지만 전적으로 침묵하지도 않는다. 나는 그리스도교의 삼위일체처럼, 상호 내주함, 곧 페리코레시스적 관계를 갖는 세 가지 공식을 발견했다. 각 공식은 다른 두 공식을 따라 해명된다. 가장 친숙한 것은 "너는 살해하지 말지니라"(TI, 199, 216, 303 [294, 322, 458])이다.[66] 다른 두 가지는 "너는 태양 아래의 나의 자리를 빼앗지 말지니라"[67] 그리고 "너는 나를 혼자 죽게 두지 말라"[68]이다.

비록 여기에서 인격적 창조주가 나오지는 않지만, 이 요구들에는 '우주론적' 초월에 대한 암시가 있다. 왜냐하면 타자는 역사 너머에서 나에게 말을 건네기 때문이다. 또는 후기 레비나스가 말하듯이, 결코 현전한 적 없는 기억할 수 없는 과거에서 내게 말을 건

서는 p. 526). 인용된 작품의 영어는 포크너의 것이 원문이고 볼드체는 사르트르의 번역이다. 시선에 대한 사르트르의 분석에 우리는 레비나스에게 너무나도 중요한 전도된 지향성의 패러다임이 있음이 명확하게 보인다. 다만 사르트르가 이러한 타자성에 대한 알레르기적 반응만을 인식하는 반면, 레비나스는 환영과 관대함의 가능성에 대해 이야기한다.

66. 『전체성과 무한』 171 [253]에서 레비나스는 "살해의 윤리저 불가능성"에 관해 말한다. 262[397]에서는 타자를 "살해에 대한 무한한 저항으로", 또 마치 포크너의 이야기를 언급하는 것처럼 "무방비 상태의 이 눈의 힘겨운 저항 속에서, 가장 부드럽게 또 가장 노출된 것"으로 지칭한다.
67. DEL 24; EN 131 [200]; EFP 82, 85를 보라.
68. DEL 24; EN 130, 169 [199, 250]; BI 112를 보라.

네기 때문이다. 말해진 것은 언제나 이미 말해져 온 것이다(OBBE 35~37[81~86]). 여기서, 나는 나의 영원성에 대한 노스탤지어를 충족시킬 수도 있을 것이다.

바로 이런 이유로 (셋이 하나인) 이 주장에는 인식론적 초월이 있으며, 그 원천인 타자는 계시를 통해서만 신비로서 현전한다. 이 타자성을 맞이하는 것은 내가 통제하지도 못하고, 할 수도 없고, 그렇게 해서도 안 되는 것에 나 자신을 열어 놓고자 나 자신의 인지적 활동을 유보하는 것이며, 동시에 나의 인지 능력을 그 자체로 압도하고 억제하는 현전을 인정하는 것이다.

그런데 계시와 신비에 나 자신을 여는 일과 관련하는 이 인식의 자기-초월은 그 가장 깊은 현실성에서 윤리적 초월에 복무한다. 이는 내가 타자를 전적 타자로 경험하는 나의 자유에 대한 요구로 존재한다. 왜냐하면 이 요구는 나의 순수 실천이성, 또는 일반의지, 아니면 명시적이건 암묵적이건 계약적 합의의 산물이 아니기 때문이다. 윤리적 관계에서 비롯된 자기-초월을 레비나스는 맞아들임과 관대함이라고 부른다.

나중에 그는 이를 대신함[대속]이라고 부를 것이다. 나는 이 『전체성과 무한』에 해당하는 '초기' 레비나스의 설명에 나 자신을 제한했으며, 후기 저술들 중 나중에 가면 그 쓸모가 크지 않을 것 같은 글들만 인용했다. 『존재와 달리』에는 새로운 주제들과 그 주제를 둘러싼 글이 있다. 따라서 대신함[대속]이라는 주제와 이 주제를 둘러싼 개념에서 레비나스는 책임에 관한 더 급진적인(나는 지금까지 이 용어를 교묘하게 피해 왔다) 설명을 제시한다. 이러한 책임 아래서 나는 타자의 요구를 따라 나 자신을 발견하고, 또한 그 요구에 대한 환영과 관대함의 응답에 연루되어 있는 나 자신을 발견한다(OBBE 4장[213~83]). 후기 저술에는 시간에 관한 통시적 이해가 나오는데, 이 이해를 따르면 기억할 수 없고 돌이킬 수 없는 과거라는 것이 있고, 이 과거로부터 나는 어떤 약속을 하기도 전에 의무를 져야 한다. 더 나아가 이 이해는 윤리적 초월의 경험에서 현전과 부재의 변증법을 조명한다. 협상하거나 협박하거나 심지어 죽이기 위해서 책임으로 나를 부르는 이에게는 내가 다가설 수 없다.[69] 그리고 말함과 말해진 것의 구별은 나의 자유에 의문을 제기하는 것이 말함이라는 행위의 명제적 내용이 아니라 말한다는 단순한 사실이라는 것을 분명히 할 뿐이다. 이러한 생각은 레비나스의 분석을 풍부하게 하지만, 본질적으로 다른 구조를 부여하지는 않는다. 타자의 요구가 더 충격적으로 다가오고 경험적 결핍 속에서 타자의 본질적인 초경험적 성격이 더 강하게 강조될 수는 있지만, 윤리적 초월이 나에게 무조건적 요구를 함으로써 나의 자유에 의문을 제기하는 타자의 신비한 자기 계시에서 발생한다는 기본 생각은 동일하게 유지된다.

그런데 만일 타자가 신이라면 어떻게 될까?

---

69. 예를 들어 OBBE 9~10, 30~38, 86, 101 [29~32, 72~89, 187, 217~18] 및 EN 232~33[343~45]을 보라.

8장

키에르케고어

존재-신학을 넘어 신에 대한 사랑으로

우리가 보았듯이, 레비나스에게는 우주론적 초월에 대한 아주 미미한 암시만 있을 뿐이다. 초점은 인식론적 초월과 윤리적 초월에 전적으로 맞춰져 있으며, 논지는 다음과 같이 매우 분명하다. 초월은 근본적으로 윤리적 문제이거나 인격적 문제이며 인식의 초월은 그 필요조건이다. 이해를 초월하는 것만이 나의 자유를 문제시하기에 충분할 정도의 타자성을 지닌다. 내가 더는 의미부여자가 아니게 되는 전도된 지향성을 제정함으로써 이제 지향성을 넘어서는 것만이 나에게 책임을 물을 수 있게 된다. 나의 봄을 벗어나거나, 어쩌면 나의 시선을 ("얼굴이 말하는") 들음으로 변경하는 목소리만이 초월이라는 칭호에 걸맞은 높이를 차지한다.

인간 타자, 고아, 과부, 그리고 이방인은 나의 지평에 구속되지 않고 내게 말을 건넨다. 그들은 방해하고 침투한다. 신은 이 장면에서 독립적인 행위자로 나타나지 않으며, 이것이 우주론적 초월이 레이더 화면에 매우 드물게 흔적을 남기는 이유다. 그러므로 자신의 사상 전반에 걸쳐 초월의 문제에 초점을 맞추었다고 해도 좋을 레비나스의 탐구는 신의 초월에 대한 현재 우리의 탐구에는 직접적인 도움을 주지 못한다. 초월에 대한 그의 설명력과 이 설명과 윤리적 책임의 자기-초월과의 연결을 고려할 때, 이는 유감스러운 일이다. 그런데 우리가 레비나스가 했던 것처럼 이웃을 신으로 대체하는 대신, 그가 뒤집은 것을 다시 뒤집어서 신을 높은 데서 우리에게 말을 건네는 목소리로 간주할 수도 있을 것이다. 이때 이러한 레비나스에 대한 전도가 대체 어떤 것인지를 묻는다면, 우리는 레비나스가 우리의 논의에 적지 않은 도움을 준다는 것을 알게 될 것이다. 이 장에서 나의 논지는 바로 그러한 초월을 키에르케고어로부터 발견할 수 있다는 것이며,[1] 레비나스의 윤리적 초월에 대한 설명이 키에르케고어의 종교적 초월에 대한 설명[2]을 독해하기 위한 훌륭한 교수법을 제공한다는 것이다. 이는 그 둘이 동일한 구조를 갖추고 있기 때문이다.

우주론적 초월에 대한 논의는 너무 쉽게 (반드시 그렇지는 않지만)[3] 신학적 사고에 도움이 되는 추상적이고 형이상학적인 범주

---

1. 돌이켜보면, 우리는 스피노자와 헤겔이 '계시'에 대한 설명에서 사제한 것, 그리고 아우구스티누스, 위-디오니시오스, 아퀴나스, 그리고 바르트가 자신들의 설명에 포함한 것이 바로 말건넴이라는 점을 알 수 있다.
2. "키에르케고어의 기록"이란 그가 때로는 가명으로, 때로는 자신의 이름을 써서 — 우리가 고찰할 수 있도록 — 제시한 그의 기록 전체를 의미한다. 그의 바람을 따라 나는 가명 저작을 가명 저자들의 것으로 귀속시킬 것이다.

에서 일어난다. 윤리적 초월과 종교적 초월 담론은 불가피하게 인격에 관한 담론이며, 그 자체로 존재-신학적 놀이와 몸짓에 저항한다. 그 매개적 연결고리는 인식론적 초월이다. 그것은 유한과 무한, 능력과 무능력, 억제와 초과 같은 추상적이고 비인격적인 범주로 표현될 수 있다. 하지만 그 초월이 신비를 넘어 계시로 이행하거나, 본질적으로 신비를 계시와 연결하는 순간(신만이 신을 알고, 신에 대한 우리의 인식은 신이 우리에게 말하는 바에 달려 있으므로), (플로티노스 같은) 신비에 대한 범신론적 학설은 결정적으로 우리의 신 인식에 대한 본질적인 상호인격적 설명 배후에 놓인다. 계시는 비대칭적 나-너 관계다. 이 너는 나에 우선하는 자다. 이것은 상호인격적인 종교적 초월의 문을 열고, 이 초월 안에서 탈은폐와 은폐의 변증법을 안고 있는 인지적 차원이 순종, 신뢰, 예배와 교제에서 목적론적으로 유보된다.

―◇―

『공포와 전율』에서 요하네스 드 실렌티오는 종교적 관계를 신앙으로 제시한다. 다시 말해, 신앙은 신의 초월에 직면한 자기-초월의 이름이다. 처음에는 신앙을 지식과 첨예하게 구별하는데, 적

---

3. 유신론의 맥락에서, 우주론적 초월은 인격적 창조자와 관련하는 것으로 이해되며, 인과적이고 우주적인 차원은 그 목적을 연합과 언약에서 발견한다. 여기서 비인격적인 것은 인격적인 것 안에 지양되고 존재-신학적 기획은 무의미한 것으로 흐릿해져 버린다. 창조의 긍정은 충분근거율을 따라 세계를 이해할 수 있는 것이 되도록 만드는 시도가 아니라 예배하는 자를 식별하는 것이다. "하늘과 땅을 만드신 분, 야훼의 이름밖에는 우리의 도움이 없구나"(시편 124 : 8).

어도 자신의 문화에서 가장 좋고 가장 빛나서 가장 뛰어나다고 생각되는 지식, 즉 체계 또는 학문이라고 불리는 사변철학으로부터 그것을 구별한다(FT 5~8[11~17]). 그가 후자에 대해 보여주는 풍자적 무례함만 빼고 보자면, 그는 플라톤의 선분, 곧 독사doxa(억견)의 두 형태인 피스티스pisits(믿음)와 에이카시아eikasia(상상)라는 선분의 하단과 상단의 참된 지식(노에시스noesis, 에피스테메episteme)을 대조한다. 요하네스 드 실렌티오는 심지어 이 도식과 관련해서 헤겔이 고안한 바를 암시하는데, 여기에 따르면 철학은 지성의 열등한 형식(표상들Vorstellungen)을 이성의 우월한 형식(개념들Begriffe)으로 번역하는 일로 구성된다(FT 7[14~15]). 그런데 그는 헤겔 철학의 핵심에서 발견되는 관념을 풍자하기 위해서만 그렇게 한다. 여기서 헤겔 철학의 핵심이란 모든 사람에게 이미 신앙이 있으므로, 신앙을 넘어 지식으로 이행하는 일을 과제로 삼음을 뜻한다. 신앙은 일생의 과제다. 『공포와 전율』의 서언에서 이 일은 바로 이런 점에서 의심과 관련하는데, 이 의심은 데카르트의 실험적 의심이 아니라 고대 회의론자들(우리는 여기에 불교도들을 포함시킬 수 있다)의 의심이다. 아브라함이 이삭을 희생제물로 바치는 (또 바칠 뻔한) 이야기(창세기 22장)를 들려주는 책을 갈무리하는 에필로그에서 실렌티오는 신앙이 생애의 과제이며, 이때 생애는 사랑에 비견된다는 점을 반복해서 말한다(FT 121~23[223~28]). 따라서 인간 인식의 가장 낮고 공통적인 차원에 있는 것과는 거리가 멀고, 지식이 되려고 하지만 결코 그렇게 될 수 없는 신앙은 드문 것인 만큼 난해하고 탁월한 어떤 것 중 하나라고 실렌티오는 말한다. 이것이 다시 풀어낸 아브라함 이야기의 핵심 요점이다. 만일 아브라함이 신앙의 패러다임이라면, 누가 감히 그 패러다임을 이루었다고, 또는 그것을 통과했다고 주장하겠느냐는 것이 문제다.

실렌티오의 목적은 신앙과 이성에 대한 논의를 플라톤의 선분 모형에 오래도록 구금된 상태에서 구해내는 것이다. 그는 이 모형의 두 가지 가정에 도전한다. 첫째, 인간의 최고 과제는 동굴 바깥에서 햇살 가득한 날에 진리를 아무 제약 없이 응시하는 것, 곧 순수한 통찰로서의 지식과 이 지식의 충만한 현전이다. 둘째, 순전한 믿음pistis[4]은 당신이 당신 자신을 그러한 지고함으로 끌어올리기에 충분치 않을 때 그저 받아들여야만 하는 것과 같은 것이다. 그래서 실렌티오에게 플라톤적 모형의 현재 형태인 헤겔은 "종교는 모든 이를 위한 것이다. 그것은 철학이 아닌데, 철학은 모든 사람을 위한 것이 아니다."[5]

플라톤의 믿음pistis과 억견doxa, 그리고 헤겔의 표상Vorstel-

---

4. 덴마크어 트로(Tro)와 독일어 글라우베(Glaube)는 그리스어 피스티스(pistis)가 가진 애매성을 똑같이 안고 있으며, 일상적인 다양한 형태의 믿음이라는 의미와 종교적 신앙을 모두 의미할 수 있다.
5. Hegel, *Lectures on the Philosophy of Religion*, I, 180. 또 III, 283 참조. 여기서 헤겔은 "종교에서, 그 관념의 내용은 감각 경험이나 지성에 접근할 수 있는 형식으로 나타난다. 왜냐하면 종교는 모든 이를 위한 진리이기 때문이다. … 종교에서 진리는 진리의 내용이 연관되는 한 계시되어 왔다. 하지만 이 내용이 개념, 사유, 사변적 형식 안에서의 개념의 **형태**로 현전하게 되는 것은 또 다른 문제다."

lungen과 지성Verstand처럼, 실렌티오의 신앙은 사변철학이 열망하는 것(인식, 추론, 학, 체계)이라는 의미에서의 지식이 아니다. 성서의 언어로 이와 같은 것을 말하자면, 신앙은 봄이 아니다. (1) 철학의 자존심인 순수하고 총체적인 현전으로서의 봄 안에서 지양Aufhebung으로부터 신앙을 구출하기 위해, 또 (2) 신앙의 '대상'을 위해 계시의 신비와 (행위자이자 주제인) 주체의 지위를 유지하기 위해, 이삭을 희생제물로 바치는(바칠 뻔한) 아브라함에 대한 실렌티오의 이해는 신앙과 지식 사이에 고착된 격차를 다섯 가지 방식으로 강조한다.

첫째, 아브라함의 믿음은 '두려운 신비'와의 만남이다.6 신비mysterium인 신은 확실히 우리의 개념적 파악을 벗어나지만,7 특별히 두려운tremendum이라는 수식어로 그 의미를 나타내게 된다. 그래서 실렌티오는 무서운 것에 대한 두려움dreadfulness(FT 78, 114[145, 210])을 동반하는 만남의 무서움terror과 그 무서움의 본질

---

6. 루돌프 오토가 성스러움의 "비-이성적" 차원을 나타내기 위해 이 말을 사용한 것이라는 점이 상기되어야 할 것이다. *The Idea of the Holy*, 4장[『성스러움의 의미』, 47~74쪽]. 그는 그것을 궁극적으로 불가사의함이 불러오는 공포, 전율, 경외감, 끔찍함, 두려움과 관련지어 설명한다. 학생들에게 이 관념을 설명하면서, 나는 나 스스로 다음과 같이 말하고 있음을 보았다. "무섭지 않으면 신이 아니지요." 하이데거에 대한 우리의 초반부 논의에서 경외감의 상실이 존재-신학의 표시였다는 것을 보았다.
7. 이런 점에서 두려운 신비는 장-뤽 마리옹이 포화된 현상이라고 부르는 것의 특별한 사례다. "The Saturated Phenomenon", 또한 *Being Given*, pp. 21~24를 보라.

(FT 33, 72, 75, 77 [60, 132, 138, 143])을 강조한다.[8] 모리아산에 다가가면서 아브라함은 "생각의 전율"(FT 9 [20])을 경험했고, 이에 우리는 "이스라엘 사람들이 시내산에 접근할 때처럼 종교적 두려움을 품고"(FT 61 [113]) 그에게 접근할 수 있을 뿐이다. 여기에는 사유하는 자가 인식가능성에 충만하게 입각해서 존재를 파악하는 식의 안온함 따위는 없다. 아브라함의 초월적 자아라는 것이 있다면, 그것은 이 경험 속에서 그 핵심에서부터 흔들리게 된다.

둘째로, 신앙은 역설에 대한 반응이며, 따라서 파악 행위로 환원할 수 없는 관계다. 실제로, 실렌티오는 역설을 세 가지로 명시한다. "신앙의 엄청난 역설"은 (1) "살인을 거룩하고 하느님이 기뻐하는 행위로 만든다는 역설"이며, (2) "사유가 멈추는 바로 거기서 신앙이 시작하기 때문에, 사유가 아무것도 파악할 수 없는 역설, 이삭을 아브라함에게 다시 돌려준다는 역설이다"(FT 53 [99], 강조는 필자). 신앙은 또한 (3) "신앙이란 곧 개별자가 개별자로서 보편적인 것보다 높고, … 즉 개별자가 개별자로서 절대자에 대하여 절대적인 관계에 서는 … 사유가 근접하기 힘들다는 역설"(FT 55~56 [103], 강조는 필자)이다.[9] 실렌티오는 역설을 두려움과 연결하고서 스스로 상처 입

---

8. 이런 표현의 차원은 키에르케고어의 저작에 대한 옛 번역본의 제목과 연결할 때 잘 독해될 수 있다. *The Concept of Anxiety*, trans. Reidar Thomte (Princeton, N.J. : Princeton University Press, 1980). 이보다 더 오래된 원래 번역본의 제목이 이렇게 되어 있었음을 기억하라. *The Concept of Dread*, trans. Walter Lowrie (Princeton, N.J. : Princeton University Press, 1957).
9. 이 세 번째 역설의 두 가지 형태가 문제 I과 II 각각의 주제다. 신앙 안에서 목

고, 반격당하고, 또 마비되는 자신을 발견하는데, 이는 아브라함의 이야기에서 "나는 무시무시한 얼굴 대 얼굴의 마주함을 보았기"(FT 33 [59~60]) 때문이다. 그는 역설이 불러온 불안, 괴로움, 그리고 고뇌를 강조한다(FT 63, 65 [117, 120]). 그러므로 그가 아브라함의 신앙이 자기에게 없다고 고백할 뿐만 아니라 이 신앙의 역설이 그 자신으로서는 스스로 할 수 없는 움직임을 나타낸다고 고백하는 것은 놀라운 일이 아니다(FT 48~51, 69 [88~95, 221]).

셋째, 실렌티오는 아브라함이 이삭을 돌려받는 일에 관한 두 번째 역설을 또 다른 범주, 곧 부조리에서 발전시킨다. 실렌티오가 이해한 방식으로 볼 때, 아브라함은 자신이 이 삶에서 이삭을 돌려받을 것이라고 믿었는데, 그는 이를 "부조리를 따라" 믿었다. 다시금 실렌티오는 이러한 신앙이 아브라함을 넘어선 것이라고 말한다. "나는 눈을 감고 자신 있게 부조리한 것으로 달려들어 갈 수 없다. … 나로서는 신앙의 운동을 기술할 수는 있지만, 그것을 일으킬 수는 없다"(FT 34, 37 [61, 69]).[10]

적론적으로 중단되거나 지양된 윤리는 보편적인 것과 동일시된다. 실렌티오는 이것을 역사의 우연성을 초월함으로써 영원한 보편 진리를 인식한다는 플라톤적/칸트적 의미로 이해하지 않는다. 우리는 오히려 그가 그것을 인륜성이라는 헤겔적 의미(FT 55, n.7 [우리말 번역본에는 이 각주가 빠져 있다]), 곧 우리 인간의 법과 관습으로 이해한다는 것에 주목해야 한다. 따라서 실렌티오는 윤리적인 것을 민족, 국가, 그리고 사회로 나타낸다(FT 57~59, 62 [105~109, 115]). 나의 다음 글을 보라. "Abraham and Hegel."

10. 이 고백에서 우리는 종교 현상학의 가능성과 한계를 모두 엿본다. 종교적 삶을 기술하는 것과 그 삶을 사는 것은 별개의 일이다.

그런데 부조리에 대한 실렌티오의 설명에서 우리는 또한 새로운 것을 얻는다. 부조리[11]는 절대적으로나 본래적으로 부조리한 것이 아니라, 그가 인간적인, 너무나 인간적인 것으로 기술한 관점과 관련된 것일 뿐이다. 아브라함은 "부조리 덕에 신앙을 가졌다. 왜냐하면 거기에는 인간적 계산이 문제가 될 여지가 없었기 때문이다. … 그는 부조리 신앙을 가졌다. 왜냐하면 모든 인간적 계산은 이미 오래전에 그 기능을 잃어버리고 있었기 때문이다"(FT 35~36[65~66]). 인간적 계산에 대해서는 상대적인 것이 될 따름인 신앙은 부조리하다. 이 계산의 규범은 "우리 자신의 지성"이고 "그에 따른 모든 것이 유한하다"는 것인데, 이는 왜냐하면 유한성이 지성을 중개인으로 삼기 때문이며 … 또한 이때 지성은 지성이 지배하고 있는 유한한 세계에서는, 이것이〔이삭을 돌려받는 일이〕 불가능하고 끝내 불가능한 채로 있다는 점에서 옳기 때문이다. 신앙의 기사는 이것을 확실히 알고 있다. 결과적으로 신앙의 기사는 부조리를 통해서만 구원받을 수 있고, 그는 이것을 신앙으로 파악한다"(FT 36, 47[66, 86]).

그런데 인간 지성과 지성의 계산이 배제하는 것은 신이다. 이때 부조리를 따라 믿는다는 것은 신에 대한 모든 것이 "인간의 능력을 넘어서"(FT 48[88])는 경우에도 "신에게는 그 모든 것이 가능하다는 사실"(FT 46[86])을 믿는 것이다. 신이 방정식에 포함될 때,

---

11. 또는 "가당찮은 것"(preposterous)(FT 20[40]).

비록 신앙이 인간의 지성과 지성이 주재하는 유한성과 관련해서 계속 부조리하다고 해도, 신앙은 그 자체로 부조리를 중단시킨다. 신앙의 기사가 불가능하다고 인식하는 것은 신이 배제되는 인간적 계산 안에서 불가능한 "인간적으로 말하기"(FT 46[86])뿐이다. 이러한 배제를 배제하는 신앙에 대해서만 신앙의 행위와 그 내용이 타당해질 것이다. 그런데 신앙이 봄이 되지 않는 한, 우리가 신을 얼굴 대 얼굴로 보지 않는 한, 이 배제의 배제는 바깥의 순수한 빛이 아닌 동굴에서 일어날 것이다. 그것은 자신을 배반하지 않고서는, 절대지와 순전한 현전에 대한 철학자의 요구를 충족시킬 수 없을 것이며, 실제로 그렇게 할 수 없을 것이다.

넷째, 신앙은 광기의 한 형태다. 실렌티오에게 "어떤 자는 그 힘 때문에 위대했고, 어떤 자는 그 지혜 때문에 위대했고, 어떤 자는 그 소망 때문에 위대했고, 어떤 자는 자기 자신에 대한 미움인 그 사랑 때문에 위대했으며, 아브라함은 모든 이들 중 가장 위대했다"(FT 16~7[32]). 다시 한번 말하지만, 이 광기는 온전한 정신의 특정한 기준에 상대적이다. "인간적으로 말해서, 그는 광인이고 어느 누구에게도 자신을 이해시킬 수 없다. … 그야말로 인간적으로! … 이것은 미친 짓이 아닐까! … 그는 미치지 않았나?"(FT 76~77[140~42]). 이런 이유로, 실렌티오는 그의 후계자 요하네스 클리마쿠스의 움직임을 예상하고, 신적 광기라는 소크라테스적 개념을 도입한다.

공경하는 아버지 아브라함이여!… 하느님과 겨루기 위해 광포한 요소들과 피조물의 힘과 벌이는 무시무시한 싸움을 저 엄청난 열정을 비로소 처음으로 느끼고 증언한 당신, 이교도들의 경탄 대상이 된 신적 광기의 거룩하고 순수하고 겸허한 표현인 저 최고의 정열을 비로소 처음으로 아신 당신…. (FT 23[45])

『파이드로스』에서 에로스에 대한 두 번째 연설에서, 소크라테스는 "한 사람은 미쳐 있고, 다른 사람은 분별이 있으므로" 사랑하는 사람으로부터 사랑하지 않는 사람으로 돌아서야 한다는 그의 이전 주장을 부인한다. "만일 광기가 무조건 악이라면, 그 말이 옳을 것이다. 하지만, 광기, 즉 신의 선물로 제공되는 광기 덕분에 우리에게는 좋은 것들 가운데 가장 큰 것들이 생겨난다." 그는 "하늘에서 오는 광기가 사람들에게서 유래하는 분별보다 우월함"을 주장함으로써 이 대목에서 한 연설의 결론을 맺는다.[12] 이것이 바로 실렌티오가 제안하고 싶어 하는 것이다. 즉 신앙이 부조리하고 미친 것이라고 판단되는 이유는 궁극적 규준이 될 권위를 결여한 "사람들에게서 유래한 분별"이다. 신앙은 이러한 '봄'에 순응하려는 실패한 시도가 아니라, 인간적인, 너무나 인간적인 것으로서 맹점으로 가득 차 있고 결정적으로 정당한 심오한 의심이다.

물론 아브라함에게 신앙이 있다고 해서 그가 인간적이기를 멈

---

12. Plato, *Phaedrus*, 244 a~d[플라톤, 『파이드로스』, 54~56쪽].

춘 것은 아니다. 그래서 공포, 두려움, 불안, 괴로움, 고통이 있다. 초월은 그를 깊이 망가뜨렸다. 인간으로서 그는 신앙의 역설이 부조리하고 미친 것이라는 판단의 힘을 이해하고 인정한다. 아브라함은 결코 쾌활한 정신이 아니다. 하지만 그는 신에게 열린 자로서, 개인적으로 큰 위험을 감수하고 사회적으로 승인된 보장이라는 안전성이 없을지라도 이 판단의 제한적 타당성을 이해하고 인정한다. 신앙은 그의 자기 내면의 성역의 이 깊고 혼란스러운 침입을 맞이하는 자기-초월이다.[13]

다섯째, 그리고 마지막으로 아브라함의 신과의 관계는 사적 언어 게임을 포함한다. 실렌티오가 언어적 전회를 시행하는 이 주제는 우리가 앞의 세 가지 주제를 이해하는 데 도움을 주는데, 특히 신앙의 역설·부조리·광기가 어떻게 절대적인 것이 아니라 특정한 우연적 인간의 관점에 상대적인지를 알 수 있게 한다. 실렌티오의 이야기에서, 아브라함은 아내 사라, 그의 종 엘리에젤, 또는 그의 아들 이삭에게 모리아산으로의 여정이 무엇이었는지를 말하지 않았는데, 문제 III에서 실렌티오는 이들에게 "아브라함이 제 일을 숨긴 것이 윤리적으로 옹호될 수"(FT 82[150]) 있는지를 묻는다. 그런데 실렌티오는 처음부터 독자들에게 이 물음을 준비시켜 왔다. 아브라함의 침묵은 이삭도, 사라도, 엘리에젤도 그를 이해하지 못

---

13. 레비나스와 키에르케고어에게서의 이 구조에 대한 더 상세한 분석으로는 나의 다음 논고를 보라. "Transcendence, Heteronomy, and the Birth of the Responsible Self."

했기 때문이다(FT 10, 21 [21~22, 41]). 물론 이것은 그들이 그가 말한 바와 같은 문장을 이해할 언어 능력이 없음을 의미하지 않는다. 그보다는 이삭의 희생이 어떻게 옳은 일일 수 있는지를 상상할 수가 없었음을 뜻한다. 사실, 아브라함은 아무도 그를 이해할 수 없었기 때문에 말할 수도 없었다(FT 60, 67, 71, 76 [111, 124, 130, 140]). 그에게는 이해할 수 있는 보편적인 것에 호소하는 능력이 없다(FT 60, 71 [111, 130]).

이것은 신앙의 기사인 아브라함을 비극의 영웅과 구별 짓는 것이다. 실렌티오는 자기 아들을 죽인 아버지 셋, 아가멤논·입다·브루투스를 떠올리게 한다. 우리는 보편적인 것은 윤리적인 것이며, 한 민족의 법과 관습이라는 것을 이미 보았다. 각각의 경우에 문제의 인륜성에는 공동체의 선을 위해 개인을 희생시키고, 가족 관계를 시민의 의무에 종속시킬 타당한 이유가 담겨 있다. 이 에토스는 공동체의 모든 구성원이 공유하는 바이기 때문에, 그것은 비극적 영웅이 호소할 수 있고, 그 영웅의 주변 사람들도 그를 이해할 수 있게 하는 보편적인 것으로 기능한다. 그들은 그 영웅과 함께 그리고 그 영웅을 위해 눈물을 흘리지만, 그 영웅이 옳은 일을 했다는 것을 이해하지 못할 것이다.

일부 해석자들이 제안한 것처럼,[14] 창세기 22장의 이야기가 고

---

14. L. Jacobs, "The Problem of the *Akedah* in Jewish Thought," *Kierkegaard's Fear and Trembling*.

대 이스라엘에서 유아 희생을 금지하는 히브리 성서의 수많은 다른 구절을 보충해주는 역할을 했을 수도 있다. 이 생각은 아브라함은 아이를 희생시키는 제의를 재가된 종교적 행위로 삼았던 문화권에서 태어났지만, 신은 그에게, 그리고 그를 통해 모든 이스라엘인에게 이렇게 말했다는 것이다. "아니다. 나는 유아 희생을 요구하는 신들과는 다르다. 사실 나는 그것을 금한다." 그런데 이는 실렌티오가 이야기한 것과는 다르다. 아브라함은 이미 그러한 행위가 단순히 살인에 불과한 문화 속에 살고 있으며, 비극적 영웅의 상황과는 달리, 이 상황에서는 그 규범을 능가하는 사회적으로 승인된 것을 넘어서는 상위의 가치가 없다. 선함의 규준으로서의 보편적인 것은 "이것이 살인이다"라는 판단을 정당화하고, 참의 규준으로 이 판단에 지식의 지위를 부여한다. 아브라함은 신과의 관계에서 자신이 보편적인 것과 유리된 존재임을 발견하기에 이른다. "인간적으로 말해서, 그는 광인이고 어느 누구에게도 자신을 이해시킬 수 없다"(FT 76[140]).[15]

인간적으로 말해서! 이 잔소리꾼은 아브라함의 침묵이 "윤리적으로 옹호할 수 있는 것이냐"라는 문제 III의 물음에 관심을 갖도록 우리를 이끈다. 옹호할 수 없다는 것이 이미 오래전에 분명해졌다. 윤리적인 사람은 보편적인 것에 호소하여 자신의 행동을 정

---

15. 키에르케고어는 이미 1837년에 "철학(순수하게 인간의 세계관, 인간의 관점)과 그리스도교"(JP III, 3253) 사이를 구별하는 일이 중요함을 강조했다.

당화해야 하며, 그렇게 할 수 없다거나 이를 거부하는 이는 범죄자이거나 더 자비로운 의미에서 보더라도 광인에 불과하다.16 물음의 요점은 지금까지 이 주제를 반복하는 것이 아니라 두 가지 물음을 제기하는 것이다. 물음1 — 위의 분석이 전체 내용이라면 무엇이 참이어야만 하는가? 답1 — 개인은 전체의 일부분일 뿐이며, 자신이 속한 사회적 전체성이 나의 실존을 위한 최고 규범이 된다. 레비나스의 언어로 말하자면, 무한이 이 전체성을 방해하지 않으며, 초월은 내재성 안에서 삼켜지고 만다. 물음2 — 개인이 보편적인 것보다 더 우월하고, 사회적 전체성에 유리되어 있지만, 여기에 비합리성(광기)이나 부도덕성(범죄)이 아닌 제3의 가능성이 있으려면 참된 것은 대체 무엇이어야 하겠는가? 답2 — 윤리적 보편은 인간 실존을 위한 최고 규범이 되어서는 안 되며, 선과 참의 기준을 따라 이 전체성에 침투하고 상대화하는 초월, 곧 무한 안에서 목적론적으로 중단되어야만 한다. 이것이 신앙의 내기wager다.

실렌티오는 아브라함의 고독이 내포하는 언어적 특성을 강조한다. "아브라함은 침묵을 지킨다. 그는 말할 수 없다"(FT 113[209]). 마치 그는 비트겐슈타인을 자기 방식대로 읽고 있는 것처럼 보이며, 보편적인 것은 언어 게임임을, 즉 어떤 실천이 허용되고 어떤 진술이 이해 가능한지를 규정하는 규칙의 망이라는 것을 알고 있는 것처럼 보인다. 20세기 이론을 선취하면서, 실렌티오는 비극적

---

16. "'미쳤다'고 하는 것도 가장 부드러운 표현이다"(FT 76[140]).

영웅을 대화적 합리성의 맥락에 둔다. 그는 자기 방식으로 가다머를 읽고 이피게네이아가 자신을 희생시키려는 아버지의 결심을 받아들인다고 설명한다. 다음과 같은 이유에서 말이다. "그들은 이제 서로 이해한다. 그녀는 아가멤논을 이해할 수 있다"(FT 115 [212]). 의심할 여지 없이 그녀의 이전 지평은 자녀들을 보호하는 것이 아버지의 의무가 되는 가족 가치에 국한되었다. 그러나 아가멤논은 자기 가족이 더 큰 사회에 속해 있으며, 그 사회는 그들에게 더 높은 권리를 부여한다고 설명했다. 지평 융합이 일어나면서, 그들은 서로를 이해하게 된다. 그녀는 아가멤논이 하려는 일을 이해할 뿐만 아니라 그것이 옳다고 생각한다.

실렌티오는 하버마스도 읽고 있는 것인데, 가다머와의 논쟁에서 편파적인 모습을 보이고 싶지 않다고 한다. 지배적인 언어 게임에 편향된 아브라함은 앞서 우리가 겪었던 고통과 불안을 경험한다. "비극적 영웅은 이 고뇌를 알지 못한다. 비극적 영웅은 무엇보다도 모든 반박 논증이 그 권리를 인정받고 있다는 데서 위로를 느낀다. 즉, 클뤼템네스트라에게나 이피게네이아에게나 아킬레우스에게나 코러스에게나 모든 살아있는 사람들에게서…. 비극적 영웅은 고독의 무서운 책임을 모른다"(FT 113~4[209~10]).[17] 심지어 희생될 소녀의 어머니인 클뤼템네스트라도 아가멤논을 이해한다

---

17. 키에르케고어와 하버마스 사이의 긴장에 관해서는 나의 다음 논고를 보라. "Commanded Love and Moral Autonomy."

는 것이 밝혀진다.

그런데 아브라함은 "인간의 언어를 말하지 않으며 … 신의 언어를 말하고, 방언으로 말한다"(FT 114[211]). 지배적인 언어 게임과 그 게임이 구성하는 시간의 전체성에 대해 낯설어져 버린 그를 정당화하는 것이 있다면, 그 대화가 영원한 것과의 대화이며, 사적 언어가 아니라,[18] 사적 언어 게임, 즉 "인간적인 말함"을 지배하는 규칙의 제한을 받지 않는 대화라는 점이다. 그런데 이 규칙들과 이 규칙들이 구성해낸 공적 언어는 어떤 특수한 맥락에서 지식으로 간주되는 것을 정의한다. 따라서 실렌티오가 아브라함의 태도라고 일컬은 것은 순수하고 무조건적인 통찰이라는 '근대적' 의미의 지식도, 특정 인간 언어 게임 내에서 지식으로 간주되는 신념이라는 '탈근대적' 의미의 지식도 아니다.[19] 다음과 같은 칸트의 공식이 실렌티오에 꽤 정확히 들어맞는다. "따라서 나는 신앙을 위한 여지를 만들기 위해서는 지식을 부정하는 것이 필수적이라는 것을 알게 되었다."[20]

---

18. 이것은 데리다가 후설의 현상학에서 발견하는 침묵의, 내면의 독백이 아니다. Derrida, *Speech and Phenomena and Other Essays on Husserl's Theory of Signs* [데리다, 『목소리와 현상』]을 보라. 비트겐슈타인의 맥락에서의 "사적 언어" 논쟁에 대해서는 Saunders & Henze, *The Private Language Problem* 을 보라.
19. 사람들은 여기서 마르크스의 이데올로기, 또는 권력/지식의 종잡을 수 없는 실천이나 에피스테메와 관련해서 쉽사리 말할 수 있다.
20. Kant, *Critique of Pure Reason*, B xxx [칸트, 『순수이성비판 1』, 191쪽].

그런데 칸트가 그토록 여지를 만들기 위해 애쓴 이 신앙이란 대체 무엇인가? 확실히 그것은 플라톤이나 헤겔의 분할된 선분의 하반부에 속한 순전한 믿음/억견이 아니다. 신앙은 지식이 아니지만, 지식에 대해 실패한 시도도 아니므로, 그것은 다른 영역에 속한다. 따라서 실렌티오는 신앙을 덕으로 다루지만, 지적인 덕으로 다루지는 않는다. 그는 자주 신앙을 겸손과 용기라는 두 가지 도덕적 덕과 불가분의 관계로 연결한다(FT 33~34, 48~49, 73[59~63, 88~91, 134]). 그것은 보편적인 것이 주는 안전함을 벗어나는 트라우마이자 외로움을 견디려는 의지이기 때문에 용기다. 또 그것은 범죄자("규칙은 내게 적용되지 않는다. 나는 내 마음대로 할 수 있다")나 미쳐버린 누군가("나는 참된 진리를 볼 수 있다. 그런데 소위 제정신이라고 하는 이들은 모두 다 너무 맹목적이다")의 오만함으로 그렇게 하는 것이 아니다. 신앙의 고뇌는 용기와 겸손 모두에 결부되어 있다.

그런데 이 단서는 우리가 인지적 영역에서 신앙의 본질을 찾는 것이 아니라 인간 자유의 영역에서 그것을 찾아야 한다는 요구를 강화할 뿐이다. 이런 종류의 자유 행위가 신앙의 이름을 받을 자격이 있는가? 아브라함 이야기는 신앙이 신의 계시에 대해 상처 입을 가능성vulnerability을 기꺼이 받아들이라고 제안한다. 레비나스가 가르쳐준 바를 기억해보자. 우리가 신을 높은 데서 우리에게 말을 건네는 초월의 목소리로 생각한다면 이는 대체 어떤 모습일까? 실렌티오의 답은 이러하다. 그것은 아브라함처럼 보일 것이다. 아브라함에게 신은 무엇보다도 목소리다. 들려오는 소리와 함께, 또 그런 소리 없이 신은 언어 행위를 수행한다. 물리적 들음과 함께 또는 그런 들음 없이도 아브라함은 높은 데서 건네지는 말이 있음을 그 스스로 안다.[21]

성서 이야기에서 신은 아브라함에게 약속과 명령이라는 두 가지 종류의 언어 행위를 한다.[22] 키에르케고어에게 낯설지 않은 루터의 언어로 말하자면, 이러한 것들은 복음과 율법의 언어 행위다. 실렌티오는 둘 다 인정한다. "신앙으로 말미암아 아브라함은 자기 후손을 통하여 땅 위의 모든 족속이 복을 받을 것이라는 약속을 받았다"(FT 17[33]). 다시 말해 "신앙으로 말미암아 아브라함은 자기 선조들의 땅을 떠나, 약속의 땅으로 가서 외인이 되었다"(FT 17[32~33]). 약속에 대한 언급이 있지만, 여기에 전제된 중대한 언어 행위는 "네 고향과 친척과 아비의 집을 떠나 내가 장차 보여줄 땅으로 가거라"(창세기 12:1)고 한 명령이다. 하지만 물론 실렌티오는 일차적으로 신이 아브라함에게 준 또 다른 명령에 관심을 둔

---

21. 다시금 성서 텍스트를 넘어서는 흥미로운 구절에서, 실렌티오는 우리에게 아브라함이 "자신을 시험한 전능자, 하느님을 알고 있었다"(FT 22[42])고 말한다. 매우 명백하게도 이 "지식"은 신앙과 그토록 세심하게 구별되어 온 "근대적인" 또는 "탈근대적인" 지식이 아니다.
22. 닉 월터스토프(N. Wolterstorff)는 이것이 성서 종교에서 가장 전형적인 두 가지 언어 행위이며 우리가 보통 계시라고 부르는 것이 일차적으로 우리에게 신 자신에 대한 정보를 주는 일로 이루어져 있지 않다고 주장한다. 그의 다음 책을 보라. *Divine Discourse*.

다. "사랑하는 네 외아들 이삭을 데리고 모리아 땅으로 가거라. 거기에서 내가 일러주는 산에 올라가, 그를 번제물로 나에게 바쳐라"(창세기 22:2).

약속에 비추어 볼 때, 신앙은 신뢰 어린 수용이다. 명령에 비추어 볼 때, 신앙은 순종이다. 신뢰도 순종도 단순한 인지적 행위가 아니다. 신뢰나 순종은 단순한 인지적 행위가 아니다. 확실히 신뢰와 순종은 모두 이런저런 사건에 대한 믿음을 — 이를테면 이 경우에는 신이 존재하고 이 신은 약속과 명령을 내린 사악한 기만자가 아니라는 믿음을 — 전제하며,[23] 다만 신뢰와 순종 모두 믿음을 뒷받침하는 역할을 하는 믿음을 또한 전제한다. 플라톤적/헤겔적 분할선과 존재-신학적 기획 일반에서 완전히 망각되는 것이 바로 이러한 신뢰, 순종, 믿음과 같은 상호인격적 요소들이다.

아브라함의 신은 단순한 본질이 아니라 언어 행위를 수행하는 인격이기 때문에, 계시는 단지 신의 존재의 현시가 아니라 훨씬 더 근본적으로 신의 의지의 현시다. 이 의지는 아브라함의 의지가 아니다. 약속과 명령은 그나 그가 속한 어떤 인간 공동체에서 비롯하지 않는다. 신앙 안에서 아브라함은 데카르트, 로크, 그리고 칸트가 가담해 있는 믿음과 행동의 개별적 자율성과 루소의 일반의지와 헤겔의 정신에서 발견되는 집단적 자율성도 모두 포기한다.

---

23. 전제하기의 논리에 대한 스트로슨(P. F. Strawson)의 설명이 여기에 부합한다. "On Referring," *Mind*, 1950, *Essays in Conceptual Analysis*에 재수록. 또한 *Introduction to Logical Theory*, 3부 6항 참조.

이 점에서 그는 포스트모더니즘에 가깝다고 할 수 있다. 그러나 간과되어서는 안 되는 점은, 여기서 신의 초월이, 감각이건 지성이건 나의 봄이 포착할 수 없는 '대상'으로 나타난다는 것, 그리고 무엇보다도 자기로부터 일어나지도 않고 자기가 주재하지 못하는 값없는 선물이자 공의로운 요구로 인식되는, 내 것이 아닌 의지를 표현함으로써 나를 탈중심화하는 목소리의 타자성으로 나타난다는 것이다. 이 목소리를 환영하는 자기-초월, 곧 신앙은 단지 방향을 재설정하는 것이 아니라 목소리를 따라 재정의되는 의지이다. 신은 제일의 운동자가 아니라 제일의 의미부여자다. 세계의 의미, 심지어 나의 실존의 의미는 나의 나$^{my\ I}$ 또는 나의 우리$^{my\ We}$에게서가 아니라 나와 우리 모두의 확실성과 안전성을 파괴하는 목소리를 가진 당신에게서 일어난다. "신앙은 들음에서 오고, 들음은 하느님의 말씀에서 온다"(로마서 10:17, 흠정역). 실렌티오는 이를 다음과 같은 정의로 바꿀 수 있었다. 신앙은 확실한 들음, 신의 목소리를 환영하는 들음이다.

─◦─

『공포와 전율』이 나온 지 8개월이 채 지나지 않은 시점에서, 또 다른 키에르케고어의 가명 저자인 요하네스 클리마쿠스는 우리에게 훨씬 더 짤막한 작품인 『철학적 조각들』을 제시한다. 그는 자신의 단편적 '소책'을 체계와 대조하는 풍자적 내용을 담은 반헤겔적 서문을 쓴 다음, 곧바로 사고실험에 뛰어든다. 그 실험을 읽는 한 가지 유익한 방법은 이전 연구에서 답하지 못한 물음에 대한 답변으로 그것을 읽는 것이다. 아브라함은 자신이 무엇을 해야 하는지를 어떻게 알았을까? 실렌티오는 이렇게 말한다. 아브라함은 "자신을 시험한 전능자 하느님God the Almighty을 알고 있었다. 그는 그 시험이 자기에게 요구될 가장 어려운 희생이라는 것도 알고 있었다. 그러나 그는 또한 하느님이 요구하실 때는 그 어떤 희생도 지나치게 가혹하지 않다는 것을 알고 있었고, 그래서 그는 칼을 뽑아 들게 되었다"(FT 22[42]). 이러한 지식 중 두 번째 것에 대해서는 이해하기 어려운 것이 전혀 없지만, 세 번째, 그리고 특히 첫 번째 것은 어떤가? 그는 어떻게 이 '지식'에 이르렀는가? 또 그 지식은 신앙처럼 그토록 첨예하게 구별되는 지식, 또 역설적이고 부조리한 광기인 지식과 어떻게 연관되어 있는가? 만일 『공포와 전율』이 우리에게 신앙에 대한 부정적 인식론을 제시하면서 근대성이 말하는 것처럼 신앙이 사변철학의 절대적 지식에서 비롯된 것도 아니고, 탈근대성이 말하는 것처럼 인간의 언어 게임 등에서 비롯된 것도 아니라고 말한다면, 『철학적 조각들』은 신앙에 대한 긍정적 인식론을 제시할 것이다.

클리마쿠스는 자신의 사고 실험에서 지식이 상기라는 소크라테스의 개념을 넘어서려면 무엇이 필요한지를 물음으로써 이 일을 시행한다.[24] 우리는 상기의 대안으로서의 계시가 그 답이 될 것

---

24. S. Kierkegaard, *The Concept of Irony*. 이 책에서 키에르케고어는 무지하고 아이러니한 소크라테스를 사변적인 플라톤과 매우 선명하게 구분하고 있으며, 클리마쿠스도 『결론적인 비학문적 후서』에서 소크라테스를 사변적 기획과

이라는 사실을 알고 있지만, 클리마쿠스는 그 답에 서둘러 도달하려고 하지 않는다. "계시. 아브라함은 신이 그에게 말했기 때문에 무엇을 해야 하는지를 알고 있었다." 그런데 그것은 "이 지식이 어디에서 왔는가?"라는 물음에 대한 답은 되겠지만, 이 지식이 어떻게 작동하는지를 말해주지는 않을 것이다. 그리고 마찬가지로 중요하게도, 이것이 특히 – 실렌티오와 마찬가지로 클리마쿠스도 그토록 구별해내고자 했던 – 사변적인 지식, 존재-신학적 앎과 어떻게 다른지는 말해주지 않을 것이다.

그는 우선 자신이 이해하는 방식대로 상기라는 모형의 본질을 우리에게 제시한다.

1) 진리는 이미 우리 안에 있다. "따라서 무지한 사람은 자신이 알고 있는 것을 상기해내기 위해 스스로를 상기시킬 필요가 있다. 진리는 그에게 새로 도입된 것이 아니라 그 안에 있었다.… 내가 기대는 진리는 내 안에 있었으며 나로부터 일어난 것이었다.…〔그것은〕 내가 그것이 무엇인지도 알지 못한 채 처음부터 가지고 있었던 진리다"(PF 9, 12[86, 90]).

2) 교사는 결코 산파 이상이 될 수 없으며, 배우는 자와 산파 이상의 관계를 맺을 수 없다. 교사는 상기의 계기가 될 수는 있지만, 이 도움이 꼭 필요한 것도 아니다. 교사는 언제든 다른 조력자

대조함으로써 비슷한 구별을 암시한다. 하지만 『철학적 조각들』에서는 이러한 구분이 작동하지 않는다.

로 대체될 수도 있고, 또 전혀 조력자가 될 수 없을지도 모른다.[25] 그러므로 인식하는 자는 "그 자신으로 충분하다"(PF 10~1).

3) 신에 대한 지식에 이르는 경우, "자기-인식이 신 인식이다"(PF 11 [89]). 이것이 영혼이 신적이라고 한 플라톤의 주장에 관한 클리마쿠스의 인식론적 독해다. 이것은 영혼의 최고 지식이 곧 최고의 지식이라는 점을 함축하는데, 이는 헤겔이 전적으로 동의하는 논지이다.[26] 오직 신만이 신을 안다는 주장은 우리의 최고의 지식 안에서 우리가 신이며 우리의 자기-인식은 신-인식이라는 주장이 된다.

클리마쿠스는 이 도식에 대한 대안을 계시라고 명명한다(PF 11 [89]). 이때 그는 이 세 요점 각각의 차이를 상세히 설명한다.

1) 진리가 이미 우리 안에 있는 것은 아니며, 우리가 진리 안에 있는 것도 아니다. "만일 이 상황이 달라진다면 … 진리를 찾는 이는 그 순간까지 진리를 소유하지 않아야 하며, 심지어 무지의 형태로도 소유하지 않아야 한다. 왜냐하면 이 경우에 그 순간은 단지 그 계기의 순간이 되기 때문이다. 이때 그는 실제로 구도자가 되지 말아야 한다. … 그 구도자는 진리 바깥에 있는 자로 … 또는 비진리로 정의되어야 한다. 구도자는 이때 비진리다"(PF 13 [91]). 여기서 클리마쿠스가 강경한 태도를 보이는 이유는 세 번째 요점에 도달

---

25. 나의 기하학 교사가 피타고라스의 정리를 이해하게끔 내게 도움을 주었지만, 피타고라스에게는 그런 도움이 필요하지 않았고, 그 정리를 스스로 알아냈다.
26. 나의 책 *History and Truth in Hegel's Phenomenology*, 특히 5~8장을 보라.

할 때 더 분명하게 드러날 것이다.

2) 교사는 단지 산파적 역할이 아니라 산파 이상의 필수적인 역할을 한다. 왜냐하면 "만일 배우는 자가 진리를 획득하려면, 교사가 진리를 배우는 자에게 가져다주어야만 하기" 때문이다. 우리는 놀라워하지 않는다. 그것은 예상했던 일이다. 다만 우리는 클리마쿠스가 계속해서 하는 말에 놀라게 된다. "그뿐만이 아니다. 그것과 더불어 그는 또한 진리를 이해하기 위한 조건을 그에게 제시해야만 한다. 만일 배우는 자 자신이 진리를 이해하는 조건이었다면, 이때 배우는 자는 그저 상기만 해도 될 것이다"(PF 14[92]). 교사는 배우는 자에게 진리 그 자체와 더불어, 배우는 자에게 결여된 진리를 이해할 조건·역량·능력을 준다.

여기서 진리를 이해한다는 것은 무엇을 말하는가? 그것은 "나는 매우 훌륭한 선생님이 내게 괴델의 정리를 설명해주기 전까지는 그 정리를 이해하지 못했다"고 하는 것처럼, 매우 복잡하거나 난해한 것을 이해하는 일을 의미할 수도 있다. 하지만 이런 것은 아브라함의 문제가 아니었다. 그는 아들을 제물로 바친다는 것이 무엇을 뜻하는지 이해하는 데 별 어려움을 느끼지 않았다. 그의 문제는 이를 진리로 인식하고, 이것이 옳은 일이라는 것을 깨닫는 데 있었다. 물론 클리마쿠스는 아브라함이 아니라 『메논』의 소크라테스와 노예 소년을 생각하고 있다. 그런데 상호텍스트적 독해는 두 사례의 유사성을 따라 정당화된다. 노예 소년의 문제는 다른 정사각형의 두 배 면적을 가진 정사각형 개념을 이해하는 것이 아니라 소크라테스의 도해가 제시하는 피타고라스 정리의 특수한 사례, 즉 직각삼각형의 빗변 제곱이 다른 두 변의 제곱의 합과 같다는 것을 인식하는 것이었다. 문제는 다음과 같다. 진리가 당신 얼굴을 (어떤 식으로든) 응시할 때, 당신은 그것을 진리로 인식할 수 있는가? 노예 소년이 있었고, 이런 점에서 소년은 자기-충족적이었으며, 교사를 필요로 하지 않았다. 피타고라스 이후 다른 많은 사람들처럼, 그는 소크라테스의 도움 없이도 피타고라스 정리(또는 적어도 이 특별한 사례)에 대한 증명을 알아낼 수 있었을 것이다. 소크라테스가 그에게 도해를 제시했을 때 그것을 진리로 인식할 수 있었던 것은 바로 이러한 능력 덕분이었다.

아브라함은 그렇지 않았다. 아브라함의 나도, 아브라함의 우리도, 또는 그가 속한 문화의 언어 게임에서 '근대적인' 순수 통찰도, '탈근대적' 역량도 무시무시한 진리를 일으킬 수 없었다. 그는 계시를 따라 이해했다. 이는 신이 그가 무엇을 해야만 하는지를 말해주었을 뿐만 아니라, 신의 명령이 백성의 율법과 관습을 능가한다는 것을 알게 해주었기 때문이다. 아브라함에 대한 명시적인 언급 없이, 클리마쿠스는 이 구조를 계시에 대한 일반적 정의로 제시한다.

그러나 계시가 진리를 주는 것과 그렇게 주어진 것을 진리로 인식할 수 있는 조건을 주는 것의 결합으로 이해될 때, 상기론은 그 일반적 제한을 넘어 선험적 지식에 도달한다. 우리의 사실적 지식의 많은 부분은 타자들의 증언, 예를 들어 우리가 신문에서 읽거나 저녁 뉴스에서 들었기 때문에 믿게 된 바에 기초한다.[27] 흔히 계시는 신의 증언을 기반으로 삼는 인식 방식이라고 한다. 이것은 어느 정도까지는 사실이지만, 적어도 클리마쿠스에게는 충분치 않다. 일반적인 경우, 타자의 증언을 따라 진리가 제시될 때, 인식하는 자는 그 증언을 다른 증인의 증언과 비교하고 직접 확인함으로써 증인의 신뢰성을 인정함으로 말미암아 해당 진리를 진리로 인식할 능력을 가진다. 그러나 이것은 클리마쿠스가 제시한 상기 모형이 선험적 지식과 경험적 지식 사이의 차이와 관련해서는 중립적이라는 것을 의미한다. 관념들의 관계만이 아니라 사실의 문제를 포함한 진리가 (어떻게든) 제시되었을 때,[28] 우리에게 그것을 그 자체로 인식할 수 있는 능력이 있고, 상기가 작동한다면, 나는 자기-충족적으로 인식하는 자이며, 교사(증인)는 원리상 필요 없을 것이다.

상반되는 경고가 없다면 우리는 신의 계시를 이런 식으로 이해할 수도 있다. 교사가 조건을 제시해야 한다는 클리마쿠스의 주장이 그 반대의 경고다. 그렇게 하면서 계시를 상기와 결정적으로 구별하기 위해, 클리마쿠스는 또한 물리적 사실이건, 역사적 사실이건, 형이상학적 사실이건, 도덕적 사실이건 간에, 그 경고가 사실적 지식에 적용된다는 것을 우리에게 보여준다.[29] 만약 이러

---

27. 우리가 지식으로 간주하는 것의 구조에서 중요한 역할을 하는 증언을 앨빈 플랜팅가(A. Plantinga)가 그의 다음 책에서 강조하였다. *Warrant and Proper Function*, 특히 4장.
28. 이는 경험적인 것을 선험적인 것에서 구별하는 일과 관련해서 잘 알려진 경험론적 방식을 사용하여 표현한 것이다.
29. 이렇게 함으로써 나는 모든 종류의 사실이 있다는 믿음에 이른다. 이에 대해

한 종류의 사실들 중 어느 것이라도 우리가 그 조건을 선물로 받지 않고서는 그것을 사실로 인식할 수 없다면, 그 시점에 상기는 한계에 도달하고 계시만이 유일한 지식의 원천이 된다. 클리마쿠스는 "따라서 나는 신앙을 위한 여지를 만들기 위해서는 지식을 부정하는 것이 필수적이라는 것을 알게 되었다"고 하면서,[30] 실제로 계시를 맞이하는 것이 곧 신앙이라고, 계시의 이중 선물에 기꺼이 의존하는 것이 곧 신앙이라고 말한다.

그렇게 해석된 계시에서, 교사는 필수적인 것이 아니라 제거할 수 있는 하나의 사례에 불과한 일에 대해 단순한 산파술적 역할

서 내가 의도하는 바는 이런 종류의 진리가 있다는 것이다. 물론 이러한 진리가 적합성 검사를 충족시키지 못한 "현상적" 진리일 수는 있고, 또 이것은 형식 논리의 측면에서 정의되건(부정은 자기-모순이다), 명증성의 측면에서 또는 경험의 가능성에 대한 조건의 측면에서 정의되건, 선험적으로 인식되지 않는 진리일 수 있다. 최근 나온 종교적 인식론에 관한 두 중요한 저작은 역사적이고 형이상학적인 종교적 의미에서 사실적 지식과 연관된 계시가 무엇을 의미하는지를 설명한다. C. S. Evans, *The Historical Christ and the Jesus of Faith*, 또한 A. Plantinga, *Warranted Christian Belief*를 보라. 키에르케고어와의 연관성은 전자의 경우에만 명시적이지만, 클리마쿠스의 사고 실험에 대한 독해는 플랜팅가의 대담한 기획에 대한 최상의 안내다.

30. 클리마쿠스는 우회적이고 직접적인 언급을 통해 이것이 이미 『이것이냐 저것이냐』에서 일어난 것이라고 말한다. 『이것이냐 저것이냐』의 등장과 더불어 뿌리내린 그의 '주된 사유'는 "넘쳐나는 지식 우리 시대의 존재한나는 것이 무엇을 의미하는지, 내면성이 무엇을 의미하는지 망각했다는 것"이었다. 『이것이냐 저것이냐』라는 제목 자체는 "실존에 무관심한 사변적 사유에 대한 간접적 반론"(CUP 249, 252. 또 251 참조)을 표현한다. 실존, 주체성, 내면성은 윤리와 종교가 번성하기는커녕 윤리와 종교가 일어날 수 있는 거의 유일한 지평에 해당하는 용어들이다.

을 수행하는 데 머무르지 않는다. 그런데 그러한 선생이 우리가 통상 이해하는 그런 선생으로 이해되는 것은 아니다. 왜냐하면 "배우는 자에게 진리를 줄 뿐만 아니라 조건을 제공하는 자는 선생이 아니기" 때문이다. "궁극적으로, 모든 가르침은 조건의 제시에 달려 있다. 조건이 없으면, 선생은 아무것도 할 수 없다. 왜냐하면…선생은 가르치기에 앞서 배우는 자를 개선하는 것이 아니라 변형시키는 것이기 때문이다. 하지만 그 어떤 인간 존재자도 이 일을 할 수 없다. 만일 그런 일이 일어난다면, 이는 신 자신에 의해서 실행되어야만 한다"(PF 14~15[92]). 다시 말해, 계시는 창조주이기도한 스승에게서만 나올 수 있다. 피조물에 불과한 인식자의 존재자적 유한성은 이 인식론적 이질성의 노에시스적 유한성으로 요약될 수 있다.

3) 물론, 계시의 원천인 신과 결부된 계시를 찾는 것은 놀라운 일이 아니다. 그런데 클리마쿠스는 이를 우리가 탐구해 온 놀람의 사태의 귀결로, 곧 선생이 진리만이 아니라 조건도 주어야만 한다는 사태의 귀결로 제시한다. 이제 두 번째 놀람이 도래한다. 그것은 여기서 영혼은 신적이지 않으며, 자기-인식이 신-인식이 아니라는 것을 분명하게 제시한다. 클리마쿠스는 묻는다. 어떻게 해서 배우는 자는 실존론적으로 중차대한 진리를 인식하기 위한 조건을 결여하고 있는가? "신이 그에게 진리를 이해하기 위한 조건을 주었어야만 한다(만일 그렇게 하지 않았다면, 그는 이전에 그저 동물이었을 것이며, 그에게 진리와 더불어 그것을 이해할 수 있는 조건을 준 선생은 그를 처음으로 인간이 되게 해준 것일 테다)"(PF

15[93]). 배우는 자는 그 조건을 어떤 식으로건 잃어버린 것이 분명하다. 그런데 이것은 신의 행위나 우연으로 인한 것은 아니기에 클리마쿠스는 이렇게 주장한다. "그러므로 그것은 그 자신에게서 기인한 일이었다.…이때 비진리는 단지 진리 바깥에 있을 뿐만 아니라 진리를 반박하는 것이다.…그런데 이것 – 비진리이며 그것도 자신의 잘못으로 비진리가 되어버리는 사태 – 을 두고 우리는 무엇이라 할 수 있을까? 이를 죄라고 부르자"(PF 15[93]).[31] 조건을 벗어남으로써, 배우는 자는 "자유롭지 않고 구속된…죄의 노예"다. 따라서 선생은 단지 창조주일 뿐만 아니라 "구세주", "해방자", "화해자"(PF 15, 17[93, 96])이기도 하며, 배우는 자는 "회심", "회개", "재탄생"을 경험한 "새로운 인격"(PF 18~9[97~8])이 되어야만 한다. 아마도 클리마쿠스는 여기서 "악으로 진리를 억압하는 자들"(로마서 1:18)에 대해 말하는 바울에 관해 생각하고 있을 것이다. 어떤 경우건, 죄는

---

31. 키에르케고어는 그리스도교와 자신의 관계가 절망에 가까운 혼돈에 빠졌을 때, 1835년의 일기에서 "지루한 심연이 여기 있다. 그리스도교가 인간 인식은 죄로 인해 결함을 가진다고 한 것 말이다"(JP III, 3245)고 썼다. 일기의 시작은 이렇다. "철학과 그리스도교는 절대 통합될 수 없다." 그것은 존재-신학 해체구성의 선취로 계속 이어지게 된다. 신과 세계의 관계에 대한 자기-해명으로서의 철학이 스스로를 부인하게 되면, 철학이 이 관계를 설명할 수 없다는 결론에 이른다면, 이는 최고 완전성에 이른 철학이 자신의 완전한 파괴, 곧 그 고유한 정의를 이행할 수 없다는 증거를 포함할 것이기 때문이다. 그렇다. 이 관점에서 볼 때, 철학은 그리스도교로의 이행의 역할조차 하지 못할 것인데, 왜냐하면 그것은 이 부정적 결과로…필연적으로 멈추어야 할 것이기 때문이다. 아마도 키에르케고어는 여기서 소크라테스적 무지를 생각하면서도 세속적 포스트모더니즘을 선취하고 있다.

그에게 분명히 인식론적 범주다.[32] 확장해서 말하자면, 인식론적 문제들은 다시금 윤리적 영역으로 뻗어가고 있다. 신앙은 지성만이 아니라 의지, 자유, 심지어는 예속까지도 포괄한다.[33] 지식의 한계는 단순히 유한성만이 아니라 잘못에 의해서도 일어난다. 클리마쿠스가 지식을 부정함으로써 만들어내는 신앙의 여지는 단순한 동의나 불신보다 훨씬 더 복잡한 것이다.

이것이 결정적 전환점이라고 하는 것을 클리마쿠스는 "절대적 역설"이라고 이름 붙인 곳에서 명확히 밝히고 있다. "사유의 궁극적 역설"에 대해 그는 이것이 "사유 자체가 사유할 수 없는 어떤 것을 밝히고자 하는 것"(PF 37 [133]), (인간) 사유의 한계를 발견하는 것이라고 제안한다. 만일 우리가 "역설적 정념으로 말미암아 [이성과] 충돌하게 되고, 인간과 인간의 자기-인식까지 방해하는 이 알려지지 않은 이"에게 "신"이라는 이름을 붙인다면, 이것은 "오직 이름"일 뿐이며, 우리는 그것이 무엇을 의미하는지 더 알아보아야 한다(PF 39 [136]). 이 알려지지 않은 신이 참된 경계가 되려면, 인식하는 이와 다를 뿐만 아니라 "전적으로 다른" 것이어야 한다(PF 44~45 [142~44]). 레비나스처럼, 클리마쿠스는 참된 차이가 존재론

---

32. 이 개념을 다른 맥락에서 다루는 연구로, 나의 논고 "Taking St. Paul Seriously," *Christian Philosophy*.
33. 의지의 예속은 루터의 중요한 주제이자 아우구스티누스 그리고 궁극적으로는 바울로까지 거슬러 올라간다. 이 주제에 대한 에라스무스와 루터의 논쟁에 관해서는, *The Bondage of the Will*, Vol. 33 of *Luther's Works*를 보라.

에서가 아니라 윤리학에서, 또는 클리마쿠스의 성서 언어로는, 창조에서가 아니라 타락에서 발견된다고 생각한다. "그런데 신이 인간 존재자와 절대적으로 다르다면, 이는 인간이 신에게서 자기 토대를 가지는 것이 아니라 (만일 그렇게 되면 인간과 신은 동류가 된다) 인간이 인간 자신에게 토대를 두었으며, 자신에게 지은 허물에 그 토대를 두었다는 데서 비롯할 수 있다. 이 차이는 대체 무엇인가? 실제로 차이는 죄밖에 없다. … 우리는 개별 인간은 비진리이며 그 자신의 잘못으로 그렇게 된 것이라고 이미 진술했다"(PF 46~47[144~45]).[34]

클리마쿠스에게, 또는 적어도 클리마쿠스가 제시한 종교적 영역에는 인식론적 초월이 있다. 우리 자신의 힘으로는 알 수가 없고 오로지 타자의 선물을 통해서만 알 수 있는 것이 있다. 그런데 자세히 살펴보면, 인식의 실마리는 우리를 지성을 넘어, 의지로, 윤리적인 것으로 인도한다. 신앙과는 별개로 우리가 알레르기 반응을 일으키는 타자성은 무한한 정신과 유한한 정신 간의 차이에 있는 것이 아니라 더 근본적으로 우리에게 올바른 요구를 하는 신의 거룩한 의지와 자신을 중심에 둔 죄의 의지 사이의 차이에 있다.

---

34. 의심의 여지 없이, 클리마쿠스와 안티-클리마쿠스가 걸려 넘어짐 개념을 신에 대한 대안으로 발전시킨 것은 종교적인 것에 대한 그들의 설명에서 죄 개념이 중심에 있기 때문이다. 『철학적 조각들』에서, 걸려 넘어짐이라는 개념은 죄에 대한 논의 직후 도입된다. 죄는 대체로 『철학적 조각들』과 동시에 쓰여진 『불안의 개념』에서도 핵심적이다.

8장 키에르케고어

이러한 초월을 따라 소환된 자기-초월은 죄의식과 수용의 의지에서 시작될 것이고, 그저 진리만이 아니라, 또 그저 조건만이 아니라 용서와 화해에서 시작될 것이다. 따라서 클리마쿠스의 계승자인 안티-클리마쿠스는 이 물음에 답을 내놓을 것이다. 신의 목소리는 무엇을 말하는가? 그것은 정언명령으로 "너는 죄 용서를 믿어야 한다"(SUD 115[221])고 말한다.35

레비나스에게는 이것이 윤리학으로 보이지 않을 수도 있는데, 그는 키에르케고어가 아우구스티누스와 너무 많이 닮았다고 심하게 불평할 것이다. 아우구스티누스는 회심 직후 카치시아쿰에 머무르던 시기에 쓴 텍스트에 『독백』이라는 의미심장한 제목을 붙였고, 여기서 이성이 자신이 알고자 하는 바를 묻고 그가 "나는 신과 영혼을 알기를 원한다"라고 답하는 대화를 구상한다. 이성은 또 묻는다. "더는 아무것도 없는가?" 이에 아우구스티누스가 답한다. "전혀, 아무것도 없다."36 레비나스에게 문제는 키에르케고

---

35. 다음과 같은 말을 참조하라. "사도를 통해 '화해하라'라고 말하는 이는 하느님이시다. '우리를 용서해주십시오'라고 하느님께 말하는 이는 인간이 아니다. 그렇다. 하느님이 우리를 먼저 사랑하셨다"(WL 336[598]). 키에르케고어는, 여기서 자신의 이름으로 쓴 글에서 다음과 같은 윤리적 귀결을 직접적으로 도출한다. "참된 화해의 정신은 이것이다. 용서가 필요하지 않은 이가 화해를 제공하는 이다."

36. *Library of Christian Classics*, Vol. VI, *Augustine*, pp. 26~27[아우구스티누스, 『독백』, 55쪽]. 물론 아우구스티누스는 여기에 머무르지 않는다. 신과 영혼의 관계에 대한 풍부한 설명이라는 맥락에서, 그는 레비나스 자신은 착수하지 않

어의 텍스트가 죄 개념을 도입하는 데서 일어난다. 그는 아브라함의 비밀을 대체하고 재연하면서, 죄를 주체의 비밀로 본다. 이 비밀은 "우리가 말하기를 삼가는 단순한 지식이 아니라 특별히 죄의 상처와 동일시되는, 그 자체로 표현할 수 없는 것으로 남겨진"(PN 67) 비밀이다.

물론 그 결과는 원자적인, 자족적인 자기가 아니라 감춰진 내면성에서 일어나는 신과의 관계다. 그런데 레비나스는 여기서 "욕망으로 자신을 소모하는… 구원에 대한 목마름"을 본다. 주체성은 "자기 자신에 대해 긴장함… A에 대한 A의 불안"이다. "주체의 주체성은 동일자가 동일자를 염려함에 있어 동일자를 동일화하는 것이다. 그것이 에고이즘이다."

> 그러므로 자기에서 출발하는, 주체성을 위한 가능한 유일한 출발점인 신앙은 키에르케고어에게는 단지 신과의, 단둘만의 마주함 이외에 아무것도 인정하지 않는, 둘만의 마주함이다. … 고통받는 진리는 타인에게서가 아닌 신에게서 고독 속에서 열린다. 외부 세계에 비해 너무나도 큰 내면성, 그래서 거기에 들어갈 수 없는 실존은, 많은 사람의 시야 가운데, 근대 세계의 폭력 속에, 정열과 정념의 숭배 속에 존재한다. 이는 그 안에 무책임성을 지니며, 붕괴의 발효를 시행하고 있다. 그래서 존재자의 윤리적 토대에 대한

은 개인 윤리와 정치를 모두 발전시킨다.

경멸, 니체를 통해서 가장 최근 철학자들의 비도덕주의로 우리를 이끈 모든 윤리적 현상이라는 부차적 본성에 대한 경멸을 시작한다. (PN 70~72)

즉, 키에르케고어가 "따라서 나는 신앙을 위한 여지를 만들기 위해서는 지식을 부정하는 것이 필수적이라는 것을 알게 되었다"고 한 것은 레비나스가 "따라서 나는 **책임**을 위한 여지를 만들기 위해서는 지식을 부정하는 것이 필수적이라는 것을 알게 되었다"고 한 것과는 전혀 다른 말이다.

이 비판은 레비나스가 제기했을 때보다 오히려 지금에 와서 더 중요하며 신중하게 고려될 필요가 있다. 먼저 『이것이냐 저것이냐』에서는 심미적 단계와 구별되고, 『공포와 전율』에서는 종교적 단계에서 목적론적으로 유보된 윤리적 단계가 헤겔의 인륜성, 곧 사람들의 법과 관습이라는 점을 분명히 할 필요가 있다. 이는 레비나스가 이해하는 윤리적 관계를 의미하기는커녕, 오히려 그가 도덕과 구별하는 정치, 또 무한과 구별하는 전체성이다(TI 21~22[7~10]). 레비나스는 이를 이해하고 있다. 그는 윤리적 단계가 "내면의 삶이 법적 질서와 관련해서 번역되고, 사회에서 수행되고, 제도와 원칙에 충실하고 인류와 소통하고 있는 단계"(PN 67)라는 점을 알고 있다. 하지만 그는 무한과 초월의 윤리를 이해한 자신과는 달리, 키에르케고어가 전체성과 내재성의 윤리만을 알고 있으며 순전한 사회화 안에 있는 윤리를 넘어 종교적 신앙의 구원을 추구하는 쪽으로 선회한다고 생각하는 것 같다. 그는 이렇게 적고 있다. "이제 〔키에르케고어가〕 보는 곳에 윤리가 있는지는 전혀 확실치 않다. 타자들을 향한 책임 의식으로서의 윤리는… 일반성 안에서 당신을 상실하는 것과는 거리가 멀고, 당신을 특이하게 만들고, 당신을 유일무이한 개별자, 나로 정립한다. 키에르케고어는 이를 경험하지 못한 것처럼 보인다. 왜냐하면 그는, 자신에게 일반성의 단계인 윤리적 단계를 넘어서고자 하기 때문이다"(PN 76~77).

그런데 이것은 키에르케고어의 말 전체에 대한 이중적 오독이다. 첫째 클리마쿠스는 체계에는 윤리가 없다는 점을 지적한다(CUP 119, 121). 물론, 체계는 클리마쿠스 자신도 풍자적으로 인정한 것처럼, 인륜성의 윤리를 담고 있다(CUP 145).[37] 여기서 결핍된 것은 클리마쿠스가 주체성이라고 부르는 것인데. 그는 윤리와 주체성을 영지주의적인 관점, 곧 이론이 최고의 인간 과제[38]라고 보는 사변적 관점으로부터 구별하고, 또 사회적 순응이 기대할 수 있는 것의 전부인 부르주아 언어 게임(인륜성)으로부터도 구별한다.[39] 주체성은 종교적인 것의 지평이자 필수 불가결한 요소이며,

---

37. 헤겔의 윤리를 탁월하게 다루는 연구는 앨런 우드(A. W. Wood)의 연구에서 발견된다. *Hegel's Ethical Thought*. 『후서』에 대한 일관적 해석으로는 나의 다음 책을 보라. *Becoming a Self*.
38. 논리학의 관점에서 추상적으로건 세계사의 관점에서 구체적으로건, 그 둘 다 전체성으로만 충만하게 파악될 수 있다.
39. 추측은 헤겔의 체계에서 절대정신의 정점이기 때문에 인간의 가장 높은 과제이며, 윤리적인 것은 객관적인 정신보다 한 단계 아래에 속한다. 이미 『삶의 길

종교성 A와 종교성 B가 이 점을 모두 전제하고 있다. 이 종교성에 대해 클리마쿠스는 『후서』의 2부, 2장, 2절에서 광범위한 주의를 기울인다.[40] 그러나 주체성은 종교적인 것과 동일한 범위에 있지 않다. 체계에는 윤리가 없다는 불만이 발견되는 1절은 "주체적이 된다는 것이 인간에게 주어진 최고의 과제가 아닐 경우 윤리가 판단해야 할 것"(CUP 129)이라는 제목을 달고 있다. 2절은 "진리는 주체성이다"라는 유명한 (또 유명하지 않은) 주장을 포함하고 있으며(특히 CUP 203을 보라), 클리마쿠스는 주로 종교적인 문제에 관심이 있는 것으로 보인다. 그러나 3절은 "윤리적 주체성"(CUP 301)의 문제로 되돌아간다.

클리마쿠스는 윤리와 윤리적인 것에 실렌티오와는 다른 의미를 부여함이 분명하다. 클리마쿠스에게 이는 윤리가 없는 체계에 대한 도전으로 설정되기 때문에, 한편으로 그것은 인륜성과 구별되고, 다른 한편으로 종교와 구별된다. 비록 윤리와 종교가 윤리적-종교적이라고 연결될 정도로 매우 밀접하게 연결되어 있는 주

의 단계들』에서, 프라터 타시투르누스(Frater Taciturnus)는 순응을 넘어 사회적 기대에 이르는 윤리적 영역에 대한 설명을 제시한다. "윤리적 영역은 과도기적 영역일 뿐이고, 따라서 가장 높은 표현은 부정적인 행동으로서의 회개이며 윤리적인 것은 필수적 요구의 영역이다. (또 이 요구는 너무 무한해서 개인은 항상 붕괴한다)"(SLW 476).

40. 그는 이를 각각 내재성의 종교와 초월의 종교라고 부른다. 왜냐하면 내재성의 종교는 상기의 지평 내에서 가능하지만, 초월의 종교는 계시를 전제하기 때문이다.

체성의 두 양태이긴 하지만 말이다. 레비나스처럼 클리마쿠스도 우리에게 하나의 윤리학을 제시하지는 않지만, 윤리적 영역에 관해 이야기할 때 클리마쿠스는 분명 감추어진 내면에서 일어나는 신과의 관계보다 더 넓은 범위의 책임에 대해 아주 분명하게 이야기한다. 클리마쿠스를 통해 키에르케고어는 이미 『공포와 전율』에서 목적론적으로 중단된 것과는 다른 방식의 윤리적인 것이라는 개념을 배태한다.

그런데 클리마쿠스는 윤리적인 것이라는 관념을 발전시키지 않았다. 그리고 체계에는 윤리가 없다는 그의 불만을, 레비나스는 아이러니하게도 키에르케고어의 주체성에도 윤리는 없다는 불만으로 읽어낼 수도 있을 것이다. 엄밀히 말해 참이라고 할 수는 없지만, 클리마쿠스가 윤리 없는 종교를 견지한다고 불평하는 것은 레비나스가 간혹 신에 대해 수수께끼 같은 언급을 함에도 불구하고 종교 없는 윤리를 견지하고 있다는 역-불평만큼이나 강력한 것일 수 있다.[41] 하지만 『후서』는 키에르케고어 저작의 정점에 있는 것이 아니며,[42] 클리마쿠스가 윤리에 대한 그의 마지막 말을 하는 것도 아니다.

『후서』를 출간한 지 1년도 채 되지 않았을 때, 키에르케고어는

---

41. 앞의 7장 각주 3을 보라.
42. "종교성 C"에 대해서는 나의 다음 글에 나온 설명을 보라. "Kierkegaard's Teleological Suspension of Religiousness B," *Foundations of Kierkegaard's Vision of Community*. 또한 나의 책 *Becoming a Self*의 14장을 보라.

자신의 일기에 다음과 같이 적었다.

> 사람들이 나의 산파술적 세심함에 대해 배워야 할 모든 것에도 불구하고, 천천히 계속해서 내가 더 이상 아무것도 알지 못하고 다음 일도 모르는 것처럼 보이게 함으로써, 이제 사람들은 나의 새로운 건덕적 강화[43]에 대해 내가 아무것도 모른다고, 다음 일을, 또 사회성을 내가 아예 모른다고 소리칠 것이다. 어리석은 자들! 그런데 다른 한편으로 나는 어떤 의미에서 사람들이 이해하는 것과는 달리 거기에ㅡ즉, 내가 처음에 한 가지 측면을 명확하고 예리하게 제시하면 다른 측면이 더욱 강력하게 확증되는ㅡ어떤 진리가 있음을 하느님 앞에 고백해야 할 의무를 안고 있다.
> 이제 다음 책의 주제가 나왔다. 제목은 다음과 같다.
> 『사랑의 역사』. (WL 409, 강조는 필자)

우리가 어디에 있는지 기억하자. 우리는 레비나스에게서 인식론적 초월과 자기-초월이 단순히 인지적 유한성에서 벗어난 것이 아니라 윤리적 초월과 자기-초월을 위해 목적론적으로 유보되는 구조를 살폈다. 신의 초월에 대한 탐구에서 이를 활용하기 위

---

43. 이것이 가리키는 바는 『다양한 정신에서의 건덕적 강화』 1부, 곧 "마음의 청결은 한 가지를 품는 것이다"로 더 잘 알려진 "특별한 때를 위한 강화"다. 이는 클리마쿠스가 종교성 A라고 부르는 것의 파원에서 숨겨진 내면성의 종교를 웅변적으로 묘사한 것이다.

해, 우리는 키에르케고어의 제안을 따라 타자가 이웃이 아니라 신이라는 점을 제외하면 그 구조가 동일하다고 했다. 우리는 실렌티오와 클리마쿠스에게서 초인지적인 것, 즉 신앙을 위해 지식을 부정하는 것을 보았다. 그것은 확실히 신앙이지만, 신의 약속에 대한 신뢰와 신의 명령에 대한 순종에 전적으로 몰두하는 신앙이다. 지식이 봄(보이는 것과 보이지 않는 것)의 문제라면, 초월은 여전히 목소리의 문제이며 신앙은 전도된 지향성에 대한 반응이다.

레비나스의 반대는 이 신앙이 책임이기보다는 무책임이며, 그래서 자신과 신의 관계에 몰두하는 것은 이웃을 곤경에 빠트린다는 것이다. 키에르케고어는 약간의 짜증을 곁들여 "내 말 끝까지 들어!"라고 답한다. 그런 다음 그는 『사랑의 역사』라는 제목을 단, 이웃에 대한 신앙의 책임에 관한 자신의 설명을 써 내려가고자 자리에 앉는다. 키에르케고어에 대한 레비나스의 응답과 관련해서 슬픈 것은 레비나스가 이 책을 들어본 적도 없다는 듯이 말을 하고 있다는 데 있다.[44]

키에르케고어는 이제 자기 이름으로 글을 쓰면서 가장 큰 계명이 무엇이냐는 물음에 대한 예수의 답변을 따라 논의를 진행한다. "'네 마음을 다하고 목숨을 다하고 뜻을 다하여 주님이신 너희 하느님을 사랑하여라.' 이것이 가장 크고 첫째가는 계명이고,

---

44. 레비나스가 가한 비판의 실체, 또는 『사랑의 역사』에 대해 드러내는 무지가 그만의 문제인 것은 아니다. 이에 대한 체계적이고 지속적인 대응으로, M. J. Ferreira, *Love's Grateful Striving*을 보라.

둘째는 이와 같다. '네 이웃을 네 몸같이 사랑하여라'"(마태오의 복음서 22:37~39).[45] 이는 레비나스의 생각과는 달리, 키에르케고어에게서 이웃이 소외되지도 망각되지도 않음을 의미한다. 둘째 계명이 덜 중요하기 때문에 두 번째인 것도 아니다.[46] 둘째 계명은 첫째 계명에 의존하기 때문에 두 번째인 것이다. 이웃에 대한 그리고 이웃을 위한 나의 책임의 가장 깊은 근거는 신의 명령이다. "궁극적으로, 하느님에 대한 사랑만이 결정적이다. 이웃에 대한 사랑은 이것에서부터 나오며 … 그리스도교의 사랑의 명령은 사람들에게 무엇보다 하느님을 사랑하고, 다음으로 이웃을 사랑하라고 요구한다"(WL 57 [109], 강조는 필자, 140 [257~58] 참조).[47] 이것은 신이 삼자 관계의 중간 항이라는 것을 의미한다. "세상의 지혜는 사랑이 인간들 사이의 관계라는 의견을 낸다. 그리스도교는 사랑이 한 인간-신-한 인간 사이의 관계, 곧 신이 중간 항에 있는 관계라고 가르친다"(WL 107 [198~99]).[48] 숨겨진 내면은 버려지지 않는다. "문을 닫고 하느님

---

45. 작은 따옴표 인용은 예수가 이 말을 신명기 6장 5절과 레위기 19장 19절에서 인용했음을 표시해주고 있다.
46. 예수는 즉각 다음과 같은 말을 덧붙인다. "이 두 계명이 모든 율법과 예언서의 골자다"(마태오의 복음서 22:40, 강조는 필자). 다른 데서 그는 이렇게 가르친다. "가장 작은 계명 중에 하나라도 스스로 어기거나, 어기도록 남을 가르치는 이는 누구나 하늘나라에서 가장 작은 이로 대접받을 것이다"(마태오의 복음서 5:19). 야고보의 편지 2장 10절 참조. "누구든지 계명을 다 지키다가도 한 조목을 어기면 계명 전체를 범하는 것이 됩니다."
47. 이 명령을 받은 예수가 그리스도인이 아닌 유대인으로 말하고 있다고 한 키에르케고어의 이해를 기억할 필요가 있다.
48. WL 58, 67, 77, 119, 121 [109, 126, 145, 220, 223] 참조.

께 기도하라. 하느님이 분명 가장 높으신 분이시니 말이다." 하지만 이 또한 충분하지는 않다. 왜냐하면 "그대가 하느님께 기도하기 위해 닫았던 문을 열고 바깥으로 나왔을 때 그대가 마주하는 첫 인간이 바로 그대가 사랑해야 하는 이웃이기"(WL 51 [98]) 때문이다. 숨겨진 비밀 가운데서 신이 말하는 첫 번째 말이 용서와 화해라면, 공적 영역으로 돌아가는 믿음의 영혼에게 신이 말하는 마지막 말은 "네 이웃을 네 자신처럼 사랑하기를 잊지 말라"는 것이다. 그래서 키에르케고어는 요한의 첫째 편지 4장 20절을 인용한다. "'나는 하느님을 사랑한다'고 하면서 자기의 형제를 미워하는 사람은 거짓말쟁이입니다. 눈에 보이는 형제를 사랑하지 않는 자가 어떻게 보이지 않는 하느님을 사랑할 수 있겠습니까?"

신의 형상으로 창조된 이웃은 신의 흔적일 수도 있지만, 엄밀한 레비나스적 의미에서 보자면 그렇지 않다. 이웃을 사랑하라는 명령은 결코 현전한 적 없는 과거가 아니다. 그것은 역사 속 계시이며, 근원적으로는 모세 율법의 일부분이고, 예수의 가르침에서 되풀이되었으며, 오늘날 말씀과 성령이 결합하여 진리와 진리를 인식할 능력을 부여함으로써 각 사람에게 전달되었다. 만일 이것이 레비나스의 흔적에 관한 설명과 맞지 않는다면, "전체성 너머"에서 도래하고, "전체성과 역사 내부에, 경험 내부에 반영되어 있는"(TI 23 [10]) 초월에 관한 그의 설명에는 들어맞을 것이다.

레비나스에게 초월은 인간 타자, 즉 이웃의 얼굴로서 역사와 경험 속에 들어가 있다. 우리는 앞 장에서 얼굴이 말한다는 것을 보았고, 얼굴이 말하고 있을 때 그것이 자신을 그 자체$^{καθ' αὐτό}$로 표현한다는 것을 보았다. 같은 구조가 키에르케고어가 제일의 타자를 이웃이 아닌 신으로 제시할 때 나타난다. 나 자신을 사랑하는 것처럼 이웃을 사랑하라고 내게 명령하는 신은 내가 얼굴 대 얼굴로 볼 수 없는 자이지만 – "그러나 나의 얼굴만은 보지 못한다. 나를 보고 나서 사는 사람은 없다"(출애굽기 33:20) – 신은 그럼에도 불구하고 내게 말을 건네고 나를 문제시하는 목소리다. 아브라함을 대할 때와 마찬가지로, 신의 언어 행위는 약속과 명령, 율법과 복음이다. 따라서 키에르케고어는 『사랑의 역사』가 나온 지 몇 년 후에 자기 일기장에 이렇게 쓸 것이다.

> 그리스도교적으로 강조하는 바란 사람이 실제로 노력하고 있다고 할 때 요구사항을 충족시킨다거나 성취하는 데 있어 어느 정도로 혹은 얼마만큼 그것을 성취해냈는지에 있는 것이 아니다. 오히려 강조되는 것은 인간이 무한성 안에서 그러한 요구사항에 대한 인상을 받아 올바르게 겸손해지는 법과 은총에 의지하는 법을 배우는 것이다.
>
> 요구사항을 충족시키기 위해 그것을 축소하는 것은… – 그리스도교의 가장 깊은 본질에 반대하는 것이다.
>
> 아니, 무한한 낮아짐과 은총, 감사함에서 비롯된 분투 – 이것이 그리스도교다. (WL 486)[49]

『사랑의 역사』에서 초점은 요구 사항과 그 요구의 무한성에 맞춰져 있다. 첫 번째 일련의 반성은 의무로서의 사랑에 대한 지속적 매개다. 여기에는 칸트적이고, 의무론적인 감각이 있다.[50]

그런데 두 가지 중요한 차이가 있다. 첫째, 칸트는 이렇게 주장한다. "사랑은 감정 문제이지 의욕이나 의지의 문제가 아니다. 내가 의욕한다고 해서 사랑할 수 있는 것이 아니고, 내가 마땅히 사랑해야 한다고 해서 사랑할 수 있는 것은 더더욱 아니다. … 따라서 사랑에의 의무와 같은 것은 없다."[51] 이에 맞서 키에르케고어는 이웃 사랑이 신의 **명령**이라고 주장한다. 두 번째 차이점은 의무가 순수 실천 이성의 자율성이 아니라 신의 명령에 그 기원을 갖는다는 데 있다. 키에르케고어는 그의 윤리학[52]에서 신의 명령이라는 성격을 매우

---

49. 그래서 제임스 페레이라의 책 제목이 『사랑의 감사에 찬 분투』다. [앞의 각주 44 참조.]
50. 두 번째, 곧 2부는 이에 상응하는 아리스토텔레스적 덕 윤리에 해당한다. 단, 이 덕 윤리는 단 하나의 덕목, 이웃사랑에 초점을 맞추고 있다.
51. 칸트의 『도덕 형이상학』의 2판 서론, 곧 『덕론의 형이상학적 기초원리』 서론에서 인용함. *Kant's Critique of Practical Reason and Other Works on the Theory of Ethics*, p. 312[『도덕 형이상학』, 281쪽]. 더 요약해서 말하자면, "경향성(Neigung)으로서의 사랑은 지시 명령될 수 없는" 것이고, "의무에서 행하는 선행(Wohlthun)"만이 명령될 수 있다(*Grounding for the Metaphysics of Morals*, p. 399[『도덕형이상학 정초』, 40쪽]). 키에르케고어에게도 그것은 "사랑에 관한 것이 아니라 사랑의 역사에 관한 것이다"(WL 3[9]). 사랑의 역사 가운데 하나는 "그 약점과 결점과 불완전함에도 불구하고, [이웃을] 사랑스럽게 볼 수 있는 것"이다." 이것은 "자신과 자신의 기호를 변형하기를"(WL 158[288], 강조는 필자) 요구한다. 이는 아리스토텔레스적 정취를 가지는데, 이 정취에 따르면 윤리는 인간의 행동과 애정을 모두 옳음과 좋음에 일치시키는 것이다.

강하게 강조하고 있다. 이런 윤리에서 신이 내가 보지 못하는 얼굴을 가졌음에도 불구하고 우리에게 단순히 무엇인가를 알려주기 위해서가 아니라 우리에게 요구하는 방식으로 말하고 있다는 사실에는 의심의 여지가 있을 수 없다. "복음의 신적 권위는… 우리 인간 존재자에 관해서, 너와 나에 관해서 말하는 것이 아니라 우리 인간 존재자에게, 너와 나에게 말하며", 그래서 "이로부터 당신이 당신 자신에 관하여 전문적으로 아는 자의 지위를 떠맡게 된다는 결론은 따라 나오지 않는다"(WL 14~5[31~2]).

신이 말한다는 것이 끊임없이 전제되고 표현된다. 이 말함에서 신이 자신을 그 자체καθ' αὐτὸ로 표현하는 일은 응당 언어에서가 아니라 명령된 사랑과 [세상에서] 칭송받는 사랑 사이를 지속적으로 대조하는 데서 더 분명하게 주제화된다. 세속 문화 일반과 특수한 시인들이 칭송하는 두 가지 사랑이 있다. 에로스적 사랑과 우정이 바로 그것이다. 키에르케고어는 규칙적으로 이를 자기애의 형태라고 부른다. 만일 히브리 시에서 병렬의 형태가 두 번, 심지어 세 번 조금씩 다른 말로 같은 것을 말하는 것이라면,[53] 우리는 이 수사를 엘비스 프레슬리의 "난 당신을 원해요, 당신이 필요해요, 당신

---

52. 나는 이 주제를 다음 두 편의 글에서 논의했다. "Commanded Love and Moral Autonomy, pp. 200~233. 이것이 어떤 종류의 신의 명령 이론인지를 따지는 데는 세심한 검토가 필요하다.
53. 한 예로 이런 말이 있다. "내 영혼아, 야훼를 찬미하여라. 속으로부터 그 거룩한 이름을 찬미하여라"(시편 103:1).

을 사랑해요"라는 곡에서 들었을 것이다. 이 노래의 에로스적 맥락에서, 나는 당신을 사랑한다는 말은 오직 내가 당신을 원하고 당신이 필요하다는 말만을 반복하는 것이다. 이는 키에르케고어가 이렇게 칭송을 받는 사랑을 왜 자기애로 보는지에 대한 암시를 우리에게 제시한다. 그는 이 점을 세 가지 갈래로 나눠 설명한다.

1) 에로스적 사랑과 우정은 자발적이다. 이 사랑과 우정은 나의 추동, 경향성, 느낌에서 발견된다.[54] 나는 가르침도, 규율도, 재촉도 필요로 하지 않는다. 에로스적 사랑에 대해 말하자면, 소년들은 호르몬이 상승하기 시작하면 일반적으로 소녀들, 특히 '그녀'에게 자연스럽게 호감을 갖게 된다. 그리고 사춘기에 들기 훨씬 전에, 그리고 비정상적 발달에 해당되는 것이 없을 경우, 아이들은 자연스럽게 친구를, 더 나아가 소위 '베스트 프렌드'를 찾는다. 어른들도 이런 경향을 잃지 않는다. 물론 욕망의 '대상'은 두 경우 모두에서 어떤 보답도 하지 않을 수 있으며, 나는 연인이나 친구를 찾는 것이 어렵다는 것도 알게 될지 모른다. 그러나 이러한 외적 어려움은 결코 자발적인 경향성의 본성을 완화하지 못한다. 엘비스가 옳았다. 이 사랑은 나의 필요와 원함에 복무한다.

2) 이렇게 칭송받는 사랑은 특혜적이고 따라서 배타이다. 여기서 명령된 사랑과 관련하는 동등성은 완전무결한데(WL 44, 60, 68~74, 81 [85~86, 113, 128~139, 151]), 모든 사람이 무조건적으로 나

---

54. 명령된 사랑과의 대조는 WL 143[263~64]을 보라.

의 이웃이라는 것도 똑같이 그러하다(WL 44, 49[85~86, 95]). 이것은 내가 사랑해야 할 적까지도 포함한다(WL 19, 67~68[40, 126~28]). 에로스적 사랑과 우정 안에서 나는 이것에는 끌리지만, 저것에는 끌리지 않으며,[55] 내가 매력적이라고 느끼는 것이 그 선택의 기초에 있다. 성적 매력에 호소하는 것과 비-에로스적 유용성이나 쾌락이 나에게 동기를 부여한다. 나의 자발성은 내가 선호하는 것의 지도를 받는다. 나는 내가 원하고 필요로 하는 것을 사랑한다.

여기서는 자기-초월이 거의 존재하지 않는 것처럼 보이는데, 이에 키에르케고어가 이러한 사랑을 자기애라고 부르는 것은 놀라운 일이 아니다. 여전히, 여기에는 성가신 물음이 있다. 분명 모든 연인과 친구가 상호성[56]이 성취되는 이 관계에서 이기적으로만 행동하는 것은 아니다. 유용성이나 쾌락을 기반으로 삼은 관계에는 실질적인 관대함이 있다. 게다가, 아리스토텔레스는 이런 것들을 넘어서, "친구를 위해서 친구가 잘되기를 바라는"[57] 이들 사이에 좋음의 우정이 있음을 우리에게 상기시켜준다. 키에르케고어는 이것을 알고 있으며, 이는 그를 세 번째 논점으로 이끈다.

3) 개인들이 서로와 관련해서 이기적이지 않은 데서조차, 우

---

55. 모차르트의 오페라에서, 이 규칙의 예외가 되려는 돈 조반니의 시도는 희극적이면서도 비극적이다.
56. 대칭과 혼동하지 말자. 왜냐하면 관계는 한쪽으로 치우칠 수 있기 때문이다.
57. Aristotle, *Nichomachean Ethics*, 1159a 9~10[아리스토텔레스, 『니코마코스 윤리학』, 294쪽].

리는 "새로운 이기적인 자기 안에 이기적으로 둘을 통합할 수 있는"(WL 56 [106]) 자기애를 필연적으로 넘어서지 못한다. 그들은 "자기애 안에서의 연합"(WL 119 [220])을 이룰 수 있다. 이 연합에서 주요 관심은 "우리 자신의 세속적 이익과 몇몇 사람들의 이익"이다. 왜냐하면 그것은 "자기애 안에서 몇몇 사람들이 한데 모이는 것을"(WL 123~24 [228~29]) 쉽게 해주기 때문이다. "몇몇 사람들"에 대한 언급은 키에르케고어가 자발성과 편애를 기반으로 삼아 염두에 두는 이기적 우리가 비단 둘로 국한될 필요가 없음을 상기시킨다. 그것은 가족, 부족이나 당파, 계급, 인종, 국가로 확장될 수 있다. 다시 말해, 한 연합이 자발적으로 또 선택적으로 배제하기를 그만두지 않으면 그 몇몇 사람들이란 실상 다양하게 드러날 수 있다. 나는 올림픽이나 월드컵 같은 국제 대회의 경쟁에서 자연스럽게 미국인들을 응원하고, 그렇게 함으로써 다른 경쟁자들이 "우리"를 이길 때 그 경쟁자들로부터 나의 지지를 철회하고 나의 기쁨을 보류하게 된다.

이 모든 것은 신이 이웃을 자기 자신처럼 사랑하라고 명령을 내릴 때 신 자신을 그 자체 καθ' αὐτό로 표현하고 드러내는 일과 무슨 상관이 있는가? 그저 이것뿐이다. 우리가 이전 장에서 본 것처럼, 그 자체 καθ' αὐτό의 직접성은, 정상적이고, 매개적인 역할을 무력화하면서, 그것이 언급된 것들의 기대 지평을 가로지른다는 것을 의미한다. 또 이는 신앙 안에서건 죄 안에서건, 받아들인 메시지의 근거는 개인이건 집단이건 그 메시지를 받는 자의 초월적 주체성 안에 있지 않음을 뜻한다.58 초월은 타자가 동일자에게 말을 건네고, 식별하고, 개별화하며 요구하는 인지적이고 도덕적인 이질성 안에서 일어난다. 현재의 맥락에서, 칭송되는 사랑의 구조는 사람들에게 매우 이질적인 신의 명령의 침투를 당하는 기대 지평이며, 신의 목소리로 인해 의문시되는 것은 나와 우리의 자발성과 편애다. 하이데거의 말처럼 현상학이 "자신을 보여주는 그것을, 자신을 그것 자체에서 보여주는 방식 그대로, 그렇게 그 자신으로부터 보여지게 하는 것"(BT 58[57])을 의미한다면, 아마도 이런 식의 타자성이 유일한 본래적 현상일 것이다.59 어쩌면 다른 "현상들"은 그 자신으로부터 그리고 자신을 통해서 주려고 하지만 결코 수용자 편에서의 매개를 피하지 못할 것이다.

이런 독해는 실렌티오와 클리마쿠스에게서 흔히 볼 수 있는 대조를 따라 확증되는데, 키에르케고어는 신의 명령과 인간 이성(WL 199[364]) 또는 "순전한 인간의 관점"(WL 121[223]) 사이에서

---

58. 나와 나의 기대 지평으로부터 주어짐을 분리해내는 것은 장-뤽 마리옹이 『주어진 것』과 다음 책에서 시행한 후설 비판의 핵심을 이룬다. *Reduction and Givenness*. 이러한 선험적 조건의 제약을 받으면, 그 어떤 현상도 자신을 그 자체로 보여줄 수 없으며, 그것은 그저 "관객과 초월적 감독에게 종속되어 설정된 장면과 그 외 다른 것에 의해 설정된 장면의 무대에만 오른다"고 마리옹은 말한다. *Being Given*, pp. 212~13.
59. (초월의 목소리보다 더 포괄적인 범주인) 포화된 현상에 관해서 말한 마리옹의 글을 참조하라. 그는 그것을 하이데거에게서 비롯한 이 공식과 연관시킨다. "그것은 그것 자체에 대해, 그것 자체를 기반으로 삼아 그것 자체로만 진정으로 나타난다…." *Being Given*, p. 219.

일어나는 "충돌"(WL 109, 113 [202, 210])로 나아가게 된다. 이는 "인간적으로 말해서, 광기", 또는 적어도 "가장 낯선" 차원 – "신적 기원"(WL 42 [81])의 명확한 표시 – 에 속한다. "세속적이고, 순전히 인간적이지만 정교하게 시적으로 발전된 관점"을 따르자면, 이 목적은 "온갖 속박으로부터 사람들을 해방시키는 것 ⋯ 사람들을 하느님에게 얽어매고, 삶의 모든 일로, 삶의 모든 표현으로 사람들을 결박하는 것에서 그들을 해방시키는 것"이다. "정도의 차이는 있지만 사람들은 공개적으로 하느님을 폐하고 인간을 권좌에 앉히고자 한다. 인간의 권리로?" 이때 키에르케고어는 마치 니체를 선취한 것처럼, "신이 사라진다면 그 자리는 실제로 비어 있을 것이다"(WL 114~15 [212~13])라는 결론을 내린다.[60] "신의 개념과 순전히 인간적인 개념"(WL 109 [202]) 사이의 첨예한 대조를 고려할 때, "자연적 인간에게 [이웃 사랑의 의무가] 실족"이고 교양 있는 지혜에게는 "어리석음"(WL 58~9 [111])이 된다는 것은 놀라운 일이 아니다.

그러므로 이웃 사랑 명령의 가능성의 조건이 되기는커녕, 순전히 인간인 나와 우리는, 의미와 진리의 지평과 관련해서 그 명령의 불가능성의 조건이 된다. 아브라함의 신앙처럼, 신의 명령을 받아들일 신앙의 여지를 만들기 위해 키에르케고어는 인간 이성과 세속적 지혜의 지식을 부정하는 것이 필연적이라는 점을 깨닫는다.

---

60. 말하자면, 그리스도교 국가는 자신들이 마땅히 받아들여 할 니체를 얻게 되었다.

여기에 인식론적 양상에서의 신의 초월이 있다. 그런데 용서와 화해의 제의(복음)처럼, 나의 이웃을 사랑하라는 명령(율법)은 순전히 또는 심지어는 일차적으로 나의 신념에 관한 것이 아니다. 그것은 나의 행동, 나의 태도, 나의 정서, 나의 동일성 자체에 관한 것이다. 이것은 전적으로 신의 초월의 종교적 양상이다. 신은 나의 지식이나 의지를 넘어서 있는 약속과 명령을 통해 나 자신 너머의 삶으로 나를 부르는 나 자신 너머의 목소리다.

중간 항으로서의 신 없이 이웃이 제일의 타인이라고 하는 레비나스적인 윤리적 초월처럼, 종교적 초월은 자기를 변형하는 자기-초월을 요구한다.

내게 트라우마를 일으키는 타자와의 만남을 계속 지시하는 레비나스처럼,[61] 키에르케고어는 목소리를 들음에서 비롯하는 어떤 침입의 잠재성을 가볍게 다루지 않는다. 그것은 나를 결정적으로 탈중심화한다. "이렇게 말하는 것이 유년기의 표시다. 내가 원한다. 내가-내가. 또 이렇게 말하는 것이 청소년기의 표시다. 나-또 나-나. 그러나 성숙한 사람의 표시와 영원한 분에 대한 헌신은 이 나가 너가 되지 않으면 아무런 의미가 없음을 이해하려는 의지다. 영원한 분은 너에게 끊임없이 말하고 말한다. 너는 해야만 한다. 너는 해야만 한다. 너는 해야만 한다"(WL 90 [167]).[62]

---

61. 이는 특히 『존재와 달리』 전반에 걸쳐 나온다. 앞의 7장 각주 55를 보라.
62. 키에르케고어는 계속해서 이렇게 말한다. "젊음은 온 세상에서 유일한 나로 존재하기를 원한다. 성숙은 이러한 너를 개인적으로 이해하는 것이다. 그것이

나를 탈중심화함에 있어 목소리는 타자를 동일자로 환원할 자유를 나에게서 박탈한다. 그것은 "너는 그에게 속해 있다"(WL 12[26])는 것을 나에게 상기시킴으로써 나를 사로잡아둔다(WL 96[177]).63 만일 칭송받는 사랑이 자기애라면, 자기애의 극복은 "자기-단념"(WL 4[8]), "자기-희생"(WL 113, 119[209, 221]), 또 가장 빈번하게는 텍스트를 통해 볼 때 "자기-부인"일 수도 있다. "사랑은 신과의 관계에 뿌리를 둔 자기-부인이다"(WL 424).64

이 시점에서 어떤 사람들은 키에르케고어의 아버지가 키에르케고어를 양육했을 때의 우울한 경건함만을 보고 싶은 유혹에 빠질 것이다. 하지만 여기서 레비나스가 다시금 안내자로 도움을 준다. 같은 맥락에서 레비나스는 그의 논증에서 나의 존재 보존 욕구conatus essendi와 나의 자유에 대한 트라우마의 도전이 소외되지 않는다고 주장한다(OBBE 105, 112, 114, 118[227, 244, 247, 258]). 이는 그것이 자유와 예속에 대한 통상적 대안을 넘어서 나를 취하기 때문이다(OBBE 105[227]). 그런데 어떻게 그렇게 되는가? 내가

다른 한 사람에게 건네진 말이 아니라고 해도 말이다." 이것이 레비나스의 다음 두 가지 논지를 반향한다. "나에 대한 목소리의 요구와 그 윤리적 관계의 비대칭성을 개별화하는 성격. 그것이 나의 책임에 관한 물음일 때, 다른 누구의 책임에 관한 물음은 엄밀하게 부적절한 것이다. 이러한 모티브는 적을 사랑하라는 예수의 명령을 키에르케고어적으로 상기하는 바를 반향한다."

63. 여기서 키에르케고어는 『존재와 달리』의 볼모 모티브를 반향한다.
64. WL 52~56, 84, 113, 130, 191, 194~97[99~107, 157, 209, 240, 348, 357~360] 참조.

"선한 폭력으로부터 부과되는"(OBBE 43[100]) 요구에서의 주체이기 때문이다. 선한 것에 대해서, 이 선함은 "타자성의 폭력을 구제한다"(OBBE 15[43], 또 123[269] 참조). 좀 다르게 말하자면 "아무도 선의 노예가 되지 않는다"(OBBE 11[34], 또 138[298] 참조).65 이것은 레비나스가 타자를 맞이하면서 자신을 잃는 사람은 그로 인해 오히려 자신을 얻는다고 자신 있게 말한 것과 유사하다.

키에르케고어가 그리 과묵하기만 한 것은 아니다. 만일 그가 신의 명령을 나와 우리의 인간주의에 대한 죽음으로 이해한다면, 이는 한 가지 다른, 조금은 더 온건한, 유신론적 인간주의를 위한 것이다. 그의 자기애에 대한 비방은 자기애 자체가 아니라 자기애의 우위성을 향한다. 자기애는 폐지되는 것이 아니라 "권좌에서 물러난다"(WL 44~45, 50, 58[85~86, 96, 110]).66 이웃 사랑 명령은 "자기애의 자물쇠를 여는"(WL 17[36]) 일종의 선택으로, 아이러니하게도 나 또는 우리의 절대적 자유를 추구하여 스스로를 노예로 삼은 사람들을 해방시켜 준다. 그렇다고 플라톤의 『국가』에서 말한

---

65. 분명 레비나스는 이웃의 경험적 사실성을 선과 동일시하지 않는다. 아무리 어리석고 부당하더라도, 타자는 선의 구체화이자 전달자로 남는다. 레비나스는 이렇게까지 신의 형상 안에서의 창조라는 개념을 견지하고자 한다.
66. 인륜성의 차원에서 재판관 빌헬름은 결혼에서의 에로스적 사랑이 무효화되는 것이 아니라 그 지위를 박탈당하고, 고귀해지고, 상대화되며, 변형된다고 주장한다. EO, II, 30~31, 61, 177, 226, 253, 271[53~56, 111, 315, 402, 451, 482]을 보라. 이와 유사하게 (인륜성으로서의) 윤리적인 것의 목적론적 중단에 대해서 말하면서, 실렌티오는 "무효화되는" 것이 아니라 "상대적인 것으로 환원된다"(FT 70~1[129~30])고 말한다.

것처럼, 시인들을 제거해야 한다는 뜻은 아니지만(WL 47 [90]), 시인들로부터 가장 인간적인 것을 배울 수 있을 것으로 기대할 수는 없다. 에로스적 사랑과 우정을 위한 적법한 장소가 있다. 이 사랑과 우정은 이것들이 자율성을 잃고 신과 이웃을 사랑하라는 이중의 명령에 정확히 종속될 때는 좋은 것이다.

하지만 사랑과 우정이 신과의 관계에서 목적론적으로 중단되어 있을 때, 그것들은 변형된다(WL 112 [208]). 이것은 자기애를 위한 적절한 장소가 있다는 것만이 아니라 더 중요한 적절한 자기애가 있다는 것을 의미한다(WL 18 [37]). 루터처럼, 키에르케고어는 아우구스티누스주의자이고, 그의 가르침을 수용한다.

> 자신을 사랑할 줄 아는 사람이 하느님을 사랑한다. 또 하느님을 사랑하지 않는 사람은 본성상 자신을 사랑하도록 태어났다고 해도 실은 자신을 미워한다고 여전히 이성적으로 말할 수 있다. 이는 자기에게 해가 되는 짓을 할뿐더러 마치 스스로가 자신에게 적이 되어 자신을 닦달하기 때문에 일어나는 일이다. … 그런데 지성이 하느님을 사랑할 때, 그리고 앞서 말한 대로 그 결과 하느님을 기억하고 이해할 때, 당연히 이웃을 자신처럼 사랑하라는 계명이 내려질 수 있다. 하느님을 사랑할 때 비로소 자기를 뒤틀리게 사랑하는 것이 아니라 올곧이 사랑하게 된다.[67]

---

67. Augustine, *The Trinity*, XIV, 14, 18, 또 VIII, 4, 9 [아우구스티누스, 『삼위일

따라서, 키에르케고어에게 이웃 사랑 명령은 그 안에 다음과 같은 다른 명령을 포함한다. "너는 올바른 방식으로 너 자신을 사랑해야 한다." 또 그는 이렇게 평한다. "너 자신을 올바른 방식으로 사랑하는 것과 이웃을 사랑하는 것은 서로 완벽하게 일치한다." 해당 명령의 "너 자신과 같이"에 관한 이러한 독해를 기반으로 삼아 그는 적절한 자기애를 공식화한다. "네 이웃을 너 자신과 같이 사랑할 때 너는 네가 이웃을 사랑하듯이 그렇게 너 자신을 사랑하라"(WL 22~23 [45~46]). 이것은 이 땅에서의 관계가 어떠하든지 자기애를 극복하는 자기-부인은 결코 "한쪽에서는 숭배 행위를 시행하고 다른 한쪽은 그 숭배의 대상이 되는" 것을 의미하지 않음을 뜻한다. 구체적으로, 그것은 "오만한 남성과의 관계에서 상처를 입는 여성"이 나오는 상호의존성을 방지하는 것이다. 젠더 문제에서 계급으로 논의를 전환해보면, 사회적으로 약한 자가 "자신을 낮추고 자신을 버리는 일 외에는 관계에 대한 다른 표현을 알지 못하는"(WL 125 [231]) 가난한 자와 권력자 사이의 상호의존성을 배제하는 것이 자기애를 극복하는 자기-부인이다.

키에르케고어는 올바른 자기애라는 개념을 통해 레비나스를

체론』, 2015, 1125, 또 1127, 701쪽] 참조. "그러므로 인간을 사랑하는 사람은 누구든 인간이 의로워서 사랑하거나 상대가 의인이 되도록 사랑한다. 또 자신을 사랑하더라도 의인이기에 사랑하거나 의인이 되도록 사랑해야 한다. 이렇게 하면 아무 위험 없이 이웃을 자신처럼(마르코의 복음서 12:33) 사랑할 수 있다. 자신을 달리 사랑하는 사람은 불의하게 자신을 사랑하는 것이니…."

긴장시킬 수도 있는 목적론적 인간주의를 자신의 의무론에 도입한다. 그런데 이런 점에서 그는 명령과 약속, 율법과 복음의 균형을 유지한다. (거짓된 자기에게) 나쁜 소식은 자기-초월이 곧 자기-부인이라는 것이다. (인내심이 한계치에 이른 거짓 자아에게) 좋은 소식은 자기-초월이 곧 자기 발견이라는 것이다. 명령과 정확히 마찬가지로, 초월의 목소리는 탈중심화된 자기에게 삼중의 선물 – 신과 이웃과의 적절한 관계 안에서 가장 참된 자기 – 을 제공한다.

:: 결론

    3장에서 나는 신에 대해 말하지 않는 방법의 범례적 예로 헤겔을 제시했고, 그의 사변적 범신론에서 신의 초월은 최소한의 것만 남기고 사라졌다는 점을 논증했다. 그럼에도 불구하고 이 책 전반에 걸친 나의 주장은 놀랍도록 헤겔적인 성격을 갖추고 있다. 이는 실제 내용보다는 방법의 문제다. 이것으로 내가 의도하는 바는 리쾨르와 가다머에게서 취한 해석학적 현상학이 아니다. 이 해석학적 현상학을 따르자면, 우리는 있는 그대로 기술되어야 할 현상이 아니라 역사적 특수성과 우연성으로 특징지어지는 텍스트와 전통의 옷을 잘 차려 입은 현상을 발견한다. 우리가 다른 텍스트와 전통을 이해하기 위해 적합한 기술을 제안할 만큼 해석학적 순환의 원을 충분히 넓게 열어보고자 해도, 우리는 해석학적 순환 내에서만 작업할 수밖에 없다.

    내가 헤겔에게서 염두에 둔 것은, 추상에서 구체로 이행하는 설명의 순서다. 헤겔에게 '추상'이란 구체적 특수성으로부터 추상화된 보편을 의미하는 것이 아니라 부분이 적절히 포함된 구체적 전체에서 뽑아낸 부분을 의미한다.[1] 그에게 적절한 철학적 절차란

---

1. 이러한 헤겔식 '적절함'의 의미는 X가 즉자적으로 자기 자신만으로 존재하는

추상적인 것에서 구체적인 것으로 이행하여 작업하고, 가장 덜 완전하고 자기-충족인 것에서 시작하여, 그것이 속해 있는 더 큰 맥락을 발견하고, 그것을 더 복잡한 '전체'의 일부로 재해석함으로써 맥락화하거나 재맥락화하는 것이다. 따라서 『정신현상학』의 예를 들자면, 감각적 확실성Sense Certainty은 (자기-충족적이라는 자기-현전화에 반하여) 지각Perception에 속하는 것으로 재해석되어야 하며, 이는 다시 지성Understanding에 속하는 것으로 재해석되어야 한다. 헤겔은 이 재맥락화를 지양이라고 부른다. 우리에게 익숙한 무효화와 보존을 동시에 의미하는 이 말은, 좀 더 구체적으로 이해하면, (『논리학』에서 사유의 범주 자체를 포함하는) 사유의 '대상'을 원자적이고 독립적인 실체로서는 부정하되 그것을 자체의 조직적 원리가 아닌 더 큰 복합체의 일부로 규정하는 것을 의미한다. 지양하게 된다는 것은 제자리에 위치한다는 것이다. 하지만 이런 자리매김을 두고서 마치 철학의 과제가 세계를 질서정연

것이 아니라 그 자신을 넘어선 Y와 관련해서 가장 참된 자신으로 존재한다는 것이다. 이런 점에서 이 말은 하이데거가 『존재와 시간』에서 제시한 '본래적'이라는 말과 대조를 이룬다. 데리다가 (비) 동일성의 관계적 의미와 관련한 용어를 되찾는 일을 게을리하더라도 적절한 것의 원자론적 의미에 항의하는 것은 한 명의 헤겔주의자와도 같은 모습이다. 이 맥락에서 다음 문헌들을 보라. J. Derrida, *Margins of Philosophy*, pp. 4, 27, 124, 333; *Of Grammatology*, pp. 109~10 [『그라마톨로지』, 292~95쪽]; "Interpreting Signatures (Nietzsche/Heidegger)" in *Dialogue and Deconstruction*; *Specters of Marx*, p. 92[『마르크스의 유령들』, 155쪽]. 또한 이 문제에 관한 짧막한 개관으로 Harvey, *Derrida and the Economy of Différance*, pp. 5~6을 보라.

하게 만드는 것인 양 여겨서는 안 된다. 모든 것에는 이미 제자리가 있고 모든 것은 이미 그 자리에 있다. 철학의 임무는 사물을 적절한 위치에서 보고 잘못 해석하지 않도록 하는 것이다.

주의 깊은 독자는 내가 키에르케고어의 목적론적 유보 개념을 사실상 지양과 동의어로 취급한다는 점을 알아차렸을 것이다. 그것은 『이것이냐 저것이냐』에서 같은 명칭으로는 아니지만 이미 작동하고 있다. 빌헬름 판사는 심미적 단계가 비록 종속적 역할을 하는 것이긴 하지만 윤리적 단계에 포함되어 있다고 주장한다. 전자는 "거부되거나" "무화되거나" "파괴되는" 것이 아니라 그 합당한 집에서 "고상한 자리에 거하게" 하도록, 또 "변형될" 수 있도록 원래 "자리에서 물러나는 것이다"(EO II 21, 30~31, 56~57, 61, 94, 226, 253, 271 [37, 53~56, 102~04, 111, 171, 451, 482]). 따라서, "심미적인 것은 절대적으로 배제되거나 절대로서 배제되는 것이 아니라 상대적으로 여전히 현전하며 … 심미적인 것은 모두 그 상대성 안에서 되돌아온다"(EO II 177 [315~16]). 이와 유사하게 우리는 윤리적인 것의 목적론적 중단으로 명명되는 것에 이르는 『공포와 전율』에서 키에르케고어가 "중단된 것은 몰수당하게 되는 것이 아니라 그것의 텔로스τήλος 또는 적절한 집인 더 높은 것에서 보존된다"(FT 54 [100])고 한 것을 상기하게 된다.[2] 따라서 "윤리적인 것은 상대

---

2. 문제시되는 윤리적인 것은 헤겔이나 키에르케고어가 생각하는 플라톤적/칸트적 윤리, 즉 영원한 진리에 대한 순수 이성의 무제약적 통찰이 아니라, 헤겔적 윤리, 즉 사람들의 법과 관습인 인륜성이라는 점을 아무리 강조해도 지나치지

적인 것으로 환원된다. 이로부터 윤리적인 것이 부정되어야 한다는 결론이 나오지는 않는다. 다만 윤리적인 것은 전혀 다른 표현을… 얻는다"(FT 70[129]).

지양과 목적론적 유보 사이의 깊은 친근성은 두 가지 중요한 차이를 따라 검증받게 된다. 첫째, 헤겔은 아리스토텔레스에게서 물려받은 생물학적 은유에 의존하여 원자적이고 추상적인 것에서 맥락적이고 구체적인 것으로의 운동이 마치 필연적인 것처럼 말한다. 여기서 저기로 그저 운동하는 것이 아니라 운동이 일어난 이후 그 운동을 인식하고 이해하는 것이 그의 과제다. 반면 키에르케고어에게는 그러한 필연성, 정신의 DNA가 없으며, 그의 과제는 그런 운동을 하기 위해 재맥락화 운동이 필요함을 이해하는 것이다. 이렇게 함으로써 나는 내가 들어가지 않았을 수도 있는 삶의 세계로 들어가고, 내가 하지 않았을 수도 있는 언어 게임을 하게 된다.

둘째, 헤겔은 무전제의 학문으로서의 철학에 전념하고 있다.[3] 이것은 (1) 올바른 추상적 출발점을 식별할 수 있다는 것과 (2) 철학적 여정의 시작에서 전체 과정의 근거이자 알파 지점으로 밝혀진 오메가 지점을 전제하지 않고도 궁극적인 텔로스로 이끄는 적절한 목적론적 유보 상태를 찾을 수 있다는 것을 의미한다. 키에르케고어는 이런 식의 가식을 취하지 않았으며 해석학적 순환과

않다. 관련해서 다음 나의 논고를 보라. "Abraham and Hegel."
3. 예를 들어 『대논리학』 도입부의 "학문의 시초는 무엇으로 마련되어야만 하는가"를 보라. Hegel, SL[69~86].

그 안에서 자신이 움직인다는 점을 기꺼이 인정한다. 그에게 사유는 이해를 추구하는 신앙faith seeking understanding이며,[4] 그리고 한 단계를 다른 단계 내에서 상대화하고 재맥락화해야 하는 개념적·목적론적 필연성은 전체 과정이 안내하는 궁극적인 흐름과 관련해서만 나타날 수 있다.[5] 그렇지 않으면 그것들은 역설적이거나 부조리하거나 그저 정신이 나간 것처럼 보일 것이다.

나는 이 두 가지 방식으로 헤겔적 방법을 검증하는 데 있어 키에르케고어의 편에 서 있다. 그럼에도 불구하고 기본적인 헤겔적 구조는 남아 있어서 텍스트를 거꾸로 읽는 것이 가능하다. 이는 부분들을 그 자체로만 보지 않고 결국 배치되는 전체와의 관계에서 보는 것을 의미한다. 필연적인 부분이나 필연적인 조건이 있을 수도 있지만, 그것들은 부분일 뿐이며 전체 내에서 (자신의 것으로 만들 수도 있지만) 자동적으로 자신만이 아니라 텔로스에 의해 정렬된다. 잘 운영되는 팀에 속한 선수 개개인이 자신의 운동 능력의 자동적 열망이 아니라 코치의 게임 계획에 준거한 명령을 받는 것처럼 말이다.

텍스트를 이렇게 읽는 것은 다음과 같은 일이 될 것이다.

윤리적이고 종교적인 초월. 신의 초월의 지고함은 신앙으로 부

---

[4]. 이는 이들의 상반되는 으르렁댐에도 불구하고, 헤겔과 체계의 숭배자들에 대해서도 키에르케고어 자신에 대해서도 마찬가지다.
[5]. 주의하라. 키에르케고어에게도 개념적 필연성이 있지만, 이 필연성은 봄이 아닌 오직 신앙으로 접근할 수 있는 오메가 지점에 상관적이다.

르는 목소리의 지고함이며, 여기서 신앙은 약속을 신뢰하고 지극히 높은 데서 들리는 명령에 복종함으로써 목소리를 맞이함welcoming으로 이해된다. 저 높은 데서! 다시 말해, 목소리, 약속, 명령은 나의 것도 우리의 것도 아니다. 나는 사태를 다르게 배열할 것이고 우리도 그렇게 할 것이다. 이런 점에서 이질성이 있고, 이 이질성 없는 타자성은 훼손될지 모른다. 따라서 키에르케고어는 범죄의 가능성을 통과해야만 신앙에 도달할 수 있다고 주장한다. 초월의 목소리는 다음과 같은 이중적 자기-초월에 대한 요구다. (a) 내가 가장 직접적으로 나 아닌 것, 즉 신과 이웃을 사랑하는 자가 되는 변화, (b) 나 자신의 본질(자기보존 노력conatus essendi)이나 우리의 삶의 세계보다 더 큰 것의 일부가 되는 재배치 — 신의 나라, 내가 섬김을 받기보다는 섬김으로써 나 자신이 되는 게임 플랜에 속하는 것.[6]

인식론적 초월. 여기에는 계시와 신비라는 두 가지 논제가 있고, 이 둘은 모두 윤리적 초월과 종교적 초월에 필수적인 것으로 볼 수 있다. 이것은 계시의 경우에 직접적으로 명백하다. 만일 신의 목소리가 나의 목소리나 우리의 목소리가 아닌 높은 데서 들려오는 목소리라면, 지식의 궁극적 원천은 인간의 이성이 아니라 신의 계시가 되어야 할 것이다.[7]

---

[6] "사람의 아들도 섬김을 받으러 온 것이 아니라 섬기러 왔고, 또 많은 사람들을 위하여 목숨을 바쳐 몸값을 치르러 온 것이다"(마르코의 복음서 10:45).
[7] 아무런 도움을 받지 않는 독립적 인간 이성이 무엇을 성취할 수 있는지에 대한

신비의 경우는 조금 더 복잡하다. 파악할 수 없음이란 분명 타자성의 한 형태로서, 그것은 내가 파악할 수 없고, 담을 수 없고, 또는 설명할 수 없는 것에 열려 있는 자기-초월을 요구한다. 그런데 이것이 신과 이웃을 사랑하는 일과는 어떤 관련이 있을까? 하이데거, 레비나스, 키에르케고어는 모든 존재, 특히 최고 존재가 나의 이해 속에 완전히 투명하게 나타나야 한다는 요구조차도 신을 신보다 훨씬 더 작은 어떤 것으로 환원하는 것이라는 데 동의한다. 그렇게 작아진 신은 하이데거에게는 종교적으로 부적절한 자기원인일 것이고, 레비나스에게는 얼굴 없이 침묵하는 존재일 것이며, 키에르케고어에게는 은혜로우면서도 요구하는 주체, 즉 삶이 선물이자 동시에 과제인 주체가 아니라 사변적 대상이 그런 신일 것이다. 각각의 경우 객관성이 주관성을, 형이상학이 영성을, 지식이 사랑을 이긴다. 존재-신학(하이데거)이든 존재론(레비나스)이든 사변(키에르케고어)이든 이러한 지식은 최고의 자기-초월인 사랑의 필요조건이 되지 않으며, 그뿐만 아니라 그러한 지식의 기획이나 요구는 실제로는 자기-초월에 대한 저항의 한 형태이기까지 하다.

신에 대한 파악 불가능성이 종종 유한한 정신에 대한 무한한 본질Infinite Essence의 초월이라는 관점에서 이해되어 온 것이 사실

양자 간의 입장 차이에도 불구하고, 우리는 아퀴나스와 바르트가 이 점에 대해 완전히 일치한다는 것을 살펴보았다.

이다. 무한한 본질들은 그 자체로는 언어 행위를 수행하지 않는다는 점도 마찬가지로 참이다. 그런 본질들은 사랑하지도 않고, 사랑을 환기하지도 않으며, 사랑을 명령하지도 않는다. 이 추상적이고 형이상학적인 언어가 실질적으로 존재-신학적 담론으로 미끄러지는 위험을 수반한다. 또 아이러니하게도 이 담론은 실질적으로 존재-신학을 단념하지 않으면서 그 기획의 한계를 고백하기까지 한다. 만일 신비로서의 신의 초월이 사랑을 통해서 일하는(갈라디아인들에게 보낸 편지 5:6) 자기-초월적 신앙 안에서 지양된다면 aufgehoben, 궁극적 신비는 다른 종류의 본질과 한 종류의 본질의 연관이 아닌, 말 건넴을 받는 자에 대해 말하는 자, 나에 대해 있는 당신에 관한 것이라는 점이 기억되어야 한다. 다시 말해, 전통적으로 신의 '도덕적' 속성이라고 불려온 것이 '형이상학적' 속성보다 우위에 있어야만 한다. 그렇다고 해서 후자를 부정해야 한다는 뜻은 아니다. 왜냐하면 무한하고 영원한 신의 존재는 우리의 유한하고 현세적인 정신이 도달할 수 있는 범위를 넘어설 수 있기 때문이다. 다만 이런 식의 형이상학적 통찰은 다음과 같은 것을 깨닫는 가운데 목적론적으로 중단되어야 한다. 그 어떤 인간적 발화자를 넘어서는, 제일의 발화자는 듣는 자에게는 절대 전적으로 투명하게 드러날 수가 없는 내면성과 자유다. 형이상학적 파악 불가능성은 이 더 깊은 진리, 진리의 텔로스, 고유한 본향의 한 측면이자 기대에 불과하다. "하느님, 나는 내가 이해하는 것을 경배할 수는 없으므로, 결코 당신을 정의하고 싶지 않습니다."[8]

우주론적 초월. 마찬가지로, 만일 신이 창조자, 천지를 만든 이라면, 신은 제일 원인causa prima, 최종 근거ultima ratio, 그리고 자기원인causa sui이다.9 이 글에서 언급하는 '형이상학적' 속성은 폐기되는 것이 아니라 그 권좌에서 내려와 '도덕적' 속성에 종속되는 맥락 속에 자리 잡아야 한다. 전자를 긍정하는 유신론의 길은 범신론적 길과 다르다. 왜냐하면 유신론에서 세계에 대한 신의 초월(근원적 독립)은 세계의 창조가 필연성이 아니라 자기를 주는 사랑의 자유로운 행위라는 것을 의미하기 때문이다. 다시 말해, 유신론의 신은 인격적이지만, 범신론의 신은 비인격적이다. 그런데 만일 유신론적 담론이 이 차이를 이용하여 어떤 이점을 만들어내려면, 비인격적('형이상학적') 범주가 주객전도를 일으키는 일을 막아야 할 것이다. 이 범주들이 중요한 진리를 가리킨다는 점을 인식하는 동시에, 그것들이 자신을 넘어 지향되는 대상에 더 적합한 인격적('도덕적') 범주를 지시한다는 점을 인정하는 것이 중요하다. 예를 들어, 내가 자기원인으로서의 신에 관해 말할 때, 나는 모든 형태의 범신론 및 유물론적 무신론과 더불어, 나 자신의 기원이 내가 아니라는 것을 인식할 뿐만 아니라, 더 중요하게는, 모든 "자기원인 프로젝트"10를 인식한다. 나 자신(또는 우리 자신)을 자율

---

8. Brandt, *Psalms/Now*, p. 175.
9. 1장에서 인용된 Heidegger, ID 60[51~52]을 보라.
10. 나는 이 구절을 베커의 다음 책에서 빌려왔다. E. Becker, *The Denial of Death* [어네스트 베커, 『죽음의 부정』]. 존재-신학적 기획이 일종의 자기원인 프로젝

적이고 자기-충족적으로 만들려는 모든 시도는 나의(우리의) 삶을 선물로 준 이에 대한 배은망덕한 행위이며, 나의(우리의) 삶을 과제로 준 이에 대한 불순종이다. 통찰과 책임, 형이상학과 영성, 초월과 자기-초월은 결코 분리되어서는 안 된다. 신의 초월이 가장 깊은 의미에서 보존되는 데서 일어나는 창조주로서의 신에 대한 긍정은 단순히 우주에 어떤 구조를 귀속시키는 것이 아니라 무엇보다 감사함으로 분투하는 삶을 살기 위해 자신을 헌신하는 것이다.[11]

트라는 점이 더 분명해져야 한다.
11. 나는 감사함으로 분투한다는 말을 제이미 페레이라의 훌륭한 책의 제목에서 가져왔다. J. Ferreira, *Love's Grateful Striving*.

::감사의 말

이 프로젝트를 진행할 수 있도록 아낌없는 지원을 해준 포덤대학교와 퓨 복음주의 학자 지원 프로그램에 감사드립니다. 또한 이 책을 준비하는 동안 강의할 기회를 준 하버드대학교 신학대학원과 제가 말하고자 하는 바를 명확하게 설명하는 데 도움을 준 해당 수업의 학생들에게도 고마움을 전합니다. 마지막으로, 베델 칼리지에서 열린 컨퍼런스에서 기조연설 형식으로 제 논증의 개요를 발표할 기회를 주시고 추가적 설명을 덧붙이게 해주신 그리스도교 철학자회에 기쁜 마음으로 감사의 마음을 표합니다.

:: 옮긴이의 말

이 책은 1990년대부터 지금까지 포스트모더니즘과 종교철학에 관한 수많은 탁월한 연구를 선보인 철학자 메롤드 웨스트폴의 *Transcendence and Self-Transcendence: On God and Soul*을 우리말로 옮긴 것이다. 한국어판의 부제를 원서와 다르게 '아우구스티누스부터 레비나스/키에르케고어까지'라고 한 것은 웨스트폴 자신이 신의 초월과 자기-초월의 바람직한 모형을 아우구스티누스부터 레비나스/키에르케고어에 이르는 일련의 사상가들로부터 추출하기 때문이다. 여기서 "레비나스/키에르케고어"라는 표현은 저자의 독특한 해석을 반영한 것이다. 그는 신의 초월과 자기-초월이 적절하게 연동되는 모형의 정점에 키에르케고어가 있다고 본다. 다만 이때의 키에르케고어는 '순전한' 키에르케고어가 아니라 '레비나스를 경유하여 해석된' 키에르케고어다.

서구 철학계에서는 종교철학 연구와 관련해서 현재 유럽대륙 종교철학Continental Philosophy of Religion이라는 분야가 크게 주목받고 있는데, 웨스트폴은 이 영역의 손꼽히는 철학자 중 한 분이다. 조금 거칠게 표현하자면, 현상학과 해석학, 그리고 해체론, 최근의 신유물론에 이르기까지 주로 유럽대륙철학 전통의 사유 방식을 따라 신과 종교적 체험의 문제 등을 다루는 연구 분과를 유럽대륙종교철학이라고 부를 수 있다. 현존하는 해당 분야의 대가로는 프랑스 현상학의 최근 흐름을 대변하는 장-뤽 마리옹, 장-루이 크레티앙, 장-이브 라코스트, 에마뉘엘 팔크 등이 있다. 또한 프랑스 현상학과 해석학, 해체론 등을 전유한 영어권 철학계의 여러 대가들, 곧 존 카푸토, 케빈 하트, 그리고 갈무리 출판사에서 나온 『재신론』의 저자 리처드 카니 등을 꼽을 수 있다. 웨스트폴 역시 이런 대가들과 어깨를 나란히 하는 사유의 거장으로서, 이 책을 통해 그의 철학을 알릴 수 있게 되어 기쁘다.

웨스트폴은 미국 예일대학교 조교수로, 또 포덤대학교 철학과 석좌교수로 오랫동안 재직하면서 한창 포스트모더니즘이 미국 학계를 휩쓸 때 이를 종교적으로 전유하는 작업에 몰두했었다. 물론 그의 업적은 종교철학에만 국한되지 않는다. 웨스트폴은 미국헤겔학회 회장을 지냈을 정도로 헤겔 철학의 권위자이고, 키에르케고어를 포스트모던 철학의 선구자로 해석하는 통찰을 보여주는 가운데 우리 시대 대표적인 키에르케고어 연구자로도 주목받았다. 또한 레비나스를 비롯한 프랑스 현상학과 해석학 분야에서도 탁월한 연구를 꾸준히 보여주었다. 그리하여 최근에는 웨스트폴의 사상 자체를 연구하는 석·박사 학위논문이나 일반 연구논문이 더러 나오기도 한다. 생존해 있는 사람의 철학이 그 자체로 연구 주제가 된다는 것은 흔치 않은 일인데, 웨스트폴은 특히 종교철학 분야에서 바로 그런 중요한 인물로 다뤄지고 있는 것이다.

그의 다양한 이력과 사유의 방향을 더 알고 싶은 독자들은 내가 쓴 『우리 시대의 그리스도교 사상가들 2』(도서출판 100)에 수록된 「메롤드 웨스트폴: 포스트모더니즘의 예언적 음성을 전유해 낸 프로테스탄트 철학자」라는 글을 읽으면 약간의 도움을 받을 수 있다. 국내에도 웨스트폴의 책이 몇 권 번역되어 나왔는데, 전부 웨스트팔로 표기되어 있어 약간의 혼동이 있을 수 있다. (나 또한 그런 오류를 범한 바 있다.) 내가 그에게 직접 확인한 바로는 웨스트폴이 가장 적절한 우리말 표기다. 이 기회를 통해 교정할 수 있어 다행스럽게 생각한다.

저자의 한국어판 서문이 있기 때문에 이 책에 관한 별도의 옮긴이 해설을 덧붙일 필요는 없을 것 같다. 다만 이 책을 읽는 분들 가운데 종교에 별다른 관심을 갖고 있지 않은 분들은 약간의 당혹감을 느낄 수 있을 것 같아 그와 관련해서 다소간 도움말을 드리고 싶다. 이 책은 신과 종교적 주체성에 관한 논의를 웨스트폴 자신의 고유한 유신론적 시각에서 재해석하고 있다. 이 과정에서 저자는 본인이 추구하는 유신론적 신앙을 견지하면서도 신에 대한 기존 유신론의 잘못된 이해나 잘못된 종교적 주체성 이론에 비판적으로 접근하고, 참된 유신론적 신-담론과 종교적 주체성이 무엇인지 파헤치는 작업을 감행한다.

이러한 야심찬 기획 아래에서, 다른 무엇보다도 신을 자기-원인과 같은 형이상학적 개념으로 환원하여 파악하는 소위 존재-신학에 대한 비판이 이 책 전체를 관통하고 있다. 다시 말해, 하이데거가 맨 처음 구체적으로 일궈낸 존재-신학 비판은 매우 정당한 것으로, 실제로 존재-신학이 근대철학 일각에서만이 아니라 그리스도교 신학이나 신앙에도 영향을 미쳤다는 시각이 이 책에 반영되어 있다. 1부에서 하이데거의 존재-신학 비판을 명징하게 해설한 저자는 스피노자와 헤겔 철학의 범신론적 특징을 드러내면서, 그들의 범신론이야말로 하이데거가 규정한 존재-신학에 가장 가깝다는 논증을 제시한다. 그런 다음 아우구스티누스, 아퀴나스, 칼 바르트, 레비나스, 키에르케고어 등에 대한 창의적 독해를 통해 존재-신학을 극복하는 신-담론과 신앙이 무엇인지를 보여주려 한다. 여기서 저자는 존재-신학을 전-근대와 탈-근대 이론의 공명을 통해 극복하려는 탁월한 철학적 해석을 보여준다.

유신론에 대한 웨스트폴의 긍정적 시각이 읽는 사람의 입장에 따라 의아해 보일 수도 있겠지만, 이 책의 논증이 그리스도교 신앙을 변호하는 호교론적 입장에서만 이루어지는 것은 아니다. 그보다 이 책에 담긴 논증의 특이함과 진가는 탈근대 사상, 곧 포스트모더니즘의 전유에 있다. 웨스트폴은 근대성 일각의 신과 영혼에 대한 이해는 분명 성서적 신앙과는 거리가 있으며, 주체를 탈중심화하고 신의 신비를 보존하는 전근대적 관점이 탈근대적 맥락의 주체 이해나 진리 이해와 일정하게 공명한다는 점을 치밀하게 논증한다. 다시 말해 탈근대 철학, 또는 포스트모더니즘의 중요한 주장 가운데 하나가 타자성에 대한 개방과 주체의 탈중심화라면, 일찍이 그리스도교 철학과 신학의 전통이 그런 타자성과 주체성에 관한 사유를 이미 선취하고 있었다는 것이 저자의 주장이다. 그리고 이 주장을 저자는 여느 호교론적 철학이나 신학에서처럼 섣부른 선언이 아니라 세심한 텍스트 독해와 해석을 통해 펼쳐낸다.

이에 독자들은 이 책을 단지 신앙 변증론이나 유신론자의 신앙 이야기로 치부해서는 안 된다. 오히려 이 책은 포스트모더니즘이 비단 무신론자만이 아니라 유신론자 역시도 공유할 수 있는 통찰을 펼치고 있다는 점을 보여주는 대담하고 새로운 시각을 담고 있다. 그러므로 독자들은 서양철학에서 빼놓을 수 없는 신과 주체성에 대한 이해, 무엇보다 철학의 핵심 주제 중 하나인 초월과 자기-초월에 대한 이해를 심화할 수 있을 것이며, 그러한 주제들이 포스트모더니즘과 접속하면 어떤 형태로 전개될 수 있는지를 저자 특유의 해석학적, 변증법적 접근 방식을 통해 이해할 수 있을 것이다.

여기서 또한 독자들이 해석학적, 그리고 변증법적이라는 표현에 초점을 맞춰주시기를 바란다. 웨스트폴의 철학함은 해석학적 철학, 더 정확하게는 해석학적 현상학의 형태를 취한다. 즉, 웨스트폴의 접근 방식은 신앙의 본질을 세계-내-존재의 종교적 삶의 의미에서 찾는다는 점에서 현상학적이고, 이 종교적 삶의 의미를 각 시대의 정신을 반영하는 텍스트에 대한 해석을 매개로 발견한다는 점에서 해석학적이다. 다시 말해 종교적 실존의 핵심으로서의 신앙의 본질적 의미를 각 시대를 대표하는 철학자들의 텍스트에 아로새겨진 초월 개념을 매개로 이해하는 것이 웨스트폴의 현상학적 해석학의 요체다. 올바른 신 이해에서 비롯한 인간 주체의 자기-초월, 믿음의 영혼의 바람직한 삶의 방식을 해명하기 위해 웨스트폴은 이 주제를 탐구한 주요 철학자들의 텍스트를 섬세하게 독해하면서 그것을 지금 그리고 여기 우리의 삶의 맥락 속에서 전유하는 작업을 시도한다. 그런데 이 작업은 한편으로는 상당 부분 가다머와 리쾨르의 현상학적 해석학 내지 해석학적 현상학의 접근 방식을 취하면서도 또 다른 한편으로는 헤겔적인 변증법적 접근 방식을 취하는 독특한 성격을 지닌다. 이때 변증법적이라는 말은 헤겔적 의미의 절대적 텔로스를 사유의 도달점으로 취한다는 의미가 아니라 그 논증 방식에 있어서 각 철학자들의 텍스트를 우리가 의도하는 초월과 자기-초월이라는 전체 구상에서 재맥락화한다는 의미다. 아우구스티누스, 아퀴나스, 칼 바르트, 레비나스 등의 철학자는 각자 고유한 시대와 장소에서 합당한 의미를 지니지만, 온전한 초월과 자기-초월이라는 맥락으로 지양 또는 재맥락화된다. 이때 각 철학자는 신의 초월성과 그에 연동하여 일어나는 인간의 자기-초월을 고유한 방식으로 다루고 있지만, 이는 궁극적으로 신에 대한 사랑과 이웃에 대한 사랑이라는 가장 적절하면서도 바람직한 종교적 삶의 모형으로 재통합된다. 그리고 이 통합의 축에는 웨스트폴 자신이 가장 선호하는 키에르케고어라는 코펜하겐의 소크라테스가 자리하고 있다. 즉, 헤겔의 지양 개념을 일종의 재맥락화로 이해할 수 있다면, 바로 그 점에서 저자는 헤겔적 접근 방식을 방법론적으로 취하고 있다. 아우구스티누스, 위-디오니시오스, 아퀴나스와 같은 전근대철학이 근대적 존재-신학 극복이라는 맥락에서 다시 의미화되어 레비나스와 (더 궁극적으로) 키에르케고어의 탈근대철학과의 공명에 이르는 기나긴 여정을 웨스트폴은 자신의 꼼꼼하고 현란한 철학자 해석을 통해 보여준다. 이처럼 저자의 독특한 논증 방식을 따라간다면, 독자들은 철학함의 한 방식도 배울 수 있을 것이다.

이런 식의 접근을 통해 웨스트폴은 신의 초월의 현현은 항상 그것을 마주하는 인간의 자기-초월로서의 주체의 탈중심화를 일으킨다고 주장한다. 이런 저자의 주장에 동의하지 않더라도 독자들은, 서양철학의 존재-신학적 성격과 그 철학적·신학적 대안이 무엇인지 함께 고민해볼 수 있을 것이며, 이 책에서 형이상학과 철학적 신학에 대한 비판적 통찰, 우주론적-인식론적-윤리적 초월의 의미 등에 대한 심도 있는 문제의식과 해명을 접할 수 있을 것이다.

이 해설을 쓰면서 나는 웨스트폴을 선생님으로 표기하고 싶은 충동을 느낀다. 비록 내가 그와 아주 깊은 관계를 맺은 것도 아니고 그를 알게 된 세월이 그리 길지도 않지만, 웨스트폴은 그간 내놓으신 성실하고 독창적인 연구로서나 인품으로서나 많은 가르침을 주는 학자다.

나는 지난 3월 말부터 이 글을 쓰는 지금까지 유럽대륙종교철학 분야를 대표하는 학자들을 인터뷰하는 프로젝트와 개인 연구를 위해 미국 보스턴에 머물고 있다. 공교롭게도 노동절인 지난 5

월 1일 뉴욕 포덤대학교 철학과 석좌교수직에서 물러나신 후 뉴저지에 살고 계신 웨스트폴을 직접 만날 수 있었다. 한국의 한 잡지에 당신을 인터뷰한 특집 기사를 싣겠다는 명목으로 2시간 가까이 선생님의 삶과 사상에 대한 여러 이야기를 그의 자택에서 나눌 수 있었던 것은 잊을 수 없는 행복한 경험이었다. 웨스트폴은 익히 듣던 대로 겸손하시고 유쾌한 태도로, 동행해주신 동료 목사님과 나를 맞아주셨으며, 이런저런 흥미로운 삶과 철학에 관한 이야기를 나누어주셨다. 여든 살을 훌쩍 넘긴 그의 상황을 고려할 때, 몸소 한국에 오시기는 힘드시겠지만, 언급한 인터뷰나 다른 매개체를 통해 한국 독자들과의 직간접적 만남이 더 만들어지기를 바란다.

이 책이 출간되기까지 역시나 갈무리 출판사의 도움이 컸다. 나를 믿고 이 책의 출간을 허락해주셨고, 출판을 위한 여러 수고를 해주셨다. 이 책의 출간을 지지해주시고 독려해주신 도서출판 갈무리의 조정환 대표님과 활동가 여러분, 그리고 제작을 위해 땀 흘리신 노동자분들께 감사드린다. 또한, 언제나 재미없고 단조로운 내 연구를 지켜봐 주고 힘을 북돋아 주는 사랑하는 나의 아내 김행민 님에게 마음 깊이 사랑의 말을 전한다. 책을 낼 때마다 늘 하는 말이지만 그녀가 없었다면 이런 연구를 수 없었을 것이다. 삶의 고단함을 함께 견뎌준 그녀의 사랑과 도움에 감사드린다. 또 함께 사는 고양이 선생들, 폴리, 주디, 한나에게도 고마운 마음 전한다. 매일같이 이 선생들에게서 삶이 무엇인지 늘 배우고 있으며, 나 자신이 탈중심화된다는 것이 무엇을 의미하는지도 깊이 체험하고 있다.

갈수록 하고 싶은 연구를 지속하기 어려워지는 사회적 환경을 느끼게 된다. 그렇다고 해도 이 일을 적어도 아직은 멈출 수가 없다. "목숨을 걸고 둔다"고 했던 희대의 바둑 기사 조치훈 9단이 이런 말을 했다. "그래봤자 바둑. 그래도 바둑." 철학이나 다른 인문학 연구나 책 출간도 이와 비슷할 것이다. 아무리 애를 쓰고, 소중하게 생각한다 한들 "그래봤자 책"이다. 하지만 우리의 삶을 진지하게 성찰하게 해주는 책은 "그래도 책"이다. 이런 책과 관여하는 것이 내 일이고, 이 책을 읽는 독자들의 일이다. 읽어줄 책을 내고, 또 그 책을 읽는 이들과 함께하는 것만으로도 조금은 행복하고 의미 있는 삶을 사는 것이 아닐까? 이것이 지금 당장 세상에 별다른 변화를 주지 못한다고 할지라도, 그렇다고 해도 어떤 희망을 내다보는 사랑의 쟁투를 벌이는 삶의 방식이 우리들 안에 있을 것이니 말이다.

2023년 5월 3일
보스딘에서
김동규

:: 참고문헌

Adams, Robert Merrihew. "A Modified Divine Command Theory of Ethical Wrongness." In *The Virtue of Faith and Other Essays in Philosophical Theology.* Oxford : Oxford University Press, 1987.

────. *Leibniz : Determinist, Theist, Idealist.* New York : Oxford University Press, 1994.

A monk of the Eastern Church. *Orthodox Spirituality*, 2nd ed. Crestwood, N.Y. : St. Vladimir's Seminary Press, 1978[정교회의 익명의 수도사, 『정교회 영성』, 최대형 옮김, 은성, 2004].

Anonymous. *The Cloud of Unknowing* [클리프턴 월터스, 『무지의 구름』, 성찬성 옮김, 바오로딸, 1987].

Anonymous. *The Theologia Germanica of Martin Luther.* Trans. Bengt Hoffman. New York : Paulist Press, 1980. [마틴 루터, 『마틴 루터의 독일 신학』, 최대형 옮김, 은성출판사, 2003].

Aquinas, Thomas and George Peter Klubertanz. *St. Thomas Aquinas on Analogy.* Chicago : Loyola University Press, 1960.

Aristotle. *Categories* [아리스토텔레스, 『범주들·명제에 관하여』, 김진성 옮김, 이제이북스, 2005 ; 2008].

────. *Metaphysics* [아리스토텔레스, 『형이상학』, 조대호 옮김, 도서출판 길, 2017].

────. *Nichomachean Ethics* [아리스토텔레스, 『니코마코스 윤리학』, 이창우·김재홍·강상진 옮김, 이제이북스, 2006].

Augustine. *Augustine : Earlier Writings.* Trans. John H. S. Burleigh. Philadelphia, Pa. : Westminster Press, 1953 [아우구스티누스, 『독백』, 성염 옮김, 분도출판사, 2018].

────. *The Trinity.* Trans. Edmund Hill. Brooklyn, N.Y. : New City Press, 1991 [아우구스티누스, 『삼위일체론』, 성염 역주, 분도출판사, 2015].

Balibar, Étienne. "Citizen Subject." In *Who Comes After the Subject?* Eds. Eduardo Cadava, Peter Connor, and Jean-Luc Nancy. New York : Routledge, 1991.

Barth, Karl. *Die christliche Dogmatik im Entwurf.* Zurich : TVZ, 1982.

Battles, Ford Lewis. "God Was Accommodating Himself to Human Capacity." In *Readings in Calvin's Theology.* Ed. Donald K. McKim. Grand Rapids, Mich. : Baker Book House, 1984.

Bayle, Pierre. *Historical and Critical Dictionary : Selections.* Trans. Richard H. Popkin. Indianapolis, Ind. : Bobbs-Merrill, 1965.

Becker, Ernest. *The Denial of Death.* New York : Free Press, 1973 [어네스트 베커, 『죽음의 부정 : 프로이트의 인간 이해를 넘어서』, 김재영 옮김, 인간사랑, 2008].

Beiser, Frederick C. *The Fate of Reason : German Philosophy from Kant to Fichte.* Cambridge, Mass. : Harvard University Press, 1987 [프레더릭 바이저, 『이성의 운명 : 칸트에서 피히테까지의 독일 철학』, 이신철 옮김, 도서출판b, 2018].

Bennett, Jonathan. *A Study of Spinoza's Ethics.* n.p. : Hackett, 1984.

Berkouwer, G. C. *The Triumph of Grace in the Theology of Karl Barth.* Trans. Harry R. Boer.

Grand Rapids, Mich.: Eerdmans, 1956.

Bernasconi, Robert. "The Trace of Levinas in Derrida." In *Derrida and Différance*. Eds. David Wood and Robert Bernasconi. Evanston, Ill.: Northwestern University Press, 1988.

Bernet, Rudolf. "The Traumatized Subject." *Research in Phenomenology*, XXX, 2000.

Bradley, F. H. *Ethical Studies*, 2nd ed. London: Oxford University Press, 1927.

Brandt, Leslie F. *Psalms/Now*. St. Louis, Mo.: Concordia, 1973 [레슬리 브란트, 『오늘의 시편』, 김윤주 옮김, 분도출판사, 1982].

Burrell, David B. C.S.C. *Knowing the Unknowable God: Ibn-Sina, Maimonides, Aquinas*. Notre Dame, Ind.: University of Notre Dame Press, 1986.

_____. *Freedom and Creation in Three Traditions*. Notre Dame, Ind.: University of Notre Dame Press, 1993.

Calvin, John. *Institutes of the Christian Religion*. Trans. Ford Lewis Battles and John T. McNeill. Philadelphia, Pa.: Westminster Press, 1960 [존 칼빈, 『기독교 강요 1』, 문병호 옮김, 생명의말씀사, 2020].

Caputo, John D. "On Not Circumventing the Quasi-Transcendental: The Case of Rorty and Derrida." In *Working Through Derrida*. Ed. Gary B. Madison. Evanston, Ill.: Northwestern University Press, 1993.

_____. *The Mystical Element in Heidegger's Thought*. Athens: Ohio University Press, 1978.

_____. *Heidegger and Aquinas: An Essay on Overcoming Metaphysics*. New York: Fordham University Press, 1982 [존 카푸토, 『마르틴 하이데거와 토마스 아퀴나스』, 정은해 옮김, 시간과공간사, 1993].

_____. *The Prayers and Tears of Jacques Derrida: Religion without Religion*. Bloomington: Indiana University Press, 1997.

Carretto, Carlo. *The God Who Comes*. Trans. Mary Rose Hancock. Maryknoll, N.Y.: Orbis Books, 1974.

Caton, Hiram. *The Origin of Subjectivity: An Essay on Descartes*. New Haven, Conn.: Yale University Press, 1973.

Chrétien, Jean-Louis. "The Wounded Word: The Phenomenology of Prayer." In Dominique Janicaud et al., *Phenomenology and the "Theological Turn": The French Debate*. New York: Fordham University Press, 2000.

_____. *The Unforgettable and the Unhoped For*. Trans. Jeffrey Bloechl. New York: Fordham University Press, 2002.

Cohen, Richard A. Ed. *Face to Face with Levinas*. Albany: SUNY Press, 1986.

Coleridge, S. T. *Letters, Conversations and Recollections of S. T. Coleridge*. Ed. Thomas Allsop. London: n.p., 1936.

_____. *The Notebooks of Samuel Taylor Coleridge*. Ed. Kathleen Coburn. New York: Pantheon, 1957.

_____. *Biographia Literaria*. Vol. 7 of *The Collected Works*. Ed. James Engell and W. Jackson Bate. Princeton, N.J.: Princeton University Press, 1983.

_____. *Shorter Works and Fragments*. Vol. 11 of *The Collected Works of Samuel Taylor Coleridge*.

Ed. H. J. Jackson and J. R. de J. Jackson. Princeton, N.J.: Princeton University Press, 1995.

Cornell, Drucilla. *The Philosophy of the Limit.* New York: Routledge, 1992.

Curley, Edwin. *Behind the Geometrical Method: A Reading of Spinoza's Ethics.* Princeton, N.J.: Princeton University Press, 1988.

―――. *Spinoza's Metaphysics: An Essay in Interpretation.* Cambridge, Mass.: Harvard University Press, 1969.

―――. *Introduction to A Spinoza Reader.* Princeton, N.J.: Princeton University Press, 1994.

Danielou, Jean. *From Glory to Glory.* Trans. Herbert Musurillo, S.J. Crestwood, N.Y.: St. Vladimir's Seminary Press, 1995.

Derrida, Jacques. "Structure, Sign, and Play in the Discourse of the Human Sciences." In *Writing and Difference.* Trans. Alan Bass. Chicago: University of Chicago Press, 1978 [자크 데리다, 「인문과학 담론에서의 구조, 기호, 게임」, 『글쓰기와 차이』, 김웅권 옮김, 동문선, 2001].

―――. "Violence and Metaphysics." In *Writing and Difference.* Trans. Alan Bass. Chicago: University of Chicago Press, 1978 [자크 데리다, 「폭력과 형이상학」, 『글쓰기와 차이』, 남수인 옮김, 동문선, 2001].

―――. "Différance." In *Margins of Philosophy.* Trans. Alan Bass. Chicago: University of Chicago Press, 1982.

―――. "Signature Event Context." In *Limited Inc.* Trans. Samuel Weber and Jeffrey Mehlman. Evanston, Ill.: Northwestern University Press, 1988.

―――. "Interpreting Signatures (Nietzsche/Heidegger): Two Questions." In *Dialogue and Deconstruction: The Gadamer-Derrida Encounter.* Ed. Diane P. Michelfelder and Richard E. Palmer. Albany: SUNY Press, 1989.

―――. "How to Avoid Speaking: Denials." In *Derrida and Negative Theology.* Ed. Harold Coward and Toby Foshay. Albany: SUNY Press, 1992.

―――. "Sauf le nom." In *On the Name.* Ed. Thomas Dutoit. Stanford, Calif.: Stanford University Press, 1995.

―――. *Speech and Phenomena and Other Essays on Husserl's Theory of Signs.* Trans. David Allison. Evanston, Ill.: Northwestern University Press, 1973 [자크 데리다, 『목소리와 현상』, 김상록 옮김, 인간사랑, 2006].

―――. *Of Grammatology.* Trans. Gayatri Chakravorty Spivak. Baltimore: Johns Hopkins University Press, 1976 [자크 데리다, 『그라마톨로지』, 김성도 옮김, 민음사, 2010].

―――. *Margins of Philosophy.* Trans. Alan Bass. Chicago: Chicago University Press, 1982.

―――. *Circumfession: Fifty-nine Periods and Periphrases.* In Geoffrey Bennington and Jacques Derrida. *Jacques Derrida.* Chicago: University of Chicago Press, 1993.

―――. *Specters of Marx.* Trans. Peggy Kamuf. New York: Routledge, 1994 [자크 데리다, 『마르크스의 유령들』, 진태원 옮김, 그린비, 2007; 2014].

―――. *The Gift of Death.* Trans. David Wills. Chicago: University of Chicago Press, 1995.

Descartes, René. *Meditations on First Philosophy.* In *The Philosophical Works of Descartes.* Trans. Elizabeth S. Haldane and G. R. T. Ross. n.p.: Dover, 1955 [데카르트, 『제일철학에 관

한 성찰』, 이현복 옮김, 문예출판사, 1997 ; 2021].

――. *The Philosophical Works of Descartes*. Trans. Elizabeth S. Haldane and G. R. T. Ross. n.p. : Dover, 1955[르네 데카르트, 『철학의 원리』, 원석영 옮김, 아카넷, 2012].

Dobbs-Weinstein, Idit. *Maimonides and St. Thomas on the Limits of Reason*. Albany : SUNY Press, 1995.

Donagan, Alan. "Spinoza's Dualism." In *The Philosophy of Baruch Spinoza*. Ed. Richard Kennington. Washington, D.C. : Catholic University of America Press, 1980.

Dreyfus, Hubert L. "Holism and Hermeneutics." *Review of Metaphysics*, XXXIV, 1 (September 1980).

Eckhart, Meister. *Meister Eckhart : The Essential Sermons*. Ed. Edmund Colledge, O.S.A. and Bernard McGinn. New York : Paulist Press, 1981.

――. *Meister Eckhart : Teacher and Preacher*. Ed. Bernard McGinn. New York : Paulist Press, 1986.

Ellul, Jacques. *The Technological Society*. Trans. John Wilkinson. New York : Random House, 1964[자끄 엘륄, 『기술의 역사』, 박광덕 옮김, 한울, 2011].

Evans, C. Stephen. *The Historical Christ and the Jesus of Faith : The Incarnational Narrative as History*. New York. : Oxford University Press, 1996.

Fay, Thomas. *Heidegger : The Critique of Logic*. The Hague : Martinus Nijhoff, 1977.

Ferreira, Jamie. *Love's Grateful Striving : A Commentary on Kierkegaard's Works of Love*. New York : Oxford University Press, 2001.

Fichte, Johann Gottlieb. *Science of Knowledge (Wissenschaftslehre) with the First and Second Introductions*. Trans. Peter Heath and John Lachs. New York : Appleton-Century-Crofts, 1970[요한 고틀리프 피히테, 『전체 지식론의 기초』, 한자경 옮김, 서광사, 1996].

――. *On the Vocation of a Scholar in Fichte : Early Philosophical Writings*. Trans. Daniel Breazeale. Ithaca, N.Y. : Cornell University Press, 1988[한 고틀리프 피히테, 『학자의 사명에 관한 몇 차례의 강의』, 서정혁 옮김, 책세상, 2023].

――. *Wissenschaftslehre and Other Writings*. Trans. Daniel Breazeale. Indianapolis, Ind. : Hackett, 1994.

Fischer, Simon. *Revelatory Positivism*. Oxford : Oxford University Press, 1988.

Gasche, Rodolphe. *The Tain of the Mirror : Derrida and the Philosophy of Reflection*. Cambridge, Mass. : Harvard University Press, 1986.

Green, Garrett. "The Hermeneutics of Difference : Barth and Derrida on Words and the Word." In *Postmodern Philosophy and Christian Thought*. Ed. Merold Westphal. Bloomington : Indiana University Press, 1999.

Gregory of Nyssa. *The Life of Moses*. Trans. Abraham J. Malherbe and Everett Ferguson, New York : Paulist Press, 1978.

Hampshire, Stuart. "A Kind of Materialism." In *Freedom of Mind*. New York : Oxford University Press, 1972.

Harris, H. S. "The Earliest System-Programme of German Idealism." In *Hegel's Development : Toward the Sunlight 1770-1801*. Oxford : Clarendon Press, 1972.

Hart, Kevin. *The Trespass of the Sign*. New York : Cambridge University Press, 1989.

Harvey, Irene. *Derrida and the Economy of Différance*. Bloomington : Indiana University Press, 1986.

Hefner, Philip. *Faith and the Vitalities of History: A Theological Study Based on the Work of Albrecht Ritschl*. New York : Harper & Row, 1966.

Hegel, Georg Wilhelm Friedrich. *Science of Logic*. Trans. A. V. Miller. New York : Humanities Press, 1969 [게오르그 빌헬름 프리드리히 헤겔, 『대논리학 I』, 임석진 옮김, 자유아카데미, 2022].

──. *Werke in zwanzig Bänden*. Vol. 10. Ed. Eva Moldenhauer and Karl Markus Michel. Frankfurt : Suhrkamp, 1970.

──. *The Encyclopedia Logic*. Trans. T. F. Geraets et al. Indianapolis, Ind. : Hackett, 1991 [게오르그 빌헬름 프리드리히 헤겔, 『논리학』, 전원배 옮김, 서문당, 1978 ; 2018].

Heidegger, Martin. "Phenomenology and Theology." Trans. James G. Hart and John C. Maraldo. In *The Piety of Thinking*. Bloomington : Indiana University Press, 1976 [마르틴 하이데거, 「현상학과 신학」, 『이정표 1』, 신상희 옮김, 한길사, 2005].

──. "Phenomenological Interpretations with Respect to Aristotle : Indication of the Hermeneutical Situation." Trans. Michael Baur. In *Man and World*, 25, 1992 [마르틴 하이데거, 『아리스토텔레스에 대한 현상학적 해석』, 김재철 옮김 및 해제, 누멘, 2010].

──. *Being and Time*. Trans. John Macquarrie and Edward Robinson. New York : Harper & Row, 1962 [마르틴 하이데거, 『존재와 시간』, 이기상 옮김, 까치, 1998].

──. *The Metaphysical Foundations of Logic*. Trans. Michael Heim. Bloomington : Indiana University Press, 1984 [마르틴 하이데거, 『논리학의 형이상학적 시원근거들』, 김재철·김진태 옮김, 도서출판 길, 2017].

──. *History of the Concept of Time : Prolegomena*. Trans. Theodore Kisiel. Bloomington : Indiana University Press, 1985.

──. *Phänomenologische Interpretationen zu Aristoteles : Einführung in die Phänomenologische Forshung. Gesamtausgabe*. Band 61. Frankfurt : Klosterman, 1985.

──. *The Concept of Time*. Trans. William McNeill. Oxford : Blackwell, 1992.

──. *Phänomenologie des religiösen Lebens, Gesamtausgabe*. Band 60. Frankfurt : Klostermann, 1995 [마르틴 하이데거, 『종교적 삶의 현상학』, 김재철 옮김 및 해제, 누멘, 2011].

Heine, Heinrich. *Religion and Philosophy in Germany*. Trans. John Snodgrass. Boston : Beacon Press, 1959. [하인리히 하이네, 『독일의 종교와 철학의 역사에 대하여』, 태경섭 옮김, 회화나무, 2019].

Herder, Johann Gottfried. *God, Some Conversations*. Trans. Frederick H. Burkhardt. Indianapolis, Ind. : Bobbs-Merrill, 1940.

Hunsinger, George. *How to Read Karl Barth : The Shape of His Theology*. New York : Oxford University Press, 1991.

Husserl, Edmund. *Logical Investigations*. Trans. J. N. Findlay. London : Routledge & Kegan Paul, 1970 [에드문트 후설, 『논리 연구 2-1』, 이종훈 옮김, 민음사, 2018].

──. *Cartesian Meditations*. Trans. Dorion Cairns. The Hague : Martinus Nijhoff, 1973 [에드문

트 후설·오이겐 핑크, 『데카르트적 성찰』, 이종훈 옮김, 한길사, 2002 ; 2016].

_____. *Ideas Pertaining to a Pure Phenomenology and to a Phenomenological Philosophy : First Book*. Trans. F. Kersten. The Hague : Martinus Nijhoff, 1983 [에드문트 후설, 『순수 현상학과 현상학적 철학의 이념들 1』, 이종훈 옮김, 한길사, 2009].

Jaeschke, Walter. *Reason in Religion : The Foundations of Hegel's Philosophy of Religion*. Trans. J. Michael Stewart and Peter C. Hodgson. Berkeley : University of California Press, 1990.

Jacobi, Friedrich Heinrich et al. *The Spinoza Conversations between Lessing and Jacobi*. Trans. G. Vallée et al. Lanham, Md. : University Press of America, 1988.

Jacobs, Louis. "The Problem of the Akedah in Jewish Thought." In *Kierkegaard's Fear and Trembling : Critical Appraisals*. University, Ala. : University of Alabama Press, 1981.

Kant, Immanuel. *Critique of Pure Reason* [임마누엘 칸트, 『순수이성비판, 1·2』, 백종현 옮김, 아카넷, 2006].

_____. *Grounding for the Metaphysics of Morals* [임마누엘 칸트, 『도덕형이상학 정초』, 김석수·김종국 옮김, 한길사, 2019].

_____. *Kant's Critique of Practical Reason and Other Works on the Theory of Ethics*. Trans. Thomas Kingsmill Abbott, 6th ed. London. : Longmans, Green and Co. Ltd, 1909 [임마누엘 칸트, 『도덕 형이상학』, 이충진·김수배 옮김, 한길사, 2018].

_____. *Religion Within the Limits of Reason Alone*. Trans. Theodore M. Greene and Hoyt H. Hudson. New York : Harper, 1960 [임마누엘 칸트, 『이성의 한계 안에서의 종교』, 백종현 옮김, 아카넷, 2011].

Kierkegaard, Søren. *The Concept of Irony*. Trans. Howard V. Hong and Edna H. Hong. Princeton, N.J. : Princeton University Press, 1989.

_____. *Concluding Unscientific Postscript*. Trans. Howard V. Hong and Edna H. Hong. Princeton, N.J. : Princeton University Press, 1992.

_____. *Becoming a Self*. West Lafayette, Ind. : Purdue University Press, 1996.

Kisiel, Ted. *The Genesis of Heidegger's Being and Time*. Berkeley : University of California Press, 1993.

Kolakowski, Leszek. "The Two Eyes of Spinoza." In *Spinoza : A Collection of Critical Essays*. Ed. Marjorie Grene. Garden City, N.Y. : Doubleday, 1973.

Kosky, J. *Levinas and the Philosophy of Religion*. Bloomington : Indiana University Press, 2001.

Kretzmann, Norman and Eleonore Stump, Eds. *The Cambridge Companion to Aquinas*. New York : Cambridge University Press, 1993.

Lacoste, Jean-Yves. "Liturgy and Kenosis, from *Expérience et absolu*." In *The Postmodern God*. Ed. Graham Ward. Oxford : Blackwell, 1997.

Leibniz, Gottfried Wilhelm. *Sämtliche Schriften und Briefe*. Darmstadt : Academie Verlag, 1926.

Levinas, Emmanuel. "The Trace of the Other." In *Deconstruction in Context : Literature and Philosophy*. Ed. Mark C. Taylor. Chicago : University of Chicago Press, 1986.

_____. *Totality and Infinity*. Trans. Alphonso Lingis. Pittsburgh, Pa. : University of Pittsburgh Press, 1969 [에마누엘 레비나스, 『전체성과 무한 : 외재성에 대한 에세이』, 김도형·문성원·손영

창 옮김, 그린비, 2018].

———. *Otherwise Than Being or Beyond Essence*, Trans. Alphonso Lingis. Boston : Kluwer, 1991 [에마누엘 레비나스, 『존재와 달리 또는 존재성을 넘어』, 문성원 옮김, 그린비, 2021].

———. *Basic Philosophical Writings*. Ed. Adriaan T. Peperzak et al. Bloomington : Indiana University Press, 1996.

Levine, Michael P. *Pantheism: A non-theistic concept of deity*. New York : Routledge, 1994.

Lossky, Vladimir. *The Mystical Theology of the Eastern Church*. Crestwood, N.Y. : St. Vladimir's Seminary Press, 1976 [블라디미르 로스키, 『동방교회의 신비신학』, 박노양 옮김, 정교회출판사, 2019].

Louth, Andrew. *The Origins of the Christian Mystical Tradition: From Plato to Denys*. Oxford : Oxford University Press, 1981 [앤드루 라우스, 『서양 신비사상의 기원』, 배성옥 옮김, 분도출판사. 2001 ; 2011].

Lowe, Walter. *Theology and Difference*. Bloomington : Indiana University Press, 1993.

Luther, Martin. *Career of the Reformer: I*. Vol. 31 of *Luther's Works*. Ed. Harold J. Grimm. Philadelphia, Pa. : Muhlenberg Press, 1957.

———. *The Bondage of the Will*. In Vol. 33 of *Luther's Works*. Ed. Helmut T. Lehmann. Philadelphia, Pa. : Fortress Press, 1957.

Lyotard, Jean-François. *The Postmodern Condition: A Report on Knowledge*. Trans. Geoff Bennington and Brian Massumi. Minneapolis : University of Minnesota Press, 1984 [장-프랑수아 리오타르, 『포스트모던의 조건』, 유정완 옮김, 민음사, 2018].

MacIntyre, Alasdair. "Pantheism." In *The Encyclopedia of Philosophy*. Ed. Paul Edwards. New York : Macmillan, 1967.

Maimonides, Moses. *The Guide for the Perplexed*. Trans. M. Friedländer, 2nd ed. London : Routledge & Kegan Paul, 1904.

Marcel, Gabriel. *Creative Fidelity*. Trans. Robert Rosthal. New York : Fordham University Press, 2002.

Marion, Jean-Luc. "L'Interloque." In *Who Comes After the Subject*. Ed. Eduardo Cadava, Peter Connor, and Jean-Luc Nancy. New York : Routledge, 1991.

———. "Descartes and onto-theology." In *Post Secular Philosophy: Between Philosophy and Theology*. Ed. Phillip Blond. New York : Routledge, 1998.

———. "The Saturated Phenomenon." In *Phenomenology and the "Theological Turn."* Trans. Bernard G. Prusak, Jeffrey L. Kosky, and Thomas A. Carlson. New York : Fordham University Press, 2000.

———. *God Without Being*. Trans. Thomas A. Carlson. Chicago : University of Chicago Press, 1991.

———. *Reduction and Givenness*. Trans. Thomas A. Carlson. Evanston, Ill. : Northwestern University Press, 1998.

———. *Idol and Distance*. Trans. Thomas A. Carlson. New York : Fordham University Press, 2001.

———. *Being Given*. Trans. Jeffrey L. Kosky. Stanford, Calif. : Stanford University Press, 2002.

Marx, Karl. "Towards a Critique of Hegel's *Philosophy of Right* : Introduction." In *Karl*

Marx: Selected Writings. Ed. David McLellan. New York: Oxford University Press, 1977 [칼 맑스, 「헤겔 법철학의 비판을 위하여」, 『칼 맑스/프리드리히 엥겔스 저작 선집 제1권』, 최인호 외 옮김, 김세균 감수, 박종철 출판사, 1992].

May, Reinhard. *Heidegger's Hidden Sources: East-Asian Influences on His Work*. Trans. Graham Parkes. New York: Routledge, 1996.

McCormack, Bruce L. *Karl Barth's Critically Realistic Dialectical Theology: Its Genesis and Development 1909-1936*. New York: Oxford University Press, 1995.

McFarland, Thomas. *Critical Annotations*. In *Coleridge and the Pantheist Tradition*. Oxford: Clarendon Press, 1969.

Merklinger, Philip M. *Philosophy, Theology, and Hegel's Berlin Philosophy of Religion*. Albany: SUNY Press, 1993.

Merton, Thomas. *New Seeds of Contemplation*. New York: New Directions, 1972.

Nietzsche, Friedrich. "The Will to Power as Knowledge." In *The Will to Power*. Ed. Walter Kaufmann. New York: Random House, 1968. [프리드리히 니체, 『권력에의 의지』, 강수남 옮김, 청하, 1988].

─── . "The Philosopher: Reflections on the Struggle between Art and Knowledge." In *Philosophy and Truth: Selections from Nietzsche's Notebooks of the Early 1870's*. Trans. Daniel Breazeale. Atlantic Highlands, N.J.: Humanities Press, 1990.

─── . *Philosophy and Truth: Selections from Nietzsche's Notebooks of the Early 1870's*. Trans. Daniel Breazeale. Atlantic Highlands, N.J.: Humanities Press, 1990.

─── . *The Portable Nietzsche*. Ed. Walter Kaufmann. New York: Viking, 1954.

─── . *The Birth of Tragedy* [프리드리히 니체, 『비극의 탄생』, 박찬국 옮김, 아카넷, 2007].

─── . *The Gay Science* [프리드리히 니체, 『즐거운 학문·메시나에서의 전원시·유고(1881년 봄~1882년 여름)·칭찬이나 비난에 무관심해지기 외』, 안성찬·홍사현 옮김, 책세상, 2005].

─── . *Thus Spoke Zarathustra* [프리드리히 니체, 『차라투스트라는 이렇게 말했다』, 백승영 옮김 및 주해, 사색의숲, 2022].

Norris, Christopher. *Derrida*. Cambridge, Mass.: Harvard University Press, 1987.

Novalis. *Novalis: Werke, Tagebücher und Briefe Friedrich von Hardenbergs*. Ed. Hans-Joachim Mahl and Richard Samuel. Darmstadt: Wissenschaftliche Buchgesellschaft, 1978.

O'Regan, Cyril. *The Heterodox Hegel*. Albany: SUNY Press, 1994.

Otto, Rudolf. *The Idea of the Holy*. Trans. John W. Harvey. New York: Oxford University Press, 1958 [루돌프 오토, 『성스러움의 의미』, 길희성 옮김, 분도출판사, 1987; 2013].

Owens, Joseph. *The Doctrine of Being in the Aristotelian Metaphysics*. Toronto, Ont.: Pontifical Institute of Mediaeval Studies, 1951.

Palamas, Gregory. *The Triads*. Trans. Nicholas Gendle. New York: Paulist Press, 1983.

Parkes, Graham, Ed. *Heidegger and Asian Thought*. Honolulu: University of Hawaii Press, 1987.

Pickstock, Catherine. *After Writing*. Oxford: Blackwell, 1998.

Pieper, Josef. *The Silence of St. Thomas: Three Essays*. Trans. John Murray, S.J., and Daniel O'Connor. Chicago: Henry Regnery, 1965 [요셉 피퍼, 『성 토마스의 침묵』, 이재룡 옮김, 한국

성토마스연구소, 2023].

Plantinga, Alvin. *Warrant and Proper Function.* New York : Oxford University Press, 1993.

―――. *Warranted Christian Belief.* New York. : Oxford University Press, 2000.

Plantinga, Alvin and Nicholas Wolterstorff, Eds. *Faith and Rationality : Reason and Belief in God.* Notre Dame, Ind. : University of Notre Dame Press, 1983.

Plato. *Meno* [플라톤, 『메논』, 이상인 옮김, 이제이북스, 2009].

―――. *Phaedo* [플라톤, 『파이돈』, 전헌상 옮김, 이제이북스, 2013].

―――. *Phaedrus* [플라톤, 『파이드로스』, 조대호 역해, 문예출판사, 2008].

Priestley, Joseph. *Essay on the First Principles of Government.* In *Political Writings.* Ed. Peter N. Miller. New York : Cambridge University Press, 1993.

Pseudo-Dionysius. *The Divine Names.* In *Pseudo-Dionysius : The Complete Works.* Trans. Colm Luibheid. Mahwah, N.Y. : Paulist Press, 1987 [위 디오니시우스, 「신의 이름들」, 『위 디오니시우스 전집』, 엄성옥 옮김, 도서출판 은성, 2007].

Rahner, Karl. *Spirit in the World,* Trans. William Dych, S.J. New York : Continuum, 1994.

Ricoeur, Paul. *Freud and Philosophy : An Essay on Interpretation.* Trans. Denis Savage. New Haven, Conn. : Yale University Press, 1970 [폴 리쾨르, 『해석에 대하여 : 프로이트에 관한 시론』, 김동규·박준영 옮김, 인간사랑, 2013 ; 2020].

―――. *Oneself as Another.* Trans. Kathleen Blamey. Chicago : University of Chicago Press, 1992 [폴 리쾨르, 『타자로서 자기 자신』, 김웅권 옮김, 동문선, 2006].

Rorem, Paul. "The Uplifting Spirituality of Pseudo-Dionysius." *Christian Spirituality : Origins to the Twelfth Century.* Ed. Bernard McGinn et al. New York : Crossroad, 1988.

Rorty, Richard. "Is Derrida a Trans.endental philosopher?" In *Essays on Heidegger and Others.* Cambridge : Cambridge University Press, 1991.

―――. *Philosophy and the Mirror of Nature.* Princeton, N.J. : Princeton University Press, 1979 [리처드 로티, 『철학 그리고 자연의 거울』, 박지수 옮김, 까치출판사, 1998].

Rosenzweig, Franz. *The Star of Redemption.* Trans. William W. Hallo. Boston : Beacon Press, 1972.

Royce, Josiah. *The Spirit of Modern Philosophy.* Boston : Houghton, Mifflin & Co., 1892.

Sartre, Jean-Paul. *Being and Nothingness.* Trans. Hazel E. Barnes. New York : Philosophical Library, 1956 [장 폴 사르트르, 『존재와 무』, 정소성 옮김, 동서문화동판, 2009].

Saunders, John Turk and Donald F. Henze. *The Private Language Debate.* New York : Random House, 1976.

Schelling, Friedrich Wilhelm Joseph. *The Unconditional in Human Knowledge : Four Early Essays.* Trans. Fritz Marti. Lewisburg, Pa. : Bucknell University Press, 1980.

Schleiermacher, Friedrich. *The Christian Faith.* Trans. H. R. Mackintosh and J. S. Stewart. Edinburgh : T & T Clark, 1928.

―――. *On Religion : Speeches to its Cultured Despisers.* Trans. John Oman. New York : Harper & Brothers, 1958 [프리드리히 슐라이어마허, 『종교론』, 최신한 옮김, 대한기독교서회, 2002].

Scholz, H. Ed. *Die Hauptschriften zum Pantheismusstreit zwischen Jacobi und Mendelssohn.* Berlin : Reuter and Reichard, 1916.

Schrag, Calvin O. *The Self after Postmodernity*. New Haven, Conn.: Yale University Press, 1997 [칼빈 O. 슈라그, 『탈근대적 자아를 넘어서』, 문정복·김영필 옮김, 울산대학교출판부, 1999].

Scupoli, Lorenzo, Nicodemus of the Holy Mountain, and Theophan the Recluse. *Unseen Warfare*. Trans. E. Kadloubovsky and G. E. H. Palmer. Crestwood, N.Y.: St. Valdimir's Seminary Press, 1987.

Spinoza, Benedictus de. *Spinoza: The Letters*. Trans. Samuel Shirley. Indianapolis, Ind.: Hackett, 1995 [스피노자, 『스피노자 서간집』, 이근세 옮김, 아카넷, 2018].

St. Teresa of Avila. *Interior Castle*. Trans. E. Allison Peers. Garden City, N.Y.: Doubleday, 1961 [예수의 성녀 데레사, 『영혼의 성』, 최민순 옮김, 바오로딸, 1970; 1993].

Stevenson, Charles L. *Facts and Values: Studies in Ethical Analysis*. New Haven, Conn.: Yale University Press, 1963.

Strawson, P. F. "On Referring." In *Mind*, 1950. Reprinted in *Essays in Conceptual Analysis*. Ed. A. G. N. Flew. London: Macmillan, 1956.

―――. *Introduction to Logical Theory*. London: Metheun, 1952.

Tarski, Alfred. "The Semantic Conception of Truth." In *Readings in Philosophical Analysis*. Ed. Herbert Feigl and Wilfrid Sellars. New York: Appleton-Century-Crofts, 1949), pp. 52~84.

Thomas à Kempis. *Of the Imitation of Christ* [토마스 아 켐피스, 『준주성범: 그리스도를 본받아』, 윤을수 옮김, 박동호 윤문, 가톨릭출판사, 1955; 2020].

Tolstoy, Leo. "The Death of Ivan Ilych." [레프 니콜라예비치 톨스토이, 『이반 일리치의 죽음』, 이강은 옮김, 창비, 2012].

Tucker, Robert. *Philosophy and Myth in Karl Marx*. 2nd ed. Cambridge: Cambridge University Press, 1972 [로버트 터커, 『칼 마르크스의 철학과 신화』, 김정기 옮김, 성광문화사, 1982].

Underhill, Evelyn. *Mysticism*. New York: New American Library, 1955.

―――. *The Spiritual Life*. New York: Harper & Row, n.d. [이블린 언더힐, 『영성 생활』, 배덕만 옮김, 누멘, 2008].

van Buren, John. "Martin Heidegger, Martin Luther." In *Reading Heidegger from the Start*. Ed. Theodore Kisiel and John van Buren. Albany: SUNY Press, 1994.

Wainwright, Geoffrey. *Doxology: The Praise of God in Worship, Doctrine, and Life*. New York: Oxford University Press, 1980.

Ward, Graham. *Barth, Derrida and the Language of Theology*. New York: Cambridge University Press, 1995.

Webb, Stephen H. *Re-Figuring Theology: The Rhetoric of Karl Barth*. Albany: SUNY Press, 1991.

Weil, Simone. *Waiting for God*. Trans. Emma Craufurd. New York: Harper & Row, 1973 [시몬 베유, 『신을 기다리며』, 이세진 옮김, 이제이북스, 2015].

Westphal, Merold. "Temporality and Finitism in Hartshorne's Theism." *The Review of Metaphysics*, XIX, 3 (March 1966).

―――. "In Defense of the Thing in Itself." *Kant-Studien* 59, no. 1 (1968): 118~41.

―――. "Taking St. Paul Seriously.: Sin as an Epistemological Category." In *Christian Philosophy*. Ed. Thomas P. Flint. Notre Dame, Ind.: University of Notre Dame Press, 1990.

―――. "Abraham and Hegel." In *Kierkegaard's Critique of Reason and Society*. University Park, Pa.: The State University of Pennsylvania Press, 1991.

―――. "Hegel's Theory of Religious Knowledge." In *Hegel, Freedom, and Modernity*. Albany: SUNY Press, 1992.

―――. "Kierkegaard's Teleological Suspension of Religiousness B." In *Foundations of Kierkegaard's Vision of Community.: Religion, Ethics, and Politics in Kierkegaard*. Ed. George B. Connell and C. Stephen Evans. Atlantic Highlands, N.J.: Humanities Press, 1992.

―――. "Religious Experience as Self-Transcendence and Self-Deception." In *Faith and Philosophy* 9, no. 2 (April 1992): 168~92.

―――. "Levinas's Teleological Suspension of the Religious." In *Ethics as First Philosophy*. Ed. Adriaan T. Peperzak. New York: Routledge, 1995, pp. 151~60.

―――. "The Transparent Shadow: Kierkegaard and Levinas in Dialogue." In *Kierkegaard in Post/Modernity*. Ed. Martin J. Matuštík and Merold Westphal. Bloomington: Indiana University Press, 1995, pp. 265~81.

―――. "Kierkegaard's Climacus ― Kind of Postmodernist." In *International Kierkegaard Commentary: Concluding Unscientific Postscript*. Ed. Robert L. Perkins. Macon, Ga.: Mercer University Press, 1997.

―――. "Onto-theo-logical Straw: Reflections on Presence and Absence." In *Postmodernism and Christian Philosophy*. Ed. Roman T. Ciapalo. Mishawaka, Ind.: American Maritain Association, 1997.

―――. "Theology as Talking about a God Who Talks." *Modern Theology* 13, no. 4 (October 1997): 525~36.

―――. "Faith as the Overcoming of Ontological Xenophobia." In *The Otherness of God*. Ed. Orrin F. Summerell. Charlottesville: University Press of Virginia, 1998.

―――. "Hermeneutics as Epistemology." In *Blackwell Guide to Epistemology*. Ed. Ernest Sosa and John Greco. Oxford: Blackwell, 1999.

―――. "Commanded Love and Divine Transcendence." In *The Face of the Other and the Trace of God: Essays on the Philosophy of Emmanuel Levinas*. Ed. Jeffrey Bloechl. New York: Fordham University Press, 2000, pp. 200~233.

―――. "Hermeneutics as Epistemology." In *Overcoming Onto-theology*. New York: Fordham University Press, 2001.

―――. "On Reading God the author." *Religious Studies* 37 (2001): 271~91.

―――. "The Trauma of Transcendence as Heteronomous Intersubjectivity." In *Intersubjectivité et théologie philosophique*. Ed. Marco M. Olivetti. Padova: CEDAM, 2001, pp. 87~110.

―――. "Divine Excess: The God Who Comes After." In *The Religious*. Ed. John D. Caputo. Oxford: Blackwell, 2002.

―――. "Transcendence, Heteronomy, and the Birth of the Responsible Self." In *Calvin O. Schrag and the Task of Philosophy after Postmodernity*. Ed. Martin Beck Matuštík and William L. McBride. Evanston, Ill.: Northwestern University Press, 2002, pp. 201~225.

―――. *God, Guilt, and Death: An Existential Phenomenology of Religion*. Bloomington: Indiana

University Press, 1984.

―――. *Suspicion and Faith: The Religious Uses of Modern Atheism*. Grand Rapids: Eerdmans, 1993.

―――. *Becoming a Self: A Reading of Kierkegaard's Concluding Unscientific Postscript*. West Lafayette, Ind.: Purdue University Press, 1996.

―――. *History and Truth in Hegel's Phenomenology*, 3rd ed. Bloomington: Indiana University Press, 1998.

―――. *Overcoming Onto-Theology*. New York: Fordham University Press, 2001.

Wippel, John F. "Quidditative Knowledge of God." In *Metaphysical Themes in Thomas Aquinas*. Washington, D.C.: Catholic University of America Press, 1984.

Wirzba, Norman. "From maieutics to metanoia: Levinas's understanding of the philosophical task." In *Man and World* 28 (1995): 129~44.

―――. "Teaching as propaedeutic to religion: The contribution of Levinas and Kierkegaard." In *International Journal for Philosophy of Religion* 39 (April 1996): 77~94.

Wolfson, Harry Austryn. *The Philosophy of Spinoza*. New York: Meridian, 1958.

Wolterstorff, Nicholas. *Divine Discourse: Philosophical reflections on the claim that God speaks*. New York: Cambridge University Press, 1995.

Wood, Allen W. *Hegel's Ethical Thought*. New York: Cambridge University Press, 1990.

Wright, G. Ernest. *God Who Acts*. Chicago: Henry Regnery, 1952.

Wyschogrod, Edith. *Saints and Postmodernism: Revisioning Moral Philosophy*. Chicago: University of Chicago Press, 1990.

Yeats, William Butler. *Selected Poems and Two Plays of William Butler Yeats*. Ed. M. L. Rosenthal. New York: Macmillan, 1962 [윌리엄 버틀러 예이츠, 『예이츠 서정시 전집 제3권: 상상력』, 김상무 역주, 서울대학교출판문화원, 2014].

Yovel, Yirmiyahu. *Spinoza and Other Heretics: The Marano of Reason*. Princeton, N.J.: Princeton University Press, 1989.

Zimmerman, Michael E. "Heidegger, Buddhism, and deep ecology." In *The Cambridge Companion to Heidegger*. Ed. Charles B. Guignon. New York: Cambridge University Press, 1993.

―――. *Heidegger's Confrontation with Modernity: Technology, Politics, Art*. Bloomington: Indiana University Press, 1990.

:: 인명 찾아보기

ㄱ, ㄴ, ㄷ

가다머, 한스-게오르크(Gadamer, Hans-Georg) 21, 320, 425, 447, 488, 504
가셰, 로돌프(Gasche, Rodolphe) 231, 232
괴테, 요한 볼프강 폰(Goethe, Johann Wolfgang von) 108, 164
그로스테스트, 로베르트(Grosseteste, Robert) 226
나토르프, 폴(Natorp, Paul) 334
노리스, 크리스토퍼(Norris, Christopher) 231
노발리스(Novalis) 104, 164
니체, 프리드리히(Nietzsche, Friedrich) 23, 38, 51, 57, 58, 64, 65, 69~73, 80, 82, 87, 90, 96, 97, 142, 148, 169, 170, 203~206, 267, 320, 325, 427, 466, 481
닛사의 그레고리오스(Gregory of Nyssa) 225, 241~244, 292
데리다, 자크(Derrida, Jacques) 29, 31, 34, 70, 134, 205, 212, 213, 221, 222, 231~235, 238, 239, 251, 252, 260, 269, 271, 327, 349, 368~370, 389, 402, 448, 489
데카르트, 르네(Descartes, Rene) 30~34, 58, 61, 62, 70~73, 77~80, 82, 84, 85, 87, 96, 103, 113, 127~131, 133, 134, 137, 143, 160, 258, 308, 350, 394, 401, 435, 451
도너건, 앨런(Donagan, Allan) 116
돕스-와인스타인, 이디트(Dobbs-Weinstein, Idit) 274
드레이퍼스, 허버트(Dreyfus, Hubert) 254

ㄹ, ㅁ

라너, 칼(Rahner, Karl) 288
라우스, 앤드루(Louth, Andrew) 28, 245, 260, 261
라우어, 퀜틴(Lauer, Quentin) 410
라이트, 어네스트(Wright, Ernest) 138
라이프니츠, 고트프리트 빌헬름(Leibniz, Gottfried Wilhelm) 77, 85~87, 101, 118, 138, 285
라코스트, 장-이브(Lacoste, Jean-Yves) 261, 500
레비나스, 에마뉘엘(Levinas, Emmnuel) 22, 40, 82, 232, 238, 314, 322, 338, 339, 348, 349, 359, 382, 385~392, 396~400, 404, 406, 407, 409~413, 415, 417~419, 421~433, 443, 446, 449, 462, 464~466, 469~473, 482, 483, 484, 486, 494, 499, 500, 502, 504, 505
레빈, 마이클(Levine, Michael P.) 107, 108, 110, 115~117, 126
레싱, 고트홀트 에프라임(Lessing, Gotthold Ephraim) 77, 101, 108, 110, 158, 164, 267
로렘, 폴(Rorem, Paul) 225, 235, 256
로스키, 블라디미르 니콜라예비치(Lossky, Vladimir Nikolayevich) 28, 225, 238, 244, 245
로위, 월터(Lowe, Walter) 28, 225, 238, 245, 327
로이스, 조사이어(Royce, Josiah) 124
로티, 리처드(Rorty, Richard) 232, 290, 425
루터, 마르틴(Luther, Martin) 27, 89, 188, 191, 199, 345, 346, 450, 462, 485
르클레크, 장(Leclercq, Jean) 226
리오타르, 장-프랑수아(Lyotard, Jean-François) 52
리쾨르, 폴(Ricoeur, Paul) 32, 38, 325, 488, 504
마르셀, 가브리엘(Marcel, Gabriel) 40, 262, 263
마르크스, 칼(Marx, Karl) 23, 38, 69, 70, 72, 73, 87, 96, 97, 323, 325, 448
마리옹, 장-뤽(Marion, Jean-Luc) 61, 70, 178, 216, 261, 264, 361, 409, 417, 418, 422, 437, 480, 500
마이모니데스(Maimonides) 299~301
매킨타이어, 알래스데어(MacIntyre, Alasdair) 106, 110, 126
맥도날드, 스콧(MacDonald, Scott) 288

맥코맥, 브루스(McCormack, Bruce) 313~317, 321, 329, 331~334, 342, 349, 351, 362, 368, 371, 374, 375
머튼, 토머스(Merton, Thomas) 362
메이, 라인하르트(May, Reinhard) 67
메이엔도르프, 존(Meyendorff, John) 244
몽테스키외(Montesquieu) 62

ㅂ

바르트, 칼(Barth, Karl) 39, 274, 311~315, 317, 319, 320, 322~325, 327~329, 331~334, 336, 338, 340, 342~344, 346, 347, 349, 351, 354, 356, 357, 359~370, 372~376, 378~380, 382~384, 419, 422, 433, 493, 502, 504
바이저, 프레데릭(Beiser, Frederick C.) 108, 164
반 뷰렌, 존(Van Buren, John) 89
발리바르, 에티엔(Balibar, Étienne) 78
배틀스, 포드 루이스(Battles, Ford Lewis) 295, 342
버렐, 데이비드(Burrell, David) 268, 270, 273~276, 285, 286
베넷, 조나단(Bennett, Jonathan) 106, 107, 116, 126, 127, 146, 147, 151
베르까우브르, 헤리트 꼬르넬리우(Berkouwer, Gerrit Cornelis) 313, 314, 332, 371, 372, 375, 379
베르나스코니, 로버트(Bernasconi, Robert) 233
베르넷, 루돌프(Bernet, Rudolf) 422
베이유, 시몬(Weil, Simone) 24
베일, 피에르(Bayle, Pierre) 100
베커, 어네스트(Becker, Ernest) 496
보나벤투라(Bonaventura) 226
보에티우스(Boethius) 271
뷔르흐, 알프레드(Burgh, Alfred) 102
브란트, 레슬리(Brandt, Leslie F.) 95, 496
브래들리, 프랜시스(Bradley, Francis Herbert) 198
비트겐슈타인, 루트비히(Wittgenstein, Ludwig Josef Johann) 212, 446, 448

ㅅ, ㅇ

사르트르, 장-폴(Sartre, Jean-Paul) 307, 347, 348, 428, 429
셸링, 프리드리히(Schelling, Friedrich Wilhelm Joseph von) 155, 157~159, 162, 164, 166, 171, 175, 179, 183, 282
소크라테스(Socrates) 20, 204, 205, 210, 233, 267, 419, 441, 442, 453~457, 461, 504
슈렉, 캘빈(Schrag, Calvin) 34, 386
슐라이어마허, 프리드리히(Schleiermacher, Friedrich Daniel Ernst) 104, 164, 314, 315, 336, 358
슐레겔, 프리드리히(Schlegel, Karl Wilhelm Friedrich von) 164
스트로슨, 피터 프레데릭(Strawson, Peter Frederick) 451
스티븐슨, 찰스(Stevenson, Charles L.) 138, 139
스피노자, 베네딕트(Spinoza, Benedict De) 35, 36, 38, 46, 51, 99~102, 104~122, 124~132, 134~143, 145~149, 151, 152, 154, 156, 157, 160~166, 168~173, 175, 179, 181~184, 191, 194~199, 206, 208~210, 269, 270, 272, 274, 276, 278, 280, 281, 308, 333, 344, 346, 364, 422, 433, 502
신 신학자 시므온(St. Symeon the New Theologian) 225
실러, 프리드리히(Schiller, Johann Christoph Friedrich von) 200
실레시우스, 안젤루스(Silesius, Angelus) 86
아낙사고라스(Anaxagoras) 205
아담스, 로버트 메리휴(Adams, Robert Merrihew) 118, 144
아리스토텔레스(Aristotle) 36, 46~52, 58, 72, 73, 78, 82~84, 87, 88, 94, 96, 115, 155, 188, 205, 210, 213, 264, 268, 274, 281, 287, 288, 290, 300, 301, 304, 306, 312, 320, 340, 369, 384, 388, 400, 475,

478, 491
아비첸나(Avicenna) 270, 271, 275, 276, 280
아빌라의 성 데레사(St. Teresa of Avila) 24
아우구스티누스(Augustine) 8, 28, 30~34, 39, 72, 140, 189, 206, 208, 211~222, 227, 252, 254, 258, 265~267, 269, 270, 276, 277, 281, 286, 287, 309, 310, 313, 353, 364, 366, 385, 422, 433, 462, 464, 485, 486, 499, 502, 504
아퀴나스, 토마스(St. Aquinas, Thomas) 31, 39, 72, 140, 189, 206, 212, 226, 230, 253, 254, 265~275, 277~283, 285~291, 293, 295, 296, 298~300, 302, 304~311, 315, 358, 362, 371~374, 376~379, 382~385, 400, 419, 422, 433, 493, 502, 504
알파라비(Alfarabi) 270, 276, 280
야코비, 프리드리히 하인리히(Jacobi, Friedrich Heinrich) 101, 164
언더힐, 이블린(Underhill, Evelyn) 24, 25, 28, 228
에리우게나, 요하네스 스코투스(Eriugena, John Scotus) 226
에반스, 스티븐(Evans, Stephen) 459, 469
에크하르트, 마이스터(Eckhart, Meister) 123, 181, 182, 226
엘륄, 자끄(Ellul, Jacques) 65
예이츠, 윌리엄(Yeats, William Butler) 168
오웬스, 조셉(Owens, Joseph) 300
오토, 루돌프(Otto, Rudolph) 7, 22, 35, 92, 93, 107, 108, 210, 211, 345, 437
올덴부르크, 헨리(Oldenburg, Henry) 103, 109, 111, 121, 140
와이스코그롯, 에디트(Wyschogrod, Edith) 32
요벨, 이르미야후(Yovel, Yirmiyahu) 110, 115, 116, 126, 137, 146
우드, 앨런(Wood, Allen) 201, 202, 467
울프슨, 해리(Wolfson, Harry Austryn) 110, 115, 116, 126, 137
워드, 그레이엄(Ward, Graham) 261, 327, 331, 365, 367~369
월터스토프, 니콜라스(Wolterstorff, Nicholas) 37, 78, 138, 193, 368, 450
웨인라이트, 조프리(Wainwright, Geoffrey) 262, 264
위-디오니시오스(Pseudo-Dionysius) 27, 39, 208, 224~231, 237, 238, 244~246, 253~257, 259~261, 264, 265, 268, 269, 278, 294, 296, 309, 325, 362, 383, 419, 422, 433, 504
위어즈바, 노먼(Wirzba, Norman) 420
위펠, 존(Wippel, John) 289, 298, 301

ㅈ, ㅋ, ㅌ

재슈케, 발터(Jaeschke, Walter) 160, 192, 193, 195
죈겐, 고틀립(Söhngen, Gottlieb) 374
짐머만, 마이클(Zimmerman, Michael E.) 63, 67
카레토, 카를로(Carretto, Carlo) 25, 26
카파도키아 교부들(Cappadocian fathers) 225, 269
카푸토, 존(Caputo, John) 29, 31, 85, 216, 221, 231, 232, 234, 238, 239, 254, 256, 257, 500
칸트, 임마누엘(Kant, Immanuel) 20, 21, 39, 45, 70, 71, 73, 75, 77, 79, 80, 84~87, 96, 98, 132, 134, 143, 156, 160, 175, 179, 186, 188, 189, 213, 231, 232, 249, 258, 302~304, 307, 309, 334~336, 349, 350, 357, 359, 361, 369, 387, 390, 407, 417, 418, 439, 448, 449, 451, 475, 490
칼뱅, 장(Calvin, Jean) 199, 295, 342
캐튼, 하이럼(Caton, Hiram) 31
컬리, 에드윈(Curley, Edwin) 111, 113~116, 122, 127~129, 137, 143, 146
코넬, 드루실라(Cornell, Drucilla) 389
코스키, 제프리(Kosky, Jeffrey) 409, 418, 419, 422, 437
코헨, 리처드(Cohen, Richard) 82, 413
코헨, 헤르만(Cohen, Herman) 334
콜라코프스키, 레셰크(Kołakowski, Leszek)

120, 124
콜리지, 새뮤얼 테일러(Coleridge, Samuel Taylor) 101
크레츠만, 노먼(Kretzmann, Norman) 288
크레티앙, 장-루이(Chrétien, Jean-Louis) 264, 338, 500
클루버탄즈, 조지(Klubertanz, George P.) 298
키에르케고어, 쇠렌(Kierkegaard, Søren Aabye) 22, 34, 40, 41, 91, 98, 148, 155, 184, 195, 196, 198, 233, 257, 267, 309, 325, 335, 337, 345, 346, 357, 412, 432, 433, 438, 443, 445, 447, 450, 452, 453, 461, 464~467, 469, 471~478, 480~486, 490~494, 499, 500, 502, 504, 505
키젤, 시어도어(Kisiel, Theodore) 89, 93, 94
타르스키, 알프레드(Tarski, Alfred) 401
터커, 로버트(Tucker, Robert) 61
토루크, 프리드리히 아우구스트 고트게트로이(Tholuck, Friedrich August Gottgetreu) 164, 165
토마스 아켐피스(Thomas à Kempis) 26
토크빌, 알렉시스 드(Toqueville, Alexis de) 62
톨스토이, 레프(Tolstoy, Leo) 136

ㅍ, ㅎ

파스칼, 블레즈(Pascal, Blaise) 88, 155
파크스, 그레이엄(Parkes, Graham) 67
판 벨튀센, 람베르트(Van Velthuysen, Lambert) 102, 110, 111, 139
팔라마스, 그레고리오스(Palamas, Gregory) 225, 237, 238, 241~244
페레이라, 제이미(Ferreira, M. Jamie) 471, 474, 497
펠리칸, 야로슬로프(Pelican, Jaroslav) 225
포이어바흐, 루트비히(Feuerbach, Ludwig) 70, 117, 223, 314, 315, 319, 322, 363, 376
포크너, 윌리엄(Faulkner, William) 428
프로이트, 지그문트(Freud, Sigmund) 23, 38, 325
프리스틀리, 조셉(Priestley, Joseph) 101
플라톤(Plato) 20, 21, 41, 72, 73, 82~84, 87, 96, 134, 135, 144, 188, 210, 230, 308, 335, 339, 350, 357, 364, 366, 368, 387, 388, 403, 404, 409, 421, 435, 436, 439, 442, 449, 453, 455, 485, 490
플랜팅가, 앨빈(Plantinga, Alvin) 78, 368, 458, 459
플로티노스(Plotinus) 272, 274, 434
피셔, 사이먼(Fischer, Simon) 334
피퍼, 요셉(Pieper, Joseph) 268, 269, 305~307
피히테, 요한 고틀리프(Fichte, Johann Gottlieb) 155~157, 159, 164, 166, 179
픽스톡, 캐서린(Pickstock, Catherine) 233, 261
하버마스, 위르겐(Habermas, Jürgen) 425, 447
하비, 아이린(Harvey, Irene) 231, 489
하이네, 하인리히(Heine, Heinrich) 104, 110, 141, 164, 183, 281, 282
하이데거, 마르틴(Heidegger, Martin) 21, 33, 34, 44~46, 48, 49, 51~57, 59, 61~66, 68, 70, 71, 73, 75, 77, 78, 80~83, 85, 87~90, 92, 93, 95~98, 133, 134, 155, 173, 175, 177, 178, 180, 185, 189, 196, 203~206, 221, 222, 230, 252, 254, 261, 269, 287, 312, 317, 318, 320, 332, 344, 352, 387, 389, 397, 398, 402, 409, 413, 416, 437, 480, 489, 494, 496, 501, 502
하지스, 허버트 아서(Hodges, Herbert Arthur) 225, 237
하트, 케빈(Hart, Kevin) 221, 231, 232, 234~236, 245, 250, 256, 500
해리스, 헨리(Harris, Henry S.) 160, 166
햄프셔, 스튜어트(Hampshire, Stuart) 115
헤겔, 게오르그(Hegel, Georg Wilhelm Friedrich) 35, 36, 38, 41, 46, 50, 84, 96, 99, 104, 141, 148, 154~169, 171~193, 195, 196, 198~204, 206, 208~210, 219, 223, 231, 240, 269, 272, 274, 276, 278, 280~282, 288, 308, 320, 323, 331~333, 336, 344, 346, 350, 364, 370, 409, 410, 422, 433, 435, 436, 439, 449, 451, 455, 466, 467, 488~492,

500, 502, 504
헤르만, 빌헬름(Herrmann, Wilhelm) 314, 334
헤프너, 필립(Hefner, Philip) 315
헨즈, 도날드(Henze, Donald F.) 213, 448
횔덜린, 프리드리히(Hölderlin, Friedrich) 67, 155, 157, 159, 162, 164, 183
후설, 에드문트(Husserl, Edmund) 93, 178, 213, 344, 347, 348, 350, 387~404, 406, 407, 409~414, 417, 418, 421, 425, 448, 480

:: 용어 찾아보기

ㄱ, ㄴ, ㄷ

개인주의(individualism) 196, 198
객관정신(Objective Spirit) 200, 202
계산적 사유(Calculative thinking) 53, 56~58, 61, 62, 64, 67, 68, 71~74, 91, 92
계시(Revelation) 22, 39, 99, 125, 137~142, 144, 184~190, 192~195, 211, 223, 242, 255, 257, 289, 310, 311, 316, 321, 323, 327, 333~338, 340, 341, 343, 345, 347, 348, 350, 352~355, 357~366, 371, 374, 376~379, 383~385, 419~422, 424, 430, 431, 433, 434, 437, 449~451, 453, 455, 457~460, 468, 473, 493
계시 종교(Revealed Religion) 189, 192~194
공동체(Community) 40, 161, 228, 257, 384, 444, 451
관념론(Idealism) 77, 108, 164, 175, 230, 313, 333, 337, 362, 390, 398, 401, 407
관조(Contemplation) 237, 238, 242, 245, 352
권태(boredom) 56
그리스도교(Christianity) 8, 39, 52, 71, 81, 88, 91, 94, 96, 104, 107, 112, 121, 146, 161, 189, 192~195, 210, 211, 224, 226, 227, 234, 249, 257, 265, 268, 282, 312, 315, 325~331, 336, 366, 377, 429, 445, 461, 472, 474, 481, 498, 501, 502

근대성(Modernity) 23, 28, 33, 39, 52, 59, 62, 63, 65, 67, 68, 78, 79, 81, 83~85, 203, 222, 313, 314, 453, 502
기도(Prayer) 24, 25, 217, 220, 224, 226, 228, 260, 264, 287, 351, 364
기술(Technology) 8, 58, 61~65, 68, 72, 73, 80, 82, 83, 96, 175~177, 203, 204, 231, 262, 394, 488
기적(Miracles) 36, 120, 121, 140, 142, 193, 292, 317, 334, 335, 337, 340, 343, 351, 354, 357, 358, 364, 374, 378
내재성(Immanence) 36, 37, 98, 100, 108, 114, 124~126, 153, 184, 195, 208, 392, 407, 409, 410, 446, 466, 468
능산적 자연(natura naturans) 112~114, 116, 154, 277
니힐리즘(nihilism) 223, 233

ㄹ, ㅁ, ㅂ

로마 가톨릭(Roman Catholic) 226, 313, 371, 372
목소리(Voice) 66, 152, 160, 161, 216, 314, 317, 342, 348, 350, 378, 388, 423, 427, 432, 433, 449, 450, 452, 464, 471, 474, 480, 482, 483, 487, 493
목적론적 유보[중단](Teleological Suspension) 41, 484, 490, 491
무로부터의 창조(creatio ex nihilo) 234
무신론(Atheism) 38, 69, 89, 94, 100~102, 104~108, 139, 142, 143, 159, 163, 164, 167~169, 172, 175, 198, 206, 226, 231, 240, 385, 496, 503
무지(Ignorance) 104, 118, 119, 121, 122, 131, 140, 143, 146, 213, 218, 219, 222, 223, 227, 237, 238, 241~243, 255, 267, 310, 455, 461, 471
무한(Infinite) 10, 106, 129~131, 133, 183, 243, 346, 350, 352, 375, 385, 389, 420, 422, 425, 426, 434, 446, 466
믿음의 영혼(Believing Soul) 23, 28, 95, 220, 473, 504
반성(Reflection) 19, 20, 28, 52, 60, 205, 384, 389,

390, 406, 407, 475
범신론(Pantheism) 36~38, 98~101, 105, 107, 108, 110, 115~117, 124, 126, 134, 141, 142, 153~155, 159, 160, 162~167, 169, 171, 172, 180, 181, 183, 184, 190, 196, 197, 199, 203, 208, 269~272, 275~277, 280, 282, 286, 287, 297, 308, 333, 434, 488, 496, 502
변증법(Dialectic) 35, 168, 174, 177, 178, 180, 184, 185, 189, 204, 206, 212, 217, 232, 235, 249, 252, 254, 256~259, 261, 262, 267~269, 294~296, 301, 308, 321, 331, 337, 358, 368, 431, 434, 503, 504
본질(Essence) 8, 32, 37, 41, 49, 55, 56, 59, 62, 63, 70, 73, 82, 84, 87, 92, 95, 132, 135, 139, 144, 147, 150, 165, 174, 176, 180, 185, 186, 190, 203, 210, 215, 242, 266, 273, 275~277, 280, 284, 287, 289, 291~295, 299~307, 318, 372, 374, 385, 389, 397, 400, 405, 416, 438, 449, 451, 454, 474, 493, 494, 503
부동의 원동자(Unmoved Mover) 49, 51, 52, 155
부정신학(Negative Theology) 39, 126, 208, 220, 221, 223, 224, 226~229, 235, 239, 240, 248~250, 252~258, 260, 261, 267~269, 293~295, 308, 364
부조리(Absurd) 439~441, 443
불교(Buddhism) 126, 224, 226, 435
불안(Anxiety) 9, 58, 78, 92, 171, 439, 443, 447, 465
비대칭적 관계(Asymmetrical Relation) 299

ㅅ, ㅇ
사물과 지성의 일치(adaequatio rei et intellectus) 39, 55, 132, 290, 367, 400, 401
사물 자체(Thing in itself) 180, 213, 219, 302, 304, 417, 418
사변철학(Speculative Philosophy) 177, 180, 181, 183, 435, 437
삼위일체(Trinity) 194, 214, 224, 226, 351, 429
상기(Recollection) 21, 82, 339, 350, 353, 419, 421, 453, 454, 456~458, 468

상상(Imagination) 24, 121, 129, 130, 134, 157, 183, 300, 369, 396, 435
선(Good) 33, 82, 100, 119, 147~149, 169, 172, 196, 197, 201, 223, 229, 230, 283, 446, 484
성령(Holy Spirit) 104, 214, 241, 282, 316, 341~344, 358, 364, 378, 379, 473
성서(Holy Scripture) 6, 10, 66, 91, 137, 138, 140, 191, 193, 211, 215, 224, 227, 235, 246, 255, 258, 264, 295, 319, 324, 328, 341~343, 350, 355, 358, 368, 374, 378, 382, 412, 437, 445, 450, 463
성육신(Incarnation) 121, 193~195, 224, 352, 353, 356, 357
세계-내-존재(Being-in-the-World) 41, 95, 410, 413, 503
소산적 자연(natura naturata) 112~114, 118, 123, 155, 277
스피노자주의(Spinozism) 101, 104, 124, 158, 162~165, 167~170
시선(Gaze, Look) 204, 212, 247, 347~350, 426, 427, 429, 432
신 담론(God talk) 41, 251, 252, 258~260, 268, 293, 374, 384
신비(Mystery) 22, 28, 58, 59, 91~93, 99, 125, 126, 137, 141, 142, 144, 145, 177, 182, 184, 186~189, 191, 192, 204, 210, 211, 215, 220, 238, 248, 262, 266, 287, 308, 309, 311, 333, 345, 350, 351, 355, 357, 360, 384, 408, 421, 422, 430, 434, 437, 493, 495, 502
신앙(Faith) 10, 19, 20, 28~30, 33, 85, 90, 91, 95, 96, 124, 140, 185, 205, 217, 226, 234, 255, 257, 310, 312, 315, 319, 321, 322, 345, 346, 350, 355, 357, 359, 361, 363, 364, 368, 370, 374, 375, 380, 434, 436~440, 442, 443, 446, 448~453, 459, 462, 463, 465, 466, 471, 479, 481, 492, 495, 501~503
신앙의 기사(Knight of Faith) 440, 441, 444
신앙의 역설(Paradox of Faith) 443
신의 계시(Divine Revelation) 125, 141, 144, 188,

190, 257, 289, 310, 311, 336, 363, 371, 378, 383, 449, 458, 493
신의 명령(Divine Command) 143~145, 150, 153, 197, 378, 381, 384, 412, 457, 471, 472, 475, 476, 480, 481, 484
신의 죽음(death of God) 51, 52, 72, 90, 203
실존주의(Existentialism) 358
실체(Substance) 34, 48, 51, 78, 111~114, 116, 129, 131, 133, 134, 138, 154, 157, 159, 160, 163, 165~168, 170~173, 179, 181, 182, 227, 271, 276, 288, 304, 319, 357, 471, 489
심리학주의(Psychologism) 315, 316, 330, 390
심연(Abyss) 26, 57~59, 92, 169, 205, 332, 333, 345, 393, 418, 461
아이콘(Icon) 178, 361
언어 게임(Language Game) 254, 443, 446~448, 453, 457, 467, 491
얼굴(Face) 218, 241, 246, 257, 328, 348, 376, 380, 385, 416~423, 426~429, 432, 439, 441, 457, 473, 474, 476, 494
역사주의(Historicism) 315, 316, 319, 330
역설(Paradox) 28, 306, 331, 346, 367, 368, 370, 438, 439, 443, 462
영성(Spirituality) 19, 23, 25, 28, 29, 46, 494, 497
영원성(Eternity) 106, 271, 295, 357, 358, 363, 430
예수(Jesus) 28, 121, 152, 160, 162, 223, 224, 234, 314, 316, 317, 336, 341, 346, 347, 354, 355, 360, 471~473, 483
외재성(Exteriority) 410, 420
우상(Idol) 9, 10, 23, 106, 178, 223, 315, 332, 346, 360, 361, 376
우상숭배(Idolatry) 9, 23, 106, 223, 332
우주론적 초월(Cosmological Transcendence) 40, 41, 46, 99, 154, 286, 308, 432~434
유대교(Judaism) 101, 197, 224, 226, 227, 282, 412
유비(Analogy) 253, 254, 268, 269, 298~300, 302, 308, 310~312, 321, 352, 358, 363, 370, 372, 374, 376, 379, 382

유신론(Theism) 19, 32, 36~39, 46, 71, 72, 98, 99, 105~107, 109, 116, 117, 121, 124~126, 137, 138, 142~145, 147, 153, 154, 155, 159, 160, 162, 163, 183, 184, 190, 198, 206, 209~211, 222, 224, 231, 265, 269, 270, 272, 275, 277, 280, 286, 287, 297, 308~310, 434, 484, 496, 501~503
유한(Finite) 335, 346, 350, 352, 422, 434
유한성(Finitude) 131, 168, 179, 180, 183, 189, 337, 347, 440, 460, 462, 470
윤리(Ethics) 19, 23, 79, 126, 143, 146, 147, 152, 156, 195, 198, 199, 202, 248, 384, 387, 411, 423, 459, 464, 466~469, 475, 476, 490
윤리적/종교적 초월(Ethical/Religious Transcendence) 40, 41, 46
은유(Metaphor) 6, 62, 85, 115, 132, 211, 214, 216, 234, 290, 292, 295~297, 300, 350, 372, 373, 422, 423, 491
의미부여(Sinngebung) 392, 395, 396, 401, 405, 412, 414~418, 425, 432, 452
의미작용(Signification) 414, 417~419
이성(Reason) 30, 39, 52, 61, 75, 82, 84, 86, 87, 127, 129, 130, 134, 135, 137, 139, 140, 145, 148, 150, 152, 156, 176, 180, 183, 187, 189~193, 197, 201, 211, 223, 260, 289, 310, 315, 336, 350, 374, 377, 409, 415, 425, 435, 436, 464, 480, 481, 490, 493
이슬람(Islam) 224, 226, 270
이웃 사랑(Neighbor-Love) 247, 287, 382, 475, 481, 484, 486
이질성(Heteronomy) 384, 401, 405, 406, 460, 480, 493
인간적 계산(human calculation) 440, 441
인간주의(Humanism) 80, 81, 87, 89, 96, 97, 484, 486
인격성(personality) 106, 116, 158, 182, 183
인과성(Causality) 119, 321
인륜성(Sittlichkeit) 198~200, 203, 439, 444, 466~468, 484, 490
인식론(Epistemology) 38~41, 46, 78, 86, 91,

120, 125, 126, 135, 141, 142, 144, 177, 188, 190, 195, 198, 203, 208, 209, 218, 220, 224, 228, 230, 232~235, 248, 258, 259, 262, 268~270, 276, 283, 286, 288, 304, 308~311, 313, 337, 340, 349~351, 355, 357, 368, 370, 374, 378, 382~384, 387~390, 422, 425, 430, 432, 434, 453, 455, 459, 460, 462, 463, 470, 482, 493, 505

인식론적 초월(Epistemological Transcendence) 39, 41, 126, 220, 224, 233, 308, 310, 311, 313, 383, 384, 387, 422, 430, 432, 434, 463, 470, 493

ㅈ, ㅊ

자기보존노력(conatus essendi) 170, 196, 493
자기애(Self-Love) 476~479, 483~486
자기 원인(causa sui) 90, 106, 134, 176, 177, 261, 262, 318, 395, 494, 496, 497, 501
자기-의식(Self-Consciousness) 141, 153, 179, 180, 183, 184, 187, 190~192, 194, 197, 199, 202, 203
자기-인식(Self-Knowledge) 309, 310, 362, 363, 383, 455, 460, 462
자기-초월(Self-Transcendence) 6~10, 19~23, 27, 35, 37, 40, 44, 45, 125, 126, 141~144, 147, 153, 184, 200, 241, 249, 259, 262, 265, 269, 270, 308~311, 383, 386, 387, 430, 433, 434, 443, 452, 464, 470, 478, 482, 487, 493~495, 497, 499, 503~505
자유(Freedom) 52, 113, 117, 120, 128, 130, 137, 142, 144, 156, 160, 187, 190, 199, 202, 277, 284, 286, 313, 390, 392, 396, 409, 410, 424~427, 430~432, 449, 462, 483, 484, 495
자율성(Autonomy) 33, 39, 40, 126, 144, 203, 286, 379, 383, 384, 391, 451, 475, 485
적합 관념(Adequate Idea) 132, 135
전도된 지향성(Inverse Intentionality) 348, 359, 376, 415~417, 427, 429, 432, 471
전적 타자(Wholly Other) 7, 22, 35, 92, 210, 345, 378, 430

절대 자아(Absolute Self) 157~159, 183
절대정신(Absolute Spirit) 51, 161, 165, 176, 200, 202, 467
절대지(Absolute Knowledge) 180, 261, 412, 441
정의(Justice) 10, 20, 39, 148, 196, 285, 328, 386, 387, 426, 427
제일원인(First Cause) 86, 89, 274, 286
제일철학(First Philosophy) 46~48, 82, 88, 312, 389, 411
존재론(Ontology) 44, 45, 49, 50, 53~55, 58, 60, 76~79, 82, 85, 86, 92, 95, 134, 155, 159~161, 173~175, 177, 179, 182, 190, 199, 203, 208, 209, 218, 220, 229, 233~235, 269, 270, 276, 279, 294, 299, 300, 308, 350, 355, 374, 379, 388~390, 411, 413, 423, 425, 463, 494
존재론적 차이(Ontological Difference) 53, 55, 92, 177
존재-신학(Onto-Theology) 33~35, 37, 38, 44, 45, 49, 51, 53, 55, 60, 67, 69, 72, 80, 81, 87~89, 91, 96, 97, 99, 100, 104, 125, 135, 145, 155, 174~177, 185, 195, 196, 203, 205, 208, 211, 217, 221, 222, 229, 233, 239, 252, 258, 261, 265, 270, 310, 312, 317, 320, 322, 323, 330, 332, 344, 379, 391, 494, 495, 501, 505
주체성(Subjectivity) 64, 70, 71, 74, 78, 80~85, 96~98, 165, 179, 183, 257, 330, 347, 348, 359, 364, 383, 392, 410, 459, 465, 467~469, 479, 501~503
지성(Understanding, Verstand) 7, 24, 36, 39, 55, 97, 101, 118, 121, 123, 128, 130, 132, 133, 140, 141, 179~181, 183, 188, 189, 192, 197, 208, 212, 223, 230, 235~237, 240, 241, 243, 246, 249, 251, 255, 266, 271, 279, 284~294, 302~304, 306, 308~310, 324, 327, 334, 336, 337, 344, 361, 367, 391, 400, 435~437, 440, 452, 462, 463, 485, 489
지양(Aufhebung) 41, 178, 185, 216, 317, 327, 437, 489~491, 504

용어 찾아보기 **527**

지평(Horizon) 22, 82, 93, 204, 348, 359, 387, 409, 411, 414, 417~419, 425, 432, 447, 459, 468, 479~481

찬양(Praise) 217, 220, 259, 260, 262, 264, 287

참여(Participation) 130, 228, 300, 306, 309, 310

창조(Creation) 7, 36, 112, 123, 137, 138

창조자(Creator) 7, 65, 69, 105, 113, 116, 123, 128, 129

책임(Responsibility) 59, 146, 177, 191, 348, 366, 370

체계(System) 106, 165, 171, 172, 182, 184, 194, 195, 198, 208, 209, 233, 263, 269, 278, 308, 309, 315, 322, 337, 358

초월(Transcendence) 6, 7, 9, 10, 19~21, 22, 27, 29, 34, 35, 37, 39, 40, 44, 46, 56, 95, 97~100, 116, 124~126, 142, 145, 154, 206, 208, 220, 224, 233, 241, 242, 249, 252, 255, 269, 270, 279, 286, 301, 308, 310, 311, 313, 317

초월적 자아(Transcendental Ego) 22, 160, 186, 348, 438

최고 존재(Highest Being) 6, 48~51, 54, 59, 65, 66, 69, 76, 86, 96, 97, 100, 125, 147, 173, 176, 177, 184, 209, 215, 229, 230, 232, 260, 265, 287, 308, 309, 344, 379, 391, 392, 494

추상(Abstract) 317, 339, 376, 488

ㅋ, ㅌ

코기토(Cogito) 33, 70, 71, 78, 79, 133, 179, 308

타자성(Alterity, Otherness) 31~33, 35, 37~40, 44, 45, 203, 208, 220, 415, 420, 421, 423, 429, 430, 432, 452, 463, 480, 484, 493, 494, 502

탈근대성(postmodernity) 23, 28, 39, 453

탈중심화된 자기(Decentered Self) 8, 9, 28, 32, 250, 487

탈형이상학적 신학(Postmetaphysical Theology) 220, 222

트라우마(Trauma) 422, 449, 482, 483

ㅍ, ㅎ

포스트모더니즘(Postmodernism) 32~35, 45, 52, 96, 452, 461, 499~503

포화된 현상(Saturated Phenomenon) 422, 437, 480

표상(Representation, Vorstellung) 39, 44, 74, 75, 77, 94, 166, 180, 183, 197, 212, 223, 232, 236, 290, 332, 392, 396~399, 401, 405, 409, 414, 416, 418, 421, 435, 436

표상적 사유(Representational Thinking) 53, 56, 60, 61, 73~77, 81, 85, 88, 91, 230

프로테스탄트주의(Protestantism) 351

해석학(Hermeneutics) 23, 38, 325, 499, 500, 503

해석학적 현상학(Hermeneutical Phenomenology) 41, 488, 503, 504

해체구성(Deconstruction) 221, 223, 231~234, 238, 240, 248, 249, 254, 256, 257, 260, 308, 412, 461

행복(Happiness) 52, 152, 272

현실철학(realphilosophie) 175, 280

현실태(Verwirklichung) 163, 276, 279~281, 295

현전의 형이상학(Metaphysics of presence) 135, 212, 213, 216, 221, 222, 234, 239, 249, 265, 271, 402

현존재(Dasein) 60, 61, 82, 95, 161

혐의의 해석학(Hermeneutics of Suspicion) 23, 38, 325

형이상학(Metaphysics) 10, 19, 29, 46, 49, 51~53, 55~62, 65~68, 71~74, 82~85, 87~89, 91, 93, 96, 100, 135, 173, 175, 176, 179, 203, 212, 213, 216, 221, 222, 232~234, 239, 249, 265, 271, 318~320, 332, 335, 338, 389, 402, 494, 497, 505

흔적(Trace) 232, 339, 433, 473

힌두교(Hinduism) 126, 224, 226

힘에의 의지(Will to Power) 57, 58, 64, 65, 69, 72, 74, 75, 78, 80, 90, 97, 176, 203, 204